境域の人類学

八重山・対馬にみる「越境」

上水流久彦・村上和弘・西村一之　編

風響社

はじめに

上水流久彦

本書は沖縄県先島（宮古島市、多良間村、石垣市、竹富町、与那国町からなる）と台湾東部、長崎県対馬と韓国（主に釜山）という境域で、国家と駆け引きをしながら生きる人々の姿と国家の力が境域に果たす意味を探るものである。かつてこの二つの境域は日本の植民地化によって同じ帝国の一部となり、その後、国境が再設定された。そして、現在、相対的な地理的近接性から相互交流や交易を深めようと、官民を問わず様々な活動が行われている。

境域として本書が取り上げるこれらの地域は、現在、または過去においてある国家領域の中心地から遠い端である／であった。このような地域を「周辺」として取り上げた研究は多い。だが、本書では対象地域を「周辺」ではなく「境域」という観点から取り上げる。

学術雑誌『白山人類学』誌上で「台湾をめぐる境域」を特集した植野によれば、境域とは「単に地理的に境を接する場というだけでなく、異なる集団の人々が関係を持ち続ける相互交渉の場を意味している」［二〇一一：二］という。植野の指摘は、当該地域を「周辺」ではなく「境域」という概念で捉える意義を的確に表している。繰り返しになるが、「周辺」とはある単一の地理的、政治的、経済的、文化的領域の端でしかなく、その領域の「中心」との関係のみで位置づけられる。それに対して、境域は相互に隣接する存在があり、それとの接触によって、自ら属する領域の「中心」に対する「周辺」とは異なるありようが生まれることを意味している。

この「中心と、隣接する存在との相互交渉のなかで自己のあり方が生まれる」という境域の問題群を、植野は「国家との関連」、「境域における他者認識、自己認識」と指摘する。(1) 本章の第二節と第三節では植野の指摘を受けて、境域の問題意識をもう少し詳しく論じる。その問題意識に関連して第四節で本書におさめられている各論文の意義を述べる（［付記］参照）。

一　二つの境域

本書の問題意識を詳述する前に本節で二つの境域内の歴史的関係について概観しておく。台湾東部と先島において最も台湾に近い島は与那国である。その距離は約一一〇キロで、石垣は台湾から約二二〇キロである。石垣から沖縄本島までは約四〇〇キロあり、台湾東部は与那国や石垣にとって日本本島は当然のことながら、沖縄島よりも近くに存在する（図1）。

先島は沖縄県のなかでも周辺に位置し、その沖縄島からの距離の遠さが沖縄においても遅れていると見なされる根拠となった。そのような偏見は現在も続いている。他方、台湾東部は台湾で「後山」と称され、台湾のなかでは漢人による進出が他の地域よりも後になった場所として認識されてきた。新幹線が走り、人口が多い台湾西部に比べて開発が進んでおらず、遅れた地域という認識が現在も台湾には存在する。

この境域において与那国と台湾との間で近代以前に何らかの文化的影響があったのではないかとされるものの［黄　二〇〇〇］、日本に植民地統治される以前、生活圏を同じくするような交流はなかった［又吉　一九九〇］。本書で宮岡が取り上げるように偶発的な接触はあったが、往来が直接的にあったとする文献記録は存在しない。

そのような地域が一八九五年に日本が台湾を植民地化することで往来が盛んになっていく。台湾東部と先島の間の海は両地域の漁民にとって豊かな漁場となり、就職、進学、奉公などで先島から台湾へ行く者が出るようになった。与那国にいたっては、当時の内地と違って、台湾と同じ標準時が使われていた。また台湾人が先島に移住し、現在でも重要な産業であるパイナップル産業などをおこした。

だが、一九四五年の日本の敗戦によって、台湾東部と先島の間には国境が引かれることとなる。直接的な往来は法律上できなくなった。だが、実際は本書で言及されるように生活用品を中心とする密貿易を含め様々な往来が存在した。サトウキビ刈りのために台湾の季節労働者が働きに来、パイナップル関連の技術者として石垣に来た女性がそのまま結婚し、住むこともあった。だが、一九七二年に沖縄の施政権が日本に返還されることで、先島と台湾との間の往来は質的な変化を受け、国境管理は厳しくなっていく。

戦前、戦後の直接的な往来は船によって支えられたが、二〇〇八年に台湾と先島を直接結んで人を運ぶ船はなくなった。今もその状態が続いている。同時に貨物も運ぶことができなくなったが、二〇一二年になって貨物船のみ復活している。二〇一四年現在、人を運べる直接的な交通手段は石垣と花蓮の間での不定期チャーター便、夏期の基隆からのクルー

図1　東シナ海周辺地図

ズ船（石垣に寄港する）のみである。

自治体間の関係では、与那国町と花蓮市が一九九二年に、石垣市と蘇澳鎮が一九九五年に、宮古島市と基隆市が二〇〇七年に姉妹都市を結び、その交流を進めている。特に与那国町にとって台湾との交流は経済的にも政治的にも切実なものとなっている［上妻　二〇一二、外間　二〇一二］。その与那国町は二〇〇七年に半年間だけであるが、花蓮市に事務所を設置し、職員を配置した。花蓮市は自らの国際化という観点から受け入れた。

写真１　石垣に寄港するスタークルーズ船

現在、先島の多くが台湾人観光客の誘致を行っており、その中心である石垣には年間約六万人の台湾人観光客が訪れている。二〇一一年、二〇一二年は台湾東部と先島を結んで地域の発展を図る「後山先島——黒潮経済貿易フォーラム」が台湾で開かれた。二〇一一年の最初のフォーラムでは台湾琉球協会が創立され、その設立趣旨は「太平洋黒潮生活経済共同圏を発展理念」とすることと、「共に利益と恩典のある経済共同体を構築する」ことである。

他方、釜山と対馬は、最も近いところで約五〇キロであり、対馬の中心地である厳原と釜山は約一二〇キロである。現在、対馬は国境の島と自称し、「対馬は日本の周辺」という認識があるが、そのような認識の転換を図ろうとしている活動も対馬には多く、特に韓国との交流、交易はその突破口である［財部　二〇一二、新井　二〇一二、比田勝　二〇一二］。対馬との交流、交通の窓口となっている釜山は現在、人口約三五〇万人を有する大都市で、東アジアの代表的な港町である。だが、釜山が急激に発展するのは一八七七年に日朝修好条規によって開港されてからである。それまでは日本との交渉をする倭館などがあったものの、現在とは全く異なる寒村であり、王朝時代は見るべきものはなかった。

対馬と釜山の間は、台湾東部と先島の関係とは違って植民地化以前から往来があった。朝鮮半島と日本を結ぶ重要な寄港地に対馬がなっていたことがそれを端的に物語っている。友好の歴史だけではなく、古くは倭寇の基地が対馬にあり、朝鮮が一五世紀初頭の一時期それを取り締まるために対馬に攻め入った。韓国の一部ではその事実に基づいて朝鮮が対馬を支配した根拠とされることがある。江戸時代、対馬は朝鮮と幕府を結ぶ要所となった。対馬藩は善隣外交で朝鮮に接し、朝鮮通信使の往来において重要な役割を担った。

産業として漁業が発展するなかで対馬と韓国の間の海は一九一一年の韓国併合以前から重要な漁場となり、漁民が行き交った。その点では台湾東部と先島との間の海と違いはない。一九一一年、韓国は日本に併合され、台湾と同じく日本の外地として大日本帝国の領土となる(2)。釜山が近代的都市として発展するなかで対馬から釜山へ病院に行き映画を見に行く者が少なくなかった。さらには朝鮮半島から対馬に移り住み、炭焼きなどに従事する者も現れるようになった。

写真２　対馬と釜山の郵便局の姉妹提携の表示

一九四五年、日本の敗戦によってこの境域にも国境が引かれることになる。本書の村上論文にあるように、戦後、この境域においても生活用品などを運ぶ変則貿易などが行われていたが、その国境線は徐々に強固なものとなった。戦後、釜山は福岡や下関との結びつきを深め、その間をフェリーや高速船が結んだ。下関市とは一九七六年に姉妹都市となり、福岡とは一九八九年に友好関係を結んだ。したがって、戦後の長い間、釜山と対馬の関係は現在のように強くはなかった。

対馬と釜山の交流が盛んになっていくのは、一九八六年に対馬と釜山市の影島区が姉妹縁組を結んでからである。一九九三年には両市の中学校が、二〇〇二年には郵便局どうしが、二〇〇七年には対馬市と釜山の海運業者、大学が、また同年に両市の高校が、それぞれ友好協定を締結した。

このような動きの背景には一九九〇年に当時の盧泰愚大統領の発言がある。彼は訪日した際の宮中晩餐会で雨森芳洲に言及し、対馬藩が日本と朝鮮半島を結ぶうえで重要な役割を果たしたと述べた。盧泰愚元大統領の指摘は対馬に日韓友好の拠点としての自画像を描かせる大きな契機となった。

二〇〇三年には対馬市が釜山に釜山対馬事務所を開設し、両市はその交流を一層進めている。対馬と韓国の友好の象徴である朝鮮通信使行列は一九八〇年に開始され［村上　二〇〇九：一六〇―一六二］、現在に及んでいる。

日本の敗戦以後、釜山と対馬を直接結ぶ航路は長らくなかった。だが、一九八〇年代後半よりその試みが始まり、まず一九八九年に上対馬と釜山の間で船が往来するようになった。その路線はまもなく終わるものの、下対馬にある厳原と釜山との間で一九九九年に路線が開発され、今日まで続いている。二〇一四年現在、釜山と対馬を結ぶ航路には日韓の三社が参入している。二便は厳原と、一便は対馬北部の比田勝と、釜山との間を毎日結んでおり、釜山からの日帰り観光客が対馬を多く訪れ、二〇一三年は約十八万二千人の韓国人観光客が来島した。

ここまで先島と台湾東部、対馬と韓国（主に釜山）の境域についてその歴史を見てきた。両境域は過去にある程度自由に往来し、交流してきた。そしてその過去に基づき、国境が存在する現在、交流や交易を試みようとしている。台湾東部と先島では同じ圏域という認識をつくり、それにあわせた活動（後山先島―黒潮経済貿易フォーラム）も実施している。釜山と対馬では交通基盤の充実によって実際に多くの韓国人が対馬を訪れ、対馬の人々も良くも悪くも自らの生活に関わる地域として韓国や釜山に強く関心を持つようになった。

二　「空間」と「場所」が緊張する境域

二つの境域はここまで見てきたように現在とは違って、前近代、植民地期、終戦直後とある程度自由な往来があった。特に植民地期の往来は境域を人々の生活の場にした。だが、その場は戦後の国境の再設定によって分断された。このようなあり方を分析するにあたり、空間（space）と場所（place）という枠組みから整理してみよう。

空間と場所の二分法で分析することには少なからず批判はある。例えば、西井は場所と空間に主観と客観を振り分ける問題点を述べ、人々が日常的実践の現場において、重層する関係性や行為に生きているアクチュアリティから、異質な個人や関係性を共有する場としての「社会空間」という概念を提案する〔西井　二〇〇六〕。主観と客観、個人対構造という問題系の乗り越え、これらの接合という点で、筆者は西井の提案に同意する。同意しつつも、ここでは本書の問題意識をより明示的に述べるために空間と場所という枠組みから論を進めてみたい。

空間という言葉だが、その意味もまた一様ではない。空間自体にも多様な空間を見いだし、人々の実践が見いだされている〔レルフ　一九九九、ハーヴェイ　二〇〇二等〕。だが、政治地理学の課題として「空間と場所の緊張」を指摘する山﨑は空間と場所を次のように定義する。近代的・機能的・合理的利用が促進される資本主義社会での「空間」と、歴史的な固有性や主観的な非代替性（＝かけがえのなさ）を持つ「場所」である。そして、場所における空間の利用や作用に対して政治的な順応や抵抗が生じつつあるという〔山﨑　二〇一〇：一二三―一三六〕。

資本主義の広がりと発展のもと「空間」はより類似したものとなり、国民国家制度の広がりのもと世界各地で国家の境界が明確にされ、内部の近接性と、内部と外部との差異化が進み、近代的空間が広がった。前近代のような周辺の曖昧さはなくなった。(3) 一方で「場所」は人々が生活実践を行う場であり、「空間」に還元されない個別の意味を持ち、自己のアイデンティティや他者との違いを認識させる装置となる。

その場合、資本主義、グローバリズム、国民国家などの論理に加え、ある場所を固有のものとして認識する主体側の差異も問題となる。民族、性別、年齢など個々が持つ属性が生じさせる個別性によって、ある場は「空間」にも「場所」にもなり、異なった意味を持つからである。

レルフは資本主義のもと「場所」が失われていくことを批判したが［レルフ　一九九九］、本章ではそれを踏まえて「空間と場所の緊張」が境域のみに見られて、またそのような緊張が境域を境域たらしめていると述べるつもりはない。床呂は「空間」的様相と「場所」的様相はいかなる社会にも存在し、マルク・オジェが指摘するスーパーモダニティの空間としての「非―場所（non-place）」［Augé 1995］でさえその両者は存在すると指摘する。また、床呂はスーパーモダニティである国際空港のようなトランジットラウンジでさえも、そこで働く空港職員から見れば対面的な相互作用を持つ「場所」として立ち現れてくるとし、場所、空間、非―場所といった区分は見かけほど絶対的なものでないと述べる［床呂　二〇〇六：八一―八五］。

したがって現代を「場所」がなくなり、「空間」が拡大していく時代と捉えることはできない。むしろ、「空間」の拡大は一層、他との違いを示すという点で、場所が重要になってくる［ハーヴェイ　二〇〇二：三八〇―三八二、吉見　二〇〇三］。したがって「空間」と「場所」の相互関係や「空間と場所の緊張」は現代社会の重要な課題である。

では「空間」と「場所」をめぐる境域の特徴とは何であろうか。境域は空港職員とそこを通過する旅行者のように各自の空間と場所が単純に交錯する場ではない。また同じ空間を共有する者どうしにおいて「場所」的要素が生まれ、その両者が生活をめぐる争いによって緊張する場だけでもない。異なる集団の人々が相互交渉する境域は異なる集団の人々が自らの生活をする場としてそこを共有しており（または共有したことがあり）、その場に「空間」の論理が持ち込まれる。

本書の対象地域から一例をあげてみよう。本書で西村が論じるように台湾と八重山の間には尖閣諸島という島々が存在し、過去、そこは台湾漁民にとっても八重山の漁民にとっても生活の糧を得る豊かな漁場であった。二〇一三年四月に日台漁業取り決めが結ばれるまで、近代的国家制度のもと台湾漁民は排除されていた。だが、生活の場であったことから、漁を試み、また漁ができるように台湾の漁民は政府に働きかけてきた。

すなわち、境域は異なる集団の人々にとってともに生活する（した）、まずそのような「場所」である。スーパーモダニティのように「場所」としてだけ見なす人々と、「空間」とだけみなす人々が存在し、その両者が交錯するのではない。「場所」として異なる人々がそこを共有し、そこに空間の論理が適用される場、それが境域である。「場所」として共有するからこそ、政治的、経済的、文化的という生活実践に関わる様々なアスペクトにおいて多重で多層なかつ交錯した「空間と場所の緊張」が、異なる人々との間で生まれる。

さらに本書が対象とする境域では異なる集団の人々は対等な関係を結んではいなかった。台湾と韓国はかつて日本の植民地であったのであり、外地であった。また八重山は内地と外地の間に存在する地域であった。内地人、琉球人、外地の本島人（台湾人）や朝鮮人という区分があり、不平等な関係を結んでいた。朱が指摘するように同じ場を生活の場としていても、その場がエスニックな境界にそって分節化されることもあれば、不均衡な関係が取り結ばれ、それが見える場になることもあった［朱　二〇〇七］。

このように本書が扱う境域とは、異なる集団の人々が生活の場として共有しただけに、「空間と場所の緊張」という観点からみた場合、単一の国民国家内の論理には回収されない緊張が国民国家の内側に存在する地域よりも一層生まれやすい特殊な場である。本書では植民地主義のもと不均衡な関係に組み込まれた人々が、戦後国際政治のもと国家の論理で分断され、また関係を再び結び合う様相を描く。そこに生きる人々の視点からの描写は「空間と場所の緊張」の議論において、新たな貢献をなすだろう。

三　境域にみるトランスナショナリズム

「空間と場所の緊張」に加えて、本章のもう一つの問題意識は移動する人々への着目である。植民地期、内地と外地の往来はそれほど自由なものではなかった［福井　一九九九、外村　二〇〇八］。蘭が指摘するように、そこには国境とは言えないが確かに境界が存在した［蘭　二〇〇八］。だが、制限されたなかで様々な移動があった。そして移住した人々は移住後、故郷との関係を切り離すことなく、往来を続け、それは戦後にも引き継がれた［松田　二〇〇四、伊地知＋村上　二〇〇八］。

境界を跨ぎ生活する人々の姿は、人類学ではトランスナショナリズムという分析枠組みで問題にされてきた。周知のようにトランスナショナリズムは出身地と移住先の二つの世界で生きる移民の現象を捉えることがその根本に存在した［Glick-Schiller et al. 1994, Portes et al. 1999、上杉　二〇〇五、渋谷　二〇〇五、小内　二〇〇七、Vertovec 2009］。グリック・シラーらはそのような移民をTransmigrantと名づけ、フランスのモロッコ移民を扱った渋谷は、「多現場」という概念で複数の場で生活世界を持つ人々を捉えている。そこでは一方向的な移動ではなく、複数の地域を行き来しながら生活の場所とする人々がもたらす新たな社会的、文化的影響が問題となった。

上杉はトランスナショナリズムの研究を概観し、それを次のように定義している。①複数の国の国境を越える現象、②長期間継続する現象、③規則的ないし頻繁に見られる往復運動、④多元的帰属意識ないしネットワークの形成［上杉　二〇〇五：二〇］である。またブレッテルはトランスナショナルな移民研究を踏まえたうえで、「移民は最早『根無し草』ではなく、むしろ国境を越えて、異なる文化と社会システムの間を自由に往来している［Brettell 2008: 120］」と述べる。移民とは別に、陳が述べるような、家族や仕事を拠り所に越境を繰り返す人々の存在［陳　二〇〇八］もトランスナショナリズムの現象に該当しよう。

そして、それらの現象では、脱領域化（deterritoriazation）、非国家中心主義的（non-statecentric）要素が存在した。国境を越えた人、資本、モノの往来や、電話やインターネット、移動手段の格段の拡大、発展は、脱領域化した非国家中心主義的な現象を生みだした。トランスナショナリズムは国民国家の枠組みにとらわれた研究の見直しをすすめることにつながった［王・郭　二〇〇八］。

国民国家にとらわれない様相は移民に限らない。アパデュライは、それをエスノスケープ、テクノスケープ、ファイナンスケープ、メディアスケープ、イデアスケープと指摘している［Appadurai 1990: 297-300］。ヴェルトヴェックはトランスナショナリズムの問題として社会形態、アイデンティティ、文化再生産、資本流通、政治参画、「場」の（再）構築を指摘する［Vertovec 2009: 4-13］。このように国境を越えた現象への関心は、移民のみならず、政治参画や消費財、「場所」のあり方、モノと地域の結びつき、資本の流通などの政治的、経済的、文化的、社会的あり方まで広がった(4)。

脱領域的な現象、ブレッテルの言葉を借りれば、「国境を越えて、異なる文化と社会システムの間を自由に往来している」現象は、一見国家からの制約を超越している。だが、実際にはそうではない。多くの研究が、むしろトランスナショナルな現象は国家の存在を改めて認識させ、国家との争いを招くと指摘する。

例えば、アメリカへの移民や移民政策を研究する大井は、越境的な空間がナショナリズムから自由ではないにも拘わらず、ポストモダン的な解放の空間として考察されてきたと指摘する［大井　二〇〇六：一四八―一五〇］。ロジャーらはトランスナショナリズムに対する政府の規制とそのせめぎ合いを問題としている［Roger and Fitzgerald 2004］。ハナーツは、トランスナショナリズム的現象は、それが否定するナショナルなものがいまなお重要であることに気づかせるという［Hannerz 1996: 6］。岩淵はアジアにおけるサブカルチャーの越境性を論じるなかで、「トランスナショナルな文化交通の錯綜性がナショナルな制度的・言説的な枠組みのなかで再配置されて、それを一層強化するように作用してしまう」と述べ、ナショナル化されるトランスナショナルという課題を設定する［岩淵　二〇〇四］。

このことはトランスナショナリズムの問題において、国民国家という制度が人々をどのように規制し、どのようにこれらの問題に入り込んで来るかということが再度重要な課題となっていることを示している。トランスナショナルな現象が個々の社会にどのような影響を与えるか、越境する人々がどのようなアイデンティティを持つかなどの問題と同時に、国家を超えようとする人々や地域と国家との相克が重要な課題となるわけである。

越境に早くから注目した床呂はこのような問題意識を、「マクロな国民国家の空間や可視化された装置としての国境は、にもかかわらず、むしろそれゆえにこそ、それと向かいあうボーダーゾーンの民の微視的な実践によって、絶えず再解釈され、揺さぶられ、変形され、そして『越境』されていく」［床呂　二〇〇六：八四］と述べる。床呂は空間と場所の議論からその点を論じるが、第二節で述べたように「空間と場所の緊張」はトランスナショナリズムの重要な課題に通じるものであり、本書が「国家と駆け引きをしながら生きる人々の姿と国家の力が境域に果たす意味を探る」理由はここに存在する。

確かに現在の二つの境域の状況を見ると、往来を繰り返す華僑の一部や何度も訪れる観光客、ガイド等のツアー関係者を除けば、二つの境域を往復する人々の人口比は多くない。したがって、トランスナショナリズムの問題からこれらの地域を検討することそのものが無理であると考えることもできる。

だが、本書では三つの点からトランスナショナリズムの議論を射程にいれながら、二つの境域を論じていきたい。一つ目は国境などの境界を行き来する現象が実際に存在したことである。台湾におけるトランスナショナリズムを扱った王らは、トランスナショナリズムの課題の一つとして、空間的移動に関する研究の偏りを指摘し、長期的にどのような影響を持つかが今後重要な課題であると述べる(5)［王・郭　二〇〇八］。トランスナショナリズムの議論に人類学的に大きな注目が集まったのは一九九〇年代である。そのことに鑑みれば、時間的な変容、影響という問題意識からトランスナショナリズムの問題に接近することはこれまで難しかった。

本書が対象とする地域は、境界を越える試みが植民地期以前（この時期は韓国［釜山］・対馬だけ）、植民地期、戦後のしばらくまで続いた。その結果、対馬では「島は島なりの」という国家の論理とは異なる生き方、考え方を生み、先島では特に石垣や与那国では、台湾を同じ生活圏にあった地域と認識する思考を生み出した。このように境界を越える試みや過去は境域の現在に息づいている。したがって当時の境界を越える試みの「その後」を考えることがこの境域では可能となる。

二つ目は、越境していた過去こそが、二つの境域において現在の国境を越え、行き交う中心地としての自己のイメージを創造し、そのイメージを実現する行為や試みにつながっていることである。頻繁に国境を越えてビジネスを行う人々はこの境域に少ない。だが、本書が対象とする地域では、行き交う中心地（経由地）となることで、「周辺」からの脱却を試みている。

国民国家の「ある中心」を経由せず、直接隣接する他者と往来し、交流、交易することやその試みは、国民国家の枠組みから逃れようとする脱国民国家的な行為や思いであり、非国民国家中心主義的な色合いが強い。地域主権のもと、「周辺」を逆手にとる試みは、負の属性を優位性に変換する試みであり、独自性の発揮である。と同時に、現在の国民国家体制乗り越えの、ささやかかもしれないが、試みでもある。

換言すれば、「中央」が統治する国民国家を乗り越えた境域の創造への渇望であり、空間的に国家権力からの緩やかな解放を望む希求でもある。この点でもトランスナショナリズムの問題意識を視野におさめながら、この境域を論じる意義は存在しよう。

国家の影響力という点がトランスナショナリズムの重要な課題であるがゆえにグリック・シラーが指摘するように国家間の不平等な関係への視座は不可欠である［Glick-Schiller 2005］。政治的格差、経済的格差などは当然ながら資金やモノ、人の移動に影響しよう。日本と台湾、韓国との間には戦前、宗主国と植民地という絶対的な不平等な関係が存在した。それは本書の各論文で見るように現在の国境を越える、越えようとする試みに何らかの影響を与えている。

不平等とは言わないが、現在の日本と台湾、日本と韓国との関係は異なったものである。異なった国家間関係が境域のあり方をどう変えるかは、トランスナショナリズムの問題として重要である。だが、移動元と移動先の両国間の関係を視野にいれた研究は多いものの、管見する限りでは、別々の両国間の関係を視野におさめたうえでの研究は少ない。東アジアという近接し、密接な間柄にある中で、日本、台湾、韓国間の関係は有機的な連関をもちながら変動する。その連動のなかで、長期的に二つの境域の境界を越える試みを分析することは、トランスナショナリズムの議論においても有益な事例研究となろう。これが三つ目の理由である。

三つ目の理由に関連して二つの境域における現在の違いを、①国家間関係、②依拠する歴史、③交通基盤の観点から簡単に示しておこう。まず先島・台湾東部の境域である。最初に国家間関係だが、基本的に良好な感情が基盤にある。親日台湾像に基づく日本側からの台湾への親近感、他の東アジアとは違い良好な関係を持つという台湾側からの意識である。その基本的な感情に基づく交流の実施や交易の模索が図られている。次に、依拠する歴史は植民地期の越境経験や戦後直後の往来である。植民地期の経験は不平等な関係に基づくものであるが、その不平等性が捨象される形で言及されることがこの境域の交流では多い。最後に交通基盤であるが、既述したように先島と台湾を結ぶ交通機関は少ない。季節限定のクルーズ船やチャーター便のみで、定期的直行便は存在しない。以前は船による行き来が可能であったが、現在は途絶え、二〇一二年度になって貨物船が存在するのみである。

次に対馬・韓国（主に釜山）の境域である。まず国家間関係だが、日本と台湾と異なって、領土や歴史認識を巡る問題などの影響をうけてナショナリズムが先鋭化する境域である。対馬そのものでは、対馬市の観音寺から韓国人グループが盗んだ仏像を巡る問題が発生している。台湾との間には尖閣諸島の問題が存在するが、緊迫の度合いはその比にない。(6)対馬が韓国に乗っ取られるという考えも日本では一部の間ではあり、それを緊迫感を持って語る者も存在する。次に、依拠する歴史は植民地期の越境経験ではなく江戸期の朝鮮通信使である。そこでは善隣外交がうたわれ、現在のナショナリズムの先鋭化とは反するかのように、対馬が朝鮮半島と日本との間で友好関係構築に尽力したと、対馬の自画像が語られる。朝鮮通信使で結びつく友好的な関係は釜山においても共有されている。最後に交通基盤だが、既述したように韓国側、日本側の会社による定期的直行便が毎日三便往復している。加えて、ソウルからの小型飛行機の定期的チャーター便が存在する。定期的直行便の存在は現在では、釜山からの対馬日帰りツアーを可能とするほどである。

二つの境域はこのように異なった国家間関係、歴史認識、交通基盤がある。それ故に異なった国境を越える試みがあり、異なった過去の現在への応用が存在する。これらの違いを踏まえたうえで、本書では両境域における交流・交易を事例に国境が持つ拘束性と透過性との間で生きる人びとの境界に対する認識とその実践、並びに国境が人びとの暮らしや自己認識、空間や場所の認識に与える影響を具体的に明らかにする。それらの影響と政治経済的変化との因果関係を比較し、国家の力が境域に果たす意味と境界で国家と駆け引きをしながら生きている人びとの姿を探っていく。

マーカスとフィッシャーは複数のフィールドを対象に大規模な政治的、経済的過程を包み込んだ民族誌の困難さとその必要性を指摘し、さらに歴史を組み込んだ記述について述べている［マーカス、フィッシャー 一九八九：一七三―二〇三］。本書も複数のフィールドを対象に個々の研究者が政治的、経済的要素を考慮しつつ、歴史と向き合いながらその記述を試みている。本書はマーカスらが紹介するような、まとまった優れた民族誌ではないが、異なるシステムがせめぎ合うなかで複数の地域で生きる人々の姿を描くものである。台北であれ、ソウルであれ、本来複数のシステムのなかで人々の生活は成立しているが、境域は一層そのせめぎ合いを明確に見せてくれる場所である。それ故にマーカスらの実験的試みを実践しやすい場でもある。本書は境域を扱い、国家と駆け引きをしながら生きている人びとの姿を描くことで、彼らが提示した実験的試みの一端を担う。

四　本書の構成

各論文の紹介とその意義に移ろう。本書は「実践」、「自／他認識」、「歴史認識」の三部構成である。「実践」は三本の、「自／他認識」も三本の、「歴史認識」は四本の論文から成っており、合計一〇本の論文が本書には収められている。

まず第一部「実践」だが、最初の論文は西村の「移動・移住の経験と実践―東シナ海国境海域をゆきかう漁民たち」である。西村論文は東シナ海を移動し移住してきた漁民たちを取り上げている。台湾東海岸と八重山の間に広がる海は、日本植民統治期より沖縄や台湾に暮らす漁民によって漁場として利用され、戦後台湾に残留した沖縄漁民と台湾漁民の出漁先となった。この間、帝国日本内にあった台湾と八重山の間に境界が生まれる。当初、それは〈やわらかい〉境界であったが、その後の国際環境の変化を受け、次第に〈かたい〉境界へと変化した。そして、漁場としてのこの海は、台湾漁民の利用を困難にする。こうした境界の変容の中、台湾東海岸の漁民は出漁を続け、また向かい合う八重山漁民との間での交流も様々に姿を変えながら続いていた。この海は、漁民たちにとっては思いの詰まったかけがえのない場所であるが、国家の論理で生まれ管理される境界が現れる空間でもある。西村論文では、そのせめぎ合うさまが明らかにされる。

このように西村論文は海のつなぐ／切る役割を明確にする。この境域を扱った論文のほとんどが移住した先での生活に焦点を当てているのに対して、西村論文は出漁のために境域を移動する活動そのものに焦点を当てる。そのなかで国境という境域の質が変わることを、実際の漁民のありようから明確にしている点に西村論文の大きな意義がある。国境自体が動く、ずれることは周知の事実であるが、実は国境そのものの性質も固定したものではない。

続いて村上の「変則貿易の時代——戦後対馬における日韓『交流』の諸相」である。村上によれば、近年、対馬に向けられる関心の多くが、韓国人観光客の大量来島現象、そして江戸期に来訪した外交使節朝鮮通信使および再現パレードにばかり集中しており、近代以降の相互交流・交渉実態が解明されぬまま「日韓交流の島」言説が一人歩きしがちな状況にあるという。そこで村上論文では昭和三〇年代に対馬・厳原で行われていた、韓国小型船による通称「変則貿易」の実態解明を図った。日韓の国交がない中、制度の間隙を突いて行われた「変則貿易」は、現在の健全明朗な「日韓交流」の文脈とは別の姿の接触があったことを示しており、国境という国家の統治制度と地理的な近接性が重なり合う「境域」に生きる人々の貴重な生活の記録である。同時に変則貿易の取り締まりは、国境を挟んだ二つの国家の境界を強固にし、国境内部の同質性を高めるものとして働いた。

村上論文の意義も変則貿易の詳細な実態を明らかにすることを通じて国境の性質を論じた点にある。植民地期の従来の流れと海でつながっている状況のなか漠然として境域にあった対馬が、日本の内部に取り入れられていく過程がここに記されている。国境をめぐる実践のあり方は国策だけで決まるものではなく、このような日常のやり取りを通じて確定していくものであり、人々の意識に浸透していくのである。国境ができて人々の生活や意識がすぐさま分断されるという理解が如何に不十分なものであるかを村上論文は浮かび上がらせる。

第一部最後が角南の「近代八重山におけるモノの越境—台湾との関係を中心に」である。角南論文は、八重山地方における近現代のクルバシャー（田んぼを耕す道具の一種）、セメント瓦、畳という物質文化に注目している。特に台湾との関係に主眼を置きながら、それぞれの来歴・伝播経路・使われ方を物質文化（モノ）のライフヒストリーの観点から紹介し、近代以降の八重山における物質文化は、従来の中国と日本本土、沖縄本島の関係の中で生成されたものだけではなく、そこに台湾という新たな経路が加わり庶民の生活が近代化されていったと指摘する。

角南論文の意義は当然といえば当然だが、そこにモノの流通があったことを丹念に論じている点にある。加えて、それらのモノにおいてどのようにして台湾という要素が失われていくかを描いている。角南は触れないが、現在石垣の名産になっているパイナップルは台湾由来のものでありながら、その歴史はほぼ忘却されている。一九四五年に日本の植民地支配は終了するが、モノはそこで断絶するわけではない。生活世界のなかでゆっくりと変化をしていく。モノの往来を見ると国境のありようとは異なった継続や断絶が見いだされる。グローバリゼーションの時代になってからモノの流通が盛んになったわけではない。今後はモノの流通という観点から境域の絡み合いを読み解くことが重要な課題となろう。角南論文はその一端を明らかにしている貴重な論考である。

第二部は「自／他認識」である。最初の論文が森田の「国境を生きる—沖縄石垣島の台湾系華僑・華人の越境経験と組織形成」である。森田論文で主題となっているのは、戦前・戦後と台湾から石垣島に越境した人々の組織形成とアイデンティティの問題である。森田は、越境の歴史的な経緯と組織形成の過程を追いながら、台湾系の人々が地域社会とのコンフリクト、国際政治の影響を受けながらも、往来を繰り返し、柔軟なエスニック境界、ゆるやかなネットワークを維持してきた諸相を明らかにしている。そして、そこに境域を受け入れ、葛藤し、利用しながら、生活の場を作りだしてきた人々の姿を見出している。

森田論文では台湾からの移住者の八重山での組織形成、ネットワーク形成が通時的に描かれているが、そこで興味深い事例は八重山において台湾の人々が蔑視とともに長怖のまなざしをもってホスト社会から見られていた点である。帝国日本の台湾においては、内地人が一等国民、琉球人が二等国民、本島人（いわゆる台湾人）が三等国民だったとよく言われるが、実際にはそのような単純なものではなかったことがこの論文からは窺える。地理的近接性のもと、比較的簡単に故郷台湾と往来ができる台湾系の人々の姿は遠く離れた場所に遅れたマイノリティとして入っていく移住者とは異なるものであった。しかし、その畏怖と蔑視の関係は戦後徐々に八重山の「日本意識」の形成のなかで差別的関係が前面に出るものに変化していく。この過程のなかで、柔軟なエスニック境界とゆるやかなネットワークが生み出される。畏怖と蔑視というベクトルの異なる台湾人へのまなざしが、八重山の人々の内地の価値観の内面化によって変化するのである。このような状況は次の越智論文でも扱われている。

越智論文のタイトルは「交錯するツーリズム―八重山台湾間の観光をめぐる台湾認識の変遷」である。越智は戦前からの長期的な八重山・台湾間の人的移動の変遷を軸に、復帰を経て観光地化された八重山に暮らす人々が「観光」を通じて「台湾」に抱く認識のあり方について考察を行った。特に戦後の頻繁な船舶往来があった時期と、復帰後観光旅行が盛んな時期、そして現在の状況についてその違いを明らかにし、八重山の観光地化による本土ツーリズムの流入と、八重山の人々がホスト・ゲスト両面においてそれを内面化する過程を浮き彫りにしている。それは、現在の八重山のおける台湾人観光客をめぐる摩擦にもつながっているという。そこに見られるのは、実際の付き合いのなかで生まれる台湾人への複雑な思いである。植民地期、終戦直後は差別的まなざしと畏怖のまなざしが混在していたが、日本本土に組み込まれる中で蔑視的考えが広がっていくことも事実である。と同時に近接することから始まった台湾との交流は、その差別認識を強化もしつつ、それとは逆の認識を生み出していくようになる。例えば、台湾人の沖縄観光は台湾の経済発展と八重山の発展に欠かせないことを認識させていく。このような認識の形成は結局のところ海でつながる八重山だからこそ生まれてくるものであった。一方の認識に収斂されていくことはなく、常に複雑な認識が形成されるのである。このダイナミズムにこそまさしく境域の自己認識、他者認識が現れている。

第二部最後は中村の「境域のツーリズム―韓国人の対馬観光をめぐって」である。中村論文は、境域である対馬と韓国南部をナショナリズムの先鋭化する場であり、韓国では対馬に対して領有意識を持つ人々もいることを述べたうえで、しかし、実際には多くの観光客は対馬の領有に関して無関心であり、近さや安さ、家族や知り合いとの旅行であるなど、個別的なさまざまな動機で対馬を訪れるにすぎず、対馬が観光において力点をおく日韓交流の歴史などにはあまり関心を持たない傾向があると指摘する。また、対馬の中でも韓国との交流や韓国人観光客に対して冷ややかな態度を取る人も存在し、多様なまなざしがあると論じる。そして、境域としての対馬観光は個別的で多様で、国家間関係やナショナリズムに還元できない相互の多様な姿を検討すべきだと結論づける。

境域は領有権の問題からナショナリズムの対象とされることが多い。実際、対馬はその言説空間で語られることが多い。だが、中村論文は対馬を訪れる観光客に対する丹念な聞き取り調査から、実際はナショナリズムとは無縁に自己の物語を生み出す多くの観光客の姿を明らかにする。その姿は対馬を交流の島ととらえる対馬側の意図とも、また韓国の対馬に対するナショナリズムともずれるものである。境域はナショナリズムが先鋭化されることが多いだけに、そこで見落とされる日常に生きる人々のあり方に目を向けることが如何に重要かを中村論文は明らかにしている。

第三部は「歴史認識」である。最初は上水流の「つなぐ記憶／ずらす記憶―現在の八重山・台湾境域における越境の試みをめぐって」である。上水流論文は、近年の八重山と台湾東部の交流の分析から植民地期、終戦直後の交流の過去が異なった形で海を挟んで継承されている事実に注目する。八重山ではその過去に基づいて交流の活性化、正当化が求められるが、植民地期の差別や交易の実態が忘却され、台湾と交流したことのみが強調される。一方で台湾東部では現在の交流主体となっている人々においては、過去の継承そのものがなされていないという。そこに上水流は境域の特徴を見いだし、境域を国家の「中央」への同化と異化がともにあり、かつ多様な領域で「空間と場所の緊張」が連動せず存在する場であると指摘する。

境域とは、隣接する他者と自らが属する国家の中心との関係で自らの位置づけを図っていく場所である。それは時に他者と自らを結びつけ、時に中心と結びつけることで成立する。すなわち、どちらにも完全に回収されない場が境域というわけである。上水流はこの点を八重山の自画像という点から明らかにし、「空間と場所の緊張」を記憶という問題と結びつけている。

上水流論文に続くのが宮岡の「歴史的事件の再解釈と資源化―台湾原住民族パイワンによる『牡丹社事件』をめぐる交渉」である。一八七〇年代に起きた宮古島の船の台湾南端への漂着・遭難と、これを口実とした日本の台湾侵攻は、台湾で「牡丹社事件」と呼ばれるが、宮岡論文はその事件をめぐる歴史認識を問題にしている。近年、事件発生地である牡丹郷の原住民族パイワンの行政・教育関係者が事件を再解釈し、郷土教育や観光の資源としつつあり、沖縄・宮古への訪問・交流も試みられたという。これらの実践・交渉は、パイワン・宮古の双方のうちに内在化された国家や主流社会の諸価値・諸観念を相対化させ、多様な文化に配慮し、他者を尊重する契機を内包しており、わたしたちの歴史認識に潜む国家および「野蛮人」観の拘束性の存在をも照射するという意義をもつといえる、と述べる。

宮岡論文は、国家の歴史のなかで周辺化され組み込まれた過去を、地域の視点から捉え直す過程を克明に明らかにしている点に重要な意義を持つ。その捉え直しは自らが属する国家の「中央」に対して単純に行われるのではなく、自らが関係を持った他国の周辺にある存在との直接的な対話のなかで行われる。国家という制度を介さずに直接的な交流を行うことこそ、ある意味で国家を超越するトランスナショナリズムと言えよう。国家に回収されない境域の可能性を宮岡論文には見ることができる。

三本目が江本の「対馬の祭りと時の辺境化―ポストコロニアルにみる儀式の可能性」である。江本論文は、国境の前線地として先鋭性を持つ対馬が、歴史忘却による周辺化、地理的辺境地としての離島化、と二重に周辺化されていることをまず指摘する。そのうえで対馬は二つの文化圏の空間的境界であるだけではなく、植民地化を推し進めた帝国日本と被抑圧者の朝鮮という力関係のはざまにあり、進んだ内地、遅れた朝鮮という時間的境界性がそこにはあるという。それに対して対馬の「対馬みなと祭り・アリラン祭」[7]は、よそにはない独自の我々を見出す周辺的な離島認識からの離脱の行為であり、同時に朝鮮と日本とを結びつける要素は帝国主義的な思想を乗り超えようとするものであると述べる。これら周辺化を覆す要素を「対馬みなと祭り・アリラン祭」は基層としており、そのため対馬の自己認識を文化の政治性から分析するうえで重要な表象であると結論づける。

江本論文も境域におけるアイデンティティの諸相を問題にしている。すなわち、朝鮮を蔑視する自己と、朝鮮とのつながりで独自性を生み出す自己、さらにそれによって自らが所属する国家への同化と異化である。「対馬みなと祭り・アリラン祭」が自らの独自性と朝鮮への親近感を示すことで、帝国日本のなかの日本と朝鮮の関係を乗り越えようとするものであっても、実際には帝国日本で身につけたまなざしは現存する。帝国日本のならいと、前近代における対馬藩とのならいとが現代において混淆し、自己に関する歴史認識が錯綜する姿がそこにはある。

第三部そして本書の最後の論文が、崔吉城の「引揚体験に見るノスタルジア——朝鮮半島、満州、シベリア、南京からの引揚」である。崔論文はポストコロニアル研究を概観したうえで、朝鮮半島、シベリア、中国大陸からの引揚げ者の悲惨な体験の語りのなかに現在はノスタルジアが見いだされ、それをこれまでの研究のように植民地支配の暴力を隠蔽するようなものとして批判的に捉えるだけでは不十分であると述べる。悲惨な体験をした者にとっての生きる原動力となっている点を新たにノスタルジアの特徴として指摘する。そして論文の最後で植民地研究を志す者へ知識人の責任を果たすようにとのメッセージを送っている。

植民地での自らの生活を懐かしむノスタルジアは、差別された他者の存在を省みないことにつながるなどとこれまで批判されてきた。崔吉城はそのようなノスタルジアの問題点を踏まえつつも、自己の意図とは関係なく移住せざるを得なかった者の悲しみとそれを乗り越えようとする意志を描き出す。このような姿勢は崔吉城の近年の研究に共通する。植民地支配のもと統治する側と統治される側の間に存在した植民者や被支配者側のコラボレーターを、支配に加担したからと単純に断罪することへの問題提起である。その時その時での学問的時流、世相に乗ることへの批判がそこにあり、知識人の責任とは何かを問うものである。当初研究を開始することさえ問題視されその後も批判されながらも、朝鮮の植民地主義研究を第一人者として牽引してきた研究者であるが故に生まれたメッセージである。

おわりに

以上、合計一〇本の論文の内容を紹介したが、本章の最後に境域研究の課題についてまとめて、「おわりに」としたい。最初に隣接の陥穽である。実は身近に存在することが相手を「知っている」という誤解を生み出している。釜山の対馬理解も、対馬の釜山理解も、さらには先島の台湾理解も、台湾東部の先島理解も、当然と言えば当然であるが、実際は現地の状況を正しく反映してはいない。「中心」よりも相手のことがわかるという近接性と交流の歴史に基づく考えは単なる思いこみでしかなかった。それらは、越智論文、中村論文、宮岡論文、上水流論文、角南論文で如実に明らかとなっている。

二つ目は「周辺」の独自性の強みという陥穽である。台湾東部の漁民にしても、八重山の台湾理解にしても、地域独自の視点は大きく国民国家の制度やその「中心」に影響を受けていた。日本の「周辺」としての自己認識は、自らが国家体制の一部であることを自覚するが故に一層、国民国家の価値観を内面化するものでもあった。そのような姿は、西村論文、村上論文、越智論文、上水流論文、江本論文、中村論文に見られた。「周辺」という独自性と、それ故に国家の論理を率先して内面化する葛藤がそこに存在した。

三点目は交流した経験が持つ陥穽である。これは最初の問題と関連するが、少なくとも過去の交流は現在の互いの理解を十分にするものではなかった。相互に行き来するきっかけになるものの、むしろその過去は現在の交流の状況に応じて切り取られるものであった。時には交流している双方で取り上げられる過去さえ異なった。対馬では江戸時代の朝鮮通信使の歴史が取り上げられるものの、それは韓国ではごく一部にしか共有されていない。また八重山と台湾東部の植民地期の交流は、台湾ではそれほど記憶されていない。それゆえに互いの交流がちぐはぐなものにもなっていた。このような姿は、中村論文や西村論文、上水流論文に見ることができる。

四点目が「地域で」思考する陥穽である。地域住民は自らが国家の一部であると認識しつつも、地域の価値観で相手先との交流や交易を行っていたと考えていた。だが、実際はそうではなく、国民国家の価値観のみならず、国家と国家との関係によって、地域の価値観そのものが左右されていた。具体的には反日韓国像と親日台湾像というものである。これらによって全てが規定されるものではないが、それぞれの境域のありようを比べるとき、そこには明らかに国家間の関係が影響をしていた。「地域で」という志向が国家間に絡め捉えられていく姿は、各地域が独自の考えで交流していると考えるだけに、その逆説的様相は、国民国家という制度の強さを痛感させられる。国際関係の現場への影響力というこの問題は、崔論文、森田論文、江本論文、宮岡論文、中村論文に特に見ることができる。

本章を閉じるにあたって、境域の多様さについて一言述べておきたい。今回取り上げた境域は、海でつながり、切れる境域である。しかし、境域の全てが海でつながり、切れるというものではない。北朝鮮と中国、カンボジアとタイなど陸で接する境域も存在する。加えて、本書で取り上げた境域は、旧宗主国と旧植民地である。しかしながら、境域が常にそのような歴史を抱えているわけではない。むしろ、特殊でさえある。

境域のありようは多様であり、今回はそれらの基礎的な条件の違いが境域にどのような影響を及ぼしているか、明確に提示できてはいない。いくつかの見通しを筆者自身持ってはいるが、それはあくまでも見通しであり、今後、研究を広げていくなかでその見通しについて確認をしていきたいと考えている。

現在、グローバリゼーションの時代と言われ、人やモノ、資本が国境を越えて自由に行き来すると言われている。そのようななかで、本書が取り上げる地域のように、地域と地域が直接、国家の中央や主要な都市を経由することなく結びつく時代がきている。このことに鑑みれば、境域という場の問題は今後、ますます重要なものになってくると思われる。本書がそのような境域研究の基本的な問題提起や資料になれば幸いである。

［付記］本書は二〇一四年の初校から諸般の事情のため二年後に二校となり、念校はさらに一年後となった。編者で協議し、大幅の書き換えはせず、原則初校時点での現状を基本とした議論とした。また、引用文献も同様である。ご理解をお願いしたい。

［謝辞］本論文の主資料はトヨタ財団・特定課題「海の東アジアが醸成する文化」の助成プロジェクト「沖縄と台湾の境界領域における越境実践と生活圏構築プロジェクト」（研究代表者：上水流久彦）、ＪＳＰＳ科研費二一三二〇一六五「日本『周辺』地域にみる国境変動とアイデンティティ：韓国・台湾との越境を巡って」（研究代表者　上水流久彦）」の支援に基づいて収集しました。調査にあたっては調査地で多くの方々にご協力をいただいた。記してここに感謝申し上げます。

注

（1）なお、植野はさらに「境域のひろがり」という問題を指摘している。具体的には台湾へ東南アジアの女性が婚姻を機に移住している現象を指摘している。

（2）韓国では日本の統治期日帝強占期と称し、合法的な統治ではなかったという考えがある。

（3）例えば、ギアツの『ヌガラ』にはそのような国家のあり方が描かれている。

（4）日本では例えば、一九九〇年代には江渕が編集する形でトランスカルチュラリズムという観点から論られた［江渕一九九八］また、政治、経済、文化、アイデンティティ、政治参画などの幅広い分野におけるトランスナショナリズムに関して、例えばアジア政経学会監修のもと『現代アジア研究一　越境』（二〇〇八）が出版されている。

（5）中国語ではトランスナショナリズムを「跨境」と訳する。まさに境界を跨ぎ、その両方に根付くものとして認識されている。

（6）尖閣諸島をめぐっては、日本の国有化を契機に台湾活動家の活動が活発化したが、台湾市民への広がりはすすまなかった。

なお、二〇一三年四月に日本と台湾は漁業取決めを結び、問題の沈静化を図った。

（7）「対馬みなと祭り・アリラン祭」は本文で紹介した仏像問題の影響を受け、「アリラン祭」の文字が二〇一三年の祭りからとられることになった。この件に関しては、江本・中村論文に詳しい。

引用文献（アルファベット順）

Appadurai, A.

1990 Disjuncture and Difference in the Global Cultural Economy, in Featherstone, Mike (ed.), *Global Culture : Nationalism, Globalization and Modernity*, pp.295-310, London : SAGE.

アジア政経学会監修、高原明生・田村慶子・佐藤幸人編

二〇〇八『現代アジア研究1　越境』東京：慶応義塾大学出版会

新井直樹

二〇一二「日韓観光交流に生きる国境の島・対馬」『別冊　環　日本の「国境問題」　現場から考える』一九：一九八―二〇九、東京：藤原書店

蘭　信三

二〇〇八「日本帝国をめぐる人口移動の国際社会学をめざして」蘭信三編著『日本帝国をめぐる人口移動の国際社会学』、xi-xxxix、東京：不二出版

Augé, M.

1995 *Non-Place: Introduction to an Anthropology of Supermodernity.* Verso.

Brettell, Caroline. B.

2008 Theorizing Migration in Anthropology: The Social Construction of Networks, Identities, Communities, and Globalscapes, in C.B. Brettelland J. F. Hollifield (eds.), *Migration Theory : Talking across Disciplines Second Edition*, pp.113-159, New York and London : Routledge.

陳　天璽

二〇〇八「漂泊する華僑・華人新世代の越境」アジア政経学会監修、高原明生・田村慶子・佐藤幸人編『現代アジア研究1　越境』、二九七―三二四、東京：慶応義塾大学出版会

江淵一公編著
一九九八『トランスカルチュラリズムの研究』東京：明石書店
福井　譲
一九九九「『内地』渡航管理政策について――一九一三～一九一七年を中心に」『在日朝鮮人史研究』二九：五―二六
Geerts, C.
1980 *Negara-The Theatre State in Nineteenth-Century Bali*, Oxford: Princeton University Press.
Glick-Schiller, N.
2005 Transnational Social Fields and Imperialism : Bringing a Theory of Power to Transnational Studies. *Anthropological Theory* 5: 439-461.
Glick-Schiller, Nina ; Basch, Linda ; Szanton-Blanc, Cristina
1994 From Immigrant to Transmigrant : Theorizing Transnational Migration, *Anthropological Quarterly* 68 : 48-63.
Hannerz, Ulf
1996 *Transnational Connections: Culture People Places*, London : Routledge
ハーヴェイ、D（吉原直樹監訳・解説）
二〇〇二『ポストモダニティの条件』東京：青木書店
比田勝　亨
二〇一二「国際交流としての対馬の観光事業」『別冊　環　日本の「国境問題」　現場から考える』一九：二一四―二一五、東京：藤原書店
外間守吉
二〇一二「与那国町の将来展望【人口増加という課題】」『別冊　環　日本の「国境問題」　現場から考える』一九：二四二―二四四、東京：藤原書店
黄　智慧
二〇〇〇「南北源流交匯處――沖縄與那国島人群起源神話傳説的比較研究」『中央研究院民族學研究所集刊』八九：二〇七―二三五、台北：中央研究院民族学研究所
伊地知紀子＋村上尚子
二〇〇八「解放直後・済州島の人びとの移動と生活史」蘭信三編著『日本帝国をめぐる人口移動の国際社会学』、八七―

一四六、東京：不二出版

岩淵功一
二〇〇四「方法としての『トランス・アジア』」岩淵功一編『アジア理解講座3　越える文化、交錯する境界――トランス・アジアを翔るメディア文化』、三―二四、東京：山川出版社

小内　透
二〇〇七「トランスナショナルな生活世界と新たな視点」『調査と社会理論　研究報告書』（北海道大学）二四：一―一一

上妻　毅
二〇一二「『与那国・自立へのビジョン』断想【国境地域政策の欠落】」『別冊　環　日本の「国境問題」現場から考える』一九：二四五―二五六、東京：藤原書店

マーカス、J・E／フィッシャー、M・M・J
一九八九「世界規模の歴史的政治経済の説明――社会を大規模システムとの関連で知ること」マーカス、J・E／フィッシャー、M・M・J著（永渕康之訳）『文化批判としての人類学――人間科学における実験的試み』一五一―二〇七、東京：紀伊國屋書店

又吉盛清
一九九〇『日本植民地下の台湾と沖縄』沖縄：あき書房

松田良孝
二〇〇四『八重山の台湾人』沖縄：南山舎（やいま文庫）

村上和弘
二〇〇九「厳原港まつりの戦後史――対馬における〈日韓交流〉の利用戦略をめぐって」小松和彦還暦記念論集刊行会編『日本文化の人類学／異文化の民俗学』、一五九―一七九、京都：法藏館

西井凉子
二〇〇六「社会空間の人類学――マテリアリティ・主体・モダニティ」西井凉子・田辺繁治編『社会空間の人類学』、一―二九、京都：世界思想社

大井由紀
二〇〇六「トランスナショナリズムにおける移民と国家」『社会学評論』五七（二）：一四三―一五六

Portes, Alejandro, Luis E. Guarnizo and Patricia Landolt

1999 The Study of Transnationalism : Pitfalls and Promise of an Emergent Research Field, *Ethnic and Racial Studies* 22(2): 217-237

レルフ、エドワード（高野岳彦、石山美也子、阿部隆訳）
一九九九 『場所の現象学――没場所性を越えて』東京：筑摩書房（ちくま学芸文庫）

Roger, W. and Fitzgerald, D.
2004 Transnationalism in Question, *American Journal of Sociology* 109(5): 1177-1195.

渋谷 努
二〇〇五 『国境を越える名誉と家族――フランス在住モロッコ移民をめぐる「多現場」民族誌』宮城：東北大学出版会

財部能成
二〇一二 「対馬市の国境交流構想」『別冊 環 日本の「国境問題」 現場から考える』一九：一九五―一九七、東京：藤原書店

床呂郁哉
二〇〇六 「変容する〈空間〉、再浮上する〈場所〉――モダニティの空間と人類学」西井凉子・田辺繁治編『社会空間の人類学』、六五―九〇、京都：世界思想社

外村 大
二〇〇八 「総説」蘭信三編著『日本帝国をめぐる人口移動の国際社会学』、三―三〇、東京：不二出版

植野弘子
二〇一一 「《特集》台湾をめぐる境域」『白山人類学』一四：一―六

上杉富之
二〇〇五 「人類学から見たトランスナショナリズム研究――研究の成立と展開及び転換」『日本常民文化紀要』二四：一―四三

Vertovec, S.
2009 *Transnationalism (Key Words)*. Routledge.

王宏仁・郭佩宜
二〇〇八 「導論：跨國的台灣・台灣的跨國」王宏仁・郭佩宜主編『流轉跨界――跨國的台灣・台灣的跨國』、一―三一、台北：中央研究院人文社會科學研究中心・亜太區域研究專題中心

山﨑孝史
二〇一〇 『政治・空間・場所「政治の地理学」にむけて』京都：ナカニシヤ出版

吉見俊哉
二〇〇三『カルチュラル・ターン、文化の政治学へ』京都：人文書院
朱　恵足
二〇〇七「作為交界場域的『現代性』——往返八重山群島與植民地台湾之間」『文化研究』五：四九—八六

●目次

はじめに……上水流久彦　1
一　二つの境域　2
二　「空間」と「場所」が緊張する境域　7
三　境域にみるトランスナショナリズム　10
四　本書の構成　16
おわりに　23

●第一部　実践

移動・移住の経験と実践
――東シナ海国境海域をゆきかう漁民たち……西村一之　41
はじめに　41
一　台湾東部漁業の確立と漁民の移動・移住　45
二　〈やわらかい〉境界――中華民国台湾とアメリカ軍統治下沖縄の間で　48
三　〈かたい〉境界――中華民国台湾と日本の間で　60
おわりに――越境経験と越境実践　64

目次

［再録］変則貿易の時代
——戦後対馬における日韓「交流」の諸相……村上和弘 75
一 はじめに 75
二 概要 79
三 変則貿易の時代 84
四 人々の語り 94
五 考察 99
六 おわりに——「変則貿易」の時代と「大密貿易」の時代 102

近代八重山におけるモノの越境
——台湾との関係を中心に……角南聡一郎 113
一 はじめに 113
二 台湾移民がもたらした象徴的農具——クルバシャー 116
三 単に瓦の代用品にあらず——セメント瓦 123
四 日本文化の代表的モノ——畳 127
五 モノが語る、モノに語らしめる近現代 131
六 おわりに 133

コラム こっちも台風。あっちも台風。……松田良孝 141

●第二部　自／他認識

国境を生きる
――沖縄石垣島の台湾系華僑・華人の越境経験と組織形成 ……………… 森田真也 147

はじめに――問題の所在 147
一　台湾系移住者の越境経験 150
二　台湾系移住者の社会的位置と組織形成 159
三　エスニック境界とアイデンティティ 166
おわりに 173

交錯するツーリズム
――八重山台湾間の観光をめぐる台湾認識のあり方 ……………… 越智郁乃 183

はじめに――問題の所在 183
一　戦後から復帰までの八重山における人とモノの移動 188
二　八重山の観光地化と台湾への観光旅行との相関――ホストとしてゲストとして 190
三　クルーズ船による台湾人観光客の到来――再びホストとして 208
四　繰り返される行き来から形成される「台湾」認識 213
おわりに――日本本土のツーリズムの内面化と台湾認識 217

境域のツーリズム
——韓国人の対馬観光をめぐって……中村八重 225
はじめに 225
一 「日韓交流の島」の成立 227
二 韓国人による対馬観光の概要 229
三 韓国人観光客の旅行動機と関心 234
四 韓国における対馬観 238
五 それぞれの「ものがたり」 240
おわりに 244
コラム 〝対馬市民劇団〟の意義……橘 厚志 251
●第三部 歴史認識
つなぐ記憶／ずらす記憶
——現在の八重山・台湾境域における越境の試みをめぐって……上水流久彦 257
はじめに 257
一 経済的結びつきの希求と現状 259

二　八重山の台湾東部への認識　261
三　台湾東部の八重山への認識　266
四　過去の台湾と現在の台湾のズレ　269
おわりに——境域という課題　275

歴史的事件の再解釈と資源化
——台湾原住民族パイワンによる「牡丹社事件」をめぐる交渉……宮岡真央子　285

はじめに　285
一　出来事から事件へ　288
二　恒春半島南部のパイワンが経験した近代　291
三　「牡丹社事件」の再解釈　296
四　パイワンによる歴史的事件の資源化　300
おわりに　307

ポストコロニアルにみる対馬の祭りの可能性
——時の辺境化と儀礼の力……江本智美　321

はじめに　321
一　時間的他者と民族の階層化　323
二　時間的他者の共存　329

三　儀礼の力　332
四　「ギフト」としての祭り――近代国家と離島　334
五　近代国家と離島による周縁化　338
六　結び――儀礼の可能性　343

引揚げ体験に見るノスタルジア
――朝鮮半島、満州、シベリア、南京からの引揚げ……崔吉城　353
はじめに　353
一　ポストコロニアル研究　356
二　ノスタルジアの力学――辛さから懐かしさへ　359
まとめ　364

コラム　「パイン女工」から八重山人へ――きっかけは〝好奇心〟……国永美智子　371

あとがき……村上和弘・西村一之　375

●附録

韓国人観光客アンケート調査報告書……中村八重　404

クルーズ船台湾人観光客アンケート調査報告書……上水流久彦 464
索引…… 472

装丁＝オーバードライブ・前田幸江

●第一部　実践

移動・移住の経験と実践——東シナ海国境海域をゆきかう漁民たち

西村一之

はじめに

本論文では、台湾東海岸と八重山を結び隔てる海域に、国境という境が生まれ変容していく中、そこに暮らす人びとがそれにどう応じながら生活を築き、またその海域をどのように認識してきたかを考える。

この二つの地域の結びつきを巡っては、すでに多様な研究蓄積が認められる。その先駆的なものとして、台湾の人類学者である黄智慧の一連の論考がある(1)〔黄智慧　一九九五、二〇〇八、二〇一〇（一九九七）など〕。黄は、歴史および民俗資料を用いたこれらの論考を通じて、台湾東海岸と八重山の間に考古学的・民族学的つながりを指摘し、その成果から沖縄宮古から台湾緑島・蘭嶼を経てフィリピン・バタン諸島に至る海域を「東台湾海（East Taiwan Sea）」と呼ぶことを提唱する。黄の研究からは、フィリピン島嶼部を人類学的に研究する床呂郁也が東南アジア海域世界について述べたプレモダンな海域世界、つまり広い交易のネットワークで結びついた多様性と異質性が混在する世界〔床呂　一九九九：三二―三七〕が、近代国家が登場する以前にこの海域でも展開していたことをうかがわせる。それは海洋という環境が可能にした人とモノの移動の証といえる。東シナ海からフィリピン北部に至る海域の内、台湾東海岸と八重山の間の海を越えた人とモノの行き来については、対象とする時代を違えてはいるが、多くの研究がその成果を明らかにしている。

例えば、帝国主義の伸張と収縮そして戦後の国際関係を踏まえた近・現代史研究では、帝国日本であった八重山と植民地台湾の間の人的移動に焦点を当てた研究が昨今特に充実している［金戸　二〇〇八、水田　一九九八、二〇〇三、朱恵足　二〇〇八など］。なかでも文献資料とインタビュー資料を駆使し、双方の人びとが経験した帝国主義と植民地モダニティについて述べる朱恵足の論文［二〇〇八］は注目に値する。この朱論文は、植民地モダニティの中心であった台湾（台北）と、内地（日本）の周辺であった八重山の地域性を指摘し、一方で植民地住民である台湾住民と宗主国日本の住民である八重山住民とが往来を重ねる中で生じ交錯する、ねじれた互いのイメージに言及した、トランスナショナリズム研究となっている。また、戦後冷戦体制の確立期、台湾が中華民国となり、沖縄がアメリカ軍統治下にあった当時の人的移動については、両地域が組み込まれていく二つの国家体制の存在とその力の影響を踏まえた研究が現れている［八尾　二〇一〇、国永　二〇一一など］。さらに学術論文ではないが、ジャーナリスト松田良孝による記事や著作は特筆すべきである［松田　二〇〇四、二〇一一など］。ここに挙げた研究の多くは、八重山と台湾各地で行われた松田の地道で精力的な取材によって描かれた作品が参照されている。

これらの人的移動をテーマとした論考では、戦前八重山女性の台湾出稼ぎや台湾住民の石垣移住、戦後に技術指導員という形で八重山に渡り農業および製造業に就いた台湾からの出稼ぎ労働者が、その対象となっている。海を渡って移動する彼／彼女らの姿は、当時の国家レベルのマクロな歴史と生活世界レベルのミクロな歴史をつなぐ接合点となっている。しかし、前出の研究のほとんどは、海を渡るという実践そのものよりも、海を越え行き来した場所での体験やその渡った土地での経験が持つ意味を問うことに主眼が置かれている。このため、海によって隔てられかつ結ばれている海域で生きることに対する着眼が後景に追いやられている感がある。

地図1　台湾東海岸と八重山

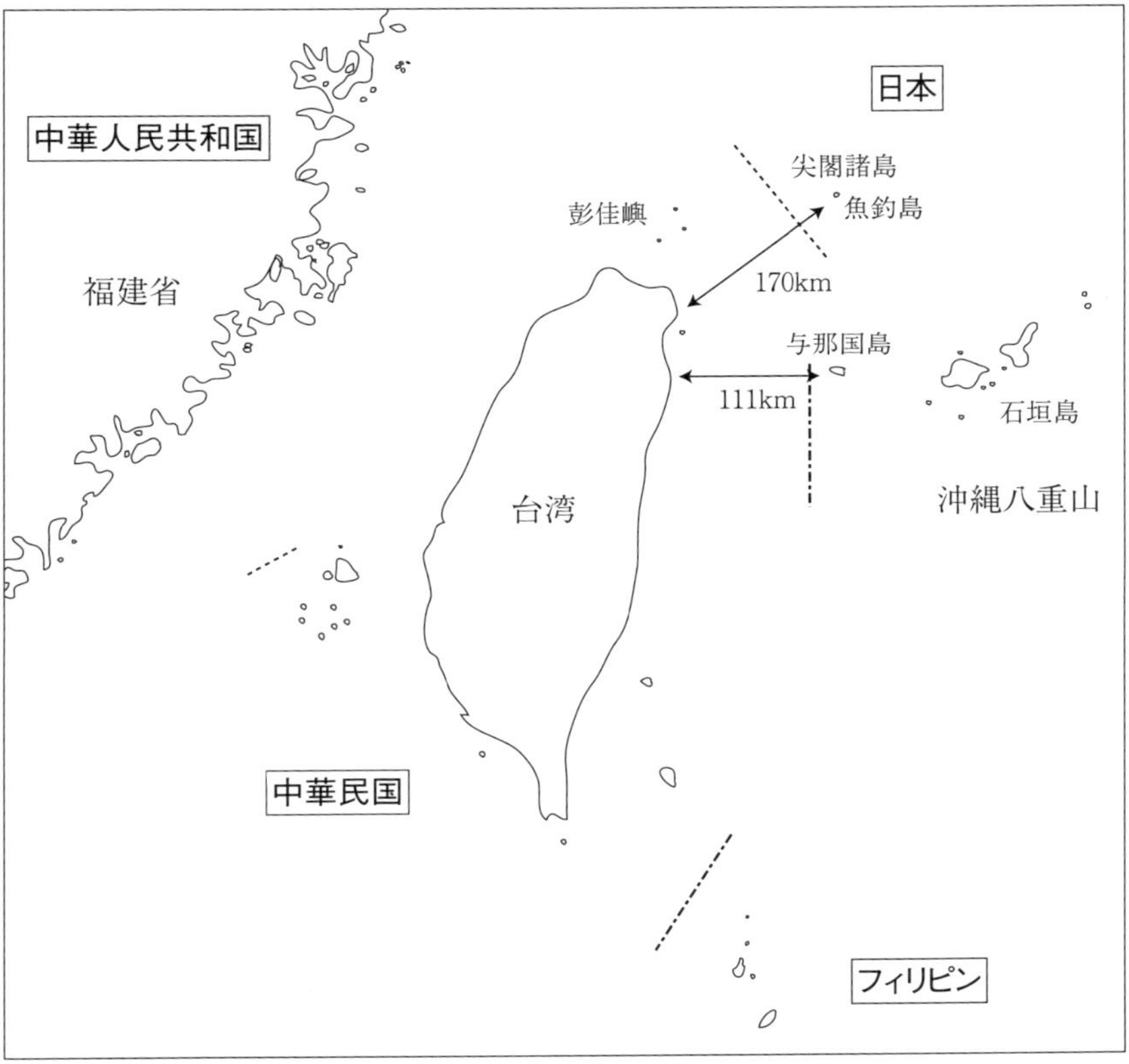

さて、本論集に収められている上水流論文が注目するように、この向かい合う二地域の住民たちの間では、しばしば地理的近さが強調され、また戦前戦後の移動／越境経験が取り上げられ、これらを基にした互いの深い理解に対する共通認識と将来の緊密な交流が模索される。しかし、観光領域を対象とし、八重山と台湾のつながりを取り上げた越智論文でも指摘されたように、この地理的近接性と親近感の強調を通した実際の交流や互いに向けられた認識にはズレがある。本論文では、このズレを生み出す基となっている、両地域の間にある東シナ海を舞台とした移動の経験と実践その

ものについてみる。そして、従来の研究でも指摘されている双方的な移動の実態について、主たる対象を漁民たちに絞って示し、一方でそこに厳然として存在する中央の力の発現、つまり国家によって生み出される〈境〉＝国境の現れ方に注意を向け、移動する人びとのローカルなレベルから現在国境海域となっているこの海に対する認識を捉える。[2]

本論文で対象とするのは、現在、日本、台湾（中華民国）、そして中国との間に広がる東シナ海域であり、またそこは海でつながる島々で構成されている空間である[3]（地図1）。ここでは、特に台湾と日本との間に広がり黒潮が流れる海に注目する。先の黄智慧が「東台湾海」を三つの領域に分けて説明する中の一つ、つまり台湾東海岸と八重山の間の海に該当する。この海には、日本国政府と中華民国政府の間で領土に対する主張が重なりあい、それが海上にも及んでいる。領土という陸を起点とした観点からこの海域を見ると、例えば、日本が主張する領土である尖閣諸島は沖縄県石垣市に属しており、同時にそこは中華民国にとっての宜蘭県頭城鎮大渓里の一部である。そして、海洋の場合、国境とは排他的経済水域と深く関わっている。[4]排他的経済水域の存在が指すのは、海洋資源および海底資源に関する権益である。東シナ海の水産資源に対しては、八重山の漁民たちが、日本が主張する排他的経済水域に出漁してくる台湾漁民に対する監視を行い、水産資源の保護を行政に求めている。また、この日本の排他的経済水域と重なりを見せる、中華民国が主張する経済水域（専属経済水域）は、台湾漁民側にとって国境が存在しなかった日本植民統治期から現在も通う「伝統漁場」として認識されている。[5]このように台湾東海岸から八重山にかけての海域は、〈境〉に対する認識の交錯が表面化する空間なのである。

そして東シナ海域は、台湾東海岸に暮らす人びとと八重山に暮らす人びととが行き来してきた舞台である。その動きは、かつての帝国日本の枠内つまり内地沖縄と植民地台湾とで行われた移動から、アメリカ軍統治下沖縄そして後に日本に復帰した沖縄と中華民国となった台湾の間で生まれ変化してきた国境を挟んでの移動＝越境へと変化してきた。特に戦前から沖縄が日本に復帰する前後、人とモノの往来が、八重山と台湾東海岸の間で日常的に行われてきた。さらに、その経験を持つ台湾東海岸の人びとは、日本の排他的経済水域を前にして、過去の行き来を参照して新たな場面での越境を築こうとしている。

ここでは初めにかつてこの海域で行われていた移動についてその詳細を見、次に国境領域となった海域自体、そして越境実践がどのようなものなのか、この海と向き合って生きてきた台湾東海岸および八重山の漁民たちの姿から考える(6)。

一　台湾東部漁業の確立と漁民の移動・移住

台湾では、日清戦争後の下関条約の締結によって一八九五年から帝国日本の支配がはじまった。そして、台湾沿岸各地を対象に台湾総督府や地方行政機関が行う官営の漁業移民事業が実施された。ここでは、台湾東海岸の官営移民事業に対し、植民地経営との関連を指摘しながらその詳細を明らかにした歴史学者林玉茹の論文［二〇〇一］を参考としたい。それによると、まず一九〇八年から一九一一年の間に各地で行われた前期官営移民事業は、移住者が離散し失敗であった。だがその後、一九二〇年代半ばから農・漁業移民事業全体がその対象を台湾東部に移す中で、東海岸において進められた後期官営移民事業は、公的機関によって「移民村」が建設され定住する日本人漁民が現れて一定の成功をみたと述べる［林玉茹　二〇〇二］。そしてこの「移民村」を核として、事業によらない自由移民も多く行き来し、この中からも台湾東海岸に居を構える者が出た。こうして植民統治が終了する一九四五年までの間に、公的に設けられた移民村を中心とした漁業地が三ヶ所（蘇澳南方澳、台東新港［現、成功］、花蓮米崙［現、美崙］）、台湾東海岸に生まれた。また、北東部の基隆にはこれら「移民村」よりも早く自由移民によって漁業地が生まれてい

地図2　台湾東海岸の日本人漁業移民村の位置

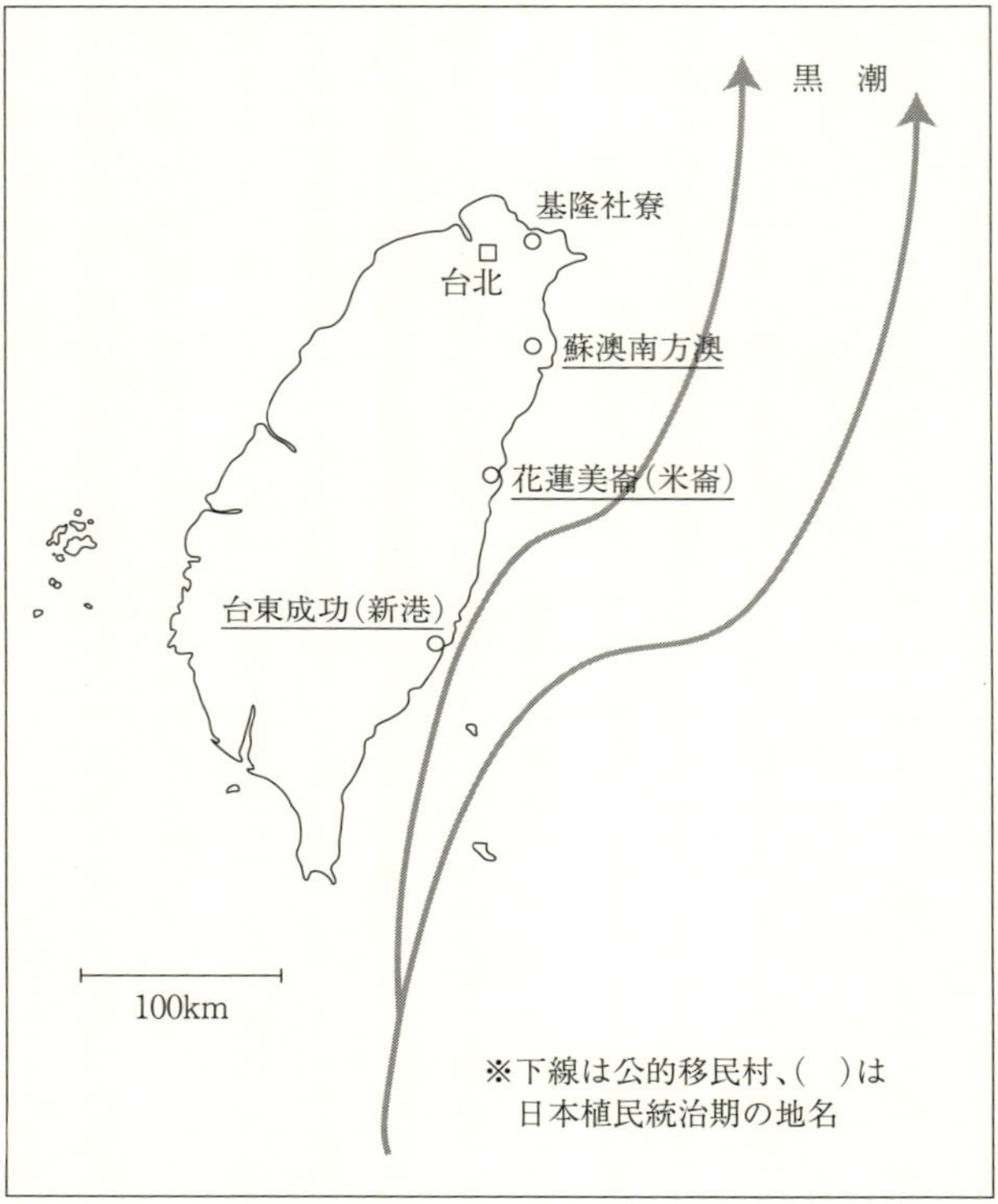

た（地図２）。

これら台湾東海岸の「移民村」は、一九二〇年代より相次いで日本から通漁し、台湾東部近海の漁場を利用していた漁民の移動移住を受けて作られた。そして、台湾東海岸に移り住んだ日本人漁民に重要視されたのがカツオ漁とカジキ漁であった。これらには魚を追っての移動が必然で、台湾東海岸に渡った彼らの間では特にカジキ突棒漁という漁法が拡散浸透した。これに伴い、漁業移民たちが利用する漁場はその範囲を広げていく。黒潮の流れに沿うように、それは与那国島および尖閣諸島の近くから台湾本島沿海にまで及ぶ。[7] こうして移入された漁法を通して、台湾東部に漁獲物を流通させて生業とする漁業が確立する。

また公的な移民の動きよりも前に、台湾北東部の基隆で沖縄漁民が通漁し、居を構えていた。彼らの移動初期には、海人草《かいじんそう》（学名　Digenea simplex）や石花菜《てんぐさ》（学名　Gelidiaceae の総称）を対象とした潜水漁による「採草漁業」が盛んに行われた。海人草は薬草で回虫駆除剤の原料、石花菜は寒天の原料である。『基隆漁業史』によると、最も早くに台湾北部沿岸にやってきたのが沖縄出身者であり、彼らは夏に当時経済的価値の高い石花菜を取りに訪れ、社寮島（現在の和平島）に住み、日本植民統治期、彼らの集落は「琉球埔」と呼ばれていた。「琉球埔」に暮らす漁民たちは豊富な海洋資源に惹かれてその数を増やし、一九二一年当時は約三〇〇人であったものが一九三〇年には四〇〇～五〇〇人の沖縄出身者が暮らし、その三分の二が漁民であった［基隆市政府　二〇〇一：三四―三五］。この基隆の「琉球埔」は、日本植民統治期に台湾東海岸に点在した沖縄人集落の一つであるが、先ほどの台湾総督府や地方行政機関の募集による公的な移民とは違い、沖縄漁民のほとんどは自由移民であった。彼らは、沿岸部で得意とする潜水技術を駆使して漁撈にあたるとともに、日本人漁民たちによって行われていた動力漁船を用いた近代的漁法による漁業に漁夫として参入した(8)。海洋資源の利用が、八重山の漁民たちに対し台湾東部への移動を促してきたのである［西村　二〇〇七］。

植民統治末期から台湾東海岸にあった「移民村」を中心とした漁業領域に日本人、沖縄出身者、そして台湾住民（漢人および先住民）が参入した。これらの人びとは、漁民として魚を追い求め台湾東海岸と八重山の間の海を移動していた。それは台湾東海岸の漁業地に共通した出来事であった(9)。そして戦後、高い技術を理由として中華民国政府による徴用（留用）の対象となった日本人漁民が東海岸に残留した。彼らのほとんどは一九四九年前後に日本へ引揚げたが、残留した日本人漁民を通じて漁撈技術が結果的に台湾漁民たちに伝えられ、カジキ漁は戦後の台湾東海岸一帯を代表するものとなる。

この間、共に帝国日本にあった台湾と八重山は、それぞれ中華民国、アメリカ軍統治下の沖縄へと位置づけられた。つまり、両地域の間の海に境界（＝国境）が現れ始めたのである。

二　〈やわらかい〉境界──中華民国台湾とアメリカ軍統治下沖縄の間で

ここでは、戦後台湾が中華民国に、そしてアメリカ軍統治下に入ることで生まれた〈やわらかい〉国境を前に、台湾東海岸および八重山の漁民が行った越境についてみていく。〈やわらかい〉とは、越えることが比較的容易であった国境の様子を指している。国境の性質を固定化してとらえず、変化する存在として考える。これと関連して、日本政治思想、特に沖縄に着目して研究した屋嘉比収は、戦前から続いていた沖縄と台湾との交流が戦争やアメリカ軍統治の中でも変わることなく継続し、密貿易に代表される日常的な越境が存在していたものが、国民党が撤退した一九四九年の台湾の情勢や翌五〇年の朝鮮戦争に起因するアメリカの台湾政策の転換によって取り締まりが強化され、国境線が構築されたと説明している［屋嘉比　二〇〇三：一九九］。このように、台湾東海岸と八重山の間の人的物的交流は、東アジアを巡る国際関係の推移の中におかれ影響を受けて動いてきた。

1　台湾漁民と沖縄漁民

帝国日本の周辺域として同一圏内にあり、その後中華民国とアメリカ軍統治下沖縄の間に現れた境界（国境）をはさんで向き合う形となった台湾と沖縄の間にある東シナ海を行き来した、台湾漁民と沖縄漁民の関係について具体的に見ていく。

ここで彼らの移動と密接に関連するカジキ突棒漁について紹介する。台湾におけるカジキ突棒漁は、沖合を北上する黒潮にのって回遊するカジキ類を漁獲対象とする。一九二〇年代後半から一九七〇年代にかけて、台湾東海岸ではカジキ突棒漁を中心とした近海漁業が大きく成長を遂げた。しかし、その後は漁法の転換や漁業自体の衰退もあって、二〇一一年現在、この漁法を主とする漁船は、台湾東海岸に位置する台東県成功鎮（鎮は町レベルの行政単位に相当）の漁港にわずかに存在するに過ぎない。図1は、植民統治期の漁具を採集した『台湾漁具集』［安原 一九四四］に載るカジキ突棒漁で使用された漁具の図だが、写真1と対照してわかる通り、その形を大きく変えることなく今日まで存在している。漁船の前方は長く突き出ており、漁民は銛を持ってここに立ち、魚にこの銛を投げる。銛は三叉の着脱式の銛先からなっており、銛先が魚体に刺さり、弱った魚を船にひっぱりあげて捕獲する。今その漁獲は多いとはいえないが、主に生食されるカジキ類は高い利益を生む魚種であり、品質の良いものは日本向け輸出品となり、それ以外は台北などの都市に送られ消費される。ちなみに、カジキ類は植民統治期を通じて台湾東部を代表する移出輸出品であり、当時すでに台湾島内を越え日本内地や中国大連にまで広く鮮魚として流通した。

図1　カジキ突棒漁の漁具（出典：安原 1944：117）
7）

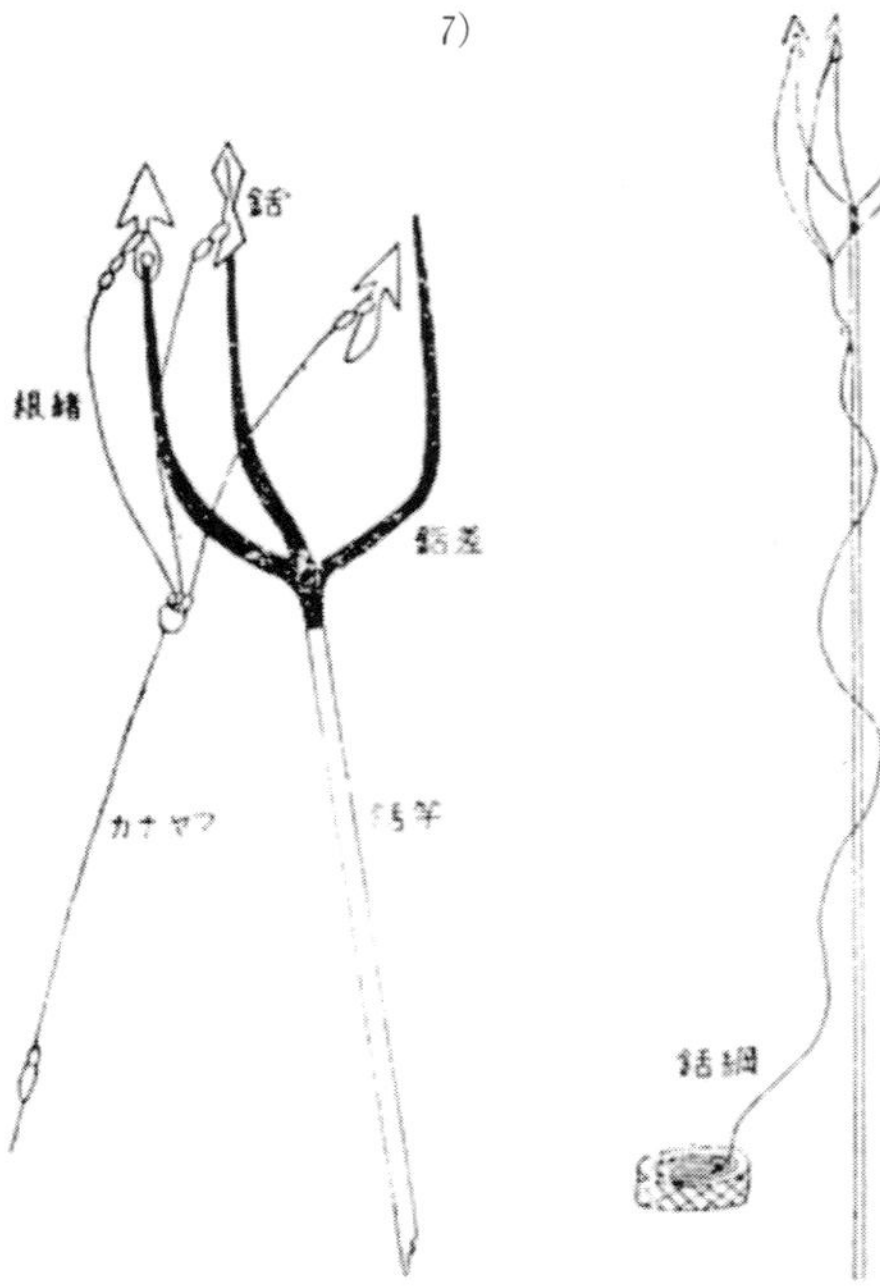

写真１　カジキ突棒漁漁具

また、台湾東海岸の住民には無かった魚の生食という消費スタイルを持ち込んだ。生産、消費、流通いずれも主に日本人が行った当時のカジキ漁業は植民地近代の性格を帯びており、台湾において現在にまで至る植民地主義を象徴している［西村　二〇一〇］。

（1）台湾漁民の沖縄漁民に対する認識

二〇〇〇年代の今、台湾漁民から発せられる沖縄漁民に言及した語りには、漁業と彼らとの強い関連がうかがわれる。[10]

フィールドノート：カジキ突棒漁の由来と「沖縄」（蘇澳南方澳）

カジキ突棒漁は、日本から来た漁民、沖縄人が（私たちに）教えた漁法だ。昔はここに沖縄人がたくさん住んでいたそうだ。（T・Y　漢人　漁民　一九五五年生　蘇澳南方澳）

フィールドノート：カジキ突棒漁の由来と「沖縄」（基隆八斗子）

社寮島にはかつて琉球人が多く暮らしていて、カジキ突棒漁をしていた。一四歳の時から船に乗り、一年ほど琉球人の船長の下で働いた。戦後になってから一七歳の時には沖縄の海を漁場として漁に出た。九月初めころに無人島（魚釣島）へ行く。（T・K　漢人　元漁民　一九三二年生　基隆八斗子）

フィールドノート：漁撈技術と「沖縄」（台東成功）

今の船長と昔の船長は違う。昔はコックから船員、船員からビィーヒア（pi-hi-a［比魚仔］、魚を目で追い操舵手にその方向を指示する役目)、ビィーヒァから副船長、副船長から船長となった。船長になるのは簡単ではない。(自分たちのように)沖縄漁民と乗った船長が本当なのだ。(X・G アミ 漁民 一九四七年生 台東成功)

このように、台湾東海岸の漁民たちにとって、かつて身近にいた沖縄漁民は特にカジキ突棒漁を台湾にもたらした存在として言及される。しかし、実際のところそれは違っている。基隆や蘇澳にカジキ突棒漁が移入されたのは、福岡県や愛媛県の漁民たちによる台湾出漁が契機となっていたのであり、台東成功では両地域に暮らした日本人漁業移民の操業域拡大と、この漁法で有名な漁業地であった千葉県から移住した漁民たちによって拡散浸透したためであった。にもかかわらず、沖縄漁民が台湾漁民たちによって特に言及されるのは、漁撈という仕事を共にする中で、彼らと台湾漁民との間に対面的で密接な関わりが認識されているからである。さらにこの時、台湾漁民が持つ沖縄漁民との漁撈経験やこれを知らせる語りから、そのやり取りが一九四五年以降も続いていたことがわかる。それは、国境領域となった尖閣諸島周辺海域への出漁という形でも現れる。

(2) 台湾に残った沖縄漁民

一九四五年四月にアメリカ軍が沖縄をその施政下に置き、同年八月に戦争が終わると、台湾は中華民国に、そして沖縄はアメリカ軍統治下に入った。これにより、かつて帝国日本の下で同じ空間に組み込まれていた台湾東海岸と八重山を結ぶ東シナ海に国家によって引かれる境界=国境が生まれた。しかし、この海で繰り広げられてきた漁民の移動が直ちに無くなったわけではない。先ほどの基隆八斗子に暮らす元漁民T・K氏の語りからも分かるように、戦後も沖縄漁民の一部は台湾東海岸に残って台湾住民と漁撈に従事し、国境が現れた海域に船を向けたのである。当時の国境は透過性の高い、〈やわらかい〉境界であった。それは次のようなエピソードに表れる。

フィールドノート：沖縄漁民との漁撈経験

甥に誘われて二〇歳の時から南方澳に行き、そこで沖縄漁民と船に乗った。当時、登記上の船長は台湾人であったが、実際の船長は沖縄人であった。沖縄宮古島佐良浜出身のY・Kには台湾人（客家）の妻との間に子供もいた。妻の弟が登記上の船長であった。その後、Y・Kが基隆の船に移った時も一緒に行った。後にここで船を変わったが、船長はやはり沖縄漁民だった。

九から一〇人くらいの船員がおり、花蓮の先住民アミも一人乗っていた。船長は少し台湾語（閩南語）を話した。日本語と身振り手振りでコミュニケーションをとった。台湾近海にカジキがまだいない時期に、カツオ漁やクロカワカジキを突くために亜人口（中国語名「彭佳嶼」、日本語名「アジンコート」）や無人島（日本語名「魚釣島」）にいった。無人島の西側で漁をした。旧暦七月半ばから八月半ばにかけて。先に基隆に移動し、約四時間で亜人口、さらに八から九時間で無人島につく。船長が沖縄人だと無人島に行くことが多かった。向こうで沖縄の船と一緒になることもあった。（Z・W　漢人　漁民　一九三二年生　台東成功）

戦後、中華民国政府は専門職や技術職にあった日本人とその家族を対象として台湾に残ることを許可し、戦後復興のために彼らが持つ知識や技術を利用しようとした。この時、東海岸では漁撈技術を理由に一部の漁民がその対象となった。これを留用あるいは徴用といい、対象となった日本人は「日僑」、沖縄出身者は「琉僑」と呼ばれた。なお政府による引揚げ事業は三段階に分けて行われ、一九四六年五月までにほぼすべての日本人が台湾から引揚げている。(11) ただし、アメリカ軍の下にあった沖縄への引揚げは、日本本土へのそれとは異なるものとして行われ、実施時期もわずかだが遅かった。そして、こうした公式な事業によらない沖縄出身者の引揚げも多くあった。だが、中には荒廃した故郷の状況を知って残り続けた者や再び台湾に戻る者もあった。台湾東海岸では、様々な形で台湾に残留していた沖縄出身者を中心とした近海漁業がおこなわれた。その実際は、右に示したように、中華民国となった台湾において漁船の所有や乗組員の代表は台湾住民が、漁撈の実際の指揮は船長として沖縄漁民がという形態が多く認められた。また、台湾漁民が沖縄漁民に導かれて向かう漁場は、当時すでに国境領域となっていた尖閣諸島近海を含んだ台湾北東部の東シナ海一帯であった。沖縄出身者そして台湾住民が漁撈をともにし、台湾東海岸一帯と八重山との間の海域に出漁していたという意味では、戦前同様の漁業が継続していたが、その担い手は先に引揚げた日本人の後を受ける形で沖縄漁民と台湾漁民とが共同して漁撈にあたっていた。こうした沖縄漁民は、台湾東海岸を移動し、また八重山との間を行き来し、中にはそのまま台湾に足場を築いて暮らした者もいた。(12)

2　台湾漁民と沖縄漁民の八重山での交流

戦前より続いた台湾東海岸と沖縄漁民たちのつながりは、その後大きな振幅を経ている。一九四七年台湾で中華民国政府に対する大規模な民衆抵抗運動「二・二八事件」がおき、これに対して政府がとった厳しい武力制圧とその後の社会不安のなか、次第に沖縄漁民は台湾を離れた。また、東アジアを巡るアメリカの姿勢によっても左右された。なかでも一九五〇年におこった朝鮮戦争は、前年に中国大陸から台湾へと撤退した中華民国政府に対するアメリカの消極姿勢を転換させ、アメリカ軍の下にあった八重山と中華民国政府の下にあった台湾東海岸の間の境界の実質的なあり方に大きな影響を与えた。一九四七年を挟んだ約四年間に両地域の間で行われた「密貿易」の盛衰は、これを雄弁に物語る。だが、これは領土という陸の論理から見た境界の現れではないだろうか。その後、沖縄が日本へ復帰する一九七二年ころまでは、東海岸の台湾漁民もそして戻った沖縄漁民も、それぞれ東シナ海の国境海域を漁場として利用し続け、海上や尖閣諸島および与那国島で互いの交流があった。

(1) 国境海域への出漁

台湾東海岸から八重山の間の海の上で、あるいは海域内の島々において、共に漁場として利用する台湾漁民と沖縄漁民の交流は決してまれなことではなかった。漁に関する情報を交換し、物資を融通し合い、時には遭難時に助け合うなど対面状況での相互交流が続いた。

フィールドノート：台湾漁民の尖閣出漁と与那国島への上陸

魚釣島には二二歳の時に初めて行った(一九五八年)。南方澳から七海里(一二〇キロ)。七から一〇人の船員とともにカジキ突棒漁に行っていた。行くと、宮古島の漁船に出会い、話をしたところ、彼らは昔、南方澳に住んでいたとか。

与那国島には二回くらい上陸した。(海上で)出会う時は日本語で話をしたが、沖縄人の中に台湾語(閩南語)ができるものもいた。船同士寄せてみると、南方澳に住んでいた沖縄人であることがあった。三月と八月の風がない時にもいく。(J・K　漢人　元漁民　一九三四年生　蘇澳南方澳)

フィールドノート：海難救助のエピソード

Y・K(沖縄漁民の船長)の下で船に乗っていた二年目に花瓶嶼(基隆の北東にある無人島)で助けを求める人影を発見した。行くと彼らは四人の石垣島から来た漁民で船が難破して上陸していた。そこで、無人島(魚釣島)まで運び、二、三日留まり、そこで出会った沖縄漁船にのせてやった。(Z・W　漢人　漁民　一九三一年生　台東成功)

この台湾東海岸から八重山に至る海は、豊かな漁場を形成しており、日本語由来の台湾語（閩南語）「瀬」（se）と呼ばれる場所が点在している。「瀬」は海底が浅くなり、水流に変化を生み出すために海面が波立ちやすく魚類が集まる。また尖閣諸島一帯は潮の流れが速いものこれに乗って回遊する魚が多く取れる場所でもあり、基隆や蘇澳南方澳から台湾漁民の出漁が続いた。そして、漁の合間には鳥島と呼ばれる北小島および南小島に上陸して海鳥の卵を採るなどしている。

フィールドノート：尖閣諸島の島々

（魚釣島には）三戸の家がある。昔、カツオ節を作っていたから。東隣には鳥島があり、そこで卵をとった。三〇年位前（一九七〇年代）までのこと。ヨウコン（中国語名「黄尾嶼」、日本名「久場島」）には米軍の演習場があった。そこでは赤魚やサバを取る。赤尾嶼にも行く。（J・X　漢人　元漁民　一九三四年生　蘇澳南方澳）

フィールドノート：東シナ海の漁場の認識

蘇澳で沖縄船長と船に乗っていたころ亜人口にも出漁していた。潮の流れが良く、亜人口と無人島の間に「サンゴ瀬」があり、北風が吹くとうねりがあって魚が水面近くを泳ぐ。基隆から亜人口の間にも「サンゴ瀬」があり風が強いと危ない。蘇澳沖の「蘇澳の瀬」にはクロカワカジキが多い。そこまで行くと与那国島が見える。与那国の漁船も漁に来ている。小さい船が多かった。彼らは引縄で魚を釣る。（Z・W　漢人　漁民　一九三一年生　台東成功）

さらに漁が芳しくない時には、尖閣諸島ばかりでなく与那国島にひそかに上陸して漢方薬の材料となる植物「ハイプーヨン[13]（台湾語（閩南語）hai-phu-iong 海芙蓉）」を採取し台湾に持ち帰って売ったり、洋上や越境した先の土地で交易を行ったりした。彼らは漁民であるが、必ずしも漁撈のみを目的としてこの海域に船を出していたわけではない。

（２）走私：密貿易

次のX・G船長（先住民アミ）の説明にもあるように、この海域への出漁の際に漁船に物資を積み込み、物々交換による政府機関の管理を受けない交易が行われることがあった。特に現在の宜蘭県蘇澳鎮南方澳は、日本植民統治期より多くの沖縄漁民が暮らす地であり、戦後、台湾各地の沖縄出身者たちがここに集まり漁船に乗って引揚げていった。戦前より盛んに行き来があった、蘇澳南方澳と沖縄与那国島との間では、一九四五年から一九四九年ころにかけて「走私」（中国語で密輸の意）つまり密貿易が盛んに行われた。

フィールドノート：「密貿易」と与那国島への上陸

薬、布、クリームなどの日本の物を持って台湾に戻る。自分より五歳前後上のアミたちは、蘇澳南方澳に出稼ぎに行っている時に、与那国に行っていた。向こうには本島人（筆者注：閩南系漢人）の言葉がわかる人がいる。一九歳の時（一九六五年ころ）、与那国島に上陸したことがある、上がって漢方薬の原料になる草をとる。（X・Gアミ　カジキ突棒漁船長　一九四七年生　台東成功）

南方澳の漁業史をまとめた王安陽によると、一九四一年ころまでに蘇澳南方澳にあった移民村にはすでに四〇〇戸程度の日本人漁民が暮らし、冬季のカジキ突棒漁を中心とした漁業が営まれていた。また、漁期には四国九州沖縄などから台湾へ出漁する船が集まってきた。一九四五年八月に戦争が終結し、この地の沖縄漁民たちは引揚げたが、食糧物資の不足から台湾に戻るものも多く、彼らの中には蘇澳南方澳の台湾住民とともに密貿易に従事するものが現れた。二五馬力ほどの漁船を駆使し、沖縄与那国島を目指して一〇時間余りの航海であった。蘇澳南方澳で知り合っていた沖縄漁民と台湾漁民の間で始まったこの密貿易は、またたくまに台湾東海岸各地の漁民たちに広まり、さらには非漁民も参入した。南方澳からは、米、砂糖、茶、豆類、日用品が運ばれ、物々交換の形で与那国島からは米軍用衣類、毛布、缶詰、薬などが持ち帰られた。この「走私」は、台湾東海岸から八重山の海域で戦後直後から一九四九年までをピークに盛んに行われ、この間次第に強化された米軍と中華民国双方による国境管理の影響を受けて衰退していった(14)［王安陽　二〇〇二：三二―三四］。

だが、前述の通り、密貿易の衰退は、台湾東海岸と八重山の間に広がる海における漁民たちの越境が途絶えたことを意味しているわけではない。それは国境海域となった尖閣諸島周辺への出漁という形で、台湾漁民たちにより継続していた。

ところで、海をはさんだ八重山において台湾とはどういった存在だったのか。出漁や密貿易などで越境してきた台湾漁民たちは八重山でどのように捉えられていたのか、与那国島における台湾経験について見ておこう。

3　八重山与那国の台湾経験：国境領域への出漁と密貿易

ここでは台湾東海岸からもっとも近い沖縄県与那国町（島）での台湾経験について触れる。多くの研究が明らかにしてきた通り［例えば黄智慧　一九九五］、戦前、与那国島特に島西端に位置する集落、久部良の漁民たちは台湾東海岸の漁業地に渡って漁撈に従事し、そこで習得したカジキ突棒漁を持ち帰り、それを利用して台湾東海岸との間を行き来していた。与那国島を出て魚を取り、取った漁獲物を蘇澳南方澳の魚市場におろし、与那国島に戻る間にまた漁を行うという出漁形態がとられていた。そして戦後、透過性の高かった〈やわらかい〉国境を越え台湾東海岸との間の海域で漁撈が行われていた。

（1）国境領域そして台湾近海への出漁

与那国漁民たちは、戦後国境を望む海域さらに時には台湾漁民たちも利用する漁場がある台湾東海岸の近海にまで船を出していた。久部良は、与那国島の西側に位置する漁業を主たる産業とした集落である。他の集落と違い、沖縄各地そして日本本土から漁民たちが集まって来ることで形成された経緯がある。町史『与那国島』によると、久部良集落は鹿児島からカツオ漁のためにこの地を訪れた漁民が創始したと伝えられており、その後も沖縄本島の糸満や久高島の人びとが移動・移住した［与那国町史編纂委員会事務局　二〇〇二：三七四］。つまり、この集落の人びとにとって、漁を通して行われる移動・移住は決してまれな行為ではなかった。こうした彼らが漁に向かう先に、台湾東海岸近海の漁場があった。

フィールドノート：与那国久部良漁民の台湾経験

父親は昭和一四、五年頃から、台湾東海岸との間の海に船を出して漁を行っていた。その際、ついでに物資や働きに行く若者を台湾に運んでいた。

一四歳の時に父について漁に出るようになり、二一歳の時に船をもった。「ケーキ」の時は金はなくとも食べ物は豊富にあった。マッチ、ザラメ、アズキ、ビーフン、米などがはいった。蘇澳の瀬や盲目曽根（筆者注：与那国島と台湾東北部との間にある漁場）へも出漁した。（O・T　元カジキ突棒漁漁民　一九三〇年生　与那国久部良）

そして、一九四〇年代半ばから一九七〇年代の久部良で行われてきた漁撈は、戦前に台湾東海岸で慣れ覚えたカジキ突棒漁が行われた。なお、沖縄県内で、この漁法が行われたのは与那国島だけで、戦前期に台湾から戻った漁民がこれを伝えたことが知られている。また、ここにあるように漁撈とともに台湾東海岸に物資を運ぶ、交易も行われた。

（2）密貿易

国境が生まれてからの一時、与那国島は台湾および中国と、沖縄そして日本本土を結んだ交易の中継地となり、物資を運ぶ船を持つ久部良は大いに栄えた。台湾との交易は、政府機関の統制管理を越えて行われる密貿易の形をとり、漁民たちは所有する漁船を輸送船としてチャーターされるか、あるいは漁の片手間に物資を積んで台湾との間を行き来した。与那国からは衣類や毛布といった米軍物資や化粧品などが、そして台湾からは米や砂糖などの食料品や日用品が運ばれていった。その様子について、「久部良のニワトリは地面に落ちた米には見向きもしなかった」などと、物資の豊富な様子が語られる。活況を呈した一九四七年を挟む約四年間を懐かしみ、当時を知る老人たちは今でも「ケーキ（景気）」と呼んでいる。そして、与那国久部良を中継点とした台湾との密貿易は、武器類を含むアメリカ軍物資が中国共産党軍にも流出していることを受けて、一九五〇年六月に実施された、アメリカ軍政府による取り締まりを境にその後次第に衰退したとされている。[15]

この密貿易が八重山および台湾東海岸の漁民らに大きな利益をもたらしたのは、アメリカ軍政府と中華民国政府という国家機関によって、八重山と台湾東海岸の間の海に境界が生まれたからである。越えることが容易な〈やわらかい〉境界の存在こそが、越境することの意味を生んだのである。

しかし、沖縄が日本に復帰する一九七二年前後から、こうした台湾東海岸と八重山の漁民たちによる〈やわらかい〉境界を前にしての移動を取り巻く状況が次第に変化する。中華民国政府は、八重山を含む沖縄がアメリカから日本に戻されることを知ると、これに対して不満を表明、また同様に返還の対象となった尖閣諸島については自国の領土であることを主張する。[16] この沖縄の日本復帰の発表が大きな転換点となり、東シナ海における台湾漁民の移動が八重山を管轄するアメリカ軍そして日本側より強く制限され始める。そして、一九七二年五月に沖縄は日本に復帰し、八重山は中華民国となった台湾と向き合う日本の国境領域となった。さらに日本が一九九六年に排他的経済水域を画定することで、東シナ海には国家によって管理された海域が広がり、透過性が高かった境界は日本と中華民国台湾の主張が交錯する〈かたい〉境界へと変質していく。

シイラ延縄漁を中心に漁撈を行う台東成功のある漁民は、一九九六年までは尖閣諸島への出漁をしていたが、これをやめ南のフィリピン北部へと向かうようになった。直接的な因果関係は指摘されなかったが、この出漁先の変更は東シナ海に〈かたい〉境界がはっきりしてきたことを示唆している。また、台湾東北部では、実際に日本側が定める排他的経済水域の内側に入り、その〈かたい〉境界を越えた先に広がる「伝統漁場」への出漁がしばしばあり、日本側によって侵入警告を受けてきた。台湾側の言う伝統漁場での漁撈が、日本側からは「密漁」として扱われ、国境管理の対象として取り締まられている。

三　〈かたい〉境界――中華民国台湾と日本の間で

二〇〇〇年代、台湾東海岸ではこんな声が聞かれた。それは、「無人島（尖閣諸島の魚釣島）に行きたい」「あの海（尖閣諸島周辺海域）にはたくさんの魚がいるから船を出したい」という趣旨で、台湾本島の北東に広がる「伝統漁場」への出漁の道を探る声である。台湾と日本の間にある植民地経験という特殊な結びつきを踏まえ、そして国境という境界に対する認識に基づき、これらの発言がされる。そして、低調な漁業を前にして、かつての「豊かさ」が経験的に認識されている伝統漁場の利用が実際に行われ正当化される。そこにあるのは中央つまり国家によって確定主張される境界が有する強い拘束性を前にして、行くことができない、あるいは漁場として利用することが非常に困難な海域に対して抱いている認識である。そこで彼らが求めているのは、国家が唱える領土主権ではなくこの海域の漁場利用である。

1　行きたい海、行けない海

今、台湾漁民たちにとって、領土主権が交錯する尖閣諸島周辺海域は、行くことができない海である。かつて〈やわらかい〉境界を容易に超えて行き来することができたことを知る彼らも、現在の〈かたい〉境界を前に通常想像でしかこれを超えることは許されない。または、国家の管理を潜りぬけて「密漁」という形で越えざるを得ない。

フィールドノート：「伝統漁場」利用と密漁

罰金なんかやめてくれ！　日本人であった我々の子や孫にそんなことをしてほしくない魚釣島（尖閣諸島）に行って魚を取っていると日本に罰金を一〇〇万元取られてしまう。台湾人と中国人は分けて扱ってほしい。（H・C漢人サンゴ商人［元漁民］一九二九年生　蘇澳南方澳）

フィールドノート：「伝統漁場」利用の記憶

もし、船を止めることが許されるなら、釣魚台（尖閣諸島）に魚を取りに行きたい。若いころ行ったことがあり、あそこには魚がたくさんいることを知っているから。（X・G　先住民アミ　漁民　一九四七年生　台東成功）

こうした言葉からは、国家によって確定された領域が持つ拘束性とそれと向き合うことで生まれる漁民たちの越境への思いを知ることができる。他方、八重山の側では日本の排他的経済水域を主張して、台湾漁民の出漁取り締りを日本政府に求め、自らも「監視」をする。実際の出漁には天候状況や燃料コスト、その時々の海上保安庁の対応などに影響され、そう頻繁に船を向けることができないのだが、石垣市では尖閣諸島周辺で獲れた魚に「尖閣」の名を冠しブランド化する動きが起こるなど[17]、この海域に対してある種の囲い込みが主張され、台湾漁民の出漁を許そうとしない。尖閣諸島を構成する久場島や大正島周辺を漁場として長く利用し、そこでカンパチ延縄漁を行ってきたある基隆の漁民は、かつては操業は許されないものの島の近くまで行って船を停泊させることができたが、それもできなくなり、近年日本側の取り締まりが厳しさを増していることを実感している。そして、これを受けて漁場を移動し漁法も引縄漁に変えて操業をしている。だが、そうした中でも台湾漁民のこの海域への出漁は望まれ試み続けられている。

2 〈つながる〉海、〈へだてる〉海

このように、顕在化し強化された国境の存在とその管理統制の下、台湾東海岸の漁民が慣れ親しんできた東シナ海国境海域に出入りすることは困難になった。しかし、台湾東部漁民社会においては、一九三〇年代から一九七〇年代に頻繁に行われていた個別的な東シナ海域への出漁経験が参照され、漁業での越境が正統化される。それは国境を意識させることにつながると同時に、後に触れるような新しい移動に対する資源ともなっている。

台湾東海岸から八重山の間の海域には、戦後国境が現れた。それが次第にはっきりと認識されるということは、国家というシステムからの働き掛けがあると同時に、境界としての存在感が漁民たちに意識される、つまり境界が人びとによって固定化されることでもある。そこにはいわば内と外の論理が作用する。ベネディクト・アンダーソンが指摘する国民国家の性質を引き合いに出すまでもなく、国境の内側には想像された国民という同一性に満たされた空間＝国土という意識が働き、外側に対しては疎外すら認められる差異の論理が働く。島々をつなぐ海には、こうした境界が本来存在していない。自然環境としての海により互いの間には隔たりがあるのだが、そこに生きる人びとの中にあったのは、むしろ台湾と八重山に暮らし同じ海域を利用してきた〈つながる〉海で向かい合う「漁民」という同一性である。二〇一一年夏に台東成功の港で話をした、W・N氏（一九五六年生、先住民アミ）は、一九七〇年代後半の四年ほどの間、蘇澳南方澳に出稼ぎに行き、与那国島や尖閣諸島の沖合で漁に従事した経験を持っている。その海は魚影が濃く、なんでもとれたと話す。そして、その当時既に台湾漁民が入ることの困難であったこの海域への出漁を希望し、行くことができる日本側の漁民を指して「都是一家人吧（みんな仲間だろ）」と続けた。

この同一性は、かつての個と個との顔の見える近い関係で結ばれた台湾東海岸の漁民と八重山漁民の漁撈の実践から始まっている。そして、境界（＝国境）がかたく変質していく過程で、双方の人びとの漁撈の実践そしてその記憶によって、その同一性が想像／創造されてきた。だが今、洋上にはそれぞれの国家が定める領土に基づく排他的な海があり、〈へだてる〉海を前にして、双方の漁民は「日本（八重山）」の漁民、「台湾（中華民国）」の漁民という国民国家の同一性にそれぞれくくりつけられている。そこでは、〈つながる〉海に生きる漁民という同一性が後退していく。[18]

しかし、それでもそこは台湾漁民の思いがつまった〈場〉としての海域である。二〇一二年九月一一日に日本政府は私有地であった尖閣諸島を国有化した。台湾では政府による領土主権の主張と日本の国有化に対する抗議が、テレビをはじめとするメディアで大きく報じられた。この時、今の尖閣諸島の様子が映像や写真で繰り返し流された。八〇歳代の老漁民（漢人）は、雑誌の写真やテレビに流れる今の島と海を見て懐かしさを述べ、若いころ沖縄漁民と訪れた際のエピソードを話してくれた。現役カジキ突棒船長のX・G氏（一九四七年生、先住民アミ）は、テレビ画面に映るその島々の様子を前に、一緒に見ていた家族に対して、自身の沖縄漁民との漁撈経験を元に島や周辺の海を説明したという。先鋭化した尖閣諸島に対する主権を巡る報道のなか、期せずして、台湾漁民によってこの海域に対して彼らが抱く思いが改めて示されたのである。

おわりに――越境経験と越境実践

台湾東部の漁民は魚を追いかけて東海岸を移動してきた。彼らは、台湾沿岸部ばかりでなく、かつて訪れた東シナ海の漁場や尖閣諸島・与那国島などの島々や周辺の漁場に関する豊かな知識を持っている。また、そこで共に漁をし出会った沖縄出身者あるいはその海域そのものに対して特別な思いを述べる［西村　二〇〇七］。つまり、彼らにとって、台湾東海岸から八重山に至る海域は海を通じて連続した個人と個人の対面状況に基づく思いの詰まった〈場〉なのである。

今、かつて漁民たちが移動してきた海域は、国境という境の前に、大きくその様子を変えている。つまり、国家の主権に基づく領域の存在感が強くなっている。ところで現在越境を可能にする一つの場面として観光が現れている。老漁民たちにとってそれは、単なる日本観光ではない。かつての沖縄漁民たちと行った東シナ海国境海域における越境しての漁撈経験がもとになっている。

台湾東海岸から八重山に至る海で沖縄漁民との漁撈を経験しているZ・W氏は、近年思いがけず息子夫婦と、沖縄に行き初めての日本観光をした。若いころ漁船に乗って渡った同じ海を、この時は観光クルーズ船で渡ったのである。その時のことを次のように語った。

フィールドノート：成功鎮漁民の尖閣諸島出漁経験と観光

二〇〇四年に妻と息子家族で、日本観光として宮古島を訪れた*。大きな観光客船に乗っての旅行は快適で大変楽しい船旅だった。若いころ蘇澳で親しくなった宮古出身の沖縄漁民の中に船でいつも勉強をしているK・Sという同年輩の若者があり故郷に戻ったら警察官になりたいと言っていた。成功鎮に戻った後は会うこともなかったが、宮古島に船が接岸した際、制服を着た警官らしき人が並んでいるのを見て心ひそかに「K・Sがいるのではないか」と思い彼らの顔を注意して見、また町中を歩いていても偶然出会うのではないか、とも思った。（Z・W　漢人　漁民　一九三一年生）

*一九九七年から基隆―那覇間をクルーズ船が就航し、断続的に宮古島への寄港ルートがあった。

また、若いころアメリカ軍統治下にあった八重山への出漁経験があり、今もし許されるなら尖閣諸島で漁をしたいと話すX・G氏は、台湾東部と石垣島が空路で結ばれていることを知ると、次のように話した。

フィールドノート：成功鎮漁民の尖閣諸島出漁経験と観光

（二〇〇六年から台湾花蓮市と日本石垣市の間を飛行機チャーター便があることを聞いて）振るわない近年の漁業が心配だ。与那国から台湾東海岸にかけての漁場の豊かさを知っているので、実は、なんとかそこでの操業ができないかと考えている。花蓮から石垣まで飛行機が飛んでいるなら、行ってみたい。妻はまだ海外旅行に行ったことはないし、親戚一同連れだってどんなふうに漁がおこなわれているのか、ぜひ石垣の漁港に行って見てみたい。

（X・G　アミ　漁民　一九四七年生）

今、観光領域で可能となる越境に対し、かつての移動／越境経験が歴史として扱われ、過去の経験をずらしながら国境領域に対し、漁民の想いで満たされた〈場〉が重ねられる。

ここまでで示してきたのは、つなぐとともに隔ててもいる海という自然環境が持つ性質、そこに現れた国境が持つ力つまり国家に相対しながら実践されてきた移動／越境とその経験、そして、それをずらしつつ足がかりとして今模索される越境の姿といえる。これは、歴史哲学者のホワイトが「実用的な過去」［ホワイト　二〇一〇］と述べ、また人類学者の杉島敬志が理解する「現在の過去負荷性」を踏まえた現在に似た［杉島　二〇〇四］、過去の出来事に対する認識と関連させて、現在の状況のなかで逡巡しながら資源となって利用される経験の歴史化と考えることができる。

そして、国家が画定する国境という存在によって領域化[19]されたこの海域に対して、歴史化されそして資源化されている越境経験は、ある意味で境界というものを逆照射して私たちに見せる。国家により領域化されることで国境領域となった海域から影響を受ける漁民の姿から、本来見ることのできない〈境〉が可視化される。政治環境に左右されながらも、行き来された海域を巡る経験は、今それを繰り返しなぞりながら、越境実践が困難な中で語られている。そこでは、海をそして国境を前にして絶えず試みられてきた越境実践の変遷が明らかにされる。このように台湾東海岸から八重山に至る海域は、かつての対面的な漁民たちの越境実践を通して描出される個別的な〈場〉と、国家の理念によって措定された領域とが複雑に絡まりながら表出される。人類学者の西井凉子が「人々の生きる生活の現場において、異質なものが共存する局面」を「社会空間」と定め、それに対する人類学的実践について、「異質な関係性や思考や行為の重層性・変容の過程を捉えることで、そこにおけるさまざまな関係性のずれや適応、抵抗の様態の把握をめざす」［西井　二〇〇六：二］と述べた。これを受けるならば、本論文では、国家や国民といった枠組みを固着した所与とせず、漁撈を巡る人びとの移動に注目し、国境が現れそれが変質する中で、枠組みに組み込まれつつも様々な形で動くことを止めようとはしない国境海域となった東シナ海に生きてきた漁民たちの姿を捉えた。

［謝辞］本論文で用いた資料は、左記の研究助成をうけて実施した研究調査によって収集されている。フィールドワークでは参与観察とインタビューを主として行ったが、その際は中国語と日本語、そして台湾語（閩南語）を用いた。この時一つの言語だけで行うのではなく、会話の中で織り交ぜまた切り替えながら使用した。

ＪＳＰＳ科研費一七二五一〇一一「台湾における植民地主義に関する歴史人類学的研究――『日本』認識をめぐって」（研究代表者：植野弘子）

ＪＳＰＳ科研費二一三二〇一六五「日本「周辺」地域にみる国境変動とアイデンティティ――韓国・台湾との越境を巡って」（研究代表者：上水流久彦）

また、調査では台湾台東県成功鎮（二〇〇九年九月、一〇年九月と二月、一一年三月と九月、一二年九月）、宜蘭県蘇澳鎮（二〇一〇年一二月）、基隆市（二〇一一年三月、一二年九月）、そして日本沖縄県石垣市および与那国町（二〇一一年三月）の各地において多くの人びとに助けられた。一人ひとり名前を挙げることはしないが心より謝意を表したい。

注

（1）台湾に暮らす先住民の来歴を探る考古学あるいは言語学的研究には、中国華南起源説や東南アジア島嶼部起源説、あるいは台湾をその基として各地へ拡散したとする説がある。これについては例えば『台湾原住民研究』六号の特集「台湾原住民の源流」に詳しい。しかし、ここで黄智慧が述べようとしているのは、黒潮の流れる海域に対する適応の類縁性や人的物的移動であって起源を追求するものではない。

（２）この問題関心の向け方は、人類学者田辺繁治が述べる最近の人類学的研究が抱える「桎梏」と連関している。田辺はグローバル状況の中で、人びとが従来の社会的枠組みから離れて移動する現象が激化し、ポストモダン人類学が異種混交性、模倣や借用によって文化が形成される点を賞揚することに対し、こうした離脱と移動をもたらす権力関係（植民地主義や国家間の関係など）を必要以上に軽視しそれをないものとする点を指摘する［田辺　二〇〇六：四四六—四四七］。本論集全体を貫く姿勢としては、こうした権力関係を過度に軽視することもまた過度に強調することもなく意識しようとしている。それは学問的課題への応答というより、むしろ調査研究対象となった境域とされる地域に暮らす人びとが見せるその姿（日常）に応えた結果といえる。

（３）尖閣諸島をめぐっては、日本と中華民国（台湾）に加えて中華人民共和国も交え、それぞれの領土主権に関する主張がある。本論文では尖閣諸島が含まれた海に向き合って生きてきた人びとに焦点をあてるため、国家の領土主権の議論に立ち入ることはしない。

（４）領海とは基線からその外側一二海里（約二二キロメートル）、排他的経済水域とは二〇〇海里（約三七〇キロメートル）の範囲を指している。領土を基準にした、海洋に広がる圏域である。領海では、基線をなす国の主権が及ぶ。排他的経済水域では、船舶などの航行は可能だが、水産資源や海底資源の調査および利用については、基線をなす国の管理におかれる。日本はまず一九七七年に漁業水域暫定措置法に基づいて基線から二〇〇海里までの漁業水域を定めたが、この時東シナ海についてはこれを設けなかった。その後一九九六年の国連海洋法条約の発効によって排他的経済水域が確定している。

（５）中華民国政府は二〇〇三年、周辺の国々との間でコンセンサスを形成することが困難であることを踏まえ、「専属経済水域」を画定するために「暫定執法線」を定め、域内の水産資源に対する権利を主張している。本論文で関連する東シナ海では日本の主張する排他的経済水域はもちろん、尖閣諸島もその線の内側に入っており、そこは台湾漁民が利用し続けてきた「伝統漁場」であると主張される。一九九六年以降、日本と台湾の間で一六回にわたり漁業協議が断続的に開かれる中、双方の主権問題については棚上げとし、海域の共同管理について継続して話し合われることが確認されていた。この会談は二〇〇九年以降開かれていなかった。二〇一二年、日本、中国、台湾の間で起った「尖閣問題」の中で、台湾の馬英九大統領は東シナ海イニシアチブ（八月五日）並びに同推進綱領（九月七日）を発表して領有を主張しつつ、この件については棚上げとすることを提案、一方で停滞していた漁業協議の再開を日本に呼びかけた、その翌年の四月一〇日に第一七回日台漁業協議が行われ、日台民間漁業取決め（正式には公益法人交流協会（当時）と亜東関係協会（当時）との間の漁業秩序の構築に関する取決め）が結ばれた。五月一〇日に発効し、台湾が主張する伝統漁場の一部、尖閣諸島と石垣島の間の海域で、台湾漁船の操業が可能となった。当該海域は、夏季マグロ漁の好漁場であり、台湾漁民はこの取決めを歓迎したが、これまで通りの操業が困難となった八重山漁民からは強い懸念と不満が出た。

(6) こうした観点からの研究の一つとして日本近代思想史の研究者である屋嘉比収の論文［二〇〇三］がある。この中で、屋嘉比は、後に触れる与那国島と台湾の住民たちの間で、戦後盛んに行われた密貿易に着目し、当時の東アジアの政治環境を受けて二度にわたって「顕現」する国境について記し、「条約や法的に確定された国境と、その領域で生活する人々の実態や意識における「国境」とは、時代状況や社会的環境において別の様態を帯びているのが一般的だ」と述べる［屋嘉比　二〇〇三：一九九］。

(7) 次第にその重要性が高まっていった当時のカジキ漁には、通漁する大分県や愛媛県などの日本人漁民の増加と、定住を目指している漁業移民事業を前にして、新たな漁場の開拓が急務となっていた。例えば、『台湾水産雑誌』一四一号（一九二七年）所収の記事「旗魚漁業試験報告」によると、基隆そして蘇澳南方澳がある台北州が漁業試験を三年計画で実施し、「與那國近海及新港近海の海場調査を目的とし天候其の他の都合によりては蘇澳近海を調査」して移住者に向けてそこで得た情報を提供しているとある。また、『台湾水産雑誌』三二七号（一九四二年）に掲載された台湾各地の漁法を紹介する記事「台湾漁具集十三」の中で、カジキ突棒漁の漁場について「亀山の瀬中の瀬、蘇澳の瀬、南方の瀬、新城の瀬、育（ママ：盲　筆者注）目曾根、與那國の瀬、八重山の瀬、赤尾嶼、尖閣列嶼等何れも好漁場として漁船の操業しつつあるところなり」と記されている。

(8) 民族学者の国分直一らによる蘇澳南方澳にあった沖縄人集落に関する報告にも、隣接してあった日本人漁業移民に雇われて働くその就労形態が述べられている［国分ら　一九八五（一九四四）：六―九］。また、台東成功（日本植民統治期は新港）でも、多くの八重山漁民が日本人漁業移民の家に住み込んでいたことが分かっている［西村　二〇〇七］。

(9) 植民統治末期から戦後初期にかけて沖縄漁民たちとの漁撈経験を持つ、台湾東海岸の老漁民たちの中には、カジキ突棒漁の歌（日本語）を知る者がいる。この歌には特定の名前もないが、その特徴的な歌詞はこの漁法を行う漁民たちの姿がよく表現されている。そして、この歌は沖縄与那国町久部良の老漁民たちも聞き知っており、「突き船の歌」と呼ばれている。なお、歌詞内容には台湾東海岸と与那国島久部良の中でもヴァリエーションがある。

(10) 二〇一〇年一二月、基隆市にある和平島公園の中に「琉球漁民慰霊碑」が建立された。琉球漁民をデザインした像は、姉妹都市である沖縄県宮古島市で作られ運ばれた（二〇〇七年締結）。公園がある和平島は、日本植民統治期は社寮島と呼ばれ、漁民を中心とした多くの沖縄出身者が移住していた。戦後、この島にある無縁仏、特に海で犠牲になった霊魂を祀る萬善爺廟には、当時この地で亡くなった沖縄出身者の霊魂もあわせて安置されているとされ、これを知った沖縄と台湾の有志が協力してこの碑が建てられた。

(11)　一九四〇年代半ばから一九五〇年代にかけての台湾については、今後さらなる歴史学的研究が待たれる。この間に実施された日本人の台湾からの引揚げや、中華民国政府による留用に関する研究は多くない。その中で、東アジア国際関係を研究する楊子震の論文［二〇〇六］から、日本人の引揚げと留用について知ることができる。楊は、一般的に留用政策を終わらせたと考えられている、一九四七年に起こった台湾民衆による中華民国政府に対する抵抗運動「二・二八事件」について、事件が「事実上のピリオド」を打ちはしたが、史料の分析からそれを明らかにすることはできず検討の余地があると述べる［楊子震　二〇〇六：三九］。また、楊の別稿［二〇一〇］では、戦後国民党政府が「代行」した台湾における脱植民地化の現れとして考えられる日本人の引揚げと留用においては、帝国日本の一部であった台湾に暮らした「日本人」の中に、新たに引かれた国境の存在を受けて、在台沖縄人と在台朝鮮人というエスニック集団が表出したことが指摘される［楊子震　二〇一〇：五〇―五二］。

(12)　精緻な報告と言えないが、基隆社寮に残留した沖縄漁民に関する記録として呂青華の論文［二〇〇五］がある。

(13)　これはウコンイソマツ（学名：**Limonium wrighitii**）と思われる。足腰を強め滋養強壮の薬効がある。日本の生息地である八重山では絶滅の恐れが危惧されている。台湾でもこの植物が持つ薬効が広まるにつれて自生数が減少しているが、東海岸では家庭菜園で栽培もしている。なお、イソマツにはいくつかの種類がある。

(14)　当時の新聞『自立晩報』（一九五〇年二月二四日付）には、宜蘭一帯を管轄する軍による密貿易取締りの厳格化が報じられている。その理由として、この地域で盛んに行われる密貿易に乗じて「共匪（共産党スパイの意）」が上陸することを防ぐとある。また、確かな情報として、モスクワが日本共産党に命じ、中央と協力して沖縄などから密貿易ルートを利用し、日本語が通じる台湾東部の山岳地帯にすむ先住民に入りこもうとしていると報じている。その真偽はともかく、これは、当時の東アジア国際関係の動向を受ける形で、台湾（中華民国）側が国境管理を強化したことの表れと解釈できる。

(15)　与那国と台湾との密貿易については、当時を回想して書かれた大浦太郎による『密貿易――わが再生の回想』（二〇〇二）などの著作がある。

(16)　沖縄の本土復帰に尖閣諸島が含まれていることを知って採られた中華民国政府の対米姿勢に対し、「保衛釣魚台」運動（以下、保釣運動）が展開された。この台湾の大学生に始まり、欧米にいた留学生たちにも飛び火した保釣運動は、尖閣諸島（台湾では釣魚台列島）の領土主権を主張する運動であると同時に、当時の中華民国政府に対する政治批判という性格がある。一九七〇年代の戒厳令下において、政府批判を行うということは大きな危険が伴った。また前後して、尖閣諸島周辺の海底に石油資源があるとの調査結果が報告されており、中華人民共和国もその領有を主張した。後、尖閣諸島の領有を主張する「保釣運動」を巡っては、台湾と中国そして香港の活動団体が連携をしている。なお二〇〇九年、かつての保釣運動を回顧したシンポジュームが清華大学（台湾）で開かれ、その内容が『啓蒙・狂飆・反思―保釣運動四十年』（二〇一〇年）として出版されている。

（17）八重山毎日新聞オンライン「魚に「尖閣ブランド」石垣市、地域商標申請へ」（二〇一一年一二月三一日付）。しかし、このブランド化を巡っては、八重山漁協側が商標登録した会社に異議を申し立てている（同「特許庁に異議申し立て　尖閣商標問題」（二〇一二年四月一二日）。

（18）二〇一三年四月に結ばれた、日台民間漁業取決めに基づき、台湾漁船による日本の排他的経済水域での操業が現実のものとなった。これについて八重山漁民より強い不満と、双方の漁船が同じ海域で操業することによって起こりうるトラブルに対する懸念が出ている。また以降、毎年漁業従事者も出席する日台漁業委員会が開かれ、操業ルールの見直し等が継続的に話し合われている。

（19）この領域化という言葉については、地理学者のR・D・サック［Sack 1986］が示す「人間の領域性（Human Territoriality）」を念頭に置いている。サックは空間と人間の関わりを重視する立場から、人間による働き掛けによって空間が領域化されることを理論化して述べ、「領域性とは、地理的区域を画定して、そこに対する制御を主張することによって、人びと、諸現象、諸関係に影響を及ぼし、それらをコントロールしようとする個人または集団による試み」（p.19）と説明する。

参考文献（アルファベット順）

黄　智慧
二〇〇八「東南亜與東北亜的接合處――環『東台湾海』海域蘊蔵的学術生機」林美容・郭佩宜・黄智慧主編『寛容的人類学精神――劉斌雄先生紀年論文集』、四八五―五〇五、台北：中央研究院民族学研究所

基隆市政府
二〇〇一『基隆漁業史』基隆：基隆市政府

金戸幸子
二〇〇八「一九三〇年代以降の台湾における植民地近代と女性の職業の拡大――八重山女性の職業移動を通じた主体形成を促したプル要因との関連を中心に」『ジェンダー研究』、一七一―一九五、名古屋：東海ジェンダー研究所

黄　智慧
一九九五「台湾に最も近い日本、与那国島」笠原政治・植野弘子編『アジア読本　台湾』、二八七―二九五、東京：河出書房新社
二〇一〇（一九九七）「移動と漂流資料による民族の接触と文化類縁関係――与那国と台湾」『地理歴史学論集』一：四三―六一

（「人群漂流移動史料中的民族接触與文化類縁関係――與那国與台湾」『考古人類学刊』五二：一九―四一の稲村務による日本語訳）
国分直一・河井隆敏・潮地悦三郎・大城兵藏・宮城寛盛
一九四四「海辺民俗雑記（二）――蘇澳郡南方澳」『民俗台湾』一二：二―一二（台北：南天書局よりの復刻版）
国永美智子
二〇一一『戦後八重山的鳳梨産業與台湾女工（戦後八重山のパイナップル産業と台湾女工）』（淡江大学亜洲研究所修士論文）
林　玉茹
二〇〇一「殖民與産業改造――日治時期東台湾的官営漁業移民」『台湾史研究』七（二）：五一―九三
松田良孝
二〇〇四『八重山の台湾人』沖縄：南山舎
二〇一一『台湾疎開――「琉球難民」の一年一一ヵ月』沖縄：南山舎
水田憲治
一九九八「沖縄県から台湾への移住」関西大学文学部地理学教室編『地理学の諸相――「実証」の地平』、三八〇―三九八
二〇〇三「日本植民統治下の台北における沖縄出身『女中』」『史泉』九八：三六―五五
西井凉子
二〇〇八「社会空間の人類学」西井凉子・田辺繁治編『社会空間の人類学――マテリアリティ・主体・モダニティ』、一―二九、京都：世界思想社
西村一之
二〇〇七「台湾東海岸における漢人・アミ漁民と沖縄漁民の接触――植民統治末期から戦後初期を中心に」崔吉城・原田環編『植民地の朝鮮と台湾――歴史・人類学的研究』、四七―八二、東京：第一書房
二〇一〇「植民統治期台湾における日本人漁民の移動と技術――「移民村」のカジキ突棒漁を例として」植野弘子・三尾裕子編『台湾における〈植民地〉経験――日本認識の生成・変容・断絶』、九九―一四〇、東京：風響社
大浦太郎
二〇〇二『密貿易――わが再生の回想』沖縄：沖縄タイムス社
呂　青華
二〇〇五「基隆社寮島における沖縄人の調査報告」『東方学報』（東方技術学院）二五：一四六―一五五

Sack, Robert. D,
1986 *Human Territoriality: Its theory and history*, Cambridge: Cambridge University Press.

杉島敬志
二〇〇四「現在を理解するための歴史研究――東インドネシア・中部フローレンスの事例研究」『文化人類学』六九（三）：三八六―四一一

田辺繁治
二〇〇八「あとがき」西井涼子・田辺繁治編『社会空間の人類学――マテリアリティ・主体・モダニティ』、四四五―四四八、京都：世界思想社

床呂郁哉
一九九九『越境――スールー海域世界から』東京：岩波書店

王 安陽
二〇〇三「南方澳漁撈方式回顧」『宜蘭文献雑誌』六六：三一―七五

ホワイト、ヘイドン
二〇一〇「実用的な過去」『思想』一〇三六：八―三三

謝小芩・劉容生・王智明 主編
二〇一〇『啓蒙・狂飆・反思――保釣運動四十年』新竹：国立清華大学出版社

屋嘉比収
二〇〇三「『国境』の顕現――沖縄与那国の密貿易終息の背景」『現代思想』三一（一一）：一八六―一九九

八尾祥平
二〇一〇「戦後における台湾から『琉球』への技術者・労働者派遣事業について」『日本台湾学会報』一二：二三九―二五三

与那国町史編纂委員会事務局
二〇〇二『与那国島――交響する島宇宙 日本最西端どぅなんちょの地名と風土（町史第一巻）』沖縄：与那国町

楊 子震
二〇〇六「帝国解体の中の人的移動――戦後初期台湾における日本人の引揚及び留用を中心に」『東アジア地域研究』一三：二五―四七
二〇一〇「戦後初期台湾における脱植民地化の代行」『国際政治（「ボーダースタディーズの胎動」）』一六二：四〇―五五

朱　恵足

　二〇〇七「作為交界場域的『現代性』――往返沖縄八重山群島與植民地台湾之間」『文化研究』五：四九―八六

（資料）（アルファベット順）

〈日本語〉

台湾水産会

　一九二七　台北州水産会「旗魚漁業試験報告」『台湾水産雑誌』一四一号

　一九四二　安原良男「台湾漁具集十三」『台湾水産雑誌』三二七号

八重山毎日新聞オンライン

　二〇一一「魚に『尖閣ブランド』石垣市、地域商標申請へ」（一二月三一日付）

　二〇一二「特許庁に異議申し立て　尖閣商標問題」（四月一二日付）

安原良男

　一九四四『台湾漁具集』台北：台湾水産会

〈中国語〉

中琉文化経済協会

　一九七〇『我們的釣魚台列島』中琉文化経済協会

自立晩報（新聞記事）

　一九五〇「厳厲取締走私　防止匪謀乗機滲透　蘭陽守備司令部発表文告」（一二月二四日付）

［再録］変則貿易の時代──戦後対馬における日韓「交流」の諸相

村上和弘

一　はじめに

1　対馬の多様性と多層性

本稿の目的は、戦後の一時期、韓国〜対馬間で行われていた「変則貿易」を題材に、国境の島・対馬における日韓「交流」の様相について考察することにある。この変則貿易は後述するように、「現地の歴史」としては言及されづらい状況にある。本稿ではまず変則貿易の実態について全般的な記述を行ったのちに人々の語りを紹介し、最後にそれらの語りの分析及び与那国との比較を通じて、国境を挟む境界領域における自己／他者認識のあり方について考察を行いたい。

さて、ここで「交流」とカッコ付きで表記した理由は、今日の対馬を舞台とした日韓交流をめぐる言説が、島内外を問わず、しばしば善隣友好の歴史としてのみ語られる傾向にあるためである。対馬は現在、韓国との交流が盛んな「日韓交流の島」として知られている。この「交流の島」イメージを象徴する代表的存在が、毎年八月に「厳原港まつり対馬アリラン祭[1]」の一部として開催される「朝鮮通信使行列」パレードである。素材となった江戸期の朝鮮通信使[2]それ自体が、豊臣秀吉の朝鮮出兵により断絶した国交を回復し、平和的な関係を築いた「善隣友好」の象徴的存在であるが、さらにパレード自体も正徳元年（一七一一）当時を再現した衣装に身を包み、楽隊や女性陣を含めると総勢四〇〇～五〇〇人規模[3]に達する壮麗なものであることなどから、国境の島における親善交流の格好の事例として内外からの注目度は高く、メディアに取り上げられることも少なくない。また、二〇〇〇年代以降は通信使をキーワードとした日韓での連携も進行している。これらの動きを外部から眺める限り、対馬は国境の島＝日韓交流の島として、朝鮮通信使を中核とした、友好の歴史の資源化に成功したかのように見える。

だが、実のところ地域社会の実情は「日韓交流の島」というフレーズで表現できるほど単純ではない。例えば親善交流イベントの代表的存在と目される「通信使行列」パレードは昭和五五（一九八〇）年から正式に開催されているが、当時、対馬と朝鮮半島をつなぐ旅客航路は存在していなかった。つまり直接的な「交流」の回路がない状況下で、このイベントは始まっているのである。[4]一方、韓国人観光客の大量来島は一九九九年の大亜高速による釜山航路開設以降の、ここ一〇年あまりの現象であり、また「通信使行列」イベントとの間に直接的な関係は見出しがたい。[5]つまり、「日韓交流の島」という言説を支える諸事実は比較的近年になって成立したものであり、基本的にはそれぞれ独立した事象と見て差し支えない。

次に、錯綜する対韓感情の問題が指摘できる。先述の通り、対馬における最古かつ最大の交流イベントと目される「通信使行列」パレードが開始された昭和五五（一九八〇）年当時、開催地・厳原におけるパレードへのまなざしは必ずしも温かなものではなかった。華やかさを添えるチマチョゴリ姿の女性たちは希望者がなかなか集まらず、また、主催者には「（日本／日本人なのに）朝鮮行列などをするとは」などといった批判が向けられたという。このような多分に否定的な感情は今日もなお根強く存在しており、少数派の意見とは言い難い。このような批判を乗り越え、日韓親善の象徴的存在にまでパレードを育て上げてきた関係者たちの熱意と努力は尊敬に値する。だが、「通信使行列」のみをもって対馬における「交流」を語ろうとするのは一面的に過ぎよう。例えば二〇一三年のパレードは、前年に対馬から盗まれた仏像の返還をめぐるトラブルから、住民感情を考慮して初めて中止となり、親イベントは「アリラン祭」の名称を外して開催されることになった。パレードは確かに対馬における日韓交流・善隣友好を象徴する存在であるが、「善隣友好」が地域における対韓感情のすべてを表現しているわけではないのである。(6)

さらに、島内地域間の違いが挙げられる。離島としては佐渡・奄美に次ぐ面積を有する対馬において、地域社会のあり方はそもそも一様でない。例えば朝鮮半島あるいは日本本土との関係について見てみても、パレードの開催地である厳原《いずはら》は対馬の南部に位置し、大正時代には博多と一日一便の定期航路で結ばれるなど、日本本土とのつながりが強い地域であった。一方、北部地域は地理的にも朝鮮半島と近く、第二次世界大戦前には釜山航路も就航しており、比較的緊密な関係を有していた［村上 二〇〇九］。このように、対馬島内においても地域ごとに自然環境や歴史的経緯は異なっており、地域社会のあり方も様相を異にしているのである。

2 対馬における「国境」と「交流」

もう一点、国境観をめぐる問題を指摘しておきたい。現在流通する「対馬＝国境の島＝日韓交流の島」イメージの背後には、「越境可能、往来可能な」国境観が見て取れる。通信使行列パレードにせよ、観光や学生のホームステイにせよ、対馬―朝鮮半島間に横たわる「国境」を越えての直接的な往来および交流が可能である、という認識である。半島側から海を越えて来島可能だからこそ「日韓交流の〈島〉」なのである。

だが、少なくとも一九七〇年代までは、「越境不能、往来不能な」国境観が支配的であった。その典型例が「国境をのぞむ丘」［長崎県対馬支庁 一九七七］（傍線引用者）という表現に見て取れる。対馬沖には日韓を隔てる境界線が存在しており、隣国を望み見る事は可能であっても、一般人が国境を越えて往来することはほぼ不可能であった。

そして、このような「かたい[7]」国境の存在は、文学者・金達寿[8]のエッセイ「対馬まで」（一九七五）に描かれているように、広く島内外において共有されていたと考えて良いだろう。対馬は「国境の島＝最果ての島」として捉えられていたのである。

実際にも、昭和二七（一九五二）年に設定された李承晩ライン[9]により日本漁船がしばしば拿捕されたように、対馬沖を含む日韓の境界海域には強制力を伴う「かたい」境界が敷かれていた。このように強固な境界によって行く手を遮断された「最果ての島」であったからこそ、ある時期には古くからの歴史や伝統が残る「歴史とロマンの島」として、またある時期には「未開の島」あるいは「密輸密航の島」として対馬はイメージされてきたのである[10]。

以上で示してきたように、現在流通する「対馬＝日韓交流の島」という言説は、歴史的にも、また社会的にも島内諸地域のあり方を反映したものとは言いがたい。地域活性化のスローガンとして用いるのであればともかくとして、対馬における日韓交流の様相を明らかにするためには、研究者としてはこのようなフレーズに安易に便乗することなく、島内の地域関係や歴史的経験に目を配りつつ、より詳細に地域社会における日韓交流／交渉の実態を探る必要性があるだろう。

そのような作業の一つとして、本稿では、いわゆる「変則貿易」を取り上げる。昭和二〇年の敗戦以降、対馬と朝鮮半島を結ぶ交通路は基本的に途絶していた。だが、旅客航路こそ消滅したものの、人々の往来が完全に途絶えていたわけではない。実は昭和三〇年代の約一〇年間、南部・厳原港を舞台として日韓貿易が活発に行われていたことがあった。主に四、五トン〜一〇トン前後の小型韓国船によって行われたこの日韓貿易は、日本側にとっては法に則った合法的な貿易形態であったが、一方の韓国側においては各種の輸出入規制に反して行われた非合法なものであったため、「変則」貿易あるいは「片道」貿易などと呼ばれた[11]。

この「変則貿易」については資料が乏しく未解明の部分が多い。その理由としては、貿易が行われた期間が一〇年ほどと短く、また主な担い手が韓国船や本土から進出した在日韓国系商社の駐在員などの島外者であり、ブームの終焉とともに対馬から引きあげてしまったため当事者がほとんど残っていない、とされていることなどが挙げられる。また、日本側では合法だが韓国側では非合法という曖昧さや、現在の「通信使」イメージに基づく日韓交流の文脈にはそぐわないため、どこか積極的に語ることをためらうようなイメージがつきまとっていた点も指摘できるだろう。

このような資料上の制約はあるが、現在のような定期航路が開設される以前の、そして「かたい」境界観が支配的だった時代に、日韓両国の統制力のすきまをついて韓国人船員が実際に往来していたという点で、この「変則貿易」の持つ歴史的意義は大きい。また、韓国からの貿易船や船員たち、そして街をかっぽする在日韓国系商社の駐在員たちの姿は今も人々の記憶に留められており、現在に通じる「来訪者としての韓国人」イメージの淵源を探るうえでも、また厳原における対韓感情の変遷を探る上でも重要な手掛かりとなるだろう。

そのためにはまず、前提となるべき変則貿易そのもののデータを押さえておく必要がある。次節以下では、概要を紹介したのち、変則貿易の沿革、そして厳原町民が見た貿易船員たちの順で紹介していこう。

二　概要

1　日本側による沿革

対馬島南部に位置する厳原は対馬の「首都」と称しうる存在である。藩政時代は対馬藩の城下町として栄え、明治以降今日に至るまで、行政・経済的中心として機能している。厳原はまた、島内唯一の重要港湾である厳原港を有する、島外／島内交通の最大の結節点でもある。

厳原港は明治一六（一八八三）年に朝鮮貿易が可能な「特別貿易港」に博多港とともに指定され、同年、税関支署も設置された。その後明治三二（一八九九）年には「開港」に昇格した。一九四六年の税関制度復活とともに再び税関支署が設置され、昭和二六（一九五一）年には重要港湾に指定された。「変則貿易」は、この厳原港を舞台として展開された。

「変則貿易」の語は、管見の限りでは島内紙『対馬新聞』一九五五年一〇月二五日付の記事が初出である。[12]『厳原町誌』には、『対馬新聞』に依拠したと思われる記述が「日韓変則貿易の繁栄」という項目名で掲載されている。冒頭部分を引用しておこう。変則貿易の「変則」たる所以が分かりやすく記述されている。

昭和三〇年（一九五五）七月、博多検疫所厳原出張所が開設されたが、このころから厳原港に入港する韓国船がしだいに増加してきた。入港する韓国船の積み荷は朝鮮戦争によって生まれた大量のスクラップ古鉄が中心であった。当時、韓国ではこれらのスクラップ金属類の輸出を禁じていたから、韓国側から見れば密輸出であるが、日本側にはそのような制約はなかったので、日本の港に入港すれば正常な貿易となるという「変則」貿易であった〔厳原町　一九九七：一〇七二―一〇七三〕。

続けて『厳原町誌』は、当時の貿易量について「厳原税関支署はもちろん、門司税関にも記録が残されていない」ため正確な数字は不明であるとし、『戦後対馬三十年史』[13]からの要約として、「昭和三〇年には入港船九〇隻、貿易額五六七〇万円、三一年三六三隻、四億五八五〇万円、三二年四四七隻、三億六六四〇万円となり、三年間の合計で九〇〇隻、八億八一六〇万円に達した」と述べる。「厳原ではこれらを扱う貿易商社が次々に生まれ」「スクラップを輸入する一方、衣料品や化粧品などの輸出を取扱い活況を呈し」、また「韓国船の船員が町内に落とす金は、月一五〇～一六〇万円にもなった」という〔厳原町　一九九七：一〇七三〕。

同町誌によれば、変則貿易は昭和四〇（一九六五）年の国交正常化に伴って途絶えた、とされている。終焉の時期は昭和四三（一九六八）年末とするのが適切[14]と思われるが、いずれにせよ日韓の国交正常化が「変則貿易」の終わりをもたらした点は間違いない。

2　韓国側による沿革

変則貿易は、韓国側から見れば自国の輸出入規制に反した密貿易であり、当然、取締りの対象であった。釜山および南海岸一帯を管轄する釜山本部税関の「釜山税関一〇〇年史」では「密貿易」の項で概要を述べるほか、独立した項目として「特攻隊密輸[15]」を立て、特徴および関連年表を掲載している。箇条書きで掲載されている「特徴」を次に訳出しておこう。

特徴[16]

・一九五四年以降　対馬厳原港を拠点とした小型密輸専用船による対日密輸
・密輸船は最初の小型木造船→快速船（時速三〇ノット）→小型漁船に変化
・日本の政府機関（税関、出入国管理所等）は日本の国内法に依拠し合法性を主張し、変則貿易船として認定
・船名、船員名等は仮名を用い、船員手帳、船舶証書、出入港関係書類を偽造・行使（船内には税関、海運局、検疫所等の用紙、公印等を備える）
・出港時、外貨または薬莢等を密輸出し、その規模は三〇〇万ウォン
・日本の対馬厳原税関は、密輸出品または外貨を持たない空船の入港は不許可

・日没後に対馬厳原港を出港し夜間を利用して南海岸の島嶼または海岸に揚陸、あるいは海上で漁船に積替
・組織は資金主、海上運搬者、揚陸者、監視者、陸上運送者、保管者、販売者などから構成された集団的密輸組織体であり、組織暴力団、権力機関が介入
・漁船を偽装し深夜に運行するため、海上での識別・検挙が困難
・対馬厳原港は釜山港開港前の対馬との倭館貿易の本拠地

第三節以下で見るように、変則貿易は短期間で急速に勃興・衰退しており、その変化のスピートに比して上の「特徴」は超時代的に過ぎるきらいがある。しかし一方で、取締る側の視点からの記述として、簡単ながら輸送方法や偽造書類の使用等にも触れており、参考にすべき点も多い。

他には釜山税関博物館長・李用得による連載記事「密輸密貨」（WebPage）も重要な参考資料の一つになるだろう。また、［李徳満　一九八六］も参考資料として挙げられる。著者の李徳満は釜山直轄市警察局の初代対共分室長を務めた人物であり、同書では釜山港を中心とした密貿易関連の記述に多くのページが割かれている。これら韓国側の資料についても、必要に応じて随時参照していく。

３　統計

変則貿易に関する資料が極めて乏しいなか、各種の新聞記事、なかでも島内紙『対馬新聞』掲載の記事は当時を探る貴重な資料である。また時期によっては、全国紙や地方ブロック紙にも記事が掲載されることがあった。本稿では主にこれらを資料として用いていく。だが、折々のトピックが中心になりがちな新聞記事の性格上、一〇年以上続いた変則貿易の全体を俯瞰するにはデータが不足気味である。また記事で紹介される値も、月単位や年単位、

図表1　厳原港における入港外国貿易船数（門司税関資料より作成）

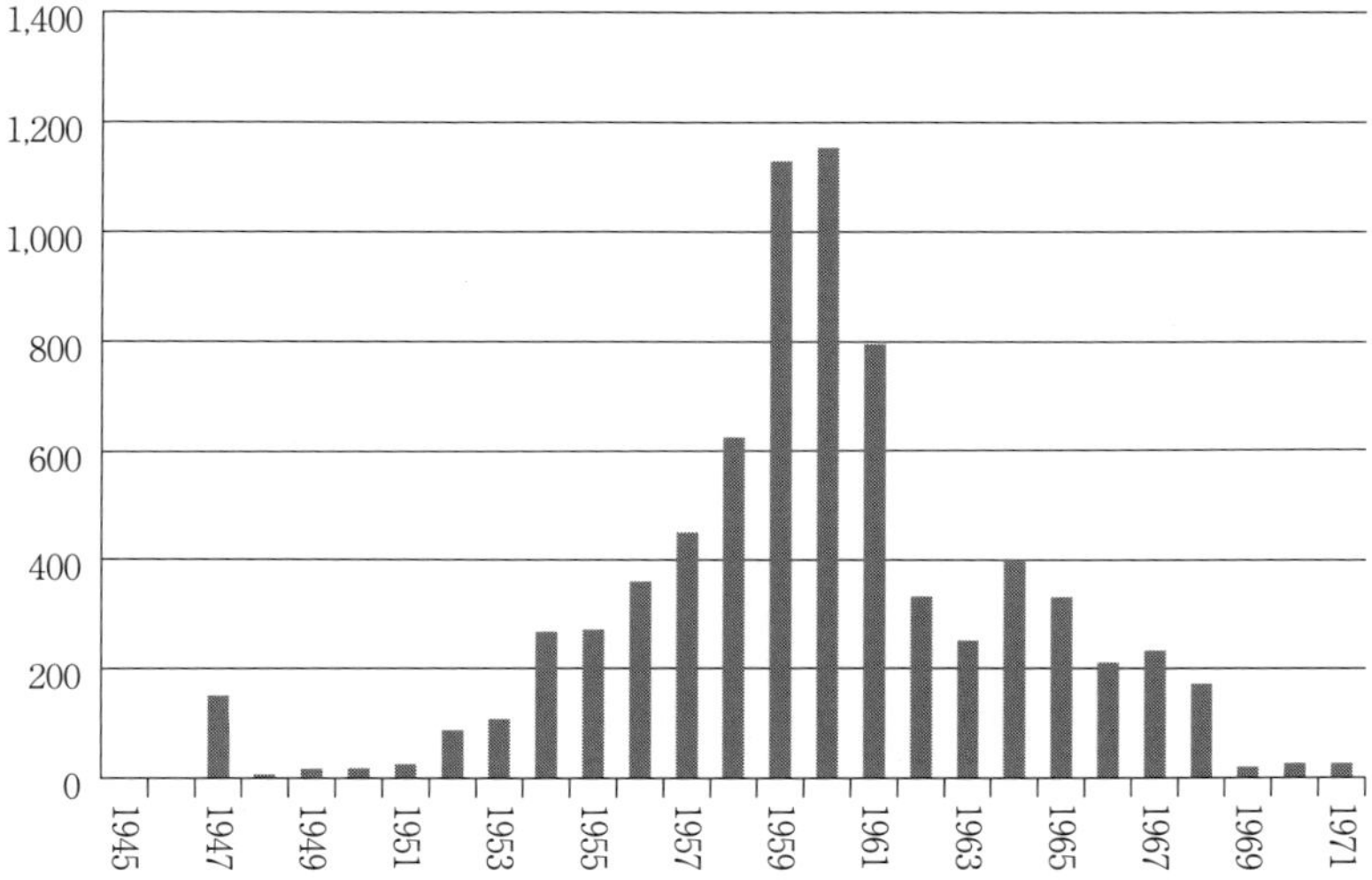

年度単位の値など様々であり、比較するには難がある。そこで、「変則貿易」が行われた全期間を見渡しうるような統計データを紹介しておこう。

「厳原税関支署はもちろん門司税関にも記録が残されていない」（厳原町誌）との記述に反して、門司税関には貿易関連の統計が保管されている。[17] 図表1および図表2は門司税関提供の資料に基づいて筆者が作成した「入港外国貿易船数」および「貿易額」の推移である。また、これらのほかに「港湾統計」も参考になる。同統計は明治三九（一九〇六）年に開始され、今日も続いている年次統計である。「港湾の利用、開発及び管理上の参考に資する」という性格上、総トン数五トン以上の船舶に限られ、また貨物量もトン数換算表示であるなどの制約があるが、全体の傾向を把握するには有用であろう。

これらの統計は折に触れてそのつど参照するが、ここではまず図表2に注目してほしい。昭和三〇（一九五五）年には約五六〇〇万円だった貿易額が翌昭和三一（一九五六）年には約四億六〇〇〇万円に急増し、最盛期の昭和三五（一九六〇）年には一二億円を突破する。だが昭和三七

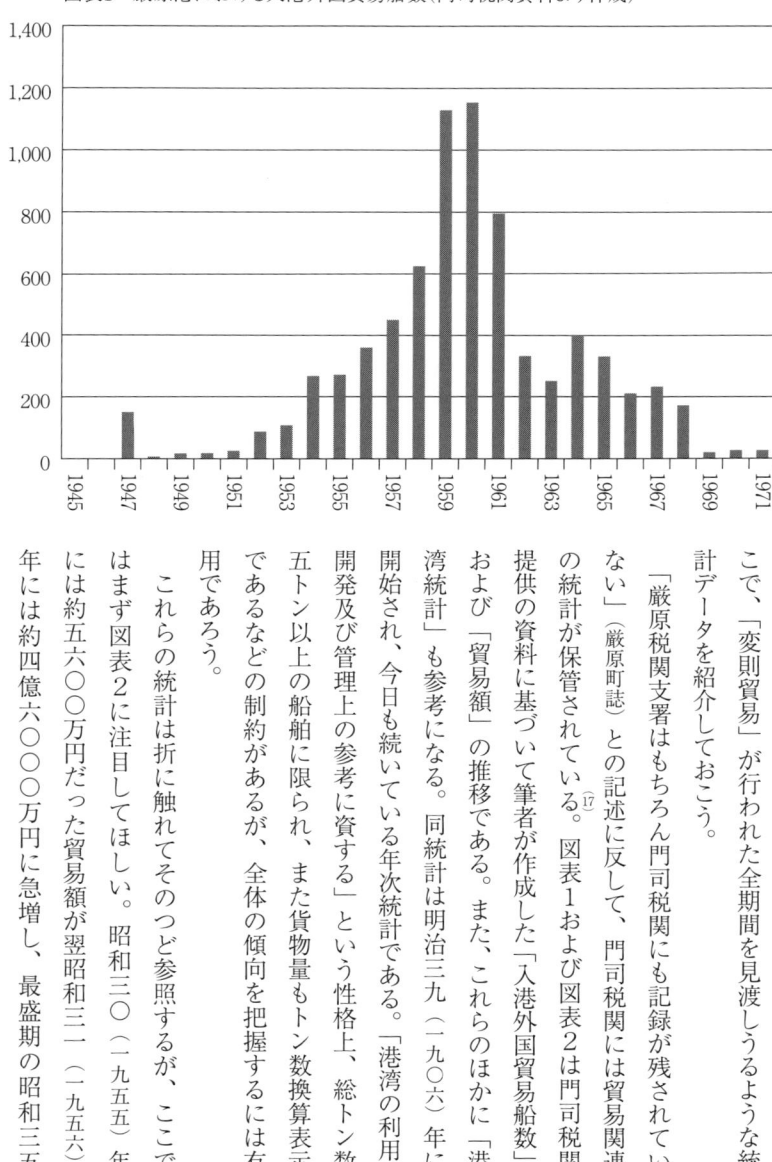

（一九六二）年には一億二〇〇〇万円弱まで落ち込み、その後、若干、盛り返しはするものの、公式に終焉を迎えた昭和四三（一九六八）年の貿易額は三億三〇〇〇万円弱、その翌年の昭和四四（一九六九）年は四三〇万円弱に過ぎない。「変則貿易」がいかに短期間で勃興し、そして速やかに衰退していったのかが分かるだろう。

また、入港する貿易船のほとんどが小型船であったことにも注意しておこう。「変則貿易」の主流は四、五トン～一〇トン程度の小型船であったと言われているが、「港湾統計」からは入港商船（外航船）のほとんどが総トン数[18]一〇〇トン未満であることが分かる。一方、税関資料には入港外国貿易船数（図表１）のほかに総純トン数[19]が記載されており、その平均を求めることができる。年度ごとにばらつきはあるが、例えば最盛期の昭和三五（一九六〇）年の平均純トン数は六・二トンであり、小型船を中心とした貿易形態、すなわち変則貿易が主流であった点が裏付けられる。

三　変則貿易の時代

図表２からは、変則貿易の時期が、大きく最盛期（昭和三四～三六年）とその前後の時期とに区分できることが分かる。本節ではそれを前期・中期・後期に大別し、さらにその後の状況についても触れながら、その盛衰を記述していく。

１　前期：日韓貿易の再開と変則貿易の開始（昭和三〇～三三年）

変則貿易の開始は昭和三〇年七月の博多検疫所厳原出張所設置を一つの契機としている。だが、当然のことながら当初から「変則貿易」を目指していたわけではなく、目的はあくまで正常貿易の進展にあった。厳原港が重要港湾に指定された昭和二六（一九五一）年当時、厳原港にはすでに入管および税関の出先機関が置かれており、検疫所

図表2　厳原港における貿易額（門司税関資料より作成）

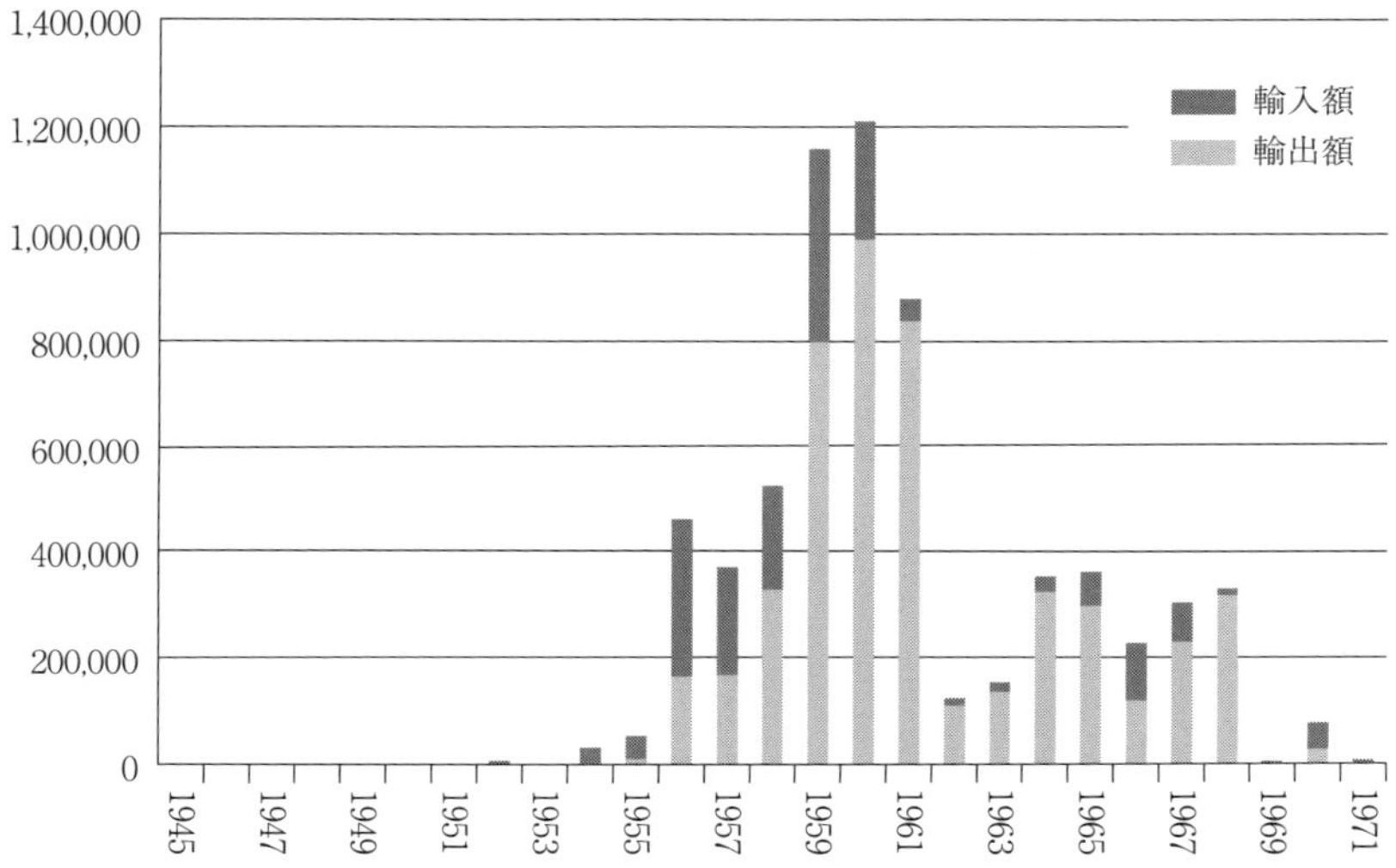

が設置されれば外国貿易に必要な機関がすべてそろうことになる。明治以来の開港場である厳原港にとって、検疫所の設置は、戦前の交易関係を復活させるための長年の懸案事項であった[20]。

厳原港での日韓貿易が再開された昭和三〇年七月当初、貿易の将来像としては四つの可能性が指摘されていた。第一に島内の鉱山会社による亜鉛鉱の輸入、第二に鮮魚の中継輸入[21]、第三に本土の貿易業者の事務所開設による中継貿易[22]、そして第四に対馬で産出される木竹材の輸出、である［対　一九五五・〇七・二五］。この時点では通常の貿易形態が想定されており、また、林業をはじめとする島内産業振興への期待も表明されていた。だが貿易再開後、主流となったのは、三番目の、本土の業者の進出による中継貿易であった。そして一一月には早くも「変則貿易」の語が登場する。

［対　一九五五・一一・三〇］によれば、厳原では計六社の貿易商社が業務を開始し、「ほとんど全部の商社が朝鮮のスクラップ（古鉄）を輸入し、その見返りとして日本の洋品[23]、雑貨や木材などの輸出を計画」している。一方、韓国政府が認める「輸出品は鉱石、亜鉛、輸入品は肥料、セメントな

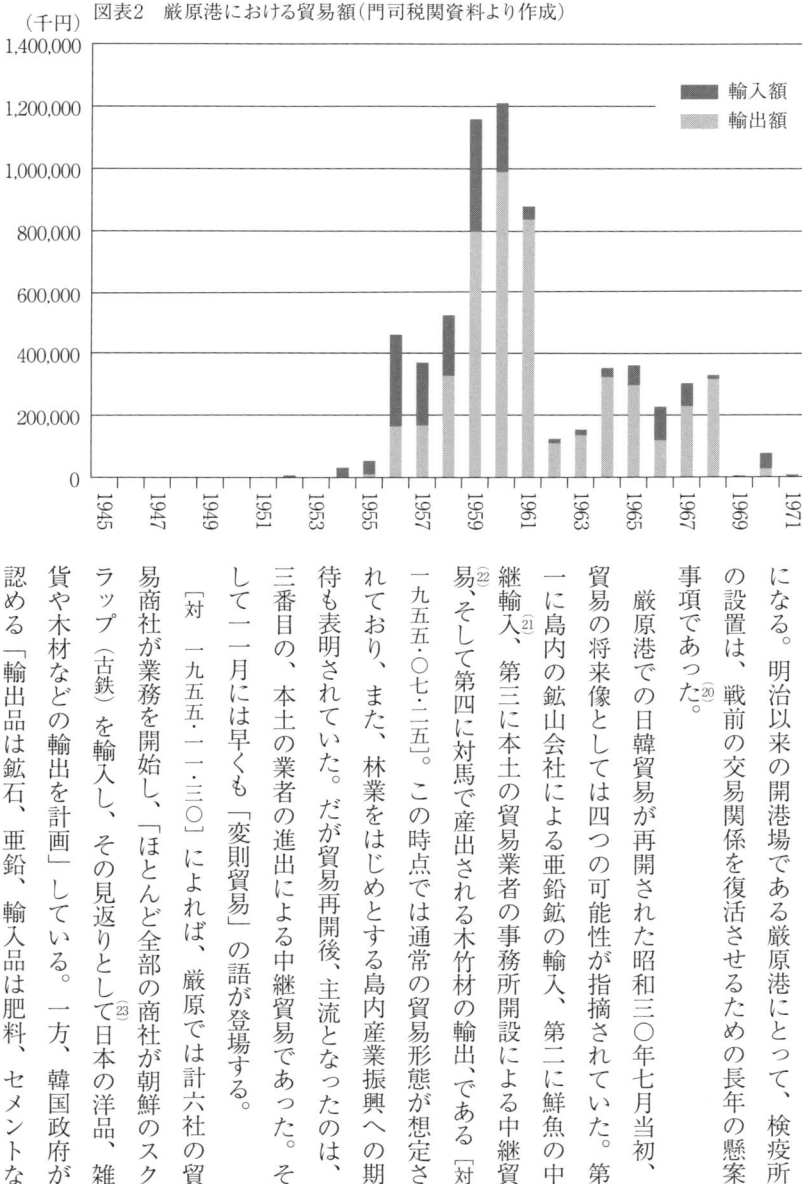

どに限られ」、日本へのスクラップ輸出は密貿易となる。だが、日本側では正規の貿易形態を取っているので、「古鉄ブームに乗る日韓の変則貿易は対馬を中継地として」当分盛んになるだろう、と結ばれている。さらに関連記事に掲載された税関支署長談話には、「(韓国側では)かつぎ屋貿易でも日本のためにはプラスになり特に厳原では韓国船の入港ごとに船員が相当の金を落とすので歓迎すべきだろう」とあり、日本側の法規に従っている限り問題はなく、地域経済にも好影響を与えているとの認識が見て取れる。

このように、韓国側での合法非合法を問わず、「変則貿易」は、日本側にとっては、あくまで合法的な貿易形態として認識されていた。当然、取り締るべき理由も存在せず、むしろ経済的メリットからは歓迎すべきだ、というわけである。では実際の貿易額はどの程度だったのだろうか。

税関資料によれば、昭和三〇年の入港船数は二七三隻[24]、輸出入総額は五六七四万円[25](輸出一一五五万円、輸入四五一九万円)であった。主品目は輸出品が「その他」「織物類」であり[26]、一方、輸入品は「非鉄金属くず」「銅および銅合金」であった。また町にもたらした経済効果として、当時の記事では、韓国貿易船の船員たちが厳原におとした金額は「土産物、船具購入、その他三五〇万円を下らぬもの」との推測が紹介されている[27][対一九五六・〇一・二五]。

翌昭和三一年の入港貿易船数は三六二に増加し、一方、貿易額は四億五八五四万円と一桁跳ね上がった。主品目は輸出品が「化粧品類、織物類、衣類」、輸入品はやはり「非鉄金属くず」であった。三年目に入った昭和三二年は入港貿易船数が増加した一方、貿易額は減少した。これは主要輸入品の鉄くず類が三～四割値下がりしたためという[28][対　一九五七・〇八・二五]。一方、輸出品目は「化粧品」「織物類」「医薬品類」「衣類」の順であった。

昭和三三年は入港船数、貿易額とも増加に転じた。ただし、貿易額の伸びは輸出額がほぼ倍増したためであり、輸入額自体は前年より減少している[29]。また輸入品目の順位にも変化が見られる。第一位は相変わらず「非鉄金属くず」

だが、第二位は「海藻類」が入り、「銅」を金額ベースで逆転している。

この昭和三三年以降は一貫して出超、すなわち輸出額が輸入額を上回る状態が続く。このことは「変則貿易」が日本側にとっては輸出中心、韓国側からすれば輸入中心の形態に変化したことを意味する。だが、実のところ、このような傾向は、変則貿易の初期から潜在的に存在していた。それはたとえば［対　一九五七・〇一・二五］に見て取れる。同記事では、韓国の旧正月を控えて入港船が増えており、（一月）二〇日ころには四四隻が停泊、うち一〇隻は保税倉庫や人手不足のため、荷揚げの順番を待っている状態であった、と報じられている。日本で荷積みし、旧正月に間に合うよう韓国に戻るため、「旧正月を控えて」貿易船が増加していたのである。実際にも日本からの化粧品や衣料品類は高値で売れたという。[30]「変則貿易」が輸出主体（韓国側にとっては輸入主体）となるのも、当初から時間の問題であったと言えよう。

2　中期：変則貿易の繁栄（昭和三四〜三五年）

昭和三四年・三五年は変則貿易が最盛期を迎えた年である。まず、昭和三四年の貿易額は一一億円を越え、前年比二倍強の伸びを見せた。同年二月の『対馬新聞』では、貿易の活況ぶりを報じるほか、同紙にしては珍しく、貿易船の目的地や手法についても紹介している。以下、引用すると

この韓国貿易は依然として変則貿易（韓国からは密輸）であるため、韓国から来る貿易船は可成りの冒険をしてくる訳で最近では監視の手薄な日曜日などをねらつて韓国を出港、また厳原から韓国へ帰港する場合も土曜日などを選び厳原を出港する傾向も見られると税関では語つている。

行き先き地は馬山や釜山、木浦などが多く日本から輸出される化粧品などは韓国の市場で三倍になって売れる

という［対　一九五九・〇二・一〇］（傍線は引用者）。

韓国側の取締りが強化されつつあることや、韓国側の入港地が南海岸一帯に広がっていること、そして化粧品の人気ぶりなどが紹介されている。また、同記事では、税関支署の談話としていくつかの数字を紹介している。それによれば、厳原に在港する韓国貿易船は「一日当り二三隻平均」で、韓国に輸出する品集めに「二〇日から二五日間」を要し、一月平均の「滞在費（飲食費や土産物代など）は一〇〇万円を下らないとみている」とある。

この昭和三四年は、当初、日韓関係の険悪化に伴い厳原での貿易も大幅に減少するものと予想されていた。二月一三日に在日朝鮮人の北朝鮮帰還が閣議了解(31)されたことを受けて、韓国政府が「李承晩ライン」の監視強化を表明したためである。だが、実際には入港船数が一月の七一隻から二月には五五隻へ減少したものの、三月には九七隻、そして四月は一〇三隻に達し、貿易額は四月だけで輸出六七九四万円、輸入三二八一万円と、計一億円を突破した［対　一九五九・〇五・三〇］。このような結果を踏まえてか、六月一五日に韓国側から「対日貿易断絶」が発表された際、発表直後の六月一七日時点では、厳原での貿易はむしろ活況を呈すとも予想されていた。変則貿易は、もともと韓国側からすれば密貿易であり、また実際の取締りも困難と予想されていたためである。［対　一九五九・〇六・二〇］

実際にもこの年の最終的な貿易額は先述の通り一一億を突破し、それまでの最高額を記録することとなった。翌正月には最高値の報道とともに、「厳原町内の貿易商社は下請業者を合せて三九、貿易に従事している船は二四〇隻にのぼり、主な貿易港は韓国馬山、麗水、統営、釜山、三千浦などで一年間に一隻平均五回は往復しているとみられている」との記事が掲載されている［対　一九六〇・〇一・〇一］。

ただし、繁栄の影では幾つか重要な変化がみられた。第一には、昭和三三年に続き、昭和三四年も収支が出超状態となっており、しかも金額幅が拡大していた点である。厳原港における日韓貿易は原則としてバーター貿易であり、空荷での入港を基本的に認めてこなかった。したがって貿易継続のためには、何らかの積み荷を運んでくる必要がある。

第二に、その、日本へ運ぶべき積み荷が底をつき始めた状況がある。昭和三四年八月一日付けの『朝日新聞[32]（西部本社版）』は、「最近韓国のスクラップが底を見せはじめ」、五月までは輸入品の九割がスクラップだったが、それが六〜七月は五割に減少し、「米軍の払下げらしいものまで持ってくるようになった」と伝えている。

そして第三に、日韓関係の悪化に伴って宣言された六月の「貿易断絶」以降、韓国側の取締りが強化され、強硬な手段も執られるようになった点である。例えば『朝日新聞（西部本社版）』は、厳原に入港した韓国貿易船長の話として、釜山の水上警察取締船が対馬・浅茅湾入り口の小島に隠れて韓国貿易船を取締っていると伝えている［朝（西）一九五九・〇六・二九］。これが事実であるとすれば、明らかに日本領海内にまで侵入して取締りを行っていたことになる。

さらに、同紙の一二月掲載記事では、韓国貿易船と釜山税関船との競争がいたちごっこの様相を呈してきたことを報道している。まず貿易船側が焼き玉エンジンを新型ディーゼルや自動車用エンジンに積み替え、高速化を図りだす。一〇月末には約二割だった自動車エンジン搭載船が一一月には六割近くを占めるようになったという。また、浅茅湾での取締りを避けるため貿易船が東沿岸回りにルートを変更したことに対応して、釜山税関船も待ち伏せ位置を変更した結果、一一月以降、釜山税関船の領海侵犯が対馬東沿岸で目撃されるようになった。また一一月の貿易額は、輸出入とも一〇月比で四割減となった、と報じている［朝（西）一九五九・一二・一二］。

さらにもう一点、この時期、日韓関係の悪化に伴い、李ラインとともに、「国境の島・対馬」への関心が再び高まりつつあった点も指摘しておくべきかもしれない。例えば先に紹介した『朝日新聞』の記事は、いずれも地方面ではなく一般の紙面上に掲載されている。西部本社（福岡）製作の版ではあるが、大手新聞社が対馬に注目した結果、島内のみならず大都市圏の福岡を含む日本「本土」で報道が行われた点は見逃せまい。

写真１　変則貿易船（機帆船。撮影時期は昭和 35-36 年以前と推測される）

翌昭和三五（一九六〇）年一月の『朝日新聞（西部本社版）』地方面には「笑いとまらぬ対韓貿易　厳原港」との記事が掲載されている。見出しが示すとおり日韓貿易の活況ぶりを描写したものである。協会加盟の貿易商社数は二二で最近五ヶ月の増加率一五％、「化粧品、繊維、薬品、諸機械、文房具、調味料の順に通産省が日本の余剰物資とレッテルを押す品ばかりが、喜ばれて輸出」されていき、駐在商社員の「この港で一番助かっているのは大阪の問屋街。繊維など六〇近い問屋がこの港と取引している。化粧品は三メーカー、五代理店が主。現金払いがほとんど」との談話も紹介されている。そして記事の最後は、「二月ともなれば韓国の旧正月。ナマコ、味の素の正月用品から、正月の晴れ着に使う繊維、化粧品など例年続く注文品が早くも各商社の輸出許可申請書をにぎわし始めた」と結ばれている〔朝（西）一九六〇・〇一・〇九〕。

しかし、二月以降になると徐々に不安な気配が漂い出す。「さびれた対韓貿易」と題された記事では、一時、変則貿易船の入港がばったりと途絶えた様子が紹介されている[33]。三月には、エンジン換装のため厳原でドック入りする韓国船が相次いでいるとの報道もなされた。焼き玉エンジンをディーゼルや自動車用エンジンに換装するため月七～八隻はドック入りし、改装費用は一隻あたり五万円を下らないという〔朝（西）一九六〇・〇三・一九〕。一見、活況を示す記事のようにも見えるが、それだけ韓国側の取締りが強化された証拠であり、また、燃料の重油から軽油・ガソリンへの変更は輸送コストの上昇を伴うことになる。記事がいう「繁盛してホクホク」の影では、変則貿易が高コスト構造になりつつある様子がうかがえる。また四月には変則貿易に見切りをつけ、韓国からの農産物買い付け[34]を目指す動きも伝えられている〔朝（西）一九六〇・〇四・一二〕。

また、六月には厳原の貿易商社六社がヤミドル売買事件に関連して下関県警の家宅捜索を受けている［対一九六〇・〇六・一〇］。外国為替管理法および関税法違反の疑いで「大阪、兵庫、広島、山口、福岡、長崎など八府県一七社四二人（うち五人を逮捕）参考人は一〇〇人以上。不正総額は約一五億近く」という大規模な捜査体制が敷かれた事件であった。この摘発により厳原には貿易商社「数十社がひしめいていたが、いまは火が消えたようにさびれている」と記事は報じている［朝（西）一九六〇・〇七・〇四］。

さらに、前年からの韓国側による強硬な取締りが目に付く。［対　一九六〇・〇三・一〇］には、豆酘灯台沖約一・六キロ付近で韓国貿易船と推測される小型船が韓国警備艇らしき船に曳航されていたという目撃談や、厳原を出港した韓国貿易船が西海岸沖で韓国の税関監視船らしき船に追われて浅茅湾内の港に逃げ込んだ、という記事が掲載されている。あるいは対馬南部の沖一・六キロ地点で、韓国軍による停船命令を無視した韓国貿易船が体当たりされ沈没したとの事例も報じられている［朝（西）一九六〇・〇八・二七］。これらが事実であれば、日本の領海内に踏み込む危険を犯してまでも徹底した取締りを行なっていたということになる。

だが、以上のような逆風にも関わらず、結果的に昭和三五年の貿易額は前年額をわずかながら上回り、最高値の一二億円を突破したのである。

3　後期：急衰退と残照（昭和三六〜三九年）

前節で見た通り、昭和三四〜三五年は、韓国側の取締り強化や闇ドル事件の摘発などが貿易に打撃を与えかねない状況が続いていた。だが結果的に、この両年の貿易額はそれぞれ最高額を更新し、活況を呈していた。昭和三六年に入ってもその勢いは止まらず、一月から五月までの貿易総額は七億六〇〇〇万円強に達し、当初は順調な滑り出しを見せていた［対　一九六一・〇七・一五］。

写真2　変則貿易船（鋭角的な船首が目を引く。「朝日新聞」（西部本社）昭和36年5月29日）

　この、好調な変則貿易に大打撃を与えた最大の出来事は、昭和三六（一九六一）年五月一六日に発生した朴正煕らによる軍事クーデターであった。戒厳令の施行と同時に海上封鎖が行われ、密輸対策のため海上のみならず陸上でも強力な取締りが実施され、関係者には軍事裁判で重罰が下された[35]。その結果、「変則貿易」は急速に衰退していく。

　同年七月の対馬新聞は「さびれた日韓貿易で不景気の厳原」との見出しで、クーデター以降、ばったりと貿易船が途絶えた厳原港の様子を紹介している。それまで「独特のスピードを持つ小型船の燃料油だけでも毎月一〇〇万円を下らず」、飲食・宿泊費や土産物代などで月五〇〇万円もの収入が町にもたらされていたが、「革命による貿易の途絶で商店街は甚大な打撃」を受け、中元商戦の時期にもかかわらず例年の二、三割しか売れ行きがない店もあったという。政変直後は商社も貿易再開に期待していたが、「韓国再建の名のもとに『ゼイタク品禁止令』が出るに及んでは全くその望みも断ち切られ」、一、二社が店を閉めたほか正常貿易への切り替えを進めている商社もある、と報じている[36]〔対　一九六一・〇七・一五〕。

　変則貿易の不振はその後も続く。昭和三七（一九六二）年の貿易総額は前年比一四％にまで落ち込み、取引内容も正規貿易による竹の輸出が中心であった。

　昭和三八（一九六三）年も不振は続いたが、同年一〇月以降は若干の回復傾向を示すようになる。『対馬新聞』は以下のように報じている。昭和三六年の政変以降は往来が途絶え、三〇数軒あった貿易業者も二、三社が残るのみで、竹の輸出でかろうじて名残を留めていた。ところが、一〇月には入港船数二三隻で取引額四万二〇〇〇ドル（一五一二万円）、一一月は入港船数二七隻で取引額七万五〇〇〇ドル（二七〇〇万円）に増加し、「一回に一〇五〇〇ドルを持込んで(37)化粧品や金糸銀糸、ミシンなどの機械部品などを買いつけた貿易船もあるという」［対　一九六三・一二・一七］。同記事では回復が見られた原因として、大統領選など政局が慌ただしいため監視が手薄になったこと、選挙に使われた闇ドルが出回っていること、韓国側で密輸業者が釈放され、活動を再開したこと(38)、韓国の旧正月を控えた一時的現象、などの見方を示している(39)。そして翌昭和三九（一九六四）年の貿易実績は最盛期の一二億円には遠く及ばないものの、再度の活況を見せた(40)。

4　変則貿易の終焉（昭和四〇〜四三年）

昭和四〇（一九六五）年以降、日韓国交正常化に伴い、韓国政府の意向が日本政府を通じて変則貿易にも及ぶようになる。昭和四〇年六月中旬、韓国政府から「三〇トン未満の小型船は正規の貿易船と認めないので取り締まってほしい」との申し入れがあり、日本側が関係機関を通じて「厳原の韓国船や貿易業者に通達」を行った結果、入港船数は五月の四二隻が六月は三一隻に減少し、七月は七月一〇日現在、三隻の入港に留まったという(41)［対　一九六五・〇七・一四］。この時点で、厳原町内の貿易商社はすでに四社にまで減少していた。翌昭和四一（一九六六）年の時点では、残っている貿易商社四社のうち二社は休眠状態であり、変則貿易はこのまま自然消滅するとの見方が共有されていた［対　一九六六・〇四・二五］。

だが、昭和四二（一九六七）年になると、一〇月末までに入港した変則貿易船数は一二八隻、買い付けに使う米ドルの持込総額は二億〇六八五万円に達した(42)。輸出品の八〇％を衣料品や大衆化粧品が占めるが、個人注文品として少量ながらオートバイ、編み機、ステレオ、テレビなども輸出されていたという［対　一九六七・一一・三〇］。

しかし他方で同記事は、韓国側の厳しい取締り状況についても報じている。特に、「韓国側は、厳原での同変則貿易の実態をつかむため一一月始め釜山税関吏二人を厳原に派遣している」[43]との報道は、日韓国交正常化に伴って、両国の行政・取締り機関の相互交流が始まった結果、変則貿易の基盤そのものが崩れつつあったことを表すものであろう。

変則貿易は、公式には昭和四三（一九六八）年をもって終焉を迎える。『戦後対馬三十年史』は「同年一二月末、厳原に残存していた日韓貿易業者五名のうち韓国人貿易業者が三名とも廃業し、終わりを迎えることとなった」と簡潔に記している［斉藤　一九八三：二二六］。実のところ、同年一月から一一月二八日までの入港船数は一六一隻、輸入額一五二四万円、輸出額二億五六一六万円と、変則貿易は前年よりもむしろ活発化していた。にもかかわらず三業者が廃業に至ったのは、同年六月に福岡総領事館所属の領事が来島し廃止を説得した結果、六ヶ月の猶予期間を経ての廃止に同意していたからだという[44]［対　一九六八・一二・〇五］。

翌昭和四四（一九六九）年の貿易実績について、『対馬新聞』は、入港船数は二五隻だがほとんどは避難入港や検疫のためであり、実際に通関したのは輸入が一件で一〇〇万円、輸出が三件で三〇〇万円だった、と伝えている[45]［対　一九七〇・〇一・一五］。このようにして変則貿易は終焉を迎え、厳原港もまた正常貿易への転換期を迎えて、貿易港としての役割を大きく減少させることとなったのである。

四　人々の語り

前節で見たとおり、変則貿易は短期間のうちに隆盛し、そして速やかに衰退していった。改めて記すと、昭和三〇（一九五五）年に始まった変則貿易は昭和三四（一九五九）年に最盛期を迎えたが、昭和三六（一九六一）年五月の軍事クーデターにより急速に衰退、昭和三九（一九六四）年ころから一時回復したが取引額は最盛期の三分の一から四分の一ほどに過ぎず、結局、公的機関の介入により昭和四三（一九六八）年末をもって終結したことになる。さて、変則貿易が行われていた当時、厳原には少なからぬ数の貿易船員たちが滞在していたことになる。彼らは町の人々とどのような交流を持っていたのであろうか。

変則貿易の資料自体が少ないうえ、多くは入港船数や貿易額等のデータに終始しており、町の様子を描いた記事はきわめて乏しい。また、変則貿易については積極的に当時の様子を語ろうとする人も少ない。その背景にはいくつかの理由が推測されるが、まずは筆者が聞いた変則貿易に関する語りのうち、典型的なものをいくつか紹介しよう。

なお、以下の語りについては個人が特定されないようにするため細部を曖昧にし、分析の妨げにならない範囲で軽微な変更を加えている。一つには、日本側では合法だが、韓国側では違法とされていた当時の状況を考慮してのことであり、そしてもう一つには今日の対馬および日本本土における日韓関係をめぐる状況を考慮し、語りが意図せぬ形で他の状況と結びつけられ、本人に思わぬ悪影響がもたらされるのを防ぐためである。[46]

（事例1）　Aさん、昭和一〇年代前半生まれ、男性

自分は島外で生まれたが、生後まもなく両親とともに厳原に移り住んだ。父の代から商売を始め、自分も成長するにつれて店の手伝いをするようになり、そのまま家業を継ぐことになった。

韓国との貿易が盛んだったのは昭和三〇年代だったと思う。韓国から船がやってくると代理店から「〇〇をいくつ用意してくれ」と注文が入る。品物がそろうと代理店が取りに来て代金を払ってくれた。比較的高価な品物であるが、支払いは大抵、現金だった。父と手分けして数えたが、一万円札が出回る前だったので金額を確かめるのが大変だった。

韓国の船は二〇トンくらいで、小さいのは四、五トン程度だった。ババババババリーッと騒音を立てて入ってく

るので、すぐ韓国の船だと分かった。船員たちは船で寝泊まりしていたようだ。船員たちが店にやってくることはなく、いつも代理店の人間が来ていた。

昔の厳原は人も多く、商売も活気があった。平成に入ってからは商売も段々悪くなり、（平成）一〇年ころから急に落ち込んだ。年金があるからどうにか（店を）開けていられるが、そうじゃなかったら、とっくに店じまいしていただろう。

（事例２）　Bさん、昭和一〇年代前半生まれ、男性

自分は対馬の別の所で生まれたが、幼少の頃、両親とともに厳原に移ってきた。成長後はしばらく島外で働いていたが、父の体が弱ったのを機に戻ってきて両親が始めた商店を継いだ。

父の代のころ、昭和二〇年代後半から昭和三〇年代後半にかけては大変景気が良かった。巾着船[47]の船団が入港すると、船員たちが気前よく金を使ってくれた。品が良いものは高価であってもすぐ売れたし、周りの商店でも食料品から紳士服婦人服、化粧品から雑貨まで、なんでもよく売れた。この頃だったと思うが、「ヘンボウエキ（片貿易）」の船も入ってきていた。向こう（韓国）から出てくるのは問題なく、日本にも普通に入港してくる。だが港を出て韓国に帰るときは密輸入になるわけだ。船体は真っ黒に塗られていて、船員たちも飛び散った油で真っ黒だった。そんな真っ黒な姿のまま店にやってくることもあった。

ヘンボウエキは、はじめ「モグリ」だったが、規模が大きくなってきたので日本側が（正式に）認めた。大阪が本拠地で、大阪の人が対馬に来て商売をしていた。景気が悪くなるとみんな引き上げてしまった。

（事例３）　Cさん、昭和二〇年代前半生まれ、男性

自分は厳原で生まれ育った。中学生から高校生の頃だったと思うが、港に停泊する韓国船の甲板でのんびりしている船員たちをよく見かけた。洗濯物を干していたり、韓国人がよく履いているゴムサンダルのようなものを船着き場に並べて乾かしていたりもしていた。

船員が町中を歩く姿はほとんど見かけなかったように思う。その一方で、（貿易商社の）駐在員は羽振りが良かったようだ。夜の盛り場でぱりっとしたスーツを着て女性と一緒にいるのは、たいてい韓国人だった。

韓国船は小型船の大きさだが黒塗りで漁船とは雰囲気が違っていた。時々、湾内で海保の船と競争をしていたが、たいてい韓国船が勝っていた。ものすごい轟音を立てて（モーターボートのように）舳先が半分浮き上がっていた。

（事例４）　Dさん、昭和一〇年代後半生まれ、男性

自分は厳原で生まれ育った。一〇代後半のころ、オジが「朝鮮貿易」を数年間行っていたのを覚えている。オジは島外で生まれ育ったが、戦前、対馬にいたことがあり、対馬の貿易景気を聞いて厳原にやってきた。人と船を雇って荷物を運ばせる、いわば荷主のようなことをやっていたようだ。

オジがやっていた頃から韓国側の取締りは厳しかった。ある時、オジが雇っていた船が韓国側に拿捕されてしまい、真っ青になっていたのを覚えている。オジと同様に対馬にゆかりがある人で貿易をやっている人は日本人にも何人かいたが、資本がしっかりしている人は少ないように見えた。

オジも好調なときは数隻の船を雇っていたようだが数年でうまく行かなくなり、再び対馬を離れて故郷へ戻っていった。

（事例１）と（事例２）は商店側の視点による語りのうち、典型的と思われるものを紹介した。貿易商社が介在して

商品を集めていたことや活況を呈していた様子、また、変則貿易船のエンジンが明らかに漁船とは異なっていたことなどがうかがえる。[48] また、(事例2) には、変則貿易 (片貿易) が島外者主体の貿易であったこと、そして「モグリ」から始まった貿易である、との認識も示されている。

(事例3) は住民が見た船員や商社員の姿であり、そして最後の (事例4) は、筆者が耳にした中で唯一の貿易当事者に関する語りである。これらの語りからは、変則貿易が主に島外者によって担われていたこと、新規参入も多かったが、韓国側の取締りによって多大な損失を被る危険性もあったこと、商社以外の参入は小資本によるものであったことなどが読み取れるだろう。

また、ここで紹介した語りからは、別の特徴が読み取れる。第一に、変則貿易については時に詳細が語られるが、船員たちについては外見程度しか描写されない、という点である。(事例1)では取引には常に代理店が介在しており、(事例3) では船員たちが船内に居住しており、上陸しても船着き場のあたりまでだったことがうかがえる。(事例2) では商店で買い物する姿が見られるが、船員の油まみれの姿だけが描写され、商取引以上の関係があった兆候はまったくうかがえない。これらは、商店街の人々と変則貿易で往来する船員たちとの間にはコミュニケーションがきわめて希薄であったことを暗示する。[49]

第二に、町の移り変りを回顧する中で、エピソードの一つとして「変則貿易」が語られている点である。(事例2) ではサバ船団による「巾着船景気」が語られた後、その時代を彩る副次的な話題として変則貿易が登場する。ここでは省略したが、(事例1) においても「店が賑わった時代」についての回顧がなされた後、筆者による質問を経て変則貿易についての語りが行われた。これらは、町の移り変りを語る際、変則貿易は副次的なトピックと認識されている可能性を示している。

そして第三に、商店側は何ら積極的な行動を取らなかったように語られている点である。語りを聞く限り、商店側は積極的に販売機会を狙うのではなく、来た者を客として淡々と受入れているようにも感じられる。このような態度が語りの戦略に起因するものなのか、あるいは実際にもそのような態度であったのかは現時点では明らかではない。ただ、変則貿易に先行して始まり、かなりの期間に渡って重なっていた「巾着船景気」の時代が、しばしば「黙っていても品物が売れた」と語られる時代であったことを考え合わせると、現時点では後者の可能性が高いようにも思われる。

以上のように、現在の語りの文脈において、「変則貿易」は町の移り変りを語る上でさほど重要視されておらず、筆者が水を向けて、初めて語られる傾向にある。だが一方で、当時、「変則貿易」は島内紙『対馬新聞』において比較的登場頻度が高いトピックであり、(50) それだけ関心も高かったことをうかがわせる。変則貿易に関する両者の認識の違いが同時代の状況を語る新聞記事と回顧談である語りとの違いによるものなのか、それとも他の要因によるものなのかについては、資料の充実を待って、改めて分析を加えたい。ただし、現時点で指摘しうる可能性が二つある。一つは「はじめに」で述べたように、現在の「通信使」を核とした親善友好イメージにはそぐわないため、あえて積極的に語ろうとはしない可能性であり、そしてもう一つは、次節で述べる「密輸・密航」とのイメージの連鎖である。

五　考察

「二　概要」で先述したとおり、変則貿易の開始は昭和三〇（一九五五）年七月の博多検疫所厳原出張所開設を一つの契機としている。だが、『厳原町誌』の記述をよく読むと、開始の時期が曖昧であることに気付く。また、韓国側の記述は「一九五四年以降」となっており、開始年に関する食い違いが存在する。もちろん記述ミスの可能性もあるが、ここで、韓国側にとって変則貿易は「密貿易」と認識されていた点を改めて想起する必要があるだろう。検疫所開設に先立つ昭和二八（一九五三）年の『対馬新聞』コラム「寸鉄言」には、対韓貿易の再開によせる期待が「戦前のように対馬の食料の九割を朝鮮から輸入し、対馬からは漁船や木材などを輸出することによって対馬の産業振興がはかられる」[対　一九五三・〇六・三〇]と記されている。だが、もう一つ見逃せないのは、同じコラムで「正常貿易がルートに乗れば密貿も減るのではないかと、税関当局では見ている」と記されていることだ。そして当時の記述を見ると、特に昭和二七（一九五二）年以降の密輸の形態には「変則貿易」との類似性が見て取れる。

実は、昭和二〇年代の対馬は中央のメディアによって、しばしば「密輸・密航の島」として取り上げられていた(51)。そして、このような「密輸・密航」イメージは当時、広範囲に流通していたようだ。例えば文学者の湯浅克衛は、ルポルタージュ『対馬』の冒頭を次のようにはじめている。「二三年前から、私は密輸、密入国の資料を集めていた。しかし、いよいよ書き出すには、一度その舞台を知る必要に迫られて来た。何と云つても対馬は、その本場である。その北端の佐須奈からは朝鮮の釜山や巨済島が、手に取るように見えると云う」[湯浅　一九五二：七]（傍線は引用者）。また、昭和三一（一九五六）年刊行の、鮎川哲也の推理小説『黒いトランク』は作中の年代を昭和二四（一九四九）年に設定し、主人公の刑事に「あるいはまた、朝鮮へ脱出したのかもしれぬ。対馬の最北端に立つと、九州よりも朝鮮へわたる方が近い。麻薬の密輸入者は多くこのルートを経るのだし、また島の限られた警察力ではこれを取り締まることは困難であろう」と語らせている[鮎川　二〇〇二：一六〇]。

ただし、小説内の描写とは異なり、当時、実際に「密輸」されていた品目は、砂糖や医薬品、あるいは日用品などであり、今日、私たちが想像するであろう麻薬・拳銃などの凶悪犯罪を連想させる、いわゆる「社会悪物品」とは大きく品目が異なっていた。例えば、新聞記者の兼元淳夫は、終戦後の対馬における密貿易の様相を、「日本向けは、砂糖をトップに特効薬ペニシリン、マイシンなど入手困難だった薬品、サッカリン、繊維製品などであった。一五年から二六年にかけては、国内の物資供給もほぼ安定し、今度は逆に朝鮮の物資欠乏は甚しく、日用品、雑貨、衣類、文具類などなんでもござれで密輸出された」［兼元　一九五四：三三五］と記している。

また、先述した湯浅は巡視船に同乗しての取締りにも同行しているが、そこで検挙された密輸（出）船の積み荷は、「朝鮮向けの衣服、ハサミ、ツメキリ、白髪染、文房具、錠前、そう云うものばかり」であった［湯浅　一九五二：六八］。別のところで、湯浅はこうも述べている。「ちかごろの朝鮮向けの密輸出品は、ほとんど日用必需品である。韓国にドルの手持があれば当然正常貿易にのる品物ばかりなのだ。こゝに、戦後の密輸の特異性と哀れさが感じられる」［湯浅　一九五二：五九］と。

先に引いたコラムにある、「正常貿易がルートに乗れば密貿も減るのではないかと、税関当局では見ている」との一文もまた、湯浅と同様の認識に基づくものであろう。また、検疫所の開設を目前に控えた昭和三〇年七月、当時の厳原税関支署長が『対馬新聞』に寄せた談話では、「正常な日韓貿易が展開されることになれば密輸もだんだん減少するし税関も本来の業務に立ちかえる」［対　一九五五・〇七・二五］と述べられており、運ばれる品物それ自体に問題は少ない、と認識されていたことがうかがえよう。

だが、いかに同情的であったとしても法を犯して越境する側とそれを取締る側との立場の違いは明らかである。そして両者の立場の違いは帰属する国家が互いに異なるがゆえに、そしておそらくは対馬と朝鮮半島間の「境域」に存在する統治力が日本と韓国の二つのみであったため、容易に「日本（人）／韓国・朝鮮（人）」という二分法的な国家意識へと回収されうるものであった、と考えられる。最後にこの点を与那国―台湾間関係との対比から考えてみよう。

六　おわりに――「変則貿易」の時代と「大密貿易」の時代

石原昌家は『大密貿易の時代』の冒頭で「民衆生活の視点から、占領下沖縄の一九四五―五二年を「大密貿易の時代」ととらえ、「密貿易社会」と規定する」〔石原　一九八二：一二〕と宣言し、戦後の沖縄で繰り広げられた密貿易の様相を、文献資料と聞き取りのデータから鮮やかに描き出している。敗戦に伴い国境が改めて引き直された与那国と台湾の間で、あるいは沖縄本島との間で行なわれ、さらには本土にまでいたる「密貿易」の様相は、政治的な都合で引かれた国境をものともせず、生活の一部として当たり前のように越境／侵犯していく人々の活力ある姿が描かれている。

筆者は同書を初めて読んだとき、「密貿易」[52]という、現代では暗い犯罪と思われがちな主題であるにもかかわらず、人々が自分の体験談を細部まで語っている点に驚いた記憶がある。対馬において筆者がこのような語りに出会ったことはなかったからである。それには調査者と被調査者との関係性による違いもあるが、おなじ国境域でありながらも、戦後、両者が置かれた政治・外交的状況に大きな違いが存在している点にも起因しているであろう。仮に両「境域」の違いを図式化して対比させてみた場合、以下のような構造的差異が指摘できるだろう。

第一に、与那国～台湾間においては与那国の人々が越境行為を行っていたのに対し、対馬～朝鮮半島間においては半島側の人々が越境主体となっていた点である。両地域では、国家制度の統制の下、周囲の環境を利用して「生きる方法」を作り出していった主体が異なっているのである。この点で両者はネガとポジの関係をなす。

違いはそれに留まらない。第二に、両者とも敗戦によって外地との間に「国境」が再形成された点は同様だが、対馬は行政的に日本政府の下にあり続けたのに対し、与那国を含む沖縄地域は外地＝台湾と切断されたのみならず、さらに米軍政下に置かれることになった点である。つまり沖縄地域においては帰属していた国家と地域社会との間に米軍の施政が介在することによって、一種の「ねじれ」が生じることになったと考えられる。このような状況下で行なわれた「密貿易」は、米軍施政に違反する行為ではあったものの、日本という国家への違背を意味するものでは必ずしもなかった。沖縄における国家帰属意識については慎重であるべきだが、石原昌家が記すように、戦後の沖縄において米軍施設からの物資持ち出しや横流しが「戦果」と表現され、また、沖縄警察も生きるための手段として大目に見がちであり、取締りには消極的だったとされることもまた、このような可能性を暗示する［石原　一九九五：二七］。

したがって、きわめて図式的な見方ではあるが、論理的には以下のような対比を想定することが可能だろう。すなわち、与那国～台湾間の越境行為は米軍政が定めたルールへの違反に過ぎず、国法の侵犯を意味しなかった。だが、対馬～朝鮮半島間の越境は日本の法律を犯す行為であり、それゆえに現在日本に居住する者にとっては、当事者であるか否かを問わず、語ることをためらわせる出来事と認識されることになるのだ、と。

さらに対馬においては、早くから「越境」は犯罪行為として取締りの対象となっていた。対馬南端から九州本土までの直線距離は一二〇キロであり、対馬北端から朝鮮半島まではさらに短く約五〇キロしかない。那覇から五二〇キロ、台湾から約一一〇キロの与那国島と比べるとはるかに近距離に位置しているのである。この地理的近接性および日本海への出入りを扼する戦略的重要性などから、対馬には早くから中央の統治システムの影響が強く及んでいた[53]。そして敗戦後に再形成された「国境」の管理もまた、比較的厳格に行われていたと言える。例えばGHQは、一九四六年三月に朝鮮人の再渡日を事実上非合法化したが、同年六月一二日には「日本への不法入国抑制に関する覚書[54]」を出し、南朝鮮地域でのコレラ蔓延を期に不法入国に断固たる措置をとるよう指示したという［伊地知・村上　二〇〇八：九九］。東洋大学所蔵「対馬帰属問題資料[55]」には密入国および密輸に関する内部資料が多く含まれているが、その中にはこの覚書に基づいて取締りが行われていたことを推測させる資料[56]も含まれている。対馬では戦後早くから「越境」が犯罪として非合法化され、また、実際に取締りの対象となっていたのである。

さらに、戦後の日韓両国は、対馬および周辺海域の帰属をめぐって主張を対立させていた。韓国の初代大統領・李承晩は、大統領就任直後の昭和二三（一九四八）年八月から翌昭和二四（一九四九）年にかけて、対馬は本来韓国領であるとして、国内向けではあるが、返還／割譲を要求する意向であると繰り返し発言していた。また、日本が再独立を控えた昭和二七（一九五二）年には実質的な国境線として、いわゆる「李承晩ライン」を一方的に宣言し、日本漁船に対して厳しい取締りを実施していた。対馬および周辺海域は、日韓いずれかへの帰属を迫られる二者択一の状況におかれていたのである。

以上のような当時の不安定な状況を踏まえ、坂野徹は八学会連合の対馬調査について、対馬の住民は「対馬の日本への帰属を学問的に証明してくれる」ことを期待して八学会連合の調査に全面協力の姿勢で臨んでいた［坂野 二〇一一：一八二］と推測する。そして、このような姿勢は、おそらくは学術調査だけに向けられたわけではないだろう。坂野の言を借りるならば、対馬に限らず、当時「現地の「辺境」住民の「日本人」としてのアイデンティティは危ういバランスの上に成り立って」いたのである[57]［坂野 二〇一一：一八六］。

そして二者択一の状況下、「日本人」である以上、自明の理として「朝鮮人／韓国人」であってはならなかった。両者は明確に区分されなければならず、そして対馬に来島する密輸・密航の主体が朝鮮・韓国出身者である以上、「日本人」は密輸・密航を行わない存在でなければならなかったのである。このような自己／他者認識からすれば、中央のメディアによって敗戦直後の対馬に付与された「密輸・密航」イメージは「日本人」としてのアイデンティティに反するものであり、「雄大自然の美しい山水と豊かな伝統に誇りをもつ島民は憤激」［斉藤 一九七二：一〇八］する結果となったのも当然の帰結と言える。

以上のように、対馬～朝鮮半島間には西村一之の言う「かたい境界」が早くから形成されており、実際にも韓国側においては李ラインでの漁船拿捕、日本側においては密輸密航の取締りという形で統治力が行使されていた。そして対馬島内および対馬近海で繰り返し摘発される密輸・密航の事例は、おそらくは日本人／朝鮮人を対比させ区分する、二項対立的な自己／他者認識を強化する方向へと働いたのである。

このように見れば、戦後対馬における「変則貿易」の時代は、与那国・沖縄における戦後史と好対照をなすであろうことが理解できよう。だが各種資料が乏しい中、本格的な実態解明のためにはさらに調査を進める必要があるだろう。なかでも各種の接触の過程で形成されていったであろう「韓国」イメージの把握には、さらなる調査が必要である。

「国境の島」対馬の戦後史を語る上で、変則貿易、そして密輸／密航の実態解明は欠かせない。当時を知る方々からの御指摘・御叱正をお待ちしたい。

［付記］本稿は筆者による同名論文（『島嶼研究』一七―一所収、二〇一六年）の原型にあたる。諸事情により章立てや表現等に若干の異同はあるが、基本的な構成及び論旨に変わりはない。また、本研究の実施に際してはJSPS科研費二一三二〇一六五「日本「周辺」地域にみる国境変動とアイデンティティ：韓国・台湾との越境を巡って」（研究代表者：上水流久彦）ならびに二三五二〇九八八「地域の生存戦略と「日韓交流」：近現代対馬における交通・接触・他者表象」（研究代表者：村上和弘）の助成を受けた。資料収集にあたっては松本誠一・東洋大学教授、東洋大学白山図書館および門司税関の多大な助力を得た。また、毎回のことであるが、対馬の皆様方には大変お世話になった。ここに記して感謝の意を表したい。

注

(1) 二〇一三年は「対馬――厳原港まつり」に改称・実施され、「通信使行列」は中止となった。二〇一二年以前の行事内容については［村上　二〇〇二、二〇〇八］等を参照。また、中止をめぐる背景については［村上　二〇一四］参照。
(2) 初期は「回答兼刷還使」であるが、ここでは一般名の「通信使」で統一する。
(3) 年度により変動がある。二〇一一年の参加者数は約四〇〇人であった。
(4) 開催地・厳原における観光振興は、当初、国内客の誘致を主眼としていた。［村上　二〇〇二、二〇〇八］参照。
(5) ［中村　二〇一七］（本書収録）が示す通り、韓国人観光客が「通信使行列」パレードおよび親イベントである「対馬アリラン祭」に示す関心は薄い。また来島客の多くは「近さ」「安さ」を来島理由に挙げている。
(6) 例えば親イベントである「厳原港祭り対馬アリラン祭」の開催に際しては、近年まで、「「港祭り」への寄付ならするが、「アリラン祭」へは寄付をしない」と住民に言われることがあった。
(7) 「かたい／やわらかい」境界観については、［西村　二〇一七］（本書収録）参照。
(8) 金達寿の述懐については、在日コリアンとしての政治的・社会的立場による個別事情も考慮する必要があるだろう。
(9) 韓国政府が「隣接海洋に対する主権宣言」に基づき一方的に設定した境界線であり、公海部分を含む。同ライン内での外国漁船操業は禁じられ、日本漁船がしばしば拿捕された。昭和四〇（一九六五）年、日韓漁業協定の締結に伴い廃止された。
(10) 前者の例としては長崎県対馬支庁発行の観光写真集『対馬への招待』［長崎県対馬支庁　一九七七］、後者の例としては『対馬新聞』創設者・斉藤隼人の回想録［斉藤　一九七二］などが挙げられよう。昭和二〇年代の事例については［村上　二〇〇七］も参照されたい。
(11) 「変則貿易」の名称は、島内紙『対馬新聞』による命名と考えられる。他には「かつぎ屋貿易」、「片面貿易」等の表現も見られた。
(12) 以下、煩雑になるのを避けるため、『対馬新聞』からの引用は［対　一九五五・一〇・二五］のように表記する。
(13) 『対馬新聞』創刊者である斉藤隼人氏が、同紙記事を中心にまとめた年代史である。
(14) 『戦後対馬三十年史』および『対馬新聞』に従えば、変則貿易の終焉は一九六八年末となっている［斉藤　一九八三：二一六］。次に紹介する韓国側の記述もそれを裏付けている。
(15) 特に後期、小型の高速船で海上を突破するため、この名称が付けられた。
(16) 「特攻隊密輸」――「特徴」の項（釜山税関、WebPage）
(17) ただし、資料の性格上、正常貿易／変則貿易の区分は不可能である。「変則貿易」船もまた、日本の出入港に際しては正規の輸出入手続きを踏んでいるからである。

(18) 総トン数および純トン数は船の大きさ（容積）を示す単位である。一般に総トン数は船殻や上甲板によって「囲まれた部分の容積」を、純トン数は総トン数から機関室や船員室等を除いた「旅客または貨物を運ぶためにつかわれる場所の大きさ」を示す。「トン数のいろいろ」（日本海事広報協会、WebPage）参照。
(19) 同右。
(20) 昭和二八年（一九五三）の『対馬新聞』コラム「寸鉄言」には、対韓貿易の再開によせる期待が「戦前のように対馬の食料の九割を朝鮮から輸入し、対馬からは漁船や木材などを輸出することによって対馬の産業振興がはかられる」［対一九五三・〇六・三〇］と記されている。
(21) ハモ・アナゴの活魚類を輸入し、本土の需要に応じ出荷するというもの。
(22) 本来は三国間貿易を指すが、ここでは韓国―対馬―日本本土の三者間関係として想定されていたようだ
(23) 厳原における日韓貿易は、当初、バーター貿易を条件とし、空荷での外国船入港を認めなかった。
(24) ［対　一九五六・〇一・二五］では「九〇隻」と報じられている。輸出入額等、他の数値はほぼ一致しており、隻数のみが大きく異なっている。
(25) 原資料は「千円」単位だが、読みやすさを考慮して本文は「万円」単位で記述する。
(26) 当時の記事では、輸出品は「繊維品、化粧品、日用雑貨」とされている［対　一九五六・〇一・二五］。
(27) 貿易の盛衰は当時の関心事であったらしく、『対馬新聞』でも折に触れて貿易額や入港船数などの数値が紹介されている。また同記事によれば、この時期、厳原町内の貿易商社は一二社となっている。約二ヶ月で新たに四社が参入したことになる。輸入品はほとんどがスクラップで、「かつぎ屋貿易といわれる反則貿易」（原文ママ）が行われている状態であった。
(28) 税関資料によれば、同年の主要輸入品には「非鉄金属くず」「銅」「非鉄卑金属鉱」に続き「海藻類」が登場している。
(29) 商社数の変動を見ると、昭和三一年八月頃の一二社から昭和三三年四月時点の八社にまで減少しており、変動の激しさがうかがえる［対　一九五八・〇四・〇五］。
(30) 当時、韓国の「国内産業は日常生活用品も思うままに生産できず」、日本製品は「国産よりはその質や外観が良いため、非常に高価に取引された」という［李徳満　一九八六：八九―九〇］。
(31) 「在日朝鮮人中北鮮帰還希望者の取扱いに関する件」、http: //mavi.ndl.go.jp/politics/entry/bib01318.php
(32) 以下、煩雑を避けるため［朝（西）　一九五九・〇八・〇一］のように表記する。
(33) 背景として指摘されているのはヤミドルの交換レート上昇だが、もう一つ、「大統領選挙を控え、取り締まった貿易船の積荷を選挙資金に充てる」という噂を警戒したため［朝（西）　一九六〇・〇二・二一］とある点も見逃せない。日韓の政治・経済状

況に敏感に反応している様子がうかがえる。

(34)　四月一五日の日韓会談再開時には、同時に、前年六月から途絶していた日韓貿易も再開される予定であったため、農畜産品ならば韓国側の輸出許可を得られる、との思惑もあった。

(35)　『釜山税関一〇〇年史』では「五・一六後密輸激減」と題し、「五・一六直後、南海岸全海上を封鎖し強力な取締を実施、特攻隊密輸組織を洗い出し、関係者を全国的に大挙検挙し軍事裁判に回付（いわゆる「特別関税事犯」事件）。＊＊＊処刑により一時的に根絶状態」（＊＊＊――原文は実名記載）と記している。

(36)　同記事によれば、税関調べに基づく一月から五月までの貿易実績は輸出総額七億三五〇〇万円、輸入総額二八九〇万円だったが、クーデターから七月一〇日までの入港隻数は二六隻に過ぎず、取引内容も「片道貿易はサッパリで、ただ正規貿易の竹が輸出されているに過ぎない」と報じている。

(37)　昭和三六年ころにはバーター貿易によらずとも貿易が可能になっていたようだ。[西日本新聞　一九六一・〇三・一一]は、最近、外貨携帯輸入の手続きが緩和された結果、韓国船員たちが自分名義のドルを持ち込んで円に換え、買った品物を船積みする例が関門港のほか山口、福岡、佐賀、長崎県方面で目立っていると報じている。

(38)　[李徳満　一九八六：九三]によれば、この時期には貿易船の高速化・武装化が進み、中には五、六トンの小型船に戦車のエンジンを積み、三〇～四〇ノットの速力を出す船まで登場していたという。

(39)　『釜山税関一〇〇年史』は一九六三年一二月の年表に「一般赦免に伴う出獄により特攻隊密輸再台頭」と題し、「民政移管に伴う一般赦免により服役中だった密輸事犯が大挙釈放されるや、出獄後に再組織化し密輸をほしいままにする」と記している。

(40)　門司税関広報誌掲載コラム「厳原に見るカツギ屋貿易の生態」（一九六四年九月）によれば、一隻あたり一〇〇〇～七〇〇〇ドル、月平均で六～七万ドルが持ち込まれている、とされている。また乗組員の滞在費や土産代として一隻あたり五万～二五万円の日本円が持ち込まれており、月一二〇万円程度が厳原地区で使われている計算になるという。

(41)　昭和四〇年の貿易総額は昭和三九年と大差ない。だが、入港船数は昭和四〇年六月の取締り要請以降、月延べ二五～三〇隻程度だったものが八～一〇隻程度に減少したという[対　一九六六・〇四・二五]。

(42)　『釜山税関一〇〇年史』が紹介する厳原税関申告額によると、同年の船数は一九〇隻、韓国からの持込額は米ドル六九万〇五六八ドル、日本円一三二九万円となっている。当時のレートで換算すると総額二億四八六〇万円相当となる。

(43)　『釜山税関百年史』では、一九六八年一〇月の項に「日本外務省の招請により釜山税関の心理課長、鑑識課長らが初めて対馬厳原港を公式訪問し、＊＊＊らに対し転向するよう説得」し年内の廃業を約束させた、とある（＊＊＊――原文は実名記載）。年数は前後の記述から一九六七年の誤りであり、廃業の約束についても、翌一九六八年の領事来島時のものと混同している可能性がある。［李徳満　一九八六］も一九六八年一〇月としているが、続く記述では変則貿易の終焉を一九六九年一二月としており、事実と符合しない。

(44) この記事には同領事の談話も掲載されている。

(45) 門司税関資料記載の数値とも、ほぼ符合する。

(46) 昭和二〇年代に、個人を特定しうる雑誌記事によって「調査地被害」を受けた前例が対馬にはある。

(47) 巾着網（巻き網の一種）を行なう漁船団。対馬沖は屈指の好漁場であり、昭和二〇〜三〇年代にかけて多数の巾着船が島外から訪れていた。

(48) 一九六四年には時速三〇ノットを出す船もあったという。『釜山税関一〇〇年史』参照。

(49) コミュニケーションを困難にする社会的事情も存在していた。例えば「油まみれの船員」は不法上陸中だった可能性がある。取締側の回想によれば、昭和三五〜六年ころ、上陸許可が交付されるのは船長および事務長だけであった［厳原海上保安部　二〇〇〇：五七］。

(50) ただし昭和三五（一九六〇）年以降は掲載頻度が減少しているように思われる。

(51) 例えば『アサヒグラフ』一九五二年一月三〇日号では海上保安庁による取締の様子を「戦後は海上無政府状態とあって、この間隙をぬつて日本近海には密輸、密航の無法者が時を得顔に横行」「密航基地の別名さえある対馬」などと記している。

(52) 近年は、やりとりされた物資が戦後の沖縄や日本本土の復興に寄与したという観点から、「復興貿易」と呼ばれるようにもなったという『八重山毎日新聞』（二〇〇七年一〇月二九日付）。

(53) 明治一八年（一八八五）以降、陸軍駐屯部隊の設置をはじめとして軍事施設化が進行し、敗戦前にはほぼ全島が要塞区域指定を受ける「要塞の島」となっていた。

(54) 年月日および内容から、ＳＣＡＰＩＮ―一〇一五と推定できる。

(55) 行政機関の内部文書、論文等の要約、調査報告書などからなる資料群である。収録された最新月報値の時期や断片的に登場する人名等から、筆者は、「Minor Islands Adjacent to Japan Proper」第四部、「Tsushima」（一九四九）の基礎資料と推定している。同調書の成立過程については［玄大松　二〇〇六：六八］参照。

(56) 厳原税関支署「対馬に於ける密輸の概況」（資料番号二三）には鉛筆書きで「二一・六・一二ＳＣＡＰＩＮ一〇一号不法入島入」との書込みがなされている。「一〇一号」は「一〇一五」を聞き誤ったものと推測できる。また、「最近の対馬に於ける密入国並密貿易状況」（資料番号二一）には「覚書の忠実な履行」との文言があるが、この覚書を指すものかどうかは定かでない。

(57) ただし、筆者は坂野の分析に全面的に賛同しているわけではない。対馬の人々にとって「日本人としてのアイデンティティ」

は自明であったからこそ、その学問的証明を求めた、と筆者は考えている。

主要参考文献（アルファベット順）

鮎川哲也
　二〇〇二『黒いトランク』東京：光文社（光文社文庫、初版バージョン）
福本　拓
　二〇〇八「アメリカ占領下における朝鮮人『不法入国者』の認定と植民地主義」『日本帝国をめぐる人口移動の国際社会学』東京：不二出版
玄　大松
　二〇〇六『領土ナショナリズムの誕生』京都：ミネルヴァ書房
李　徳満
　一九八六『密貿易――어제와 오늘』釜山：三光出版社（韓国語）
伊地知紀子・村上京子
　二〇〇八「解放直後・済州島の人びとの移動と生活史」『日本帝国をめぐる人口移動の国際社会学』東京：不二出版
石原昌家
　一九八二『大密貿易の時代』東京：晩聲社
　一九九五『戦後沖縄の社会史――軍作業・戦果・大密貿易の時代』沖縄：ひるぎ社
厳原海上保安部
　二〇〇〇『国境警備　五〇年の航跡』
厳原町
　一九九七『厳原町誌』
兼元淳夫
　一九五四『海の国境線――対馬の表情』東京：富士書苑
木村　幹
　二〇〇七「ブームは何を残したか」『ポスト韓流のメディア社会学』京都：ミネルヴァ書房

宮本常一・安渓遊地
　二〇〇八　『調査されるという迷惑』山口：みずのわ出版
門司税関
　二〇〇九　『門司港と門司税関の軌跡』
村上和弘
　二〇〇二　「『港まつり』と『アリラン祭』」『日本研究』一、韓国：蔚山大学校日本研究所
　二〇〇七　「〈日韓交流の島〉というイメージをめぐって」『人文学論叢』九、愛媛大学人文学会
　二〇〇八　「厳原港まつりの戦後史」『日本文化の人類学／異文化の民俗学』京都：法藏館
　二〇〇九　「近現代対馬における『海域』と『越境』」『人文学論叢』一一、愛媛大学人文学会
　二〇一〇　「対馬における『国境』と『交通』」『人文学論叢』一二、愛媛大学人文学会
　二〇一二　「キッチュとしてのマツリ」『比較日本文化研究』一五、東京：風響社
　二〇一四　「『上書き』される朝鮮通信使」『東アジア近代史』一七、東京：ゆまに書房
長崎県対馬支庁
　一九七七a　『つしま百科』
　一九七七b　『対馬への招待』
中村八重
　二〇一七　「境域のツーリズム――韓国人のテマド（対馬島）観光をめぐって」（本書収録）
西村一之
　二〇一七　「移動・移住の経験と実践――東シナ海国境海域をいきかう漁民たち」（本書収録）
小田貴志
　二〇〇九　「よみがえる朝鮮通信使」『エスノグラフィー入門』、春秋社
斉藤隼人
　一九七二　『国境線対馬』長崎：対馬新聞社
　一九八三　『戦後対馬三十年史』長崎：対馬新聞社
坂野　徹
　二〇一一　「『寄り合い』と朝鮮戦争」『現代思想』二〇一一年一一月臨時増刊号

島村恭則
二〇一〇『〈生きる方法〉の民俗誌』兵庫：関西学院大学出版会

高崎宗司
一九九六『検証　日韓会談』東京：岩波書店（岩波新書）

湯浅克衛
一九五二『対馬』東京：出版東京

（WebPage）

「李承晩韓国大統領の隣接海洋の主権に対する宣言」
http://www.ioc.u-tokyo.ac.jp/~worldjpn/documents/texts/JPKR/19520118.O2J.html（データベース「世界と日本」、東京大学東洋文化研究所　田中明彦研究室）、最終閲覧二〇一二・一〇・一五

李用得
「密輸密貨」（二〇〇八—二〇〇九、全五〇回）（韓国語）
http://www.fnnews.com（ファイナンシャルニュース社）より検索、最終閲覧二〇一二・一〇・〇一

海事広報協会
「トン数のいろいろ」http://www.kaijipr.or.jp/mamejiten/fune/fune_16.html、最終閲覧二〇一二・一〇・〇一

釜山税関
『税関一〇〇年史』（韓国語）
http://english.customs.go.kr/kcshome/main/content/ContentView.do?contentId=CONTENT_ID_000001042&layoutMenuNo=11403、最終閲覧二〇一二・〇六・〇三

近代八重山におけるモノの越境——台湾との関係を中心に

角南聡一郎

一　はじめに

琉球諸島[1]という地場は、ある意味では日本の自文化研究のフィールドであるが、別の意味では、日本とは異なった歴史的・民族的背景を持つ異文化研究のフィールドである。しかしながら、琉球諸島における民族学的研究[2]の中で、物質文化についての調査研究がおこなわれることはあまり多くはなかった。物質文化研究の主流は民俗学のスタンスでおこなわれ、民具の調査研究が積み重ねられていった。

琉球諸島の物質文化研究を牽引してきたのは、民俗学者・上江洲均である。上江洲はそれまでほとんど省みられなかった、いわゆる琉球諸島の民具を収集し調査研究を開始した。

上江洲は琉球諸島の民具について、日本文化圏の末端に位置しながら単純でいて機能の面がすぐれており、それは大別して、琉球諸島独特のものと新来のものとが考えられるとする。さらに新来のものには、本土[3]からきたものと南方諸国の影響によるものとに類別され、形や名称の上から区分できるが、土地にとけこみ、今では祖形を知ることさえ困難なものが少なくないともする［上江洲　一九七三：三］。

沖縄民俗文化[4]の系譜を中国文化との比較から導こうとする研究は多い［窪　一九八一、渡邊　一九九三］。この手法は琉球王朝時代以降については問題ないと考えられる。沖縄民俗文化は古くから中国の強い影響下にあったと考えられがちであるが、実際は琉球王朝が薩摩に征服された後に「中国化」していく［上里　二〇一二］。むしろそれまでは強弱はあるものの、出土遺物からみれば、日本本土からの影響の方が強かった［角南　二〇〇八］。琉球王朝の時代、那覇の久米村には多くの中国系の人々が住み、若狭町には本土系の人々が居住していた。こうした居留地を通じて、まず王朝の上層階級に外来要素が伝わっていった。

一方で、琉球王朝時代以降も沖縄民俗文化の源流として、日本本土からの影響が指摘される。沖縄の代表的民俗芸能・エイサーが、本土の浄土宗僧侶・袋中によって伝えられた念仏踊りに起源が求められるという説が好例であろう、ここで用いられる鉦はまさに念仏鉦と呼ばれるもので、本土と共通するものである。

多種多様に発展した背景には、琉球諸島の島々は周辺社会から孤立していたのではなく、日本本土や中国、あるいは南方諸国と、たえず人や物の行き来があったという史実がある。量的には不充分であったにしても、技術的には先進の中国陶器や本土の絹織物、南方の竹細工などが次々に島に入ってきた。それは一般庶民にはなかなか入手し難いものであったろうが、それらのモノが島に存在することにより、島で製作されるモノに何らかの形で影響を及ぼしただろう［上江洲・神崎・工藤　一九八三：四九―五四］。

琉球諸島の民具の特性は次のように要約できるという。①九州や中国南部、東南アジアに繋がる。つまり南北の接点をなすものが多くみられる。②離島が多く、島単位で独自性を有している。③素材の一部に手を加えただけの単純で原初的なものが多い。④日本本土と比較して民具の絶対数が少ない［上江洲　二〇〇八：四九二］。

このような琉球諸島民具の源流についての言及は、前近代に主眼を置いたものであった。明治時代以降については、もっと多様な起源や移入ルートを想定する必要があると考えられる。しかしながら、近現代の物質文化の起源や移入経路について、それまでの物資文化と同一の俎上ではほとんど言及がなされてこなかった。

物質文化はそれをどこまでを外来系とし、どこからが在来系のものなのかの区分は難しい。時間の経過とともに、外来系要素が在来化していくことは周知のとおりである。しかし、各要素の起源や移入時期を検討することは、複合体たる琉球諸島民俗文化の系譜を考察することにつながるだろう。特に新しい時代の物質文化を取り上げるうえで系譜を検討することが容易である。

これらの経緯から、本稿では特に近代八重山におけるモノの越境に注目してみたい。八重山とは八重山諸島のことを意味し、人が住む場所として日本列島の最西南端に点在する島々で、八重山列島とも呼ばれる。沖縄で沖縄本島に次ぐ面積を有する西表島、石垣島など一二島に人が居住する。このうち最西端の島である与那国島は、台湾に隣接しており、古くから人の往来があり、国境の島といわれる。近代に日本が台湾を植民地とした関係もあり、台湾と八重山のヒト・モノ・情報の往来は一層盛んになった。戦後は国境が定められ、以前のように簡単には行き来をすることは難しくなった。国境が存在しなかった時代のモノの往来や、その歴史的変化については忘却されることとなった。本稿では、モノの往来やその変化を読み解くことを、近代をキーワードとして考えてみたい。

そこで、数多くある八重山の物質文化の中でも、明治時代以降に八重山庶民の生活に定着した、クルバシャー、セメント瓦、畳という三つの資料をあげ、それぞれの来歴・伝播経路・使われ方を物質文化（モノ）のライフヒストリーの観点から紹介していく。

物質文化研究・考古学の立場からは、物質文化の形態を決定する要素として、①材質②技術③機能・用途④集団の歴史的個性の四つを想定する［近藤　一九八六］。物質文化（モノ）のライフヒストリーとは、製作から使用、廃棄に限定されるのではなく、転用や再利用、修繕、さらに社会的な意味づけやその変化、また移動にともなう機能や価値の変容など、人間と同じく多様なライフヒストリーの解明を意味するものである。

二　台湾移民がもたらした象徴的農具――クルバシャー

1　概要

まず台湾から日本へと導入され、その後双方で使用されなくなった農具ではあるが、前時代の記憶を呼び起こす対象として、クルバシャーを取り上げる。戦前までは琉球諸島各地で稲作がおこなわれていたが、戦後になり安価な外米の輸入や、砂糖の値段の高騰により、多くの稲作農家がサトウキビづくりへと転換した。しかし、石垣島などで現在も稲作が一部でおこなわれている。稲作と関係する農具のうち、八重山に特徴的なものの一つにクルバシャー（水田整地用器具）がある。緑肥を入れる時に牛馬に引かせて田の上で転がすもので、本体はアカギやカシ、マツなどの木を使用し、約六センチの縦溝を掘り、両端に金具を付ける。直径三〇センチ、長さ一・五メートル程度である（図1）。

標準名は回転棒で、その呼称は、与那国島ではクルバシャー、クルバサー、石垣島・西表島・小浜島ではクルバシャー、伊是名島ではキヌハクミンチャー、本島北部の国頭村の奥ではクルバシャー、同村の辺土名ではクェークミンチャーである［上江洲・神崎・工藤　一九八三：一三三］。

クルバシャーはそれを牛に引かせ、田の上を転がすという動作から付いた名と考えられる。主として八重山地方で用いられたが、沖縄本島の国頭村でも緑肥入れとして用いた。石垣島川平のものは、長さ一二三センチ、直径三五センチである。本体の材質はアカギで、ほかにカシ、マツなども使用された。丸太に溝を彫り七つの山を作り出している。両端には釘を打ち込み、そこへ縄をかけ牛馬に引かせた。中には長さ一八〇センチ前後という大きなものもある。一方、西表島祖納のものは木製の枠を作りそこへ軸木をはめ込む。材はマツを用いることが多く、田

図1　クルバシャー

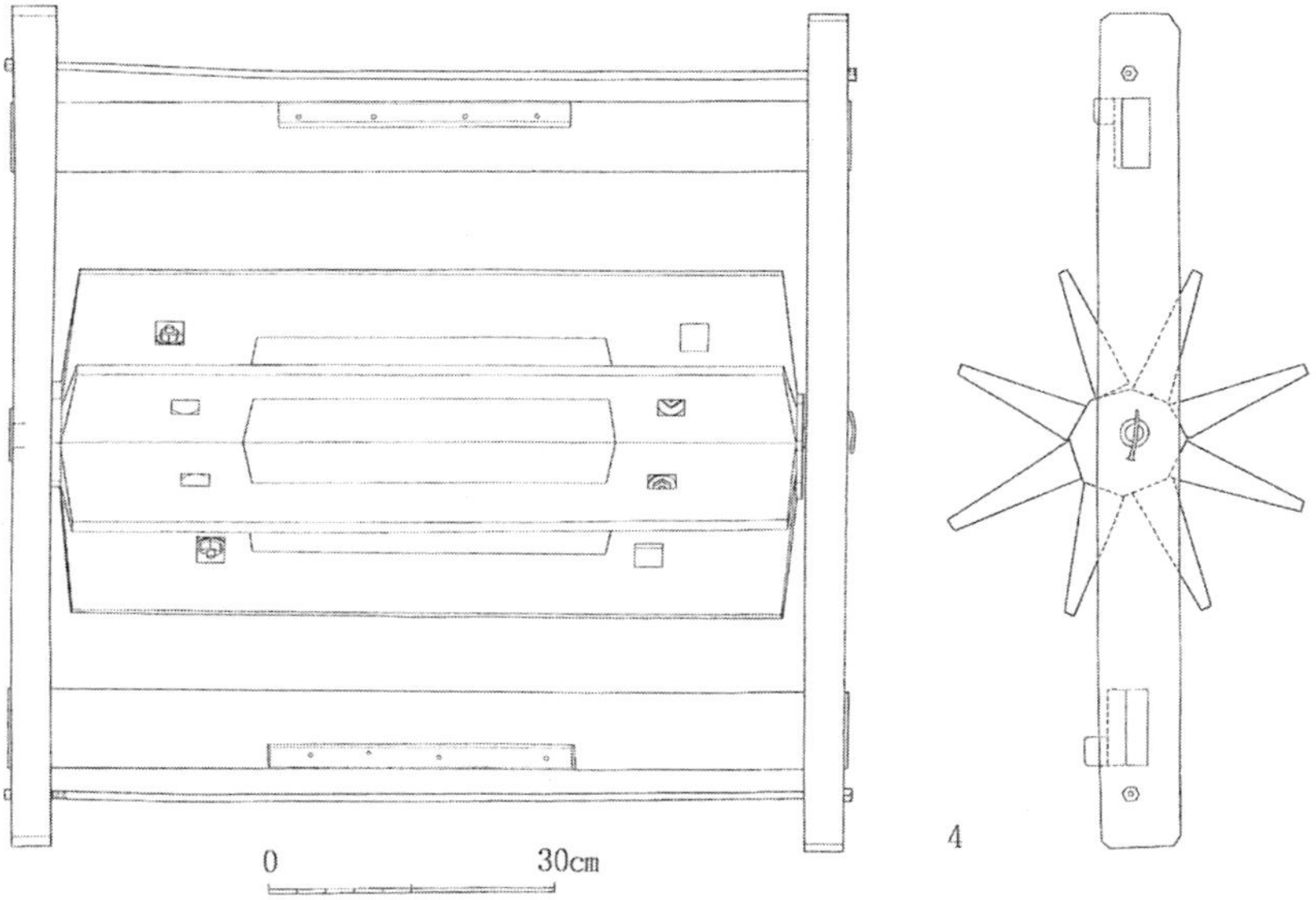

図2　八重山のクルバシャー(単位:cm)
上:石垣市八重山博物館蔵　　下:竹富町竹富　上勢頭享氏蔵

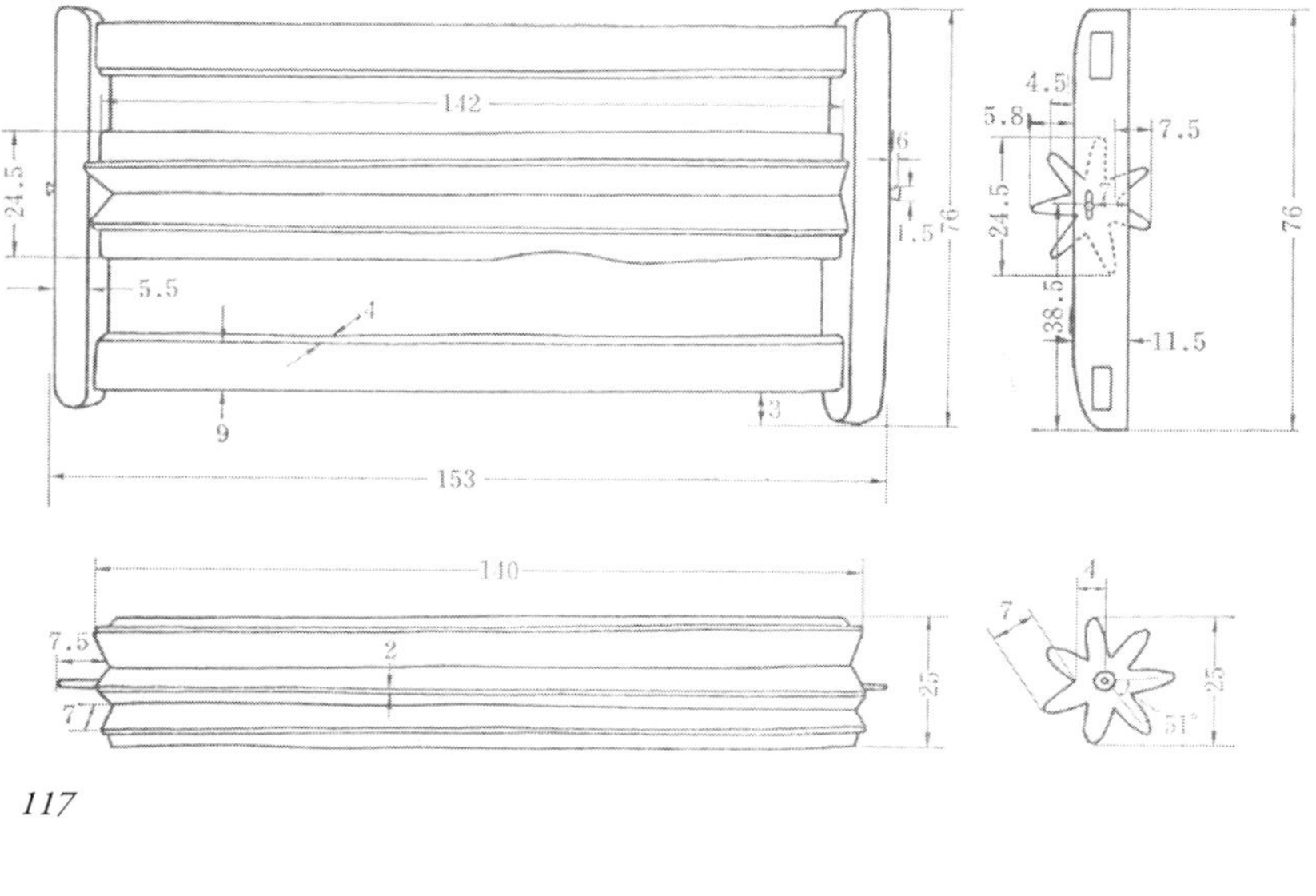

図3　中国の磟碡・礰礋

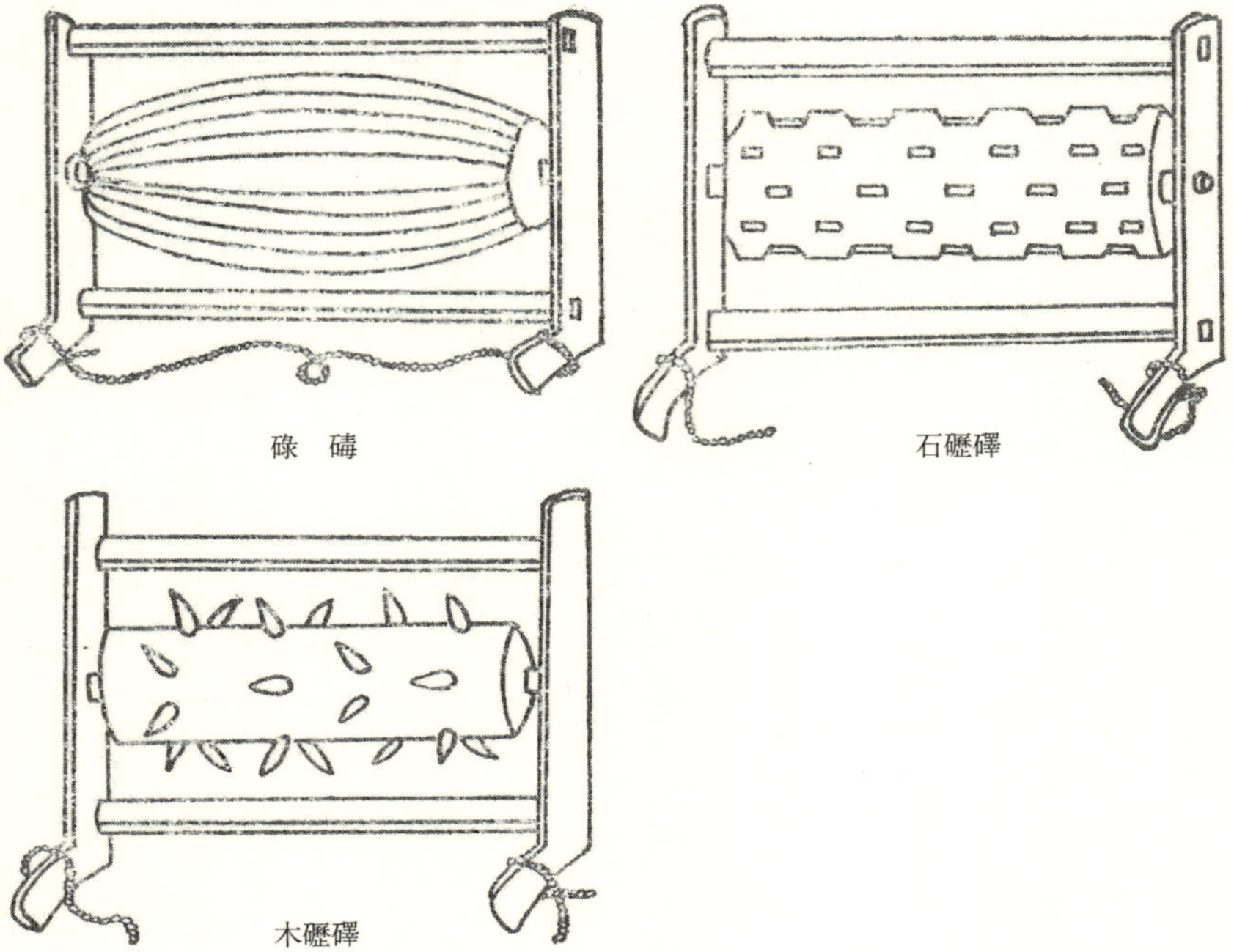

泥の堅いところでは軽いとうまくこなせないので、ワクの上に人が立って牛を扱う。ワクには二本の縄をかけ、曲木に結びつけて水牛の首にかけたという［上江洲　一九七三：一四三］。

クルバシャーには必ずしも木枠を必要とはしない。歯車の両端にクルバシャーの素材は、歯車の部分にシイが、木枠は粘性に富むトベラが用いられた。その後、昭和三七（一九六二）年に与那国製糖工場が操業を開始すると、工場の一部の施設を使って溶接ができるようになり、クルバシャーの歯車部分は鉄製に転化していった。与那国島にはコンクリート製の歯車をもつクルバシャーもみられるが、これは本来のものではなく、試作品であるらしい［松山　一九八四：二七七、図2］。

中国では木製・石製の本体に歯を付すものは礰礋《かくたく》、木製で本体に溝を刻むものを磟碡《ろくとく》もしくは磟碡とされ（図3）るが、現在は混同されているようである。スターフルーツのことを中国語で楊桃と呼ぶが、別名を礰碡とも称する。それは断面の形態が礰碡と類似していることに起因するという。その素材は基本的に、北方では石材を多用し、南方では木材を多用する［ブレイ 二〇〇七］。これらの農具は文献上の記載からは、隋、唐期には既に一般化していることが窺える。

日本でも伝世民俗資料・出土考古資料中に礰碡と磟碡が認められる。古くは中世にもたらされていたことが知られる。礰碡は伝世民俗資料・出土考古資料のいずれにもあり、すべて素材は木製であることから南方系のみ存在するといえる。一方、磟碡は伝世民俗資料のみが知られ、こちらも素材は木製であることから南方系のみということになる。

2 クルバシャーのライフヒストリー

台湾ではクルバシャーを礰碡（ラータック）と呼び、主に漢族がこれを用いた（図4）。清代に中国大陸から漢族が持ち込んだものである。大正一〇（一九二一）年に台湾総督府によって発行された調査報告書『台湾之農具』では、漢族が当時使用していた礰碡について以下のように詳細な言及がなされている［渋谷 一九二一：一五―一六］。

図4　台湾の礰碡

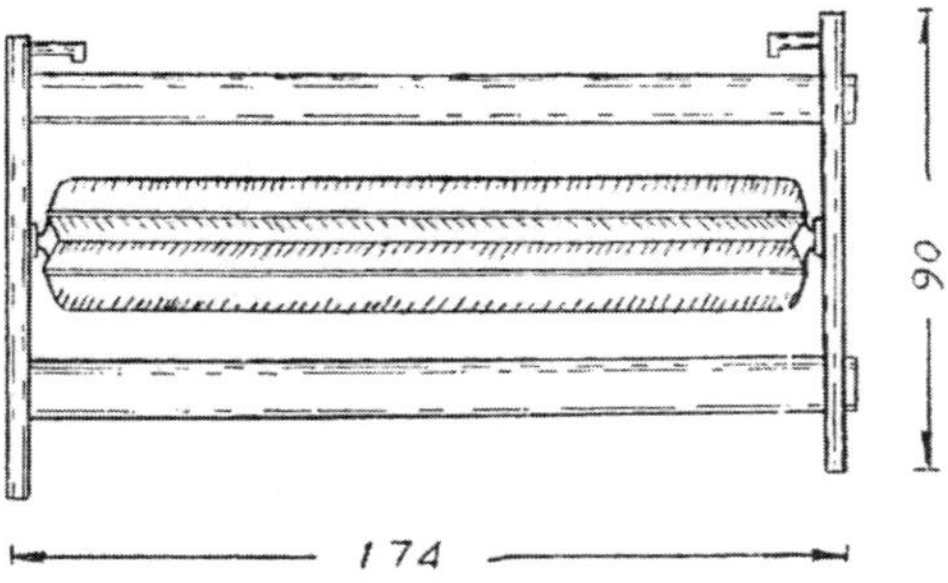

礰碡（La-tak）とは、別名を六碡、碌碡、碡磅ともいう。第二期作水田の整地に際し、土塊を砕きながら地ならし用に使用する。脚踏板、横頭、礰碡念、礰碡碅、礰碡筍の五部から構成されている。脚踏板は前踏と後踏の二つがあり、横頭によって長方形の框形に組立てられる。脚踏板は幅五寸、厚さ一寸、長さは一定しな

いが、六尺から八、九尺ある。前踏の両端に籐製の輪を装着しこれに脚車牽を付け、牛擔に連結して牛に曳かせる。なお前踏の中央に籐製の大きな輪を装着し、使用後の運搬に便利なようにする。横頭は烏心石または杉材により製作され、長さ二尺九寸、幅二寸五分、厚さ二寸二分である。その内側の中央には二寸一分ばかりの鉄製礋碡碻を取り付けてこれに礋碡筍を挿入する。

使用期間は第二期作水田の整地にのみ使用し、第一期水田には使用せず、普通一田圃に二回ずつこれを使用するものである。第一回は犂、刈耙（かりまんが）等の作業後にこれで水稲に残株を土中に埋没すると同時に土塊を細砕し、第二回は施肥後に肥料分布を均一にするとともに、田面を平均にする。

効率は人一人牛一頭で、一日一甲歩（一ヘクタール）の作業ができる。使用年限は五〇数年ないし六〇数年である。普通は自家製であるが、売買されるときは価格約一七円ないし一八円であった。

この記述から、台湾のものには部位ごとに個別名称があったことがわかる。また礋碡を用いることによって、作業効率があがったことを窺い知ることができる。

クルバシャーが特異なのは、昭和時代初期頃に台湾から導入された点である［石垣市史編集委員会編　一九九四］。戦前八重山には、台湾からの移住者が少なからず居住し、土地を切り開き稲作をおこなった。これを契機として八重山地方で一般化していったとされる。クルバシャーの石垣島への導入は、昭和一〇（一九三五）年に台湾からの移住者によって導入されたものである。製作および所有者として糸満嘉那の名前があがっている［牧野編　一九七六：二二三］。また与那国島へは、昭和一二、三年ごろにクルバシャーが移入されたといわれる［田中　一九八三］。同じ頃に、農耕用として台湾から水牛が持ち込まれたという。

明治時代以後に台湾から移入された農具はクルバシャーだけではない。与那国島では、昭和七、八

（一九三二、一九三三）年ごろから昭和一二、一三（一九三七、一九三八）年ごろにかけて、磯野式短床犂[5]が導入されるまで、大正初年に台湾より導入されたクラブと呼ばれる台湾犂[6]が一般的に用いられていた［田中　一九八三：三一九］。磯野式短床犂で荒起こしとその後の耕起をおこない、砕土や整地にクルバシャーを用いた［田中　一九八三：三二〇］。

台湾からの移民が使用する農具の、効率の高さに着目した地元の人々は、昭和一〇年代にはクルバシャーを自前で製造することに成功した。古代以来、中国から数多くの優れた農耕具が日本にもたらされているが、いずれも当初は製作者とモノが日本にやってくるか、モノだけがもたらされ、その後に日本人により見よう見まねで模作がなされたものである。というのも、モノの設計図は存在していなかったからだ。その結果、一見すると本国のものとそっくりであるが、細部では異なるものとなった。このように、近代八重山においても、モノさえあればそれを模倣しそっくりな製品を製作することが、設計図がなくても可能であった。

しかし、八重山をはじめとした南島での稲作の減少、続いて高度経済成長期以降に農具が機械化されていくと、水牛がまずその場を失い、それに伴ってクルバシャーなどの水牛が牽引してきた農具も用いられなくなった。つまり、クルバシャーが八重山で生産され使用されていたのは数十年間という比較的短い期間であったことになる。

クルバシャーの廃絶についてはは正確な時期は不明である。クルバシャーは一九八三年時点でもなお続けて利用されていたことが記されており［田中　一九八三］、一部ではごく最近まで使用されていたと考えられる。これらのことから、クルバシャーは昭和的なモノと考えてよさそうである。

西表島西部地区干立村の、自然と先人に学ぶ人々の暮らし・伝統文化・自然に対する知恵と技を紹介するホームページには、「水牛にひかせて田んぼを耕す道具、クルバシャー。もうすぐ日本で一番早い田植えが始まります。」というキャプションが入れられた、水田に置かれたクルバシャーの画像が紹介されている[7]。現在、竹富島や由布島では観光用の移動手段として水牛車が利用されている。だが、機械化に伴って一線を退いたクルバシャーは水牛のように再度注目されることはなく、忘れ去られていった。そのほとんどが木製であるために、シロアリなどの被害により形が失われることも早かった。博物館・資料館に収蔵されることのなかったクルバシャーは失われてしまったといっても過言ではない。しかしながら、水牛による水田の整地作業を思い出す時に、付随してイメージされるモノの一つであることが、このホームページの紹介からも窺える。

博物館や資料館ではしばしば展示資料を介して、イメージの再生産がおこなわれる。クルバシャーなど現在は使用されなくなった農具もそうである。

前述したように、現存するモノが極端に少ないが、台湾との交流があった時代を想起するには必要な農具であるといえよう。現在は静態展示としてモノだけが展示場にある状態であるが、将来的にはクルバシャーを再度製作し、それを用いて昔の水田農耕の体験学習をするようなことも起こりうるだろう。

３　小括

クルバシャーは、台湾と八重山の交流を端的に示す物質文化として、沖縄の農具の多様性を語る際にしばしば引き合いに出されてきた。クルバシャーは当初、昭和時代以降に台湾からの移民によって持ち込まれたことに始まる。クルバシャーは、台湾漢民族の中では一般的な水稲耕作用の農具の一つであった。

台湾から持ち込まれたこの農具が八重山に根付き製作されるまで時間はそれほど必要とされなかった。しかし、本土からの農業機械の導入の前には消え去るしかない運命にあった。台湾との歴史の接点を語る資料としては、忘れ去られることはなく、博物館・資料館の展示資料の中では注目され続けている。台湾においても、現在は使用されなくなった磟碡は、過去の農業を語るモノとして博物館・資料館の展示資料となっている。

台湾では当然のことながら長期間使用されてきたため、多くのクルバシャーが現存している。このため、台湾の方々で展示されている状況にある。ただし、これらが八重山に渡った台湾人によって、現地でも製作され使用されていたことは全く紹介されていない。また、八重山で台湾における磟碡の歴史が紹介されることもない。このような状況は国境という壁によって隔たれているということに起因するものだろうか。モノの観点からすれば、相互に歴史や情報を共有することが望ましいと考えられる。(8)

三　単に瓦の代用品にあらず――セメント瓦

1　概要

今一つクルバシャーと類似するがややその経路の異なる具体例を示してみよう。建築部材として日本では一般的であった瓦がそれである。瓦は沖縄文化を端的に表わすモノで、近代以降にそれは顕著である。瓦は現在のところ、ギリシャ、インド、中国の三地域を主な起源地とすると考えられている［大脇　二〇〇八］。東アジアの瓦は、中国で誕生し、朝鮮半島を経由して日本に伝わった。一方、ヨーロッパやインド、東南アジアの瓦は、東地中海から西アジア地域で誕生し、古代ローマ帝国の植民地政策で東西に伝わった［太田　二〇一二］。日本へは、飛鳥時代（六世紀）に百済からやってきた瓦博士によってもたらされたといわれる。ただし、単にこれを受容したのではなく、日本独自で生み出されたものがいくつかある。江戸時代に考案された、桟瓦という丸瓦と平瓦を一体化したものがそれである。

近代に至り瓦に劇的な変化が生じる。焼成という過程を経ないで製品化できるセメントと砂を用いた屋根材料の登場である。これらは原材料の配合割合と製法、形状の違いで三つの製品名称が混在して用いられていた。コンクリート瓦、プレスセメント瓦、厚形スレートの三つである。セメント系屋根材は石綿スレートの代替策で誕生したとの説がある。㈱ノザワの創始者、野澤幸三郎はスレート板の国産化を図り、大正二年（一九一三）に神戸市で日本石綿盤製造㈱を創立した。しかし発注した輸入製造機械が入手できず、セメントと石綿で輸入品の石綿スレート小平板と粘土瓦和形の折衷形を製作し、商品名「六甲スレート」として売り出した。これが日本におけるセメント瓦・厚形スレートの始まりという。

一方、大正三（一九一四）年、第一次世界大戦中、中国の青島、満州、朝鮮を通じて日本に渡来したとの説がある。当時の海軍がドイツの極東植民地となっていた青島を占領した際に、その市街地の建築に青・赤・小豆色といった色とりどりの「セメントモルタル」で作られた屋根瓦があり、それを軍関係者が見いだしたのが始めで、これが当時の関東州大連に移入され、拡張期にあった満鉄、および朝鮮鉄道沿線の駅舎、社宅等を始め一般市街地の建設用屋根材として採用されることとなった、とする［日本瓦楽会編　一九七六］。これゆえにセメント瓦の別称をドイツ瓦ともいう。

2　セメント瓦のライフヒストリー

沖縄の瓦には、中国系赤瓦、高麗系瓦、本土系黒瓦が知られている。これらのうち主流となったのは中国系赤瓦で、壺屋の窯で製作されていったものである。このように歴史的にみれば、沖縄の瓦とは東アジアの各地からの影響を受容しながら、沖縄文化が成立していったことを象徴的に物語る資料である。

では首里から遠く離れた八重山における近代の瓦事情はどうであっただろうか。八重山で茅葺が瓦葺に改められたのは、一六七五年の蔵元、一六九四年の桃林寺がはじめてであり、民家としては一八一九年宮良殿内が初めて瓦葺にしたようである。しかしながら、五五年後の一八七四年（明治七年）には、御検使富川親方によって、宮良殿内の瓦葺は再び茅葺に替えさせられたという。瓦葺解禁令が出たのは明治二二（一八八九）年で、これまで圧迫されて[9]

いた平民は、これ見よがしにいち早く士族に先んじて瓦葺家屋を新築した。それが登野城のナニムリヤ（知念家）、大川のナーマヤ（長間家）であるという。以来諸所に瓦屋根が建てられ、宮良殿内も元の瓦葺へ戻り、今日その姿を伝えているわけである。瓦葺は次第に数を増し、戦前は八、九分通り瓦屋根となっていった［宮城　一九七二：一七―一八］。

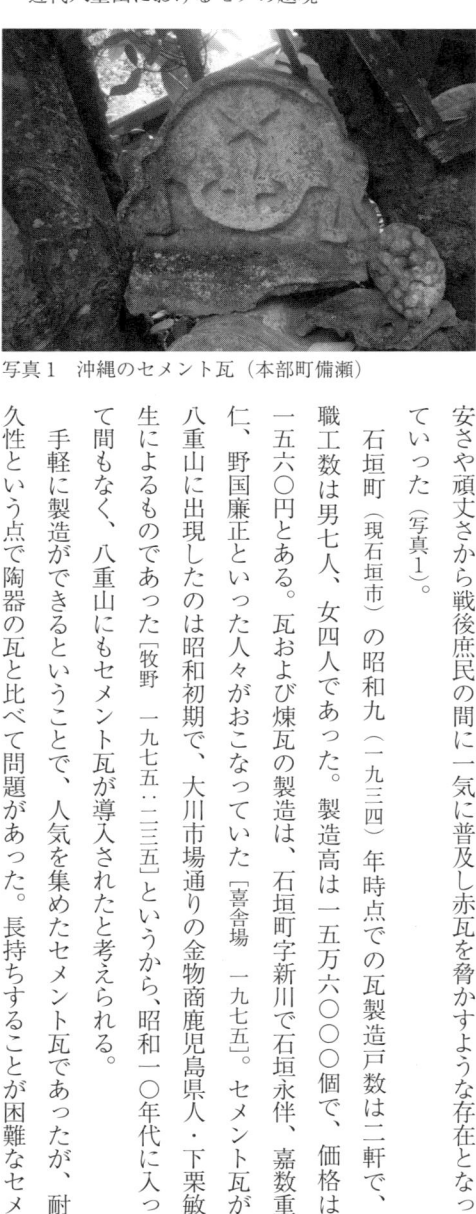

日本の植民地であった台湾でも、日本本土と同様な理由から新たな建物には好んでセメント瓦が用いられた。この頃の台湾には、多くの沖縄からの移住者が生活していた。沖縄から最も近い近代都市は台北であった。移住者の中には、台湾で手に職をつけて沖縄に帰ったものもいた。昭和一〇（一九三五）年に沖縄にセメント瓦を持ち込んだ、名護「南国耐風瓦」の岸本久幸もその中の一人だった［比嘉　二〇〇二］。沖縄においてもセメント瓦(10)は、その価格の安さや頑丈さから戦後庶民の間に一気に普及し赤瓦を脅かすような存在となっていった（写真1）。

写真1　沖縄のセメント瓦（本部町備瀬）

石垣町（現石垣市）の昭和九（一九三四）年時点での瓦製造戸数は二軒で、職工数は男七人、女四人であった。製造高は一五万六〇〇〇個で、価格は一五六〇円とある。瓦および煉瓦の製造は、石垣町字新川で石垣永伴、嘉数重仁、野国廉正といった人々がおこなっていた［喜舎場　一九七五］。セメント瓦が八重山に出現したのは昭和初期で、大川市場通りの金物商鹿児島県人・下栗敏生によるものであった［牧野　一九七五：二三五］というから、昭和一〇年代に入って間もなく、八重山にもセメント瓦が導入されたと考えられる。

手軽に製造ができるということで、人気を集めたセメント瓦であったが、耐久性という点で陶器の瓦と比べて問題があった。長持ちすることが困難なセメント瓦は戦後しばらくすると用いられなくなっていった。

そして残念ながらセメント型の製造中止により、現在はほとんど製造されていない。使用された期間が七〇年足らずと短いことから、赤瓦とは異なった様相を呈するセメント瓦葺きは赤瓦葺きよりも絶対数が少なく、そうした意味でも沖縄独自の景観の一つとして近年は注目されるようになってきた。クルバシャー同様にセメント瓦も外来であったものが、沖縄の生活世界を構成する物質文化の一つとして定着した、ごく新しい事例である。

3　小括

八重山と台湾は地理的にも近く、戦前は人の往来もかなりあった。しかしながら台湾からいったん沖縄本島に伝わり、その後本島から八重山にもたらされるという複雑な経路をたどってきた。この経路の意味は大きい。新たなモノは、いったん台北や那覇を通過して広がるということになり、このパターンは非常に現代的・中央集権的なモノの移入と近い関係にあると考えられる[11]。

沖縄では近年、セメント瓦が台湾から導入されたことが、台湾への移住経験、台湾で体得してきた技術や教育が、沖縄へ戻ってから役立ったという実例の一つ[12]としてにわかに注目された。一方、台湾では日本式の燻瓦が植民地時代に台湾に導入されたことと関連して、セメント瓦も日本から持ち込まれたものであることが、日本時代の建造物が文化財となった関係で調査研究されるようになってきている[13]。そもそも日本のセメント瓦は、近代に至り西洋建築が日本でも設計・施工されるようになったことに伴い、建築部材たる瓦も西洋的なものが用いられるようになったことに起因する。その製作技術を応用し従来の和型の意匠を融合させながら発展をしてきた。これが沖縄では赤瓦の形を受け継ぎながら独自の変化が生じてきたものである。

その意味で、台湾ではこのような新しい時代のモノについても学術的意義を有すると考えられ、調査研究の対象となっている。それに対して、沖縄における明治時代以降の瓦やセメント瓦がアカデミズムによって議論される機会はまだまだ少ないと言わざるをえない(14)。

四　日本文化の代表的モノ——畳

1　概要

日本文化と沖縄との関係を日常生活からひもとける事例に畳がある。最後に身体技法とも結びつく畳を取り上げてみる。畳表には藺草が用いられるが、その利用は少なくとも弥生時代にまでさかのぼることができる。『古事記』には「菅畳」、「絁畳」の記載がある。また『万葉集』には「木綿畳」、「八重畳」などの記載がある。正倉院には奈良時代の寝台用の畳である「御床畳」が伝わる。これには、畳表、畳床、畳縁の三要素が備わっており、現在の畳の原型がこの頃に成立していたと考えられる。

古墳時代から奈良時代にかけて、もっぱら敷物として使用されていた藺草の織物（ムシロ）に、いつ頃から今の畳床につながるような床が付いたのか正確にはわからない。

畳表には藺草（丸藺）が用いられるが、その利用は少なくとも弥生時代にまでさかのぼることができる。平安時代の貴族邸宅の建築様式である寝殿造の成立とともに、置畳として普及していった。この時代の畳は敷き詰めるものではなく、座具や寝具であった。鎌倉時代の終りには、部屋全体に畳が敷き詰められるようになり、いわゆる敷畳へ変化していった。庶民への普及は一八世紀になってからで、この頃から畳の消費量が増加していった［伊藤・松崎編　一九九〇］。このようにして日本文化を代表する、履物を脱いで床（畳）の上にあがるという、「日本的清潔感」が形成されていった。

2　畳のライフヒストリー

畳が沖縄へと伝わった時期は定かではないが、琉球王国時代に首里城の玉座には畳が用いられていたとされる。少なくともこの頃には、王府内に「日本的清潔感」が導入されていたことがわかる。琉球王国時代の一七三七年、三司官であった蔡温の発令した敷地・家屋の制限令によって、屋敷や家屋の大きさが身分によって定められた。百姓（庶民）の家屋は母屋一二坪（三間×四間）、台所六坪（二間×三間）に制限され、一室当たりの畳数の制限、庶民の瓦葺きの禁止、良材の伐採の禁止などが取り決められた。この制限は制限令が解かれる一八八九年まで続いた。

沖縄では藺草はビーグと呼ばれ、通常の藺草よりも太い七島藺（太藺）のことである。[15]ビーグは「備後《びんご》」が変化して呼ばれるようになったという説がある。元来、沖縄には藺草の在来種はなく、本土各地で栽培されている藺草の苗を根付けしていた。その生産開始は約一三〇年前にさかのぼるといわれる。つまり、近代に畳の生産が本格化したことを物語っているのである。

八重山地方において莚・畳の製造技術の伝播は、莚については、昭和三〇年代〜四〇年代まで使用されていた莚編用具をみてもわかるように、単に「編む」という技術伝播を探るのに近いことになり、正確な時期を知ることはできない。畳については、『琉球国由来記』で考証しようとしているが、不詳として、「中古」からある技術で、中国と通じてから始まったものだろうかとしている〔得能　二〇一一：一三九〕。琉球王国時代の八重山において、莚・畳は製造されていたのだが、公的に任命された細工人の経営はあまりうまくいっていなかった〔得能　二〇一一：一四三〕のであり、一般への普及には程遠かった。八重山においても、沖縄本島同様に、明治時代までの畳は首里城の上流階級の生活に限定されており、庶民にとってはあこがれの的であった。その反動から、瓦と同じく明治時代に入ると畳敷きが一つのステイタスとして浸透していったと考えられる。

写真２　沖縄の畳（久米島の民家）

戦後、一九七二年の復帰まで沖縄ではアメリカによる統治がおこなわれた。この間、沖縄では、米軍基地の増強による安全・権利の侵害とアメリカ軍政による非民主的支配への不満を背景に、何度か復帰運動がおこった。特に一九六〇年代以降、沖縄の本土復帰運動が高揚し、ようやく復帰することとなった［池宮城　二〇〇六］。アメリカ統治下の沖縄の人々は、一九五七年に開始された沖縄から本土への就職などを通じて交流を続けていた。多くの沖縄出身者もまた本土や都会に強いあこがれを抱いていた。日本志向の教育、映画などのメディアによる本土情報の流布、本土への修学旅行の経験などによって本土への関心が喚起された例もあった［山口　二〇〇四］。こうした日本本土へのあこがれを通じて、本土的な生活用具への憧憬もつのったのではないかと考えられる。八重山で本土的な塔式墓標を一部取り入れた、独特の墓標が製作されはじめるのは、まさに復帰直後からである。ゆえに畳の増加もこうした本土の生活文化への憧憬によってまきおこったものであろう。

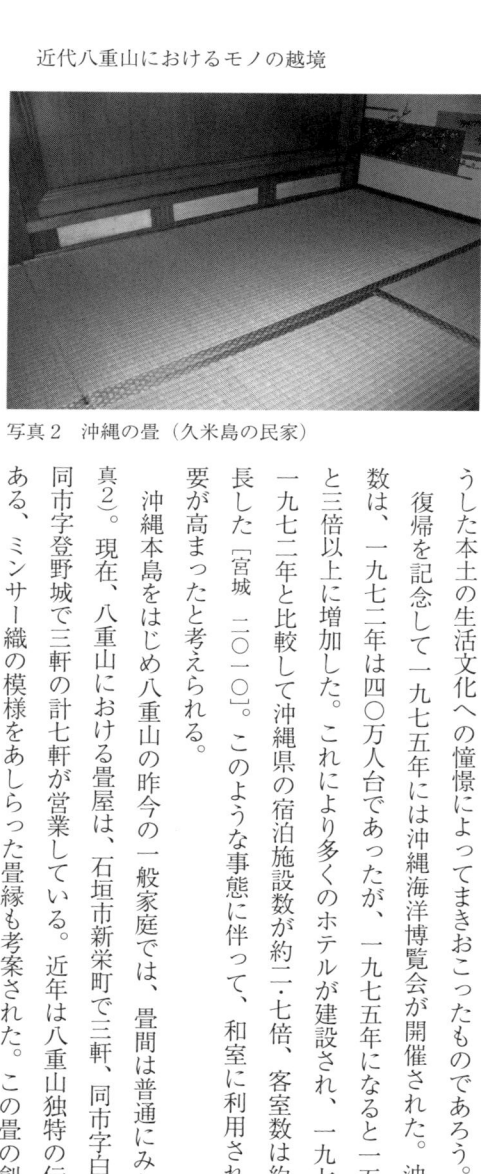

復帰を記念して一九七五年には沖縄海洋博覧会が開催された。沖縄訪問客数は、一九七二年は四〇万人台であったが、一九七五年になると一五〇万人台と三倍以上に増加した。これにより多くのホテルが建設され、一九七五年には一九七二年と比較して沖縄県の宿泊施設数が約二・七倍、客室数は約三倍と成長した［宮城　二〇一〇］。このような事態に伴って、和室に利用される畳の需要が高まったと考えられる。

沖縄本島をはじめ八重山の昨今の一般家庭では、畳間は普通にみられる（写真２）。現在、八重山における畳屋は、石垣市新栄町で三軒、同市字白保で一軒、同市字登野城で三軒の計七軒が営業している。近年は八重山独特の伝統工芸である、ミンサー織の模様をあしらった畳縁も考案された。この畳の創出は本土のモノであった畳という物質文化が、八重山オリジナルのモノへと変容を遂げたことを意味している。台湾や朝鮮半島といった植民地に渡った人々は、畳敷きの部屋に住むことを好んだ。畳は畳替えが必要となることから、現地で製作をおこなう職人が必要となった。このため、本土から職人が台湾や朝鮮へと渡った。職人の数が足りず、台湾から朝鮮へと出仕事のはしごをする職人も多くいたという。日本人の住生活にとっては切っても切れないモノの一つであったのだろう。

特に台湾では、「榻榻米《タタミ》」として戦後も台湾人によって畳文化が継承され、現在も生産が続けられている。こうした旧植民地での日本文化の継承は、日本文化を体現・体得することが一つのステイタスと考えられていたことと深く関係している。この点で、沖縄で畳が近代以降庶民に広がりをみせることと共通する部分は多い。

3　小括

八重山における畳は、実際のところ明治時代に入るまではあまり庶民には浸透していなかった。しかし、それまで統制されていた反動から、明治時代以降はまず琉球王朝という上層文化へのあこがれという形で畳は浸透していったのである。しかし、戦後になるとそのニュアンスはその帰属意識とともに変化する。アメリカ統治により食や言語など文化への少なからず影響を受けるが、他方でこの統治は沖縄の人々にとって、自己のアイデンティティを再認識させる機会ともなった。そうした中で、日本本土への帰属意識は高まり、本土復帰運動へとつながっていった。それに伴い、本土的生活文化、住文化も意識された。沖縄における畳文化とは、琉球王国から日本本土への帰属の変遷を示す物質文化の一つなのである。

視野を広げてみれば、台湾でも日本植民地時代に日本から持ち込まれたものが定着し、現在では日本起源の台湾文化の一つとして周知されている。継続して使用された要因の一つとして、日本式住居が戦後も引き続き使用されたことがあげられる。五〇年間の日本の統治により、畳を敷くということは、台湾漢人文化の中では一般的なこととなっていたのである。こうした家を主体として、畳の需要があったことから、畳製作は継続しておこなわれたと考えられる。戦前は日本人によって畳の製作がおこなわれていた。当時、丁稚として台湾人が畳屋で働くことも珍しくなく、日本人の職人から畳製作技術を教えられた。そして、戦後は台湾人職人による畳製作がおこなわれることとなった。近年はマンションや洋風建築などにも畳部屋を一室設けることがブームとなり、台湾における畳文化が廃れる兆候は認められない。

ここで注目すべきは、台湾において畳は日本起源のモノであることが、現在も強く意識されているという点である。逆に日本では、台湾で今も畳が製作・使用されていることがほとんど知られていない。

沖縄や台湾は亜熱帯気候であるため、湿気が多く、夏暑く冬寒い日本の気候から生み出された畳の使用には本来は適さない。しかし、いったん靴を脱いで座敷にあがることで清潔であるという点や、華道・茶道といった礼儀作法を伴うお稽古ごとには欠かせない存在であった点などから、日本文化を代表する物質文化の一つとして意識され扱われるようになったのであろう。このように、「日本式清潔感」が、台湾社会に刻印されたことは、畳の使用と靴を脱ぐという行為によく表わされている。これはまさに、モノが語るポストコロニアル的状況の好例といえよう。

五　モノが語る、モノに語らしめる近現代

本稿で対象としたモノのライフヒストリーから垣間見えたことを述べておきたい。

クルバシャーは台湾から日本へと導入され、農具の機械化により台湾、八重山双方で使用されなくなり、前時代の記憶を呼び起こすモノとして取り扱われている。

セメント瓦は、台湾の植民地化による近代化の産物として、日本的な形が生産されるようになった。それを沖縄出身者が持ち帰った時には、在来の赤瓦を模倣したものへと変化していった。沖縄への在地化がなされたといえよう。同様のことは、戦後の台湾におけるセメント瓦についてもいえる。戦前は日本の黒瓦を模倣したものであったが、戦後は台湾の在来の赤瓦を模倣したものへと形態変化したのである。

畳は日本発のモノがほとんど形を変えないで、「日本的清潔感」とともに沖縄と台湾に根付いた例である。戦前までの沖縄において、畳は本土をイメージさせることは少なく、どちらかといえば首里の上流階級をイメージさせるものであった。しかしながら戦後は、むしろ本土との関連で広がっていった。台湾においても同様に畳は日本を想起させるものである。

以上のように、近代以降の八重山における物質文化は、従来の中国と日本本土、沖縄本島の関係の中で生成されたものだけではなく、そこに台湾という新たな経路が加わり庶民の生活が近代化されていったことが、物質文化を通してみると可視化されるのである。

文献に記されないような生活上の変化や変容については、クルバシャーやセメント瓦のようなモノが何よりも雄弁に語ってくれることが多い。つまり古い民具も立派な歴史遺産となりうるのであり、この種の資料については、巨視的な視点と微視的な視点の双方から究明することが求められる。

このように、物質文化を通じてみた琉球諸島の民俗文化は、中国、日本本土をはじめとして多様なルーツを持つ要素が同居している状況にある。このことは、古くから琉球諸島が日本の玄関口であり、様々な文化を受容し独自にアレンジしていったことからわかる。クルバシャー・畳のようにもたらされたモノを忠実に再生産する、あるいはセメント瓦のように在来の瓦のスタイルを新しい技術で製作するといったように、巧みに外来の要素を自らの文化に取り込むことに長けていたことが、歴史的にも裏付けられるだろう。

一般的な農具の名称には、唐竿、唐箕、唐臼、唐犂など、「唐」という漢字が意味する中国からの伝来であることを示すものが少なからずある。その多くは江戸時代の伝来であるとされるが、磟碡のようにそれ以前と考えられるものも少なくない。これらのことから、中国からの農具の伝来はいちどきにではなく、寄せては返す波のように、長い時間の間に何度もあったと考えることができる。その意味で、二〇世紀に台湾から八重山地方への伝来は最も新しい波であり、中国から直接というルートをたどるのではない点が注目される。その背景には、一八九五年以降五〇年間にわたり、日本が台湾を植民地としたことがある。この間にヒト、モノの行き来が頻繁におこなわれたのである。

新しいモノではあるが、八重山と台湾で共通する、類似するモノはこうした往来の所産であるということを忘れてはならないだろう。以上のことは、沖縄、八重山地方が本土とは異なった、外来品の玄関口でもあることを物語っている。近年にわかにグローバリゼーションということばが流行し一般化した。しかし、八重山地方では、そのずっと前から越境がなされ、国際的な場所であった。(16)

六　おわりに

物質文化の移入を考える場合、一方的な伝播論ではなく、本来は相互にヒト・モノ・情報の往還があったと考えることが妥当であろう。特に近代は、移動手段やインフラの変革により大量のヒト・モノ・情報がそれまでに比して短時間でやりとりされるようになった。また、明治時代の政治的・経済的要因は、それまで鎖国を唱えていた日本に想定外の現象を数多く生じさせた。物質・商品の輸出入がそれである。外来要素を受容する一大契機となったのは、こうした新たな要因によるものが主要であった。

しかし、いくら便利なモノが外部から持ち込まれたからといって、簡単にそれまでの物質文化がまったく置き換わってしまうことはない。戦後沖縄で製作された急須、アイロン、ジーファーといったジュラルミン製民具がその好例であろう。ジュラルミン製民具には、米軍物質をそのままの形で利用したのと、それらに手を加えて本来の民具の形に戻したのとに大別できる。沖縄の古い形式の民具は戦争を境として消滅したのではなく、実際には、すべて元の形で作り出され、使用されたのち漸次交替していったと考えるのが妥当であろう［上江洲　一九七三：一］。

近い過去は一般的にまだ歴史にはなっていないと考えられがちである。物質文化も古い方が稀少性を有し、保護する対象としての優先順位が上位であるとの通念がある。そして近現代における外来系のモノは日本文化を考える上では軽視される傾向にある。しかし、新しい過去の資料も将来的には稀少となることは明白であり、そうした外来系のモノも日本文化の一部となっていく。

近現代資料の最大の魅力は、何よりもモノの製作者や使用者に直接話を聞くことができる点である。ただし、残念なことに、平成も二〇年以上を過ぎた現在、本稿で取り上げたクルバシャーもセメント瓦も本格的な研究がおこなわれないままに、消え去りつつあるという事実がある。手遅れになっている場所もあるだろう。残された時間はわずかである。

注

（１）　南西諸島のうち沖縄県に属する島々のこと。

（２）　一概には区分できないが、日本において自文化を研究する場合は民俗学、異文化を対象とする（もしくは日本文化と異文化を比較する）場合は民族学とされてきた。柳田国男による民俗学の対象とは、口頭伝承、つまり無形であった。これに対して、有形資料＝物質文化を重視したのは澁澤敬三であった。これは欧米で成立した民族学に物質文化研究という領域があることと重なるものである。

(3) 内地と同意。日本の本州、四国、九州(場合によっては北海道も)を指す。
(4) 本稿では沖縄民俗文化を琉球王朝に起源をもつものと狭義に捉え、より広義な沖縄の民俗文化を琉球諸島の民俗文化とする。
(5) 磯野製作所は永く磯野鋳造所と称し、農具・鋳物(なべ・かま)を製作していた。犂先の鋳造は江戸時代後期には既に磯野鋳造所で盛んに行われており、北九州の抱え持立犂に取りつけられていた。明治初め(一八七〇年)以降一八九七年ごろまでは犂先の鋳造が行なわれたが、犂は造られていなかった。当時磯野式犂先と称し、銘柄をつけて農村の酒屋・駄菓子屋の軒先などで販売されていたのが普通であった[古賀　一九八一:七]。
磯野製作所の磯野七平は勧農社の名誉社員であった。馬耕教師が筑前の一隅から全国に出張することは、同時にこれらの犂業者の製作した犂が全国的に販路を拡げることをも意味していた。磯野製作所では当時犂作りの名人といわれた田鍋八五郎・猪野七郎などの大工を雇入れ、同時に競犂会における優秀な馬耕技術者を招いて研究を重ね磯野式有床犂を考案した[古賀　一九八一:九]。
(6) 「糖業発達と諸機械　島内鉄工業の発達」『台湾日日新報』一九三〇・九・一八付記事　http://www.naro.affrc.go.jp/brain/iam/shiryo/shiryo02/013240.html によれば、「深耕に用うるトラクター、ヒースプラフという新式農具を始め深見式、磯野式、武智式等各種の改良犂が盛んに製糖会社や農家に用いられ、或いは灌漑用ポンプの需要増加も目立っている」とあり、台湾においてもこの頃、在来の台湾犂に対して、外来の日本産犂が普及していった様子が窺える。
(7) 楽園@干立村 http://www.h2.dion.ne.jp/~hositate/index.htm
(8) クルバシャーを通じた、台湾と八重山の博物館関係者や研究者の交流がなされることは、同一資料の情報を共有するという意味で双方にとって有意義なことではなかろうか。
(9) 中国系赤瓦。
(10) 浅野セメント高雄工場は一九一七年に設立され、寿山の隆起珊瑚石灰岩を採掘しセメントを製造する工場で、本島需要の約八〇パーセントを産出した。
(11) 現在、沖縄への移動手段の主流である飛行機の場合も同様である。いったん那覇空港や台北空港(桃園交際空港)に降り立つというコースである。ここに到着してから小型飛行機などに乗り換えて目的地まで移動するということになる。
(12) 例えば[水田　二〇〇三]で示されたように、台湾において日本的なマナー・身体感覚を体得したものが、沖縄に影響を与えた場合もあった。
(13) 台湾では日本植民地時代の建造物を文化財として認定し、一九八二年に制定された文化資産保存法にのっとって保護している[浅野　一九九四]。

（14）本土と比べて沖縄では近現代の物資文化について関心は高いが、それは生活用具や生産用具についてであって、建築部材である瓦は含まれていない。

（15）七島藺を用いた畳のことを琉球畳というが、これは一般的には大分県産や熊本県産の七島藺を用いた畳のことであり、沖縄産の畳という意味ではない。

（16）アメリカでは華僑・華人の歴史考古学の資料が注目されている。これらの物質文化は世代ごとに変化しており、中華的なものから次第に欧米化していったプロセスを観察することができる［Voss 2005］。こうした手法も琉球諸島の物質文化研究に応用は可能であろう。

引用・参考文献（アルファベット順）

浅野　聡
一九九四「日本及び台湾における歴史的環境保全制度の変遷に関する比較研究――文化財保護関連法を中心にして」『日本建築学会計画系論文集』四六二：一三七―一四六、東京：日本建築学会

ブレイ、フランチェスカ（古川久雄訳）
二〇〇七『中国農業史』京都：京都大学学術出版会

比嘉武則
二〇〇二『沖縄のセメント瓦』名護：名護博物館

池宮城秀正
二〇〇六「琉球列島における復帰運動の高揚と日本政府援助」『政経論叢』七四―五・六：四七七―五一八、東京：明治大学政治経済研究所

石垣市史編纂委員会編
一九九四『石垣市史 各論編 民俗上』石垣：石垣市

伊藤実・松崎哲編
一九九〇『備後表』福山：広島県立歴史博物館

喜舎場永珣
一九七五『石垣町誌』東京：国書刊行会

古賀茂男
一九八一「九州の農業と犂の発達」『九州大学農学部農場研究報告』三：一―二九、福岡：九州大学農学部農場
国立台湾大学農学院附設農機具実験工廠編
一九六五『農学院工廠実習』台北：国立台湾大学農学院
近藤義郎
一九八六「総論 変化・画期・時代区分」『岩波講座 日本考古学』六、東京：岩波書店
河野通明
一九九四『日本農耕具史の基礎的研究』大阪：和泉書院
窪 徳忠
一九八一『中国文化と南島』東京：第一書房
一九九〇『目でみる沖縄の民俗とそのルール』那覇：沖縄出版
朽木 量
二〇一一「現代民具に『消費者の生産』を読む」『国際シンポジウム報告書』二：七三―七八、横浜：国際常民文化研究機構
牧野 清
一九七五『登野城村の歴史と民俗』石垣：牧野清
牧野清編
一九七六『川平村の歴史』石垣：川平公民館
松山利夫
一九八四「与那国島における水田の分類と在来の稲作農具」『南島の稲作文化』二六三―二九四、東京：法政大学出版局
宮城博文
二〇一〇「沖縄県ホテル業の発展と現状――訪問客の視点を通して」『社会システム研究』二一：二三九―二五三、京都：立命館大学社会システム研究所
一九九三『八重山生活誌』那覇：沖縄タイムス社
水田憲志
二〇〇三「日本植民地下の台北における沖縄出身『女中』」『史泉』九八：三六―五五、吹田：関西大学史学会
二〇一〇a「八重山と台湾を行き交う人ともの」『地理』五五（一二）：六六―七五、東京：古今書院

二〇一〇b　「一九三〇年代の石垣島における台湾人農業移民の入植過程」野間晴雄編『文化システムの地場』二二九―二五一、吹田：関西大学出版部
二瓶貞一
　一九七二　『農機具今昔ものがたり』東京：近代農業社
日本瓦楽会編
　一九七六　『セメント先覚者及び功労者伝記集』
岡崎喜熊
　一九八一　『敷物の文化史』東京：学生社
太田三喜
　二〇一一　『東アジアの古代瓦――その起源と源流』天理：天理大学出版部
大脇　潔
　二〇〇八　「インド・東南アジア甍夢紀行」『東南アジア考古学会研究報告』六：一三―二四、東京：東南アジア考古学会
　二〇一〇　「八重山甍紀行――琉球甍文化圏の発見」『民俗文化』二二：三三―一〇八、東大阪：近畿大学民俗学研究所
渋谷紀三郎
　一九二一　『台湾之農具』台北：台湾総督府殖産局
角南聡一郎
　二〇〇六　「台湾の日式瓦」『メタ・アーケオロジー』五：五八―六九、東京：メタアーケオロジー研究会
　二〇〇八　「南島の交流と交易」加藤雄三・大西秀之・佐々木史郎編『東アジア内海世界の交流史』八三―一〇二、京都：人文書院
章　楷
　一九八五　『中国古代農機具』北京：新華書店
田中耕司
　一九八三　「与那国島の水田立地と稲作技術――東南アジア島嶼部稲作との関連において」『東南アジア研究』二一―三：三〇九―三二八、京都：京都大学東南アジア研究センター
得能壽美
　二〇一一　「近世八重山における莚・畳の製造と利用」『沖縄文化研究』三七：一三三―一六六、東京：法政大学沖縄文化研究所

上里隆史
二〇一一　『島人もびっくりオモシロ琉球・沖縄史』東京：角川学芸出版
二〇一二　『海の王国・琉球』東京：洋泉社
上江洲均
一九七三　『沖縄の民具』東京：慶友社
一九八二　『沖縄の暮らしと民具』東京：慶友社
二〇〇八　「みんぐ　民具」『沖縄民俗辞典』四九二―四九三、東京：吉川弘文館
上江洲均・神崎宣武・工藤員功
一九八三　『琉球諸島の民具』東京：未来社
Voss, Barbara L.
2005　The Archaeology of Overseas Chinese Communities, *World Archaeology* 37(3) London: pp.424-439
渡辺　誠
一九八九　「水白モンショ遺跡出土の農具・コロバシについて」『水白モンショ遺跡』一一九―一二四、金沢：石川県立埋蔵文化財センター
渡辺美季
二〇一一　「境界を越える人々――近世琉薩交流の一側面」井上徹編『海域交流と政治権力の対応』二五九―二九三、東京：汲古書院
渡邊欣雄
一九九三　『世界のなかの沖縄文化』那覇：沖縄タイムス社
山口　覚
二〇〇四　「海外移住としての『本土』就職――沖縄からの集団就職」『人文地理』五六―一二一―四二、京都：人文地理学会

【図版典拠】
図1　渡辺一九八九、図2　松山一九八四、図3　章一九八五、図4　国立台湾大学農学院附設農機具実験工廠編一九六五、

写真１・写真２　筆者撮影。

コラム　こっちも台風。あっちも台風。

松田良孝

二〇〇七年一〇月六日。台湾東部の花蓮市内にあるホテルの公衆電話コーナーに、日本人ツアー客の一群がいた。ひとりが電話を終えると、周りの人が集まってきて、電話先の様子を聞こうとする。

この二日前、与那国島から、海を挟んで向こうにある台湾へ飛行機が飛んだ。与那国と台湾の間で民間の直行便が飛ぶのはこれが史上初。花蓮市との姉妹都市締結二五周年を機に、与那国町の訪問団約一三〇人が直行チャーター便で台湾入りしたのだ。

公衆電話コーナーの一群は、この訪問団の人たち。与那国島はその日、台風一五号に襲われ、台風の目にも入っている。約三〇〇メートルにわたって電柱が倒れ、港では沈没する漁船もあった。その島の様子が知りたくて、訪問団の人たちが島に電話していたのだ。

訪問団は、訪台した四日と翌五日は予定通りに日程をこなしたが、六日からは違った。この日は台湾も荒れたため、鉄道で台北に向かう予定はキャンセル。花蓮でもう一泊することになったのだが、宿泊先のホテルでは、客室のガラスが割れたり、断続的な停電が約一時間続いたりするアクシデントも。私は訪問団の様子を当時勤務していた石垣島の新聞社に電子メールで送稿したのだが、いつまた停電するかも知れないと思うと、気が急いたものである。

訪問団は八日、来たときとは逆に、桃園国際空港から与那国に戻った。一緒に与那国に戻った私は、与那国空港を出ると、台風で折れた電柱の復旧作業を見にいってみた。花蓮も与那国も、同じ台風で荒らされたんだということをこの目で確かめるためだ。

こっちも台風ならば、あっちも台風。

威張るわけではないが、私は台風が来たぐらいでは驚いたりしない。石垣島で長く暮らせば誰でもそうなる。でも、台風の取材を通じて与那国と台湾がつながっているんだと実感できたのは、得難い経験であった。

台湾が日本の植民地だったころ、与那国と台湾の間では人やモノが盛んに行き来していた。戦後、国境線が引かれたあとも、人やモノの往来は続いたが、一九五〇年に米軍が取り締まりを強化して以来、それも途絶えた。そして、こんにちまで、六〇年余りの間、そのままの状態が続いている。

与那国島を含む南西諸島の南西端は八重山地方と呼ばれるが、その主島である石垣島の場合は、それでも台湾の基隆と高雄に向かうフェリーが運航してはいた。でも、このフェリーも二〇〇八年六月に運休している。現在、八重山と台湾の間をチャーター便が結ぶことはあるが、これは不定期。八重山と台湾を定期的に直接結ぶ交通機関は、今はない。

与那国島の最西端（ということはつまり、日本の最西端なのだが）にある久部良地区から、台湾東部の港町、南方澳まではわずか一一一キロで、これが台湾と与那国の最短距離である。花蓮市は南方澳より少し遠いが、それでもたったの一五〇キロだ。

でも、定期的に運航している交通機関だけを使って与那国から花蓮まで行くとなると、これは大ごとだ。最も早い場合でも、なんと一四時間半。新幹線で東京から鹿児島中央まで往復するようなものである。与那国と台湾は海で隣り合っているが、行き来に半日以上かかる関係を、はたして「隣り合っている」と呼んでいいものかどうか。

地理的な距離というのは、人びとの実感とは相容れないことがあるものだ。

二〇一一年三月に起きた東日本大震災と福島の原発事故の取材で、そんな気分に陥ったことがある。大震災と原発事故のあと、放射能の影響から逃れようと、遠くへ避難する人たちがいたが、石垣島にも避難してきた人がいる。私は関東からの女性と話す機会があり、石垣島を避難先に選んだ理由を尋ねた。答えは「日本のなかで、原発から一番遠いところを探したら、石垣島だった」。私はこれを聞いた時、「この答えは誤りだ。おかしい」などと言う気にはならなかった。そう考えたとしても無理はないと思えたからだ。

台湾と日本が近いということは、この女性もたぶん知っているだろう。でも、避難先を選ぶ作業は、首都圏から日本列島を南下して、南西諸島まで来たところで終わったのであろう。その先に台湾があることに気付き、そういえば、台湾と日本は近いんだと思い至ったのかもしれないが、台湾についてそれほど多くの情報を持ち合わせていなかったということもあるかもしれないし、たまたま、台湾と原発を結び付けて考えるきっかけを持ちえなかったのかもしれない。

私はここで、「台湾は原発があるから危険だ」などと言い立てているのではない。

八重山は、日本の中で台湾の原発に最も近いというシンプルな事実があるだけである。そして、原発事故の放射能を強く意識している人でも、台湾の電力事情にまで気が回らないことがあるのだという事実。

時間的な距離や経済的な距離を無視して、単に地理的な距離でもって影響を及ぼしてくるのが地震や津波、台風などの自然現象である。人びとがその距離を意識しているかなどという点をいちいち尋ねてはくれない。

二〇〇七年一〇月に私が花蓮で経験したのは、「意識しなければ、意識しないままでも構わないはずの、八重山と台湾の地理的なつらなりを意識させられる状況」だったことになる。

羽田から与那国までは最短で五時間。だから、首都圏の人も軽い気持ちで与那国に来れるはずだなどと言うつもりはないが、所詮、同じ日本である。でも、「五時間あれば、外国に行けるかも」と思った人がいるかもしれない。そう。羽田から台北松山空港までは四時間と少しなのである。

●第二部　自／他認識

国境を生きる――沖縄石垣島の台湾系華僑・華人の越境経験と組織形成

森田真也

はじめに――問題の所在

現在、日本最西端の八重山諸島（八重山）と中華民国台湾（台湾）の間には国境線が引かれている。しかし、第二次世界大戦前、この間には国境はなく、地理的近接性から、移動の理由や時期は様々であるが、人々の往来が盛んであった。八重山の人々からみた台北は最も近隣の都市であり、台湾の人々からみた八重山は新たな労働の場所であった。戦後、国際政治上の駆引きや経済的理由から、地域間交流に制限がかかったり、促進されることもあった。暮らしてきた場所は変わらないのに、地政学的位置づけが変わることにより、人々の生活もまた変化を余儀なくされたのである。

八重山と台湾のつながりは、以下のように整理できる。①海による分断と近接、②主に船による移動、③近代の植民地経験、④交易や交通の拠点から戦後の周辺化、⑤近年の地域振興と交流の模索、⑥親近感と日常的な人の交流。そこで重要なのが、沖縄と台湾の政治的・経済的な関係、石垣市（石垣島）に住む台湾系華僑・華人の往来である。

通常、華僑とは、出身の中国籍・台湾籍を保持している者をいう。また華人とは、居住国に定住し、その国の国籍を取得している中国系の者、そのような出自を持つことを意識している者をいう。ただし、この両者は生活者において明確に区別されているわけではない。そこで石垣島在住の華僑・華人をいう場合、台湾系移住者、時間軸や文脈によって台湾人、台湾系の人々と表記する。(1)

本論文では、歴史的・政治的な背景を念頭におき、台湾から石垣島へ移動してきた人々の越境経験とアイデンティティについて当該社会との関わりから明らかにすることを目的としている。具体的には、台湾系の人々の越境経験と組織形成について、戦前・戦後の国際政治と石垣社会との関わり、その場所性を踏まえながら考察を進める。

以上のような問題設定をする上で、二つの理論的枠組への言及が必要となるだろう。その一つが、「トランスナショナルと越境」、そして二つ目が、「エスニック集団とエスニシティ」である。

まずトランスナショナルと越境についてである。上杉富之は、「『越境』が国境等何らかの境界を越えるという空間的な移動の事実のみを強調するのに対して、トランスナショナリズムは国境を越えた移動という事実だけでなく、それが継続的に繰り返されること、その結果として国境を越えた多元的ネットワークが形成・維持されること、さらにはそれにともなって多元的帰属意識が醸成されるようになることなどに焦点を当てる概念」［二〇〇五：三二］と述べている。そして、トランスナショナリズムの中核的要素を、①複数の国の国境を越える現象、②長期間継続する現象、③規則的ないし頻繁に見られる往復運動、④多元的帰属意識ないしネットワークの形成［上杉　二〇〇五：二〇］と整理している。

華僑・華人をトランスナショナリズムの視点からとらえたものとして、陳天璽［二〇〇一］の研究をあげることができる。陳の研究は、中国系企業家・商人である華商のネットワークとアイデンティティを分析したものである。陳はある特定地域の華僑・華人の分析ではなく、トランスボーダー的意識と生活形態を持つ新世代に注目する。そして、グローバリゼーションとディアスポラをキーワードにしながら、国家を超えた華商ビジネス・ネットワークの変遷、活動や特徴を、その多元的アイデンティティとともに分析している。陳の分析視角は巨視的なものであるが、このようにトランスナショナル研究というと、国家と国境の存在を前提に、整合化されたナショナルな境を行き来する人や物や情報がその対象となる。そこではトランスナショナルを可能とする人々の分析や個々の移動の経験を一面化した明快な議論展開がなされてしまう。本論文で注目したいのは、むしろ複雑な植民地経験を背景とした国境の再編と重層する移動のあり方、そのローカリティについてである。台湾から八重山への移動、そこにあるのは植民地という歴史経験と近接する空間の移動そのものとその記憶、つまりトランスナショナルというより、越境という概念を用いる方が的確であるといえる。

次にエスニシティについてである。エスニシティについて綾部恒雄は、社会的実体として、出自や広意の文化的要素によるアイデンティティを共有している人々のエスニック集団を想起した上で、「エスニック集団が表出する心理的・行動的性格の総体」〔二〇〇六：一八〇〕と定義している。綾部〔二〇〇六〕は、複数のエスニック集団間に生じるエスニック境界を越えて人々が相互交渉する際、意識的、無意識的に自己と他者を区別する民族的アイデンティティと社会的行動に着目することの重要性を述べている。しかし、今日、エスニシティは明確に定義できる集団間の接触と原初的帰属意識を基本としたものだけではなく、個人の主観的帰属意識を示すこともあれば、国民国家を前提としたきわめて政治化された存在として操作的、動員的に使用されることもある。また当然、エスニック境界も自己だけではなく、他者によっても規定され、自集団と他集団の力動的関係と相互作用のなかにある〔江淵　一九八五：二二二〕。

エスニシティの議論を念頭に置きながら、各地の華僑・華人を研究対象としたものは多数存在する〔例えば、王・瀬川　一九八四、陳　二〇〇一、王　二〇〇一、張　二〇〇八〕。そこで主題となってきたのが、移動、ネットワーク、アイデンティティである。これらを端的に表わしたものが、華僑・華人が移民・移住先で形成する同郷団体、同姓団体、同業団体、祭祀組織、経済的互助会等の様々な特定の目的のための組織である。そのなかの代表的なものが、同郷団体（会）と宗親団体（会）である［上水流　二〇〇五：一一］。同郷団体は、共通の出身地、あるいは祖先の出身地を持つ者によって「地縁」を基に構成される集団である。一方、宗親団体は、父系出自原理に基づく親族組織としての宗族を擬制とした同姓集団である。これは疑似的なものも含む「血縁」を基にしたものである。これらは構成原理は異なるが共通した機能を持つ。それは、「会員の相互扶助と親睦の促進、共同利益の保護、紛争解決のための仲裁・支援などの広義の社会福祉的側面と、このような活動を通じて華人としてのエスニック・アイデンティティの維持と確認」［吉原　一九八八：一六二］である。移民・移住先においては、ある組織を作ることで成員間の親近感の醸成と維持、強化、それを基盤とする相互扶助が必要とされた。特に後者は、故郷とは別世界の異国や都市等、新たな環境で暮らす者の適応には欠かせない仕組みであったといえる［上水流　二〇〇五：一四］。

沖縄の華僑・華人については、地理学や社会学で言及されることがあっても［例えば、太田　一九九七、野入　二〇〇〇、二〇〇一、二〇一〇、八尾　二〇一〇］、民俗学、文化人類学において考察の対象とされることは少なかった［例えば、小熊　一九八九、朱　二〇一〇］。本論文では、石垣島の華僑・華人たちが、他者との関わりのなかで自らの存在をとらえ直す際に表出するエスニック境界（エスニック・バウンダリー）について着目していく。

以上、本論文では、過去の植民地支配に関わる越境と戦後の国境変動を生きてきた人々を取り上げる。そして、地域的な特性とともに越境者が国民国家の枠を超えて「国境を生きる」ことについて考えていきたい。

一　台湾系移住者の越境経験

１　戦前・植民地台湾からの越境

最初に調査地の概要を踏まえ、台湾からの人の移動について、その時期と経緯について概観する。石垣島は、人口約四万九〇〇〇人、約二万二〇〇〇世帯（二〇一二年一月現在）である。八重山諸島は、石垣市と竹富町の各離島、与那国町（与那国島）によって構成されているが、その中でも石垣島は各離島を結ぶ交通、政治、経済の中心地である。石垣島は、南部の四箇《しか》とよばれる登野城《とのしろ》、大川、石垣、新川《あらかわ》に人口が集中し、市街地・商業地を形成している。石垣島はこの四箇を中心に発展しており、特に近代以降、寄留商人、糸満系漁民等、外部から多くの人が流入した。(2)一方、北部は裏石垣とよばれ、交通の便が悪かったこと、一九五〇年代までマラリアの有病地であったため開発が遅れた。

この石垣島が他の地域と大きく異なる点は、国境の地方都市であることである。正確な国境線は、与那国島と台湾の間に引かれている。しかし、戦後合法的な航路での往来は、石垣島と台湾の間で行なわれていた。(3)石垣島と台湾の距離は約二七〇キロ、ちなみに沖縄本島那覇市までの距離は約四一〇キロである。そのため、戦前の国境がなかった時代はもちろん、国境ができた後も船による人々の往来が盛んに行なわれた。(4)石垣島は、沖縄本島や離島からの人の移動、さらには日本本土から、植民地台湾からの人の往来、通過と定着が繰り返されてきた。そのような意味において石垣島は、周辺化された場所であると同時に様々な人々が交錯する領域でもあった。

明治期より台湾人は西表島の炭坑労働で八重山に来た。当時の記録によると、坑夫総数八六四人のうち、沖縄県人四七〇人、他府県人二一二人、台湾人一五〇人、中国人二八人となっている［三木　二〇一〇：八五］。台湾人坑夫の就労は、大正期末に下請け、坑夫募集が行なわれたことから、四〇〇〜五〇〇人にのぼり、昭和初期には一〇〇人から数一〇人に落ち、その後数一〇〇人にふくれあがるというように推移があった［三木　一九九六：一四七］。炭坑労働は長時間にわたる危険なものであった。その炭坑も戦争が激しくなるに従い寂れていくことになる。坑夫は軍役に駆り出され、その後、台湾への疎開、マラリアの有病地である山中への避難が行なわれた。植民地からの労働力は、景気の変動や社会情勢によって使役したり、切り離したりできる調整弁の役割を果たしていた［三木一九九六：一四七］。現在、石垣島に在住する台湾系の人々のうち、近親者のなかに炭坑労働を移動の経緯とする人は少ない。台湾人の多くは、終戦の一九四五年前後に台湾に戻っている。台湾人坑夫の存在は、植民地支配を前提とした、一時期の単線的移動であり、負の歴史として記憶されている。

石垣島の中・北部には未開拓の土地があったが、マラリア、台風等の災害、獣害等から、廃村、人の移住や開拓が政策的に繰り返されてきた場所であった。沖縄県は、一八九一年、「八重山開墾規則」を制定し、それまで制限していた開墾を解禁した。明治から大正期は、職を失った旧首里士族、本土人による、主に製糖を目的とした開拓事業が展開されたが、先の理由や微弱な資本基盤、地元民との対立等でいずれも成功には至らなかった。しかしながら同時期、開拓事業の影響で、八重山社会において、交通の発達、人的・物的交流の拡大、貨幣経済社会への移行、農作業の発展と経済の自由化が進んでいく。このような過程は、八重山社会が外部と関わりながら、近代国民国家に組み入れられていくものであり、植民地台湾との経済的関係を強化していくことにつながった。(5)

昭和期に入り、一九二九年に台北県出身で、基隆で商売をしていた劉金福が、単身、与那国島を経由して石垣島に渡り、商売をはじめた。彼の移住が商業を目的にした者として最初のものだといわれている。彼は台湾から日用品を仕入れて売ったが、商売が軌道に乗ると数人の台湾人を呼び寄せて、同様に商売をさせた［西表　一九八二：三〇］。

同時期、「沖縄県振興十五ケ年計画」が実施されるにあたり、自作農による開拓が奨励される。その前後、新たな土地を求めて台湾から名蔵《なぐら》・嵩田《たけだ》地区一帯に人々が移り住んで来た。(6) この時期、来島した人たちの多くは台湾において豊かな財産を持たない狭い耕地の小作農であったという。この頃、「土地がたくさんある」という八重山移住者募集が台湾中部で話題になった［朱　二〇一〇：三三］。八重山は土地を安く借りることができる新天地としてとらえられたのである。彼らは原生林を切り拓いて、耕作地の近くに小屋を建て居住した。そして、伐採した土地を焼畑にして、陸稲、芋、野菜等を栽培し、養豚、養鶏を行なった。暮らしが安定してから家族、知人を呼び寄せた。

開拓は厳しいものであったため、定住して農業を続ける者もいたが、失敗して故郷に戻る者もいた。その者たちによって、石垣島にはパイナップル（パイン）、甘藷に適した未開拓の広大な大地があるという噂が広まり、さらに移住者を増やしたという［西表　一九九二：一八］。台湾から移り住む人は増加し、一九三三年には数百人が名蔵・嵩田地区に入った。当時は国内渡航であるため、人々に移動の制限はなかった。

台湾人が多く石垣島に来るもう一つの契機になったのが、大同拓殖株式会社の起業であった。数年先に開拓に入っていた曹清権から、台湾のパイナップル産業界に石垣島でのパイナップル栽培と加工の可能性が伝えられた。このことにより、一九三五年当時、台湾総督府の統制経済による会社統合で混乱していたパイナップル産業界の関係者であった林発、謝元徳、誉益候、その家族等約六〇人が、新たな産業の可能性を持つ石垣島に渡ることになった[7]。当時、石垣島では寄留商人が中心となり、沖縄県の補助を受け、茶の栽培を進めていた。また、台湾人による開拓事業も進行中であったが思うように進展していなかった。大同拓殖の発足は、新たな事業展開の場所を求める台湾のパイナップル産業界、厳しい経済状況にあって新しい農地と仕事を求めた台湾人、それに石垣島の開発と近代化の推進という行政側の方針とがうまく合致したものであった。

一九三七年には、労働力を充足させるために同社との契約で、名蔵・嵩田地区に主として台湾中部の台湾人三三〇人が集団で移り住んだ。大同拓殖は、パイナップル栽培だけでなく、製茶、製糖、バナナ等亜熱帯果実の栽培等の多角経営を目論んでいたが、環境的要因でパイナップル栽培が事業の中心となった。その後、パイナップルの苗二〇万本が台湾からもたらされ、その栽培は拡大し、パイナップル缶詰の加工も軌道に乗った。しかし、戦中の鉄類不足によって缶の製造ができなくなったこと、輸送する船舶の不足によって事業は行き詰まった。一九四三年、大同拓殖は解散することになった。多い時には六〇〇人を超える台湾人がいたが、戦争の激化とともに同年から台湾疎開が開始され、その多くが故郷に戻った。このような事情から、石垣島の台湾系の人々の出身地は、南投県、彰化県、雲林県、嘉義県等、台湾中部が多い。

それまでの石垣島の農業は自家消費と島内での消費が中心であったが、大同拓殖はパイナップルという新たな商品作物の大規模かつ計画的栽培と加工という近代的農業経営とその技術を、台湾から八重山社会にもたらした。そして、何より台湾からの組織的な人の移動を推進した。これは、それまでの個人の自由意思による、単発的な農業を目的とした移住とは異なる移動のあり方である。大同拓殖の事業は、台湾の植民地支配、統制経済を前提とした、経済資本の双方向的移動、人の集団的移動を示すものであった。そしてこのような集団的移動は、それまで不確かであった台湾人の存在を、石垣島の人々が明確に意識していくことにつながったのである。

戦前の人々の越境には、植民地台湾との近接性と制限のない自由な往来があった。そして、移動によって経済的成功を目指す人々、これらを促進した要因として台湾と沖縄の経済振興という国家による植民地経営といった事情が介在している。このようにして台湾と八重山は、それまでの異なる歴史性を越えて接近していくことになった。

２　戦後・国境変動と再越境

戦後、石垣島中・北部は、沖縄本島や宮古諸島、八重山の島々からの自由意思による開拓移住が行なわれた。また一九五二年から五七年まで、沖縄本島や宮古諸島から、琉球政府と琉球列島米国民政府（米軍）による計画的集団移住が行なわれた。これらの背景には、戦禍による沖縄本島の農地の荒廃、引揚者による人口増加と食糧難、米軍基地建設に伴う強制土地接収があり、琉球政府と米軍はそれらの打開策として、海外への移民を奨励する一方、八重山開発に着手した。ところが、配分された土地は、期待とは裏腹に細切りの点在地で、しかも傾斜地、岩石も少なくなかった。開拓は容易なものではなく、厳しい自然環境と災害、マラリアに苦しめられた。その結果、石垣島への計画移住としては六一五戸、二八〇五人の入植があったが、定着率は約五割であった［石原・安仁屋一九七八：一五七]。

一時的に台湾に疎開していた者たちも同時期、農地を求めて再び名蔵・嵩田地区に入植した。戦前、八重山にいた台湾人の多くは、終戦前後、台湾に戻っていた。しかし、台湾に戻っても耕地も財産も持たなかった者たちは、ある程度状況がわかり資産が残っていた石垣島に非合法の手段を用いてでも国境を越えて帰ってこざるをえなかった。しかも、当時の石垣島には土地と就労機会があった。終戦直後、人や物の往来は本来は非合法であったが、「かつてはつながっていたのに勝手に国境で切られているんだから悪いことではない」という意識があったという。ところが、台湾人は戦前と違い日本国籍を持たなかったため土地の所有ができず、借地契約をするしかなかった。そのため、一九四七年から一九五一年、それまでの土地を返還し、カードとよばれる山中のより不便で厳しい土地を開拓せざるをえなかった。ここで台湾系の人々は、差別だけでなく、戦前にはなかった権利の制限という国籍の問題に遭遇した。在留許可証明書の携帯、納税の義務は課せられても、選挙権、公的資金の借り入れ、土地の所有が認められなかったのである。

なお、戦後すぐパイナップルの苗を集めて作付し、増やしたのが、かつて大同拓殖でパイナップルの栽培をしていた廖見福であった。これにより台湾系の人々を中心に戦後もパイナップルの栽培はつづけられた。一九四〇年代後半には、八重山支庁、当時の石垣市と大浜市（一九六四年に石垣市に合併）、竹富町がパイナップル栽培を奨励するようになる。これは戦争によって有力なパイナップルの生産地であった台湾が失われたこと、本土との貿易が開始され、パイナップルが換金作物として有望視されたためである。そして、一九五〇年代半ば頃から、マラリアの鎮静化とともに再開されたパイナップルとサトウキビ栽培が軌道に乗り、大きな利益を生み出すようになったのである。

そして、パイナップル栽培の成功は、戦後石垣島に戻って来た林発らによるパイナップル缶詰工場設立へとつづいた。戦後、八重山の農業は、パイナップル缶詰工場、製糖工場によって飛躍的に前進した。ただし、成功し富を得る者がいる一方で、離農者が土地を離れ、農地を手放すことも少なくなかった。琉球政府、及び日本政府の保護政策と外部資本により、パイナップルは急速に増産され、多い時には九社一〇のパイナップル缶詰工場が設立されたのち統合された。そして、パイナップル栽培は石垣島の基幹産業として定着していった。しかし、生産過剰、そして工場過多、一九七二年の沖縄の施政権の日本への返還（沖縄本土復帰）、貿易の自由化により、缶詰加工は減少し、関係する仕事についていた人々は転職をしていくことになる。しかし、パイナップルブームは、耕地の拡大、機械の導入、多角経営、商品作物の生産といった新しい時代の農業への転換とその道筋を作った。現在でも名蔵・嵩田地区では、マンゴー、ドラゴンフルーツ、グァバ、パッションフルーツ、パパイア等の亜熱帯果実の栽培がなされている。このような戦後の果実栽培の成功は、石垣島の農業の新たな可能性を開くものとなった。そこで重要かつ先覚的役割をしたのが、台湾系の人々の巧みな経済手腕と台湾とのネットワークなのである。

このように、戦後、戦前のつながりをもとに新たに設けられた国境を越えた人々がいた。戦後の越境には、戦前とは異なり国境と国籍という制限が関わっている。政治的・経済的な支援の少ない状況で、人々は台湾との近接性を巧みに利用しながら、経済的成功を獲得していったのである。

３　技術導入による越境と集団帰化

一九六〇～七〇年代、台湾から多くの人々が、再び「技術導入」という名目で石垣島にやってくる。その代表が「パイン女工」とよばれた女性たちであった。これは拡大したパイナップル加工のための労働力の不足を補うもので、沖縄本島、宮古諸島、与那国島、久米島からも人が来た。台湾からのパイン女工は、一九六三年から一九七一年までつづいた。名目上は、「技術指導員」というものであったが、内実は一年、もしくは半年契約の労働者であり、パイナップル缶詰工場での加工、農園での作業、サトウキビ収穫等に従事した。台湾では未兵役男性の渡航が原則禁止されていたため、農業指導者、畜産関係者等、男性労働者は限定的であった。戒厳令下にあって渡航が制限されていた台湾と違い、沖縄には日本とアメリカの物資があり、かつ高い給与も魅力的であったという。

技術導入という名目での人の移動は、技術者や労働力を欲していた受け入れ側の八重山だけの意向ではなく、中華民国政府による中琉「国民外交」政策によって推進・管理された。一九六四年に沖縄全体に滞在していた中華民国籍者は九四〇人で、うち技術者は一六一人であった。それが一九六六年には、中華民国籍者は一六五〇人で、うち技術者は七六九人と大幅な増加をみせ、さらに一九六八年には、中華民国籍者は二四三三人で、うち技術者は一三七三人となっている［八尾　二〇一〇：七二］。その後、多くの人々が一九七二年、日本と中華民国の国交が断絶する、いわゆる「日華（台）断交」とともに故郷に戻ったが、この時期、戦後の一世として石垣島に来て、家族を呼び寄せ仕事を継続した者、商売を始めた者、結婚して定住した者も少なからずいた。彼ら彼女ら一世の第一言語は台湾語（閩南語）あるいは中国語であり、現在、高齢化しているが、台湾式の旧盆の中元節、食事その他の生活習慣を維持している。

写真１　台湾式の旧盆「中元節」の「普渡」（石垣市平得）

本土復帰後、戦前からの台湾系の人々は、二世を中心に離農して、浜崎町等の市街地に住み商売をはじめる人が増加する。その結果、台湾系の人々の生業も野菜・果実の卸売、雑貨販売、茶の販売、中国料理店等、多様化している。なかでも野菜・果実の卸売販売は、台湾系の人々が中心となっており、県内・県外への出荷だけでなく、観光客向けの商品も扱っている。それまで、台湾系の人たちの居住地といえば名蔵・嵩田地区であったが、その後、市街地に住む人たちが経済力をつけ、発言力を強めていくことになった。

この時期の越境は、政治的な後押しがあるが、必ずしも戦前との明確なつながりを前提としたものではない。しかしながら、旧来の台湾からの越境者が形成していたネットワークと経済基盤がすでにあり、新来者たちはそれに同調していくこととなる。それは旧来の越境者の世代交代、経済転換の時期と重なっている。

なお、戦前・戦後の石垣島の台湾系の人々にとって、共通した大きな体験は「集団帰化（国籍変更）」である。この動きは、戦前からの越境者の間では一九六〇年代頃からあった。帰化希望の理由は、二世の進学、就職、結婚、公的金融機関が使えない等の経済面の不利益、日本本土等への渡航の不便さからである。当時、帰化の条件は、中華民国政府の国籍離脱証明書、台湾から三年以上の出国、沖縄での在留が五年以上であった。国籍離脱証明書は兵役を済ませていない成年男子が取ることは原則上難しかった。終戦前後の混乱で、日本国籍、中華民国国籍のどちらも持たない無国籍者もいた。そして、日本政府も容易に帰化を認めなかったのである。それが一九七一年一〇月、国際連合において中華人民共和国が中国として認められ、中華民国が脱退することで事態は一変する。中華民国政府は、在日台湾人が中華人民共和国籍に編入されるのを恐れ、国籍離脱証明書発行を表明し、日本政府もこれにあわせて帰化を認めはじめるのである。それまで帰化がなかなか認められなかったものが、急に期間無制限のまま一時的に緩和されるという事態がおきた。しかも、日華断交後の国籍離脱証明書は無効になることから、石垣市の協力を受け、急きょ数日で書類が作成された。そして、一九七二年の本土復帰、台湾と日本の国交が正式に断絶した日華断交をはさみ、一九七三年から一九七五年に一七八人の家族単位の集団帰化が認められ、改姓を行なっている[8]。

戦前から台湾と行き来していた人々にとって帰化は、国や制度によって強いられたものとしてではなく、自らが選んだ移動、自分たちの生活のための選択と定着、もしくは帰属の再帰として肯定的に語られることが少なくない。

また、戦後来た者にとっては、新たな安定した生活の場所を獲得することであった。帰化以後、彼ら彼女らは台湾人としてではなく、台湾系の日本国籍者として、長期的な台湾滞在の際にはビザを必要とする立場に変わった。しかしながら、人々の生活上の往来は継続したのである。

二　台湾系移住者の社会的位置と組織形成

1　対立と台友会の結成

次に、歴史的動向と国際関係に留意しながら、石垣島における台湾系の人々の組織形成の流れと社会状況との関わりについてみていく。

先に述べたように、昭和期に入り、農業を目的とした台湾からの移住者が徐々に増加していったが、国境がなかったとはいえ、言葉や生活習慣をはじめ様々な困難があった。当初、これらのことは個人、もしくは親族で解決するしかなかった。そのような状況下、台湾から来る人をサポートする組織ができる。それが、陳茂林、曹清権、郭旺枝が一九三一年に設立し、一九三四年まで存続した八重山開発会社である。この団体は営利を目的としたものではなく、通訳や言語指導、マラリアやフィラリア等の風土病対策、教育、行政機関との交渉や連絡等が主な業務であった［西表　一九九二：一八―一九］。活動の実体の詳細は不明であるが、おそらくこの団体が、台湾人の円滑な定住と保護を目的とした最初のものであろう。

一九三〇年代、大同拓殖の起業により、台湾からの組織的移動が起きた。これにより、石垣島の人々は自分たちと異なる台湾人の姿を集団として直接認識するようになった。そこにあったのは、脅威と差別である。(9) 明治期の開拓においても、外部からの入植者と現地の人々の軋轢はあったが、台湾人とのそれはより露骨なものであった。当時の石垣島の農家の耕作作業は、鍬で耕し、整地は珊瑚礁石をカズラ等でくくり、黒牛や馬に曳かせて地ならしをするというものであった。台湾人は、陸稲と水稲の改良品種種子の提供と栽培、水牛を利用した水田耕作、整地作業、農機具の改良等を教示した［林　一九八四：一八］。しかしながら、水牛やクルバシャーという水田整地用の新しい農機具を使った農作業は効率が良く、石垣島の人々にとって台湾人の農法は脅威に映った[10]。石垣島の農家が数反しか耕作できないのに対して、台湾人は一人で水牛一頭を操り、数町歩も開墾した。また、台湾人たちは、巧みに換金作物の栽培をも行なった。さらに、栄養を取り体力的にもマラリアに強かったこと、暑い日中を避けて、夕刻から夜、朝方働くという作業形態も、決して裕福ではないが、「休むことなく働きつづける台湾人」というイメージを抱かせたという。そして、台湾人への蔑視と排斥には、植民地支配を背景とした、「日本人、沖縄人、台湾人」という序列、さらにその序列を逆転させるかのような勢いのある台湾人たちの存在があったのである。

台湾人には日常的差別や嫌がらせだけでなく、さまざまな制限が掛けられるようになった。例えば、台湾総督府の検疫を受けて許可になった水牛六〇頭を大同拓殖が運んだ際、ピロプラズマ病をもたらすピロ菌を保有しているという嫌疑が石垣島の人々によって掛けられ、陸揚げが阻止された。当時、水牛は人の三倍の仕事量をこなすことから、台湾人の農業に対する脅威の象徴であった。地元石垣島の人々は、これ以上、台湾人と水牛を入れると自分たちの耕作する土地がなくなると恐れたのである。また、パイナップルの苗に対しても台湾で消毒し、検査をしていたのにもかかわらず、無検査の疑惑により大量に焼却処分されるということもあった。

戦前、名蔵・嵩田地区では、台湾系の人々と地域住民との対立が続いていた。それが顕在化したのが、一九三九年の「茶山事件」である。この事件は、嵩田地区の茶山において、台湾人が焼畑用に積んであった雑木を、薪にするため大川地区の青年数人が持ち去ったのが原因とされている。言葉の不通もあり、口論は流血の惨事となった。そして、蜂起した数一〇〇人の石垣島の人々と台湾人の両群衆に、当時のリーダー林発は、双方の非を認め、警察署により解決をはかることを提案し、ことなきを得た。

乱闘寸前となったこの事件をきっかけとして、地元民への理解を促すことを目的に、翌年、林発を会長にして「八重山台友会（以下、台友会）」が結成された。台友会の創立総会には、会員一一一人、八重山支庁長、警察署長、市町村長、学校長等の来賓四〇人が出席した。会設立の趣旨は、会員の融和と団結、八重山の産業の発展、地元民との友好と意思疎通、台湾人への日本理解の促進、会員の管理と統制であった［林　一九八四：五一―五二］。この台友会では、地元政財界や警察との調整や情報共有、台湾人には日本語、礼儀作法、生活習慣の学習等の活動がなされた。名蔵・嵩田地区では日常的な生活指導を行ない、一方、石垣島の人々に対しては、パイナップル産業の将来性を説き、台湾の営農技術や農機具の機能性の紹介、農場見学や懇親会を催した。台友会は、地元民とのトラブル回避と解決、台湾人による自警と自治、対外的宣伝と外交、教育と相互理解の促進という役割を持っていた［小熊　一九八九：五七七］。この台友会の成立が、台湾系の人々の集団化、地元民とのエスニック境界の明確化につながった発端である［小熊　一九八九：五七七］。

しかし、この台友会を「日本人の会議」として記憶している人もいる［朱　二〇一〇：三五］。台友会の集まりには台湾人のリーダーと日本人の有力者が列席していたが、会議は日本語で進められ、一般の人が意見を述べる場ではなかったという。台友会は、一般の台湾人による同郷団体というよりは、台湾、石垣島の両方のリーダーの政治的相互交渉の場としての意味合いが強かった。そのため台友会は、人々の衝突を一時的には回避することができたが、お互いの偏見を解消しえないまま、終戦を期に自然消滅する。

2　八重山華僑会の結成と政治的な背景

中華民国政府による外交政策のもと、一九五八年、蔣介石の命を受けた方治によって中琉文化経済協会が創設された。方治は知日派であるとともに、アジア各国と現地華僑の連携を進めていた人物である。そして、一九六五年、交流推進団体として、中琉文化経済協会と沖縄の政財界の要人によって構成される中琉協会が設立された［八尾　二〇一〇：六九―七二］。この協会は、中華民国と米軍の統治下にあって正式な外交が持てない沖縄との関係の確立を目的としたもので、沖縄に駐留する米軍を見据えながら、特に経済・貿易関係の強化、文化交流を重要課題としていた。同協会設立後、台湾と沖縄の政財界のリーダーたちの交流が推進された。技術導入という名の経済的交流と人的移動には、経済的連携、さらには国際政治上、中華民国の存在のアピールと政治的紐帯の維持強化がその目論みとしてあった。

この時期、一九六三年には「八重山華僑会」が結成されている[11]。きっかけは中華民国国府僑務委員会課長が石垣島に来島し、華僑会の結成を促したことによる［小熊　一九八九：五八〇］。同会の活動は、土地公祭の開催、共同墓地と公墓の設置等であったが、実質面での目的は出入国管理であった[12]。中華民国は、中琉「国民外交」政策による経済的交流のため、人の往来を円滑かつ明確にする必要があった。またすでに住んでいた台湾系の人々は、流行するパイナップル栽培だけでなく、野菜や新しい亜熱帯果実の栽培を試みていた。そして、作物栽培だけでなく、独自の販路の開拓、卸売業への転業等、商売を拡大化した。そして、経済的に向上し、新たなビジネス・チャンスと政治的ネットワークの拡大の機会をうかがっていたのである。

なお、一九六九年に「台湾同郷之公墓」が設置され、観音崎に一九七一年、「唐人墓」が建立された点は大いに注目される。現在、台湾系の人々の共同墓地は嵩田地区と石垣地区の二ヶ所にある。石垣地区にある台湾同郷之公墓は、八重山華僑会の成員を中心に故郷を離れ石垣島の地で亡くなった台湾系の先人たちを供養する目的で設置されたものである。この墓地には、毎年、春の清明節の清明祭において、祖先を供養するため家族・親族が供物を持って集まり、合同での慰霊も行なわれている。

唐人墓とは、一八五二年、中国からアメリカへ航行中であったロバート・バウン号で起きた事件で犠牲になった中国人を慰霊するために作られたものである。諸説あるが、「ロバート・バウン号事件」とは、アメリカに移送中であった中国人の苦力が、その処遇に耐えきれず暴動を起こし、石垣島に上陸、収容され、その後、送還されたが、その過程で多くの人が銃撃、自殺、病気で亡くなったというものである。かつてこの場所は、数基の古い墓標があるのみであった。一九六九年、郷土史家である牧野清が同事件の存在を知り、唐人墓としてまとめることを石垣市長に進言した。その後、唐人墓建立委員会が立ちあげられ、石垣市長が那覇市の中華民国代表を通じて、台湾での支援を取りつけた。その際、唐人墓建立委員会の副会長を務めた林発を中心に石垣島の台湾系の人々は寄付を集めた。後年、一九九〇年代に改訂されたが、意図的なものか、情報の行き違いがあったのか定かでないが、当初、唐人墓に書かれた碑文は、事件の内容には触れずに、同墓を異国の地で死亡した華僑・華人を供養する公墓として位置づけたものであった。[13] 二〇〇六年以降、同じく清明祭において、この唐人墓で慰霊がなされている。

写真２　台湾同郷之公墓（石垣市石垣）

八重山華僑会を中心とした台湾同郷之公墓と唐人墓の新たな創設、土地公祭の隆盛は、力をつけつつあった石垣島の台湾系の人々の一種の「エスニック・シンボル」の構築ととらえられる。公墓の設置は、石垣島に渡って来た台湾人全体の過去を総括する意味を持つ。一方、唐人墓の建立は、石垣島の台湾系の人々を広く中華民国を基点とした中国人、華僑・華人ネットワークの一部に組み込むという、中華民国と石垣島華僑・華人の今後を見据えたものであった。いずれも、台湾系の人々と中華民国政府の多大な援助によって作られた。

なお一方、沖縄本島においては、同時期、台湾からビジネスを目的とした人

が多く移り住んでいる。こうした背景には、中華民国の政情が安定していなかったこと、徴兵制度、日本本土への渡航が制限されていたこと、ベトナム戦争の影響で沖縄の米軍基地が拡大し、多くの軍人・軍属が台湾から沖縄に移ったことに伴って、貿易をはじめとする様々なビジネス・チャンスが生まれていたことがあげられる。そして、新たな機会を求めて、主に台湾に駐留していた米軍関係の仕事をしていた人たちが、沖縄本島中・南部に多く移り住んでいった。これらの人々は主として戦後すぐに中国大陸から台湾に入ったいわゆる外省人である。沖縄本島に外省系の台湾人が増加することによって、中華民国との政治的紐帯は次第に石垣島から沖縄本島にその主体を移していった。

このように八重山華僑会の結成には中華民国の外交政策、さらには石垣島の台湾系の人々の政治的・経済的な利益保持と相互扶助という思惑があった。戦前とは異なり、国境が設定された以降の越境者には、このような組織が重要な役割を持った。

３　琉球華僑総会の役割変化

沖縄の施政権が日本に返還されることが決まると、沖縄本島、八重山で暮らす台湾系の人々は、自分たちの処遇に強い不安を抱くようになった。これは戦前・戦後の移住者に共通している。このような状況下、台湾と沖縄の経済的交流の推進、台湾系の人々の団結、台湾との紐帯の維持のため、一九七一年に沖縄全体の台湾系華僑を総轄する「琉球華僑総会（以下、華僑総会）」が結成されることになり、この動きに合わせる形で、石垣島の集まりは、同年、「琉球華僑総会八重山分会（以下、華僑総会八重山分会）」へ名称を変更している。その理由としては、中華民国政府僑務委員会が一つの県に複数の華僑会を認めていなかったこと、台湾と沖縄の貿易のため沖縄本島の重要度が増していたこと、沖縄本島在住者が増加していたこと、国民党と繋がりのある有力者が沖縄本島にいたことがあげられる。

その彼ら彼女らにとって、一九七二年の沖縄の本土復帰直後の日華断交は大きな苦難であった。国際政治上、中華民国は劣位に置かれ、さらに中華民国政府は正式には沖縄の日本本土復帰を認めなかったため、公的な交流は縮小し、人的移動も減少することとなった。このような状況を、華僑総会結成初期の有力者たちは、国民党との政治的パイプを活用しながら乗り越えようとした。華僑総会の結成と当初の活動の基盤には、ビジネスや親睦だけでなく、中華民国政府と国民党、沖縄本島の華僑との多分に政治的意図が見え隠れしていた。会員にとっては権利と地位の確保、財産の保証という目的があり、中華民国政府としては多様化した沖縄在住の華僑をまとめ、連帯することが視野に入れられていたのである。

現在、華僑総会の会員数は同会によると、沖縄本島約五〇〇人、宮古諸島約一〇人、八重山諸島（八重山分会）約二〇〇人である[14]。華僑総会八重山分会には、現在、二、三世が中心的立場となり、内部に女子部（婦人部）、青年部がある。組織としては会長と副会長、書記と会計がおり、任期は三年で、規定上、会長は選挙で選出されるが、副会長が時期会長候補でもある。総会、春節（旧正月）、清明祭、土地公祭、雙十節等を行なっている。以前は台湾への研修や農業視察等を行なっていた。会員世帯約八〇戸に名誉会員を入れて約一〇〇戸となる。なお、華僑・華人関係者の総数は約六〇〇人といわれている。しかし、同会に所属しながらも、通常の集まりに出てくるのは会員の半分の約一〇〇人という。全体の人口比でいうと、戦前の自由農業移民、戦後の技術導入による人々の割合が高い。

近年、華僑総会八重山分会の役割にも変化がある。同会は台湾系の人々の生活に直接関わる役割を担ってきた。その一つがビザ発行の仲介手続き、つまり石垣島と台湾間の移動の許可と制限に関わるものである。以前、台湾と八重山を行き来して商売をする帰化した人々にとってビザは必須であった。そして、同会にはその手数料が入った。現在、三ケ月以内の渡航であればビザが不要になったこと、石垣と台湾間の航路が中断したこともあり、本来、「地縁」、「血縁」、「業（商）縁」のネットワークの代替、台湾との結びつきを推進するはずの同会は、社会的役割より親睦の意味が強化されつつある。

三　エスニック境界とアイデンティティ

１　組織形成とエスニック境界の生成

現在、石垣島社会において、台湾系の人々のなかには、戦前・戦後の移動時期の社会的背景と経緯に違いを有する者が混在している。居住区域が広がり、その職業も多様化し、生活もまた出身地の文化に固執するようなものではなくなった。比較的少ない人数でチャイナ・タウン（中華街）を形成していないこと、通婚の拡大もあり、通常、集団としての台湾系の人々を目にする機会は多くない。近年、貨客船航路の中断により、かつてのような安価で比較的自由な往来が出来なくなったが、その反面、観光等の新たな経済活動が行なわれている。

石垣島の台湾系華僑・華人の基本的特徴は、他の日本の都市と違い、植民地支配を背景とした近代以降の移住であること、距離的親密さからの頻繁な往来が行なわれてきていること、一九七〇年代前半の集団帰化となるであろう。このことを踏まえ、台湾から八重山への越境は、先にあげたトランスナショナリズムの中核的要素と比較すると、①近代以降の二つの特定の近接地域の単線的移動現象、②長期的往復だけでなく継続的でない単発的な移動を含む、③非規則的往復運動、④多元的帰属意識はみられるが、ネットワーク形成、首尾一貫してない断片的ネットワークを含む、といえるだろう。

台湾系の人々は、時代ごとに政治的な背景を持つ組織を形成してきた。この組織形成、役割変化は社会情勢を反映したものである。整理すると、第一には、一九三〇年代、大同拓殖の起業とともに急激に台湾人が増加し、石垣島の人々と集団的な軋轢を生んだ時期である。異なる出自、文化的背景を持つ者たちの接触による相互行為、帰属と自己認識、さらにはそこから生じる実践によって、エスニック境界が顕在化した。当初、石垣島の人々にとって台湾と台湾人は、近代国民国家を体現する植民地との接触であったのと同時に、帝国内の近接する他者との出会いでもあった。戦前は、お互いの言葉や生活習慣、生業の形態の違いについて強く認識された。そして、衝突と摩擦を経験している。台湾出身者は「タイワナァー（タイワンナァー）」とよばれ、差別され、自らが異なる存在であることを自覚した。往来は自由であったが、移動をした者たちは、同じ帝国日本の臣民にありながらも、自らを「日本人、沖縄人、台湾人」という序列のなかで意識することになった。それは普通に暮らそうとしていた人たちが、異なる場所でそれぞれ台湾人となることであった。そして、対峙的構造のなか、台湾人という集団が、脅威と差別のまなざしを内包しながら、石垣島の人々に明確に意識されるようになった。そこで対立を回避する必要から設立されたのが台友会であった。

第二には、一九六〇年代、パイナップル産業が好調で、台湾系の人々が経済的な力をつけ、なおかつ技術導入で再度台湾との交流が進んだ時期である。戦後、植民地支配が終わりをつげ、台湾と石垣島の間に国境線が引かれ、その関係が変わるが、対峙的関係はつづいた。それが転じたのは、パイナップルを中心とした、台湾系の人々による果実栽培である。この成功は、台湾系の人々にとって経済的安定だけでなく、共有された自信をもたらすことにもなり、石垣島の人々もまた台湾系の人々を肯定的に評価するようになっていった。さらにこの時期、再び多くの人が労働力として台湾から海を渡る。そして、八重山華僑会が設立された。この時期に台湾系の人々は、台湾人から八重山に在住する華僑という、可視的なエスニック集団となろうとした。そして、その象徴的なアイテムとして共同墓地と唐人墓が作られた。それらは一世によるモニュメントの創出を意味している。力をつけつつあった台湾系の人々は、中華民国の後押しもあり、石垣島在住の華僑と自らの存在を位置づけていくのである。そして、土地公祭をより盛大に、石垣島の政財界の要人を招待して開催するようになる。土地公祭もまた「エスニック・フェスティバル」として、集団の内外に華僑性を強調するシンボルとされていく。一九六〇年代、八重山華僑会と土地公祭は、アイデンティティを視覚的にも精神性においても他者に提示する手段、エスニック境界を明確にするものとして機能していた。台湾人の華僑化は、差別意識の緩和、華僑の持つ政治的・経済的な力と繋がりを多くの人に認識させるものとなったのである。

そして第三には、一九七〇年代、日華断交、本土復帰、集団帰化という社会変動期である。中華民国と沖縄の大きな時代的な転換期、中華民国と沖縄本島在住の台湾系の人々の意向もあり、八重山の台湾系の人々の集まりは、単なる八重山在住の華僑ではなく、沖縄本島の華僑総会傘下の八重山分会へ移行する。帰化した石垣島の台湾系の人々は、移動の利便性と経済的結束を維持するうえで、政治的ネットワークに繋がりうる組織を形成する必要があった。それが、戦後の八重山華僑会、華僑総会八重山分会の重要な目的であった。

なお、通常、漢人社会においては、行動や価値観は集団に従属するものではなく、あくまで個人を中心として各人がそれぞれのネットワークを用いて複数の社会関係を同時に拡げていくことが行なわれる。このような漢人社会の構造的特徴を、王崧興は「関係あり、組織なし」［一九八七：三七］といいあらわしている。漢人社会では、個人を中心とするいくつかの集団が、同時に複合的に存在し、集団間の境界は固定化されず、また特定の単一的な所属や関係も回避される［王　一九八七：三八―三九］。それは強固な集団としてよりは、個と個のつながりであり、個人からみれば複数の成功への可能性をつなぐことでもある。このような同類に基づいたネットワークのあり方は、外部からは集団化しているようにみえてもただちに明確な集団結合に結びついているわけではない。

石垣島の台湾系の人々もまた、強固な組織を形成するというより、エスニック境界を維持しながら漢人社会特有の個々人を基点とした関係性を構築している。しかし、ここではいくつもの組織や集団を作りながら、複数の社会関係を同時に拡げていくようなネットワークが見受けにくい点を指摘しておきたい。

2　エスニック境界と多元的アイデンティティ

一九七〇年代、彼ら彼女らは、華僑から華人となること、もしくは台湾系日本国籍者になることを選ぶ。特にこの時期に問題とされたのは言葉であった。戦前移動してきた人々の母語は台湾語であり、二世は台湾語と日本語、三世は日本語で育った。そのため、自ら学ぶことがなければ流暢な台湾語（もしくは中国語）は操れない。二世は家庭では台湾語を、学校では日本語を話す生活をおくった。差別の問題もあり、特に二世は自らのルーツに否定的な意識を持つこともあったという。この時期の混乱と意識差は、違いを何らかの形で選択し、エスニック・シンボルを創出して、それを組織的、継続的に維持することに繋がらなかった。

通常、華僑・華人のコミュニティでは、組織形成だけでなく、廟、祭祀や芸能団体、博物館施設、教育施設等の文化的シンボルを操作、構築、共有、発信することで、華僑・華人アイデンティティが意識的に生成されてきた［張二〇〇八］。そこでは、組織的に集合的記憶の選択と読み替えによる肯定的な歴史化がなされる。

石垣島の台湾系の人々においては、現在、一九六〇年代とは違い、自らのアイデンティティと結びつくような形で共通の具体的なエスニック・シンボルの操作や発信が行なわれていない。この点が他の日本の都市における華僑・華人コミュニティとの違いの一つだと考えられる。一九七〇年代の分会化、日華断交、集団帰化の流れのなか、エスニック・シンボルの発信は少しづつフェードアウトしていった。その原因としては、個々人の移動の時期と経緯の違い、近接性から個別に往来ができたこと、多くもなく少なくもない人数であったこと、帰化した者が多いこと、台湾との関係も個々で繋ぐことができたため強固な排他的集団とそのシンボルを必要としなかったことがあげられる。野菜や果実の種や苗、商売をする上での商品、例えば雑貨、茶、家具類、中国料理に必要な食材の移入、人の移動は、組織や他の複数のネットワークに頼ることなく、直接的に結ぶことができた。また、「昔はつながっていた」

という植民地時代の自由な往来の記憶と自己認識は、沖縄本島在住の外省系の人々が進める華僑化、エスニック集団を主張することになる明確なエスニック・シンボルの形成に幾分ブレーキをかけることにつながったのではないかと推察される。これらのことは、近代の植民地支配を前提とした台湾から八重山という場所への越境の性格と近接性に起因している。そのため、移動の記憶、負の歴史と成功の歴史は共有されていても、比較的個別化したままなのである。

なお、石垣島の台湾系の人々のエスニック境界を分析したものに、社会学者の野入直美［二〇〇〇、二〇〇一］の研究がある。野入の主題は、個人の生活史から「台湾人と沖縄人の民族関係の変容過程」［二〇〇〇：一四一］をとらえることにある。そして、エスニシティの理論的な枠組みをもとに、個人のエスニックな属性に対する主観的アイデンティティの変容過程をとらえることで、「異なったエスニック・グループに属する人々の間の社会的な諸関係」［二〇〇〇：一四三］の解明を目指している。野入は、移動の時期と経緯の違いによるそれぞれの生活史、地域社会との関わり方によって、異なるアイデンティティの存在を指摘している。そして、新来者と旧移住者が分化せずに、パイナップル産業成功の威信を共有し、石垣島に定住しようとする意思において相互補完的関係を築き、脱パイナップル時代の新しい民族関係を蓄積していく可能性を述べている［二〇〇一：二二四—五］。

一方、小熊誠［一九八九］は、石垣島の台湾系の人々へのライフ・ヒストリーの調査を資料とし、彼ら彼女らの定着過程と民族的帰属意識の変化について考察を進めている。小熊は、第一に名蔵・嵩田地区居住者と市街地に居住する人々のエスニック・アイデンティティの違い、第二に世代による差異を論じている。開拓移民としての意識を持ちながら、独自に農業を行ない、集団化に消極的な名蔵・嵩田地区に対して、商売をして多くの人と交流しながら、自らのアイデンティティを肯定しながら、華僑総会八重山分会や土地公祭にも積極的に参加する市街地の人々との意識差。そして、台湾人としての言葉や習慣を維持した第一世代、差別や偏見からそれらを否定した第二世代、新たに台湾とのつながりを模索する第三世代の違いである。小熊もまた、野入［二〇〇二］同様に、社会状況の変化を背景としながら、地域と世代によるアイデンティティの違いを指摘するとともに、若い世代の人々が台湾系であることを自分たち特有の優位性として認識しながら、新たな交流とビジネス展開をしていく可能性について述べている[15]［一九八九：五九四］。

これまでのエスニシティ研究においては、他集団との関係やマジョリティとの関係によりエスニック境界が表出し、エスニック集団が形成、またはエスニシティが意識されるというように、エスニック境界の生成と社会的実体としてのエスニック集団、またはエスニシティの存在が連動してとらえられていた[16]。台湾系の人々のエスニック・アイデンティティが高揚し、エスニック境界が明確化した一九六〇年代とは違い、帰化が進んだ一九七〇年代以降、エスニック集団は、自他の相互作用によって可変的なゆるやかなエスニック境界という形で維持されていく。そこには、常に接触の相互行為から生じるエスニシティというものが他称としてあった。しかし、境界があることがイコール集団化とはいえない。つまり境界は意識されていても、明確なエスニシティが意識されたり、継続的で排他的な強固なエスニック集団が形成されているとはいえないのである。

野入［二〇〇〇、二〇〇二］、小熊［一九八九］とも、従来のエスニシティ論に依拠し、彼ら彼女らの民族的帰属意識、民族間関係を、当該社会の関係とともに論じることを目的とした。しかし、そこで見出されるのは、首尾一貫したエスニック集団というより、移動と定着の経緯の違い、その後の生活史の違い、アイデンティティの変化と多様性である。つまり、エスニック境界は維持されてきていても、その位置づけや意味は変化しており、台湾系の人々を一元化して、連続する単一のエスニック集団とはとらえにくいということなのである。そこでは、石垣島の場所性というものが重要な意味を持っている。

3 「境域」のネットワーク

石垣島の台湾系の人々は、国際政治の波をそのまま受けることが少なくなかった。そのため中心的な組織を構成する紐帯は、時々に応じる形で「基本的な関係」として必要不可欠であった。しかし、石垣島における台湾系の人々の組織形成は、その歴史過程において会員制の明確な団体であるが、常にそこにあったのは連続する華僑・華人のエスニック集団ではなく、台湾から移動して来たという記憶と柔軟なエスニシティの意識のもと、時において顕在化するエスニック境界とネットワークの一つといえる。そこには、マジョリティとは異なる、台湾人、華僑・華人、台湾系日本国籍者という、アイデンティティの多元的状況がある。通常、エスニック・アイデンティティの多元的状況は、これまでのエスニシティ研究と比べて特異なものではないが、石垣社会の場合、単なる世代による差異だけでなく、移動の時期と経緯の違い、国境設定の違いから、複数のエスニック・アイデンティティが混在化している。そして、個人によっても、状況によってもそのエスニック境界の幅や高さ、そして固さは異なるのである。

そして、石垣島在住の台湾系の人々は、商売、信仰、婚姻などにおいても、複合的に拡大するネットワークを用いるというよりは、むしろ親類縁者を中心に個別のダイレクトなつながりをしてきたといってよい。故地である台湾との人や物の往来は、仲介者の存在がなくても船でできた。そのようなあり方は、個々のネットワークを用いて複数の社会関係を同時に拡げ、切り結ぶようなやり方とは異なるものである。そのため、明確なエスニック集団の形成、他の地域の華僑・華人のような同類に基づいた複数のネットワーク形成を拡充していくといった特徴が見出しにくいのである。

石垣島の台湾人コミュニティについて、新聞記者として取材を行った松田良孝は、「どこか特定の『場』を示すのではなく、日頃からひんぱんに連絡を取り合ったり、しょっちゅう行き来し合ったりする人々の関係のことを指し示す」［二〇〇四：一九］ものと理解すべきであるとしている。確かに石垣島の台湾系の人々は、集住区を形成しているわけでもなければ、常に集いながら生業を営んでいるわけではない。人々は年数回の祭礼や祖先祭祀、華僑総会八重山分会の集まり以外には、市内の同系列の人が営む商店や中国料理店に足を運び、情報交換やおしゃべり、仕事の話等をする。そして、日々の生活の中で台湾との往来を繰り返してきた。それは、「境域」と柔軟なエスニック境界を前提とした、不定期で通常は顕在化しにくい国境を越えて形成されている「ゆるやかなネットワーク」なのである。ここでいう境域とは、境界線や単なる空間ではなく、地理的にも歴史的にも複数の人々が接触し、関係する、国境線をまたぐ、人々の生活世界のことを意味している。境域は、人々の越境経験と記憶、そしてこれまで述べてきたように植民地支配、国際政治、経済活動、アイデンティティをめぐる緊張関係をたえず内包し、時において表出する場でありつづけている。

おわりに

近年まで、有村産業のフェリー船飛龍が、石垣島と台湾の高雄（もしくは基隆）の間を一泊で結んでいた。夕刻、石垣島の港に停泊した船中には、大きな荷物を持った年配の女性たちがたくさんいた。彼女たちが持つ巨大なバッグや袋には、桃やりんご等の果物、日本製のタバコ、菓子がぎっしり詰め込まれていた。彼女たちは、台湾で日本製の物を換金し、さらに台湾製の物を仕入れ、石垣島に戻り、いくばくかの収入を得ていた。彼女たちは、貨客船を利用して商売に必要な物を買いつけるために、頻繁に石垣島と台湾の間を往来してきた。そして、確かに日本のパスポートを持ち、台湾語を話していた。国境の存在は、出国と入国の手続きだけであり、その往来は日常の延長で手なれたものであった。その行き来は商売だけでなく、親族との付き合いであったり、年中行事であったりする。彼女たちは、故地である台湾と個人的な往来を日々の暮らしのなかで繰り返してきたのである。

このように戦前・戦後にわたって台湾と八重山の間を行き来しながら、国境を生きてきた人々がいる。越境し、国境を生きることは、国境変動、本土復帰、日華断交等、きわめて歴史的、政治的・経済的、つまり外在的な要因を受けながら、時において移動元のアイデンティティを保持すること、移動先の環境に準じること、個人的成功の実現と集団との間で折り合いをつけることを、その場に応じて繰り返してきたものではないだろうか。そこでは、明確なエスニック集団と強固で複合的なネットワークより、その状況に応じた組織形成と維持、柔軟なエスニック境界とゆるやかなネットワークが戦術的に選ばれた。

彼ら彼女らの生活は、時に国家により制限され、管理されようとしてきた。しかし、彼ら彼女たちの暮らしには、常に越えることができる海によってひらかれ、つながる境域があった。台湾系の人々は、時にその境界を享受し、利用し、国際政治に翻弄され、時に自己を否定し、肯定しながら往来し、同郷者との関係、地域社会と国家の関わりにおいて生きてきた。彼ら彼女らの生きた場所は、国家による規定や強制としてよりも、境域におけるゆるやかなネットワークと自律的な選択による移動性をもって語りうるものなのである。彼ら彼女らは、よりよく生きるために自らの意思で選択的に越境してきた。それはある種の制限のなかのその場、その場の越境であり、自主的に自由に国際社会を行き来するようなトランスナショナルな試みとは異なる移動のあり方である。

そして農業、商業を主たる生業とした越境者は、無制限で流動的な移動民ではなく、その時々において必ず生きるための場所を必要とした。そこには自己の経済活動と主権国家のせめぎ合い、さらには彼ら彼女たちのその時の場所と社会的ポジションを基点とした、生活世界における日々の実践という再領域化の過程が見て取れる。また国家の設定した国際政治上管理される線としての境ではなく、決して自由ではないが往来の可能な境域を受け入れ、生きる人々の姿が見て取れるのである。

境域的な生活世界において国境を生きること、それは台湾人か帰化して日本人となるのか、伝統文化の保持か混淆かという二者択一的な選択ではない、自らの生活の場を維持し、基点としながら、複数の直接的な方法を用いて往来を繰り返すような生き方であろう。

石垣島の台湾系華僑・華人の生き方は、このような近代の植民地支配を背景とした、近接した場所、境域における越境経験と記憶において性格づけられるものなのである。彼ら彼女らの越境行為、越境の再解釈や意味づけ、自己の置かれたアイデンティティの再設定、新たな交流とビジネス・チャンスの模索は今も続いている。

［付記］本研究はJSPS科研費二一三二〇一六五「日本『周辺』地域にみる国境変動とアイデンティティ――韓国と台湾の越境を巡って」（研究代表者：上水流久彦）の助成を受けたものである。本調査においては、琉球華僑総会八重山分会、琉球華僑総会の関係者の方々、石垣島在住の台湾系華僑・華人の方々他にご協力をいただいた。同共同研究メンバーと合わせて、御礼申し上げます。

注

（1）石垣島の台湾系の人々の概要については、国永美智子他編［二〇一二］を参照。なお、琉球王国の時代、清朝との関わりから、主として中国大陸の福建から沖縄本島に渡って来た人々がいる。これらの人々は主に、一四世紀以降、航海者、技術者、美術・工芸の専門家、学者として渡来した。政治や経済の中核を担い、現在もその子孫がいるが、通常は華人ではなく、居住した場所から「久米系沖縄人」と意識されている。さらに、主に一九七〇年代以降、留学やビジネスで中華人民共和国から沖縄に来た者もいる。二〇〇三年に「沖縄華僑華人総会」を結成している。

（2）近代以降、八重山への外来者の時期と経緯、影響を整理した三木健は、八重山社会の特質を「八重山合衆国」［二〇一〇］という言葉であらわしている。

（3）植民地台湾への定期航路は明治期にはじまる。台湾総督府は、一八九六年に大阪商船に命じて、大阪～台湾線を開設させ、翌年には沖縄経由線をはじめ五航路を開設させている［松田　二〇〇四：二八―三二］。一九四五年から一九七二年までは、貨物船、客船が往来した。そして、一九七五年から二〇〇八年まで、有村産業のフェリー船が就航（石垣～基隆・高雄）していた。二〇一二年現在、石垣島から台湾に入るには、那覇市を経由し、空路で向かうことになる。

（４）植民地下の八重山と台湾の双方向の人の移動を視野に入れた研究として、朱恵足［二〇一〇］、松田ヒロ子［二〇〇八］等があげられる。戦前、就労等の目的で八重山から台湾へ渡った人たちの存在は、台湾から見た八重山の親近感を増加させ、移動の契機にも成りえたことが推察される。

（５）徳島県出身の中川虎之助による、一八九二年からの名蔵地区の組織的開拓と製糖工場の設立は、当時の八重山社会に大きな影響を与えた。政財界の後押しもあって、四国を中心に三〇〇人以上の農業移住者の導入、多くの地元農民が雇用され、八重山製糖株式会社が設立された。石垣島での事業は、一八九七年、失敗に終わるが、当時最新の馬耕と改良鋤という新しい農機具、近代的機械産業、貨幣経済、共通語と和装、新たな作物品種、寄留商人をもたらした［三木　一九八〇：一九三―一九四］。本土資本による入植と産業振興は、植民地の代用、もしくは実験場としての性格を持っていた［石原・安仁屋　一九七八：一六一、三木　一九八〇：一三四―一三五］。八重山開拓と行政の関わりは石原昌家・安仁屋政昭［一九七八］、中川虎之助と八重山製糖については三木健［一九八〇］、開拓の地域的概要は金城朝夫［一九八八］を参照。

（６）名蔵・嵩田地区の概要と歴史については、名蔵入植五〇周年記念事業期成会編［一九九九］、嵩田公民館記念誌編集委員会編［一九九六］を参照。

（７）石垣島におけるパイナップル栽培の歴史は、台湾系の人々の生活と不可分である。詳細については、台湾系の人々のリーダー的存在で、大同拓殖の起業者の一人でもあり、戦後も沖縄のパイナップル産業を牽引した林発の『沖縄パイン産業史』［一九八四］を参照。同書は、パイナップル産業のみならず、台湾系の人々の移住史としても重要である。他、牧野清［一九七二］、松田良孝［二〇〇四］、三木健［二〇一〇］を参照。

（８）日本式の名前に改姓する際、多くの人が自らの姓を何らかの形で残そうとした。例えば、王から王田や王滝、許から許田、簡から簡田、呉から呉屋、張から張本、曾から曽根等の一字足したもの。王から玉木、黄から横田、陳から東郷等の部首の一部を変形したもの。兄弟親族でも異なる姓を選んだケースもある。なお、祖先に配慮し、墓地には新しい姓と旧姓を入れているものもある。小熊誠は、彼ら彼女らの改姓の特徴として、中国人としての民族的アイデンティティの保持を指摘している［一九八九：五八二―五八三］。

（９）台湾人に対する差別と偏見の意識は、嵩田公民館記念誌編集委員会編［一九九六］所収の当時の新聞記事を参照。水牛を利用した農業形態の齟齬、暴力事件が問題とされている。

（10）クルバシャーとは、水牛に引かせて水田の上を転がす、木製の整地用農具のことである。詳しくは、本書所収の角南論文を参照のこと。

（11）漢人社会では、同地域から移民・移住が多い場所ほど、同郷団体は細かいレベルで分化していることが多く、その逆の場合、多くの動員を必要とする場合は、より広い地域をその名に冠している。つまり組織の排他性と包括性は当該社会の状況に応じて変わってくる［王・瀬川　一九八四：四〇九］。石垣島の場合、台湾中部出身者の割合が多いが、父祖の地や出身地を基に細かく分節化された同郷団体を作るには移住者が少なく、出入りもあったことから成員が安定しなかった。

(12)　土地公の正式名称は「福徳正神」で、中国及び台湾において広範囲に信仰される神である。土地公祭は、旧暦八月一五日が祭祀の日となる。現在は華僑総会八重山分会の主催である。土地公祭については、拙稿［二〇一三］を参照。

(13)　唐人墓建立の経緯については、田島信洋［二〇一一］に詳しい。田島［二〇一一］は、建立の経緯について疑問を呈すとともに、事件そのものの解釈についても再考を促している。

(14)　華僑総会の事務局は那覇市にある。台湾の民主化と国際政治の安定もあり、その目的は、会員同士の親睦と結束の強化、二、三、四世へのアイデンティティの継承を中心とした次世代の育成、台湾と沖縄の緊密な関係の強化となっている。組織は、会長一人、副会長二人、理事六人、常務監事一人で構成されている。新年会を兼ねた華僑総会会員大会、釈尊祭礼（孔子誕生祝）、雙十節（中華民国慶日・建国記念日）、那覇まつり等のイベント参加、ボウリングやバーベキュー、中国語教室、青少年を対象とした台湾研修等を行なっている。

(15)　一九九〇年代以降、三、四世の新たな動きとして、台湾への農業視察、言語研修、留学、石垣島において増加しつつある台湾人観光客を対象としたビジネスがあげられる。差別意識が減少したこと、通婚の広がりもあり、若い世代には台湾系としてのネガティブな意識が薄くなってきている。そこで、自己の持つ独自の存在を肯定的にとらえながら、台湾と往来する人が増えつつある。出自を隠したり、同化を志向していた上位世代とは異なり、若い人々の間には台湾系としての肯定的アイデンティティとそれを利用する動きが生まれている。二〇一三年三月、新石垣空港開港に伴い、石垣島と台湾を定期的に航空機で結ぶ案が検討中である。貨客船航路が中断して、飛行機で石垣と台湾の間が結ばれるようになった後、どのような新たな関係性の構築、展開が見られるかは、現時点ではまだ今後の可能性として指摘しておきたい。

(16)　古典的エスニシティ研究の代表として、フレドリック・バルト［一九九六（一九六九）］、ゼボルド・W・イサジフ［一九九六（一九七四）］を参照。

文献一覧

綾部恒雄
　一九九三　『現代世界とエスニシティ』東京：弘文堂

二〇〇六　「エスニシティ論」綾部恒雄編『文化人類学二〇の理論』、一七九―一九六、東京：弘文堂
バルト・フレドリック
　一九九六（一九六九）「エスニック集団の境界」青柳まちこ編・監訳『「エスニック」とは何か――エスニシティ基本論文選』、二三―七一、東京：新泉社
曹　永和
　一九八九「華人在石垣島発展之事例」『中華文化在琉球・琉球歴史文物考察紀要――中琉叢書第三種』、一八一―一九五、台北：中琉文化経済協会出版
張　玉玲
　二〇〇八『華僑文化の創出とアイデンティティ――中華学校・獅子舞・関帝廟・歴史博物館』愛知：ユニテ
陳　天璽
　二〇〇一『華人ディアスポラ』東京：明石書店
　二〇〇八「漂泊する華僑・華人新世代の越境」高原明生・田村慶子・佐藤幸人編、アジア政経学会監修『現代アジア研究一（越境）』、二九七―三二四、東京：慶應義塾大学出版会
江淵一公
　一九八五「エスニック・バウンダリーとスティグマ――ニュー・エスニシティの視角」綾部恒雄編『文化人類学』二：二〇―三三、京都：アカデミア出版会
西表　信
　一九八二『南嶋昭和誌』沖縄：自家版
　一九九二『続南嶋昭和誌』沖縄：自家版
入嵩西正治編
　一九九三『八重山糖業史』（石垣島製糖株式会社）、沖縄：ニライ社
イサジフ・W・ゼボルド
　一九九六（一九七四）「さまざまなエスニシティ定義」青柳まちこ編・監訳『「エスニック」とは何か――エスニシティ基本論文選』、七三―九六、東京：新泉社
石垣市役所市史編集室編
　一九八五『写真記録 復帰十年誌――戦後のあゆみ』沖縄：石垣市

石原昌家・安仁屋政昭
一九七八「八重山諸島における開拓移住行政の推移と移住地の実態分析」『沖縄国際大学文学部紀要（社会学科篇）』六―一・二（合併号）：一五一―二二七
石原　俊
二〇〇九「市場・群島・国家――太平洋世界・小笠原諸島・帝国日本」西川長夫・高橋秀寿編『グローバリゼーションと植民地主義』、一四五―一六八、京都：人文書院
上水流久彦
二〇〇五『台湾漢民族のネットワーク構築の原理――台湾の都市人類学的研究』広島：渓水社
金城朝夫
一九八八『ドキュメント八重山開拓移民』沖縄：あ～まん企画
国永美智子・野入直美・松田ヒロ子・松田良孝・水田憲志編
二〇一二『石垣島で台湾を歩く――もうひとつの沖縄ガイド』沖縄：沖縄タイムス社
林　発
一九八四『沖縄パイン産業史』（沖縄パイン産業史刊行会）、沖縄：自家版
牧野　清
一九七二『新八重山歴史』熊本：自家版
松田ヒロ子
二〇〇八「沖縄県八重山地方から植民地下台湾への人の移動」蘭信三編『日本帝国をめぐる人口移動の国際社会学』、五二九―五五八、東京：不二出版
松田良孝
二〇〇四『八重山の台湾人』沖縄：南山舎
三木　健
一九八〇『八重山近代民衆史』東京：三一書房
一九九六『沖縄・西表炭鉱史』東京：日本経済評論社
二〇一〇『「八重山合衆国」の系譜』沖縄：南山舎
森田真也

二〇一一　「土地公祭の現在」『月刊やいま――特集・八重山と台湾の交流』二二〇：六―七
二〇一三　「異郷に神を祀る――沖縄石垣島の台湾系華僑・華人の越境経験と宗教的実践」『沖縄民俗研究』三一：一―一九

永野　武
一九九四　『在日中国人――歴史とアイデンティティ』東京：明石書店

名蔵入植五〇周年記念事業期成会編
一九九九　『名蔵入植五〇周年記念誌』（名蔵入植五〇周年記念事業期成会）、沖縄：自家版

野入直美
二〇〇〇　「石垣島の台湾人――生活史にみる民族関係の変容（一）」『人間科学――琉球大学法文学部人間科学科紀要』五：一四一―一七〇
二〇〇一　「石垣島の台湾人――生活史にみる民族関係の変容（二）」『人間科学――琉球大学法文学部人間科学科紀要』八：一〇三―一二五
二〇一〇　「石垣島の台湾人――現代に残響する植民地化の双方的移動」永野武編『チャイニーズネスとトランスナショナルアイデンティティ』、一七三―二〇七、東京：明石書店

小熊　誠
一九八九　「石垣島における台湾系移民の定着過程と民族的帰属意識の変化」琉中歴史関係国際学術会議編『琉中歴史関係論文集（第二回琉中歴史関係国際学術会議報告）』、五六九―六〇二

沖縄国際大学文学部社会学科小熊誠研究室編
一九八七　『みんぞく――石垣島台湾系移民「土地公祭」調査報告』一

太田昌勝
一九九七　「石垣島における台湾系移民の現在」『沖縄関係学研究会論集』三：一二三―一三三

朱　恵足
二〇一〇　「帝国的移動と『近代』の遠近法――八重山諸島と植民地台湾を行き来する人々」『琉球・沖縄研究』三：三〇―五四

嵩田公民館記念誌編集委員会編
一九九六　『嵩田――五〇年のあゆみ』（嵩田公民館）、沖縄：自家版

田島信洋
二〇一一　『石垣島唐人墓の研究――翻弄された琉球の人々』東京：郁朋社

上杉富之
　二〇〇五「人類学から見たトランスナショナリズム研究――研究の成立と展開及び転換」『日本常民文化紀要』二四：一―四三
王　崧興
　一九八七「漢人の家族と社会」伊藤亜人・関本照夫・船曳建夫編『現代の社会人類学一（親族と社会の構造）』、二五―四二、東京：東京大学出版会
王　崧興・瀬川昌久
　一九八四「漢民族の移民とエスニシティ――香港・台湾の事例をもとに」『民族学研究』四八―四：四〇六―四一七
王　維
　二〇〇一『日本華僑における伝統の再編とエスニシティ――祭祀と芸能を中心に』東京：風響社
呉　俐君
　二〇一〇「戦後沖縄本島及び宮古島における台湾系華僑の移住」上里賢一・高良倉吉・平良妙子編『東アジアの文化と琉球・沖縄――琉球／沖縄・日本・越南（琉球大学　人の移動と二一世紀のグローバル社会Ⅱ）』、七九―一〇三、東京：彩流社
　二〇一一「戦後沖縄における台湾人労働者」『移民研究』七：四三―六四
八尾祥平
　二〇一〇「中華民国にとっての『琉球』――日華断交までの対『琉球』工作を中心に」『琉球・沖縄研究』三：五五―七六
吉原和男
　一九八八「移民都市のボランタリー・アソシエーション――香港の宗親団体と同郷団体」『文化人類学』五：一五一―一六三、京都：アカデミア出版会

交錯するツーリズム――八重山台湾間の観光をめぐる台湾認識のあり方

越智郁乃

はじめに――問題の所在

本稿は八重山台湾間という境域における人的な移動に着目し、特に観光に関する事象を事例に八重山の人々の「台湾」に対する認識のあり方について考察することを目的とする。

沖縄県八重山地域は、石垣島を中心としたいくつかの離島から構成されている。行政区分と二〇一一年現在の人口は、石垣市約四万七〇〇〇人、竹富町約四〇〇〇人、与那国町約一七〇〇人である。これらの市町は日本の最南端、最西端の自治体であり、石垣島と沖縄県庁所在地である那覇との距離は約四一〇キロ、東京との距離は二一〇〇キロにも及ぶ。このような「中央」からの距離により、本土や沖縄本島から輸送されてくる物資のコストは非常に高い。また過疎が進行し、基幹産業が衰退している中、観光業への依存度は高い。日本有数のリゾート観光地としての地位を確立し、平成二二年現在、観光客数は年間八七万人、観光収入は四五〇億円を越す〔石垣市 二〇一二〕。日本本土からの直行便、あるいは那覇経由で石垣空港に降り立った観光客の多くは、石垣島から中心に周辺離島である竹富島、西表島、小浜島、黒島、与那国島へ足を延ばす。それぞれの島は、伝統的な町並みや豊かな自然を有し、ドラマのロケ地として本土でも名前が知られている。しかし、観光客総数は平成一九年の九六万人を境に減少傾向にある。日本本土からの観光客数減少の一方で、台湾からの観光は増加している。石垣島から約四〇〇キロ離れた台湾からやってくるクルーズ船により、現在年間六万人超の台湾人観光客が石垣島と周辺離島を訪れる。八重山一円では台湾、そして今後増加が見込まれる中国からの富裕層観光客増加への期待が高まっている。本書所収の中村論文で論じられる対馬と比較すると、一見良好な日台関係の中で「観光」を通じた互いの交流は望ましいものに思える。しかしその一方で、上水流も指摘するように、大挙してやってくる台湾人観光客に対して、ホスト側であるしてやってくる台湾人も同じである（巻末アンケート結果参照）。こうした問題を抱えながらも、自治体は観光による交流を通じて互いのつながりを作り、最終的には台湾との経済圏構築へと繋げることで「周辺」的状況から脱却したいと考えている。その背景には、かつては八重山が日本本土や沖縄本島と台湾の中継地点として栄え、台湾との生活経済圏を有していたという「記憶」が存在する。

観光業者や一般住民から否定的な声があるのも事実である［上水流　二〇一一：五七―五八］。不満があるのはゲストと

日本本土、沖縄本島、そして台湾の間に位置する沖縄県八重山地域は、「日本」「沖縄」そして「台湾」に関する互いの認識が入り組んでいる土地である。琉球処分以降、制度上日本に組み込まれたものの経済的な政策統合がなされなかった沖縄では、糖業モノカルチャーと呼ばれる甘蔗栽培・製糖業中心の生産構造に特化した結果、第一次世界大戦後の不況から農村人口が日本本土や国外に大量に流出した［安里他　二〇〇四］。そして移動した沖縄の人々が近代以降の日本社会にいかに「包摂／排除」されてきたかということを通じて「日本人」「沖縄人」概念の検討が行われてきた［冨山　一九九〇、小熊　一九九八］。しかし、一言で「沖縄」といっても那覇市のある沖縄本島と八重山ではその歴史、文化は大きく異なる。一五世紀に琉球王朝が沖縄本島で成立し、八重山はその約一〇〇年後に琉球王朝に実行支配された。そして一八七九年、近代日本に組み込まれて沖縄県が誕生した。そのため、沖縄本島と

八重山ではもともと言葉が通じないだけでなく、年中行事や意識面でも独自性が強い［安里他　二〇〇四］。

一八九五年、台湾が大日本帝国に編入されると、八重山は台湾へ向かう人々の中継地点になり、地理的近接性から多くの八重山の人々が仕事を求めて台湾に渡っていった。水田によれば日本全国から台湾に渡った人々のうち、沖縄人が占める割合は、一九一五年には一・一パーセントに過ぎなかったが、一九四〇年には四・七パーセントへと急上昇した。台湾疎開が実施された後には一万五〇〇〇人から二万人の沖縄人が台湾に渡った。中でも宮古・八重山出身者が占める割合は多く、一九三五年の時点で沖縄出身者の約六割を占めている［水田　一九九四］。筆者が行った現在八〇歳以上の高齢者に対する聞き取りでも多様で頻繁な度台経験が語られる。ある人は働くため、あるいは台北の中学校に進学するために台湾に渡り、修学旅行や台北帝大病院に診察をうけるために台湾に向かう者もいた。このように、当時八重山と台湾が同じ生活経済圏内にあることで八重山が繁栄したという「よい記憶」が、現在の「周辺」的状況を脱するための「資源」になっている。しかし、資源化されない「記憶」も存在する。

聞き取りによると、植民地台湾に渡るための船は非常に粗末なものであったという。エンジン音が耳を劈く小型の木造船に乗り込み、石垣からは二泊、与那国からは一泊かけて揺れる外海を渡り台湾にたどり着いた八重山の人々は、八重山とは別世界の「日本」を体験した。帝国日本のモダンを体現した都市における建物、電車・バスなどの乗り物、雑誌や菓子など、台湾には八重山でみたことのないものであふれていた。台湾は当時「生活程度」の高い「あこがれ」の土地であった。筆者の聞き取りによると、その地ではまず、日本人家庭や日本人商家の「お手伝い」として日本語や作法を身につけ「日本人化」した後、街にでてタイプライターや和裁・洋裁、うまくいけば官吏になれるというように、「日本社会」において「日本人化」することで、様々な職業を経験していったという。

聞き取りから明らかになる台湾での経験は、「日本」体験である。「台湾へ行けば晴れ着が着られる」と言われた植民地台湾の豊かな生活を支えていた台湾人の厳しい貧しい生活［星名　二〇〇三：一七五］は、このような「あこがれ」の土地における体験のうちには現れてこない。また、台湾での生活は単なる驚きやあこがれだけを引き起こすものではなかった。当時「亜日本人」と見なされていた沖縄人に対して、日本本土人からの差別が存在した。しかし、多くの場合、被差別体験は沖縄人の「日本人意識」を強固なものにし、と同時に貧しく厳しい生活を強いられる台湾人に対する抑圧移譲へと彼らを導いた〔星名　二〇〇三：一七五―一七六〕。

他方で、台湾から同じ「日本」内であった八重山地域の石垣島に、台湾人が開拓者として入植してきた。彼らは現在、公には「石垣の農業の礎を作った人々」として表象されている。(2) しかし、時に「たいわなー」と蔑称されるような差別を経験してきた。入植当時彼らが持ち込んだ農法や水牛は、それをもたない石垣の農民たちによって脅威と見なされた。その力強さの裏返しとして、台湾人入植者らは「南京虫」「雑草」、さらには彼らが持ち込んだ「水牛」に例えられ、そのような「文化程度の低い」台湾農民によって土地を占領されるという危機感が、台湾人に対する差別意識を助長したのだった〔星名　二〇〇三：一八七―一八八〕。

このように「台湾」とそこに暮らす「台湾人」に対するイメージが相反することは、矛盾していない。なぜなら、星名が指摘するように、八重山で醸成された台湾人への警戒意識が、台湾現地における台湾人の「貧しさ」とそれと対照的な日本人の「豊かさ」を目の当たりにすることで、蔑視へと変質していったからである。植民地台湾での生活を体験して戻ってきた八重山の人々の中に、台湾人に対する差別意識が八重山で助長されることになる。このように重層的な差別構造が構築された空間である植民地期台湾での日常を通じて、宗主国の人間が持つ「差別意識」に八重山の人々も絡めとられていった〔星名　二〇〇三：一八八〕。

台湾人に対するまなざしは、第二次世界大戦終結後にも形をかえて引き継がれた。台湾と八重山の間には国境が引かれ、石垣島の台湾系住民らは、公民権と土地を失いながら再出発した〔松田　二〇〇四〕。また、戦後新たに台湾人が石垣に渡ってきた。琉球政府は戦後沖縄の産業振興としてパイナップルの生産・加工産業を重視し、栽培地は土壌が適していた石垣島や本島北部に集中した。一九六〇年代後半になると、栽培技術の導入のため、また収穫したパイナップルを加工する工場の人件費削減や労働作業を補うために、台湾人が出稼ぎにやってきた[本浜　二〇一〇]。そこでのきつい労働への従事や質素な身なりからは、貧しい台湾像が想起されたという[上水流二〇一一：五八]。このように、八重山から台湾に渡った人々が持った植民地における優越性や差別意識に貧しい台湾人農業移民の姿が重なり、戦後も「貧しい台湾人像」が戦後も想起され続けてきた。

以上のように、台湾における「日本」を通じた「台湾社会」に対するポジティブな認識と、「台湾人」に対するネガティブな認識が交錯することで、複層的な台湾イメージが八重山の台湾人以外の人々の中に醸成された。つまり台湾に対する「よい記憶」だけが、八重山において共有されているわけではないのである。では、本土復帰を経て、八重山における台湾認識はどのように変化しているのだろうか。

そこで注目するのが、「観光旅行」である。戦後台湾との間に引かれた国境線により台湾が「外国」になると、台湾系住民以外の八重山の人々の中からゲストとして台湾へ旅行し始める人が現れた。本土復帰を経て八重山が観光地化されると、次は八重山の人々がホストとして日本人や台湾人の観光客を迎え入れる立場になった。こうして、ホスト・ゲストとして立場を入れ替えながら出会う台湾人や台湾社会に対して、八重山の人々はいかなる認識を持っているのだろうか。本稿では観光旅行や、観光業、観光事業を含めてツーリズムと総称し、八重山台湾間の人やモノの移動形態の変遷、日本本土のツーリズムと八重山のツーリズムとの相関関係を通じて、八重山に暮らす人々が抱く「台湾」に対する認識のあり方について考察を行う(3)。

一　戦後から復帰までの八重山における人とモノの移動

一九四五年、八重山台湾間に再び国境が形成された。しかし、戦後の一時期に盛んだった密貿易時代を経て、人とモノの行き来はその後も継続される。表1からも分かるように一九六七年までは八重山台湾間の海域には、年間三万人を超す人々を乗せた貨客船が多数往来していた。台湾からはパイナップル栽培の技術導入や季節労働のために多くの台湾人が八重山に渡ってきたという。貨物船の積み荷の種類を見てみると、沖縄側からは農作物を輸出し、その帰りの船で台湾からセメントや砂を輸入している。米軍の支配におかれ、日本本土から切り離された沖縄にとって、台湾は重要な労働力の供給地であり、また物資の調達地であった。人とモノの移動が繰り返される中、八重山側から台湾に渡っていった人々もいた。そこには、戦前に台湾で生活した人々が含まれる。

事例1：八五歳男性（二〇〇五年聞き取り）

石垣島に生まれた前泊氏は、高校時代に落馬した怪我がなかなか治らず、夏休みを利用して植民地期台湾の台北の病院に入院した経験を持っている。病院では、日本人看護婦に混じって石垣出身の女性も看護婦として働いていた。台湾は沖縄本島よりも近く、医療も教育も進んでいた。

戦後、教員になった彼は、一九七〇年前後に技術科の教員研修を受けるため、数ヶ月台北に滞在した。当時の沖縄には技術科研修が行える施設がなかったため、施設の整った台湾で研修することになった。研修の合間に日本語のできる台湾人の知り合いに頼んで、金製品の買い物をした。結婚当初に妻に指輪を買えなかったので、台湾で買った。

表1　石垣港における外航貨物貨客船輸送状況

年度	船客数			貨物船
	乗客数	降客数	航海数	航海数
昭和41（1966）年	33,784人	33,046人	5艘216航	7艘121航
昭和42（1967）年	32,333人	31,515人	4艘238航	7艘185航
昭和43（1968）年	545人	1,067人	2艘16航	記載なし
昭和44（1969）年	357人	304人	2艘24航	記載なし
昭和45（1970）年	578人	654人	2艘29航	記載なし

出典：八重山要覧（沖縄県）

本土はドルの持ち出し制限があるため、簡単に行ける場所ではなかった。しかし復帰後は、日本本土で研修が行われるようになったため台湾へ行くことはなくなった。

少なくとも一九七二年までの台湾は、沖縄にはないモノが手に入り、教育者が研修先として派遣される土地であった。つまり当時の台湾を「モノが豊富」で「施設や技術が進んだ土地」だという社会認識が存在していたことがうかがえる。このような認識に加えて、植民地期台湾に対する「懐かしさ」という感情も次の語りから伺える。

事例2：九〇歳男性（二〇〇九年聞き取り）

石垣島に生まれた宮城氏は、当時の台北一中に進学し、寮に入り集団生活を送った。たまに外出を許されて街にでると、日本から送られてくる雑誌やキャラメルを買い求めた。中学卒業後は、内地の高校に進学した。石垣に残った家族は戦争末期に台湾へ疎開し、戦後は闇船で引き揚げた。

戦後、石垣に戻ってきた宮城氏は、一九五〇年代後半から一九六〇年代にかけて台湾に行く機会を得た。戦後台湾がどうなっているか見てみたかった。ロータリークラブを介して旅行手続きを行い、石垣から貨客船に乗り込んだ。船で一晩過ごし、翌日台湾に到着した。当時観光のようなものはなく、到着後は一人で行動した。移動の際には日本語のできるタクシー運転手を探し、かつて自分が通った台北一中を見に行った。台北一中は建国中学と名前を変えてはいたが、タクシー運転手によると現在でも優秀な学校であるというので、自分もあそこの卒業生であると自慢したという。その後、宮城氏は沖縄県の要職に就くため、沖縄本島に家族そろって移住した。その後、台湾を訪れることはない。政治経済的なやりとりの対象は日本やアメリカに移っていったと宮城氏は語った。

この時期の渡台には、台湾に対する「懐かしさ」が、戦後の台湾再訪の動機として少なからず働いていたことが読み取れる。植民地期台湾における生活経験を有する者にとって、戦後台湾は馴染みがあり、かつ言葉が通じる場所であった。そして、貨客船により移動手段が確保されていたため、国境が引かれたとはいえ行きやすい場所であった。

このように、人とモノの頻繁な移動という本土復帰までの台湾との越境経験からは、「モノが豊富」で「技術が進んだ」場所として認識されていることが明らかになるとともに、植民地期台湾における「生活程度が高い」「あこがれ」の土地という認識が参照されていることがわかる。その一方で、台湾人や台湾社会に関して語られることはほとんどない。例えば事例１の男性は病院の中、事例２では学校や寮という隔絶された「日本社会」で生活している。たまに外に出ても「日本町」で品物を買い求めたと語られる際には、石垣と比較して如何に台湾が都会かということが強調される。また、戦後の再訪時、そこに台湾人は介しているが、日本語を介して成り立ったコミュニケーションは、かつて「日本」であった時代の名残である。

二　八重山の観光地化と台湾への観光旅行との相関——ホストとしてゲストとして

このような認識に変化が現れる潮目になったのが、沖縄の日本復帰である。復帰とともに沖縄は日本の中に再配置され、事例1、2にもある通り、八重山からの移動先は本土に向かった。と同時に、本土からも多くの人々が沖縄に流入してきた。特に年を経るごとに増加したのが観光客であり、沖縄そして八重山の人々はホスト側として多くの観光客を迎え入れることになった。その一方で、八重山の人々は以前より明確になった八重山台湾間の国境を越えて国外旅行先である台湾に、ゲストとして向かうことになった。そこで本節では、1　日本本土における戦後のツーリズム変化を概説し、それがいかに沖縄および八重山の観光地化に影響し、2　八重山の人々の台湾への移動にどのように影響したか、ということについて述べる。

1　日本本土のツーリズムの変化と沖縄／八重山の観光地化——ホストとして

日本本土では、一九六四年の東京五輪、及び一九七〇年の大阪万博に代表される巨大な国際イベント開催のための公共事業を通じて地域開発をおこない、経済効果を挙げるという手法が確立された。特に新幹線と高速道路という交通網の発達とともに、日本人の移動性はかつてない速度と規模で高まっていった。また、国内外からの訪問客を迎え入れることを報じるメディアによって「国際性」「外国」イメージが広がり、日本人の中に「世界を見るという欲望」が身体化されていった［多田　二〇〇四：二〇—二八］。

東京五輪と同じ年、日本人の海外旅行が自由化された後に国外へ旅立った日本人は約一二万人足らずだったが、一九六九年には六〇万人足らず、七一年には九六万人、七三年には二二八万人、七九年には四〇三万人と飛躍的に増加する。その背景にあったのが、七〇年のジャンボ・ジェット機の就航だったと山口は指摘している。以下、山口［二〇一〇］に依拠して日本本土のツーリズムの変化を説明すると、ジャンボ・ジェット機は従来のプロペラ機と比べて三倍近い座席数と輸送力を実現し、国境を超える人とモノの流れを飛躍的に加速させたという。また、オリンピックを契機に欧米で主流となっていた安価なチャーター便がオリンピックを契機に欧米の人々を乗せて日本にやってくると、その機体を空身で返したり高価な駐機料を払うことを避けるために、同じく安価に日本人を運ぶことが可能なフェリー便が「発見」された。そのシステムを利用した安価な航空券が出回ることで、日本人の海外旅行者数は増加した。当時の海外旅行の主流は旅行会社が催行する添乗員付きのパックツアーであったが、その裏側では個人で、特に若い層でも海外を旅行する人も確実に増え続けていた。若い学生向きに発刊された『地球の歩き方』も、その出発は『ヨーロッパ編』『アメリカ編』であった。そして八一年に出版されたのが『インド編』であった。(4) 欧米中心の七〇年代に対して八〇年代に入るとアジアに拡大することで行き先が豊富になり、八〇年代半ばに登場した旅行情報誌の存在が旅行のあり方を一変させた。旅行情報誌に格安航空券の広告を掲載することで、これまでのパックツアーを取り扱う大手にはない、添乗員なしの旅行形態ができ上がっていったのである。そして、八五年のプラザ合意以降の円高と本格化したバブル経済の影響から、八五年には約四九五万人だった海外渡航者数は、九〇年には約一一〇〇万人に上昇した。特に購買力を増した若い女性層の旅行客は増加し、ショッピングやグルメを中心とした都市型消費の情報が旅行情報誌をにぎわすようになった［山口　二〇一〇］。こうした日本本土の国外へのツーリズムの変化は、後述する八重山の人々がゲストとして旅行へ向かう際に大きく影響している。

一方で復帰前の沖縄は、パスポートとビザを必要とする「海外旅行」先であり、日本本土にとって「外国」であった。一九五八年に沖縄がドル経済圏に入り、五九年に沖縄への渡航制限が緩和されると、戦没者慰霊目的のツアーが組まれ、戦跡参拝者が増加した観光客としてもてなしを受けた［多田　二〇〇四：一三六］。また、五七年に本土で施行された売春防止法が適用されなかった沖縄では、売買春が米軍兵士向けに制度化されていた。それが六〇年代には日本人のツアー客向けの夜の観光ルートとして組み込まれていった［多田　二〇〇八：九二］。七一年、復帰直前に日本本土との格差是正のために国により制定された「沖縄振興開発特別措置法」には、観光による振興開発が盛り込まれ、沖縄の観光地化の準備は着々と進んでいた。

七二年の本土復帰により沖縄が日本に再配置されると、それまでの沖縄に対する「戦争」「基地」といったイメージから「青い空」と「青い海」の亜熱帯の観光地への積極的な読み替えが、広告・雑誌・テレビなどのメディアを通じて行われていった。その過程を多田は以下のように説明している。まず、女性雑誌と連動する形で各観光地が特集される中で、一九七三年の復帰間もない沖縄が雑誌『anan』で特集された。また同年、日本交通公社からは若い女性向けの旅行雑誌『るるぶ』が創刊される。海外旅行と同様、若い層特に女性の購買力は新たな消費文化や思考・様式を立ち上げていった。そして、海洋博というイベントを通じて沖縄本島で観光開発が進み、初の大型リゾートホテルとして建設されたムーンビーチホテルには新婚旅行客が増加する［多田　二〇〇四、二〇〇八］。

しかし、海洋博は反動不況をもたらした。県内の観光業者が力をいれて「観光沖縄」を売り込むようになったのは、この時からである。それまで主流だった戦跡参拝、舶来品ショッピング、海洋博に頼らずに、観光客の呼び込みを始めることになった。リゾート開発公社の依頼をうけた広告会社電通が参入する中で、「沖縄を売る」「地域を売る」という宣伝戦略の方向性が模索され、日本本土での積極的なツアー誘致や迎え入れるホスト側の言葉遣いの講習会等が行われた。その一方で、観光関係者にだけでなく、一般県民への「沖縄の歴史や文化を大事にする」という意識付けが行われたことも見逃せない。県民が誇りをもてば、観光客を温かく迎え入れる効果を生むという考えからキャンペーンが張られ、沖縄固有の歴史・文化が活用されることで「県民」という主体が構築されるとともに、「伝統文化」の領域も観光化されていく。例えば、琉球絣や紅型などの伝統工芸は国の伝統工芸に指定されるとともに、土産物となりブランド化していった。先に述べたように沖縄海洋博以降、反動から観光客の減少が起きるが、これを盛り返したのは海洋博開催中から生じていた「離島ブーム」であった。特に八重山は、戦争や基地の影響が少なく歴史的な風景や文化、自然を残すとされた。その結果、南の果てとしてロマンの対象となった八重山に観光客が押し寄せるようになった［多田　二〇〇四、二〇〇八］。

沖縄本島に対して八重山では、大量の観光客到来以前に「伝統文化」に対する「気づき」があり、それが観光地化を通じて内在化されてきた。「伝統」の赤瓦家（アカガワラヤー）の町並みを求めて多くの観光客が訪れる竹富島を例に、森田は以下のように述べている。瓦葺の家が赤瓦に変化したのは明治以降のことであり、コンクリート建築が主流になった戦後、従来の生活や家屋は改善されるべき存在として島民には映っていた。また、島の染織であるミンサー織を織れる人は一人しか残っていなかった。一九五七年、倉敷民芸館館長の外村吉之介らの民芸運動家が島を訪れ、竹富の集落景観、家屋、ミンサー織や芸能を絶賛し、中央に「民芸の島」として紹介する。それに呼応して島の女性たちがミンサー織の技術を習得し、「伝統文化」として復活するとともに高い経済的利潤も生みだしていった。一方で、復帰前からの本土企業による土地の買い占めに対する危機感から、住民が主体となった観光開発が行われるようになり、ミンサー織の利益を元手にした民宿経営に乗り出した島民もいた［森田　一九九七］。

一九六八年に石垣空港の滑走路が延長され、七九年にはジェット機による路線が就航した。本土からの旅行客の移動形態が船舶から航空機へと変化し、石垣空港もジェット機に対応することで、それまで本土から数日かかっていた八重山への移動が数時間という時間に短縮され、多くの日本人観光客が「最周辺」の八重山へと押し寄せることになった。以降、大量の旅行客を受け入れるためのホテル建設も盛んになる。その結果、八〇年代になり再び高まった竹富島の土地の買い占めに対して、住民は本土の「全国町並みゼミ」と連携し、町並み保存の先進地である妻籠と交流を深めることでリゾート開発に対抗してきた。このような動きを経て、八七年に赤瓦葺きの木造家屋の町並みが国の重要伝統的建造物群保存地区として選定されるに至ったのである［細田　二〇〇一、家中　二〇〇九］。こうした観光資源に加えて、石垣竹富間には一時間に最多で五本の高速船やフェリーが就航し、乗船時間一〇分ほどで竹富島に到着するという石垣周辺離島の中で抜群の利便性から、八重山における一日観光の中心地になっている。

また、自然観光の呼び物となっている白保の珊瑚礁は、一九七九年に持ち上がった新石垣空港建設計画への反対運動とともに「注目」されるようになった。もともと目の前にある豊かな海は、住民にとって当たり前のものであった。しかし、白保住民の意見を無視し、空港建設が八重山全体の総意であるかのような空港建設計画への反対、また八四年以降、世界自然保護基金日本委員会（WWFジャパン）などの国際的な自然保護団体による調査を通じて琉球弧に残された健全な珊瑚礁という評価が与えられることで、白保の珊瑚礁保護の必要性の声が高まり、珊瑚礁埋め立てによる空港建設計画は撤回された。そして珊瑚礁観察のための民宿やシュノーケリングサービスなどで生計をたてる住民が現れるようになったのである［家中　二〇〇九］。

このように八重山では、外部の視線、特に押し寄せる開発者や日本人観光客に対応することで自分たちの「歴史」「文化」「自然」に気付き、それを自らの生活の中に再度埋め込むことで「観光文化」を内面化してきたと言える。そして、ホストとして日本本土のツーリズム受容に連動して、台湾に向かう八重山の人々のゲストとしての「観光」認識も形成された。

2　観光旅行先としての「台湾」――ゲストとして

一九七二年の沖縄日本復帰、日中国交正常化と台日断交とともに八重山台湾間の物流が下火になるのと代わるように、「一番近い外国」になった台湾へ八重山から観光旅行に行く時代が始まった。戦後の台湾各地では、植民地期に日本によって行われた観光開発を契機として、戦後も観光化が進んでいた［曽山　二〇〇三］。それが八重山から「観光地」台湾への越境を容易にしたと考えられる。

「観光地」台湾への移動が植民地期の就労や就学といった未知の土地での長期の苦労を伴う移動と決定的に異なる点は、楽しむことが最初から目指されている短期の移動であるということだ。折しも沖縄本島で海洋博が開催された一九七五年、那覇の船会社である有村産業が日本本土、那覇、石垣を経由して台湾へといたる航路を開設し、大型新造船の定期船「飛龍」を投入した。この「飛龍」は、新聞紙上でも「動く海のホテル」と形容されたように、貨物メインであった貨客船から観光旅行者をターゲットにした定期船に変化したことのいわば象徴になった[5]。この客船という移動手段の登場が台湾への観光旅行の嚆矢になったことが、次の石垣市の旅行社社員への聞きとりからも明らかになる。

事例３：旅行社社員五〇歳代男性（二〇一〇年聞き取り）

「飛龍」が台湾への観光旅行の契機を作った。台湾は、高齢の方々だと戦争前に行ったことがある人がとても多い。また、台湾生まれの「湾生（ワンセー）」と呼ばれる人たちもいる。皆「懐かしい」と言って台湾に旅行に行く。

事例１、２同様に、ここでも「懐かしさ」が渡航理由に挙げられている。しかし、実際の旅行者の語りからは、「懐かしさ」だけではない旅の姿が浮かび上がる。以下では、一九七六年に「飛龍」に乗り台湾に観光旅行へ出かけた男性の事例を挙げてみよう。

事例４：八〇歳代男性（二〇〇五年聞き取り）

現在の日本最西端の与那国島で育った宮良氏は、高等小学校卒業後台湾に渡り、台北で理容業の修行をした。戦後、与那国に戻ると理容室を開いて、生活してきた。一九七六年に、石垣島の老人クラブ連合会で台湾旅行に行くという話を聞き、当時はまだ老年ではなかったが、夫婦でその団体旅行の一員に加えてもらった。一緒に行った老人クラブのメンバーには、台湾での生活経験者が多かった。

戦前の木造船での台湾への移動と違って与那国から直接台湾に行くことはできず、一度石垣に渡らねばならない。また、パスポートを取得したり予防接種をしたりと、準備には時間がかかったが、その分外国へ旅行する気分が高まり、真新しい客船に乗り込んだ。しかし、一晩船に乗った後に降り立った基隆の港では若い頃の想い出が蘇り、懐かしさでいっぱいになった。

船中での二泊を含む七泊八日の旅程のうち、台北帝大出身の現地ガイドから、日本語で案内を受けた。戦前のまま残る総督府を眺めて昔を懐かしみ、若い頃行くことがなかった北投温泉や台南、台中、日月潭、タロコ渓谷を訪れた。そして、夜はアミ族文化村で中華料理を食べながらアミの踊りを楽しんだ。中華料理は沖縄人の口に合い、残すこともなかった。

本事例が事例1、2と異なるのは、植民地期台湾での生活経験者が観光のまなざしを持ち始めたという点である。台湾で生活していた経験があるといっても、出稼ぎや「修行」のために植民地台湾へ渡航した者にとっての生活世界の範囲は狭かった。それゆえに、内地日本人にとってはなじみのある温泉に沖縄人である彼らは行くことはなかったし、ましてや地方の景勝地へと出かける余裕もなかった。彼らは国境が引かれた後にやってきた台湾で初めて温泉や地方を観光旅行し、先住民や中華料理に出会ったのである。このように、生きるためではない、明確に観光を意識した団体旅行が始まると、「懐かしさ」だけではなく身近な海外旅行先として、さらに「異国情緒」を満足させてくれる場所として台湾は認識されるようになった。

一九八〇年代になると日本本土の好景気の影響を受け、八重山から台湾への旅行形態は多様化した。その先鞭を切ったのは、船会社だった。まず、八一年に「飛龍」の姉妹船として「飛龍二」が定期船として投入された。「台湾でのショッピングや観光が一段と便利に」という広告が当時の新聞に掲載されている。(6) そして、定期船の航路と異なり、年末に出発して年始に戻る石垣港発着のチャーター船便が就航すると、正月休みを利用した旅行客が一回に四〇〇人以上台湾へ渡航した。このようにチャーター便利用で安く大量の客を運ぶ点では、本土の国外へ向かうツーリズムにおける移動形態を踏襲している。しかし、地理的に「近い外国」である台湾の場合、航空機ではなく船を利用することで、本土に旅行に行くより安く「海外旅行」に行ける。(7) 旅行社社員への聞き取りによると、三、四社の旅行会社が企画するツアーは、いつも満席になったという。八四年に「海外脱出」と八重山の新聞紙上で報じられたこの正月旅行の客層は、多くが公務員の夫婦や家族連れのグループである。この傾向は、当時、日本本土からの「脱出組」の行き先一位が台湾であり、石垣に住む本土出身の国家公務員の中に「正月は台湾で過ごす」という家族連れが増えているためだと説明されている。(8)

旅行社への聞き取りによると、八〇年代を迎え、台湾への観光旅行数がピークを迎える。また、一九七〇年代にはなかったツアー参加者募集の広告が新聞に掲載され始めるのも八〇年代に入ってからである。他の地域への旅行広告と比較すると、台湾の場合は必ず単独広告が打たれている。八五年に「正月台湾船の旅」という初の新聞広告が登場し、「治安のすぐれた、日本語でたのしめる最も近い海外旅行先」として紹介されている。旅程を見てみると、「三泊四日①高雄・台中・台北コース②高雄・花蓮・台北コース」が設定されている。石垣から船で出発した場合、台湾の高雄・基隆の港に到着するため、必ず地方を観光し、台北へと至るコース設定であったが、数年後には港に到着した後、台北に直行する台北観光のみのコースも登場している。しかし、どのコースでも最後には台北に至り、フーバーレストランでショーを観ながら食事し、故宮博物院を見学し、土産物店へ向かう。このように日本本土からの海外旅行と同じく、最終的に都市での消費行動に重点が置かれ、これが九〇年代以降も続いている。

一方で、一九八七年に石垣空港にYS機が就航するようになると、日本各地への旅行広告が増加した。例えば、北海道の札幌雪祭り、東京ディズニーランド、花の万博（一九九〇年開催）と京都への旅は太文字で掲載されている。

そして、九〇年代を迎えると、台湾以外にヨーロッパ各国や、ハワイ、オーストラリアといった「遠い外国」の広告もみられるようになる。では、この時期、八重山から「海外旅行」に出かけた人々はどのように感じていたのであろうか。

事例5：六〇歳女性（二〇〇九年聞き取り）

一九八〇年代～一九九〇年代は友人同士で模合（頼母子講）して、旅行社に月々一万円ほどのお金を積み立て、よく旅行に行った。ヨーロッパにも九州へも旅行に出かけたが、年取って皆足が痛いというので、二〇〇三年頃近い台湾へ旅行に行き、台北の観光地をめぐった。

毎年恒例の年末チャーター船を利用した旅仲間には、九〇年代以降、何度も台湾に行っているという人もいて、台北でいろんな買い物をしているという。サプリメントや漢方薬を買う人が多かった。モノは安かったけど、色がどぎつくて何が入っているか分からないから、お茶以外の土産物を買う気にならなかった。あと客引きにうんざりした。

石垣では、正月になると挨拶まわりの人たちがたくさん家に来る。特に女性は料理を作ったりして客に応対するのが大変だというので、それを逃れて旅行に行くという人が多い。旅行先は値段が大きく影響する。不況でヨーロッパからは遠のき、九〇年代後半からは香港や韓国へと旅行するようになった。今は、中国やベトナムへ行く人が多い。

台湾での生活経験もなく、年長世代の台湾話も聞いたことがないというこの女性は、台湾という場所に対して「懐かしさ」を感じない。最初から完全に都市消費型の観光旅行先として考えている。そのため旅行会社を通じた団体旅行から始まった彼女の海外旅行経験は、欧米から始まり、次にアジアへと移り、そしてそこで消費行動を行うという、まさに日本本土の海外ツーリズムをなぞる動きを見せている。

また、一九八〇年代以降、台湾でゴルフをするために船を利用する男性客も増加した。

事例6：五〇歳代男性、旅行添乗員（二〇〇九年聞き取り）

台湾はゴルフするにはうってつけの所だ。プレイ料が安い上に、キャディーの質も良かった。石垣からだと船で台湾に行くのが安くて一番よい。

このように、物価の安さと移動費用の安さが台湾旅行の魅力であった。特に日本のバブル景気の影響を受けて一気に増加したゴルフ人口は、プレイ料の安価な土地を目指した。沖縄本島にはゴルフ場が多数あり、しかも本土に比べて非常に安価に利用できる。石垣の場合、リゾートホテルが経営するゴルフ場が建設されたが、石垣島在住のプレイヤーは「近くて安い」台湾にプレイ先を求めたという事情が旅行社への聞き取りから明らかになった。加えて、台湾は男性旅行者対象に行われた買春ツアー先としても知られている。

事例7：六〇歳男性（二〇一〇年聞き取り）

台湾へ旅行に行ったことはない。なんて言うか、あそこは「男性天国」っていうでしょ。台湾へ旅行すると買春したと思われるから、行かなかった。

一九七〇年代以降の東アジア、東南アジアにおける観光関連産業の興隆とともに、その土地におけるセックス・

ツーリズムが盛んになった〔市野澤　二〇〇三〕。米軍政下の六〇年代、観光業の起こりとともに「男性天国」になった沖縄本島から、八〇年代以降は台湾が「男性天国」として知られるようになる(9)。それゆえに旅行先として忌避される対象にもなったのである。

以上のように、一九八〇年代以降は年末年始のチャーター船による台湾旅行という八重山独自のツーリズムが定着する一方、ディナーショー、買い物、ゴルフ、売春という日本本土のツーリズムの路線を踏襲していった。様々な選択肢をそなえ、かつ八重山からならば船を利用して安く多くの旅行客を案内できる台湾への旅は、旅行社にとって魅力的な商品である。先の旅行会社の社員は、かつての台湾旅行について次のように語った。

事例8：五〇歳代男性　旅行社社員（二〇一〇年聞き取り）

戒厳令時代は確かに一二時に車が止まったりしていたけど、物価が安くてよかった。石垣でタクシーが一〇〇円の時代に、台湾では一〇円だったし、一〇〇円でご飯が食べれた。台湾の食事は石垣の人にも合ったし、日本語も通じた。確かに今は都会になって物価も上がって言葉も通じなくなってきたけど、漢字を読めばなんとか通じる。それ以外何の問題もない。それが国交がないからといって石垣からの修学旅行に九州や上海に何十万も出していくのはもったいないですよ。石垣から台湾には船で行くのが一番です。

旅行社にとってはこのような一九八〇年代の「成功体験」があるため、定期航路が停止され、マス・ツーリズムから個人自由旅行が増加した現在でも、台湾への旅行を客に勧める。しかし旅行者にとっては、台湾以外の土地も旅行先として数多く現れてくる時代でもある。上述したように、本土のツーリズムの高まりとともに本土各地や那覇や石垣空港への路線が整備されたということは、石垣空港から那覇へ本土各地へと行けるようになったということでもある。事例５では、筆者が国外旅行先としてどこに行ったかという質問をしたにも関わらず、ヨーロッパと九州がその旅行先として併置されていた。つまり沖縄側から見た場合でも、日本本土は「外国」として認識されていることが分かる。確かに八重山台湾間よりも八重山九州間の距離のほうが格段に大きいが、日本各地から八重山に繋がれた航空路線によって容易に到達できる。そのため、八重山の新聞旅行広告を見ると、八〇年代後半からは日本各地からの国内航空便就航を知らせる大規模な広告が航空会社からうたれている。この広告が意味するところは何だろう。この航空便に乗って、まず八重山に日本本土からの観光客がやってくる。しかし、その便を空身で返すわけにはいかない。というわけで、八重山の人々を日本観光に誘うのだ。また、八〇年代後半以降の新聞広告には、雪の降る広大な北海道や東京ディズニーランドが人気の旅行先として掲載されている。八重山、ひいては沖縄にはない観光資源を持ち合わせている日本本土が、日本語が通じながら「異国情緒」を満足させてくれる魅力的な旅行先として認識されるようになったといえる。このように八重山地域において本土観光客を迎える航空便の就航を通じて八重山の人々の移動先も拡大し、もはや台湾だけが旅行先として意識される時代ではなくなったのである。

一九九〇年代を迎えると、日本国内から沖縄那覇、そして八重山地域へ向かう航空路線が拡充され、移動形態の軸足がますます船舶から航空機へと移る。バブル景気後退後、その影響は沖縄台湾間を結ぶ船舶にも影響した。一九九五年、有村産業が新造船した豪華クルーズ船[10]は、経営を圧迫していた。表2の石垣港への入国（帰国）者数をみてみると、一九九〇年からの一〇年間で一〇〇〇人を超えたのは四年間だけで、月平均にすると百人以下、さらに出航回数平均で換算すると、一回に数十人ほどしか石垣から乗っていないことになる。[11]実際は、五月の連休、年末年始のチャーター船利用者が多くを占めるため、それ以外の出航日には、ほとんど人が乗っていないという日もあったという。このような一九八〇年代から一九九〇年代にかけての定期船の様子について、石垣に暮らすある台湾系住民は次のように語る。

事例9：A氏（女性、台湾系住民二世、一九七九年石垣市生まれ）

小学校の頃（一九八〇年代中頃）は夏休みになると、親に連れられて台湾によく行った。そのうち、中学生くらい（一九九〇年前後）になると子供たちだけで船に乗ることもあった。同じく何度も台湾と行き来している台湾系住民の家族連れや担ぎ屋のおばさんたち、慣れない様子の日本人らしき青年。船内では、皆が同じフロアで寝ていた。無国籍の雑多な空間であったことを記憶しているが、旅行客として台湾に向かう八重山の人たちと船で出会うことはなかった。一九九九年から台湾に留学した時も、船で石垣から台湾へ向かった。二客室に雑魚寝というスタイルは変わらなかったが、同じ部屋になる人がいなくて独り占めというときもあった。その後、定期船は新造船を重ねるごとに船内は豪華になったが、かつての雑多な雰囲気は消え、次第に客も減っていった。ほとんど自分一人しか乗っていないということもあった。

台湾系住民にとって定期船は暮らしに密着したものであり、「故郷」とつながる重要な移動手段であった。しかし、非台湾系の観光客向けに舵をきった船会社は、定期船の客室を観光客向けに快適にかつ豪華に改装したものの、客足は減りつづけた。二〇〇八年に船会社の倒産により、八重山台湾間の貨客船はついに途絶えた。

定期船廃止後、八重山から台湾への移動は航空機に頼らざるをえなくなった現在、旅行者はどのようにして台湾へ向かっているのだろうか。二〇一〇年から二〇一一年には、石垣空港から花蓮を経て台北松山へ飛ぶ復興航空チャーター便が運行された。この航空便は台湾側の航空会社が運航しているが、空身で返すことを避けるために石

表２　石垣からの出入国者数年別統計

		入（帰）国者			出国者			備考
年次	場所	日本人	外国人	（台湾）	日本人	外国人	（台湾）	
1972	石垣港	30	10	5	37	16	8	
1974	石垣港	25	4	0				
1976	石垣港	397	25	12	1,585	1,120(533)	275	有村産業が台湾航路開設
1977	石垣港	505	38	16	1,024	598(113)	232	
1979	石垣港	739	21	17	1,737	2,050(419)	1,312	
1980	石垣港	412	32	10	1,429	1,405(23)	1,182	
1982	石垣港	1,320	225	202	1,517	350	257	
1984	石垣港	1,334	998(63)	818	1,720	1,431(1)	1,348	
1985	石垣港	1,208	1,319(32)	1,165	1,218	1790	1,715	
1986	石垣港	1,365	241(1)	202	1,324	714	654	
1987	石垣港	952	262	211	1,230	341	276	
1988	石垣港	1,128	549	488	1,291	1,300	1,237	
1989	石垣港	647	299	234	1,026	3,437	3,372	
	空港	6	−	−	3	1	1	
1990	石垣港	1,384	1,089	973	950	1,937	1,862	
1991	石垣港	1,036	961	866	1,421	1,434	1,327	
1992	石垣港	620	718	67	1,280	1,544	882	
1993	石垣港	794	404	393	765	2,231	2,187	
	空港	−	−	−	1	4	−	
1994	石垣港	482	997	980	1,516	1,638	1,562	
	空港	15	−	−	17	3	−	
1995	石垣港	591	42	35	826	434	410	
	空港	123	16		109	16	15	
1996	石垣港	821	660	639	1,597	1,404(1)	1,362	
	空港	137	109		139	111	103	
1997	石垣港	1,723	28,059	27,402	1,634	10,703	10,451	クルーズフェリー飛龍、飛龍21就航
	空港	7	27	23	10	24	22	
1998	石垣港	789	678(1)	661	1,431	2,598(3)	2,545	スタークルーズ船寄港開始
	空港	6	−	−	6	−	−	
1999	石垣港	1,283	12,134	11,581	1,789	30,017(2)	29,422	
	空港	261	109	104	262	108	103	
2000	石垣港	485	19,185	18,924	1,180	19,064	18,778	
	空港	3	−	−	4	−	−	
2001	石垣港	373	11,009	10,671	1,463	12,137	11,885	
	空港	2	−	−	11	−	−	
2002	石垣港	545	16,629	16,240	1,685	17,252	16,848	
	空港	10	234	233	18	235	233	
2003	石垣港	302	393	328	1,333	534	608	SARSの影響による客数減少
	空港	2	207	194	3	207	194	
2004	石垣港	618	11,712	11,337	2,025	12,362	11,900	
	空港	−	−	−	−	−	−	
2005	石垣港	1,045	14,562	13,987	1,271	13,720	13,416	
	空港	1	582	412	1	580	412	

2006	石垣港	470	139	95	1,469	1,604	830	スタークルーズ船寄港停止
	空港	108	880	871	123	880	867	
2007	石垣港	1,625	23,850	23,077	1,063	13,979	13,074	スタークルーズ船寄港再開
	空港	204	956	684	212	956	684	
2008	石垣港	1,165	42,429	41,164	748	17,887	16,691	
	空港	206	3,518	2,296	188	3,325	2,287	
2009	石垣港	1,220	40,030	38,211	910	18,530	17,072	6月飛龍運行停止
	空港	153	4,346	2,859	256	3,998	2,764	
2010	石垣港	200	56,233	55,674	69	26,338	26,253	
	空港	705	7,924	6,871	664	7,977	6,882	
2011	石垣港	897	50,536	48,773	461	26,747	26,322	
	空港	596	4,965	4186	606	4,750	4,167	

出典：出入国管理統計年報（法務局）（カッコ）内は日米地位協定該当者内数。

垣側からも客を乗せて飛ぶことになり、石垣側から航空機を使ったツアーが復活した。しかし、石垣側からは利用しにくいフライトスケジュールであるため、台湾へ行く客の全体数は激減したと石垣の旅行社社員は述べている。例として航空機を利用した場合の旅程と金額をみてみよう。

石垣市の旅行会社による台湾観光旅行の旅程案内[12]（二〇一〇年版）

①台湾に行きたいわん

三日間五万四〇〇〇円〜六万九八〇〇円（二名一室）：台北観光

四日間七万七〇〇〇円〜（二名一室）家族向け：MRT（地下鉄新交通システム）を利用した観光、動物園を回るコース[13]

②台湾的ゴルフでエンジョイ

四日間八万六八〇〇円〜一〇万一八〇〇円（二名一室）ゴルフ一プレイ付

定期船時代、石垣基隆間が往復割引二万一六〇〇円（二等相部屋）で、船内二泊分が含まれていた。朝到着するため、その日一日を有効に利用でき、また夜の船に乗って帰ることを考えると、やはり航空機利用は割高で日程も制限されやすい。二〇〇九年と二〇一一年に航空機を利用して台湾に向かった旅行客は、次のような感想を述べた。

事例10：三〇歳代女性、二泊三日、台北中心の旅程（二〇一一年聞き取り）

飛行機に乗って初めて台湾に行った。確かに楽しかったし、また行ってもいいけど、ちょっとバタバタしてゆっくりできなかった。

事例11：二〇歳代女性、二泊三日、台北中心の旅程（二〇一一年聞き取り）

次は別の国に行ってみたい。だから今回の台湾旅行で十分に楽しみたい。

山口も指摘しているように、一九九〇年代以降拡大した航空券とホテル宿泊のみを販売する通称スケルトンツアーは一九九〇年代以降拡大したが、二泊三日や三泊四日という限られた日程で海外旅行を満喫するためには効率性が求められる。したがって、複数の地域移動は避け、一地域、主に都市消費型の旅行形態が広がると、利用者はよりコスト・パフォーマンスを重視するようになった〔山口　二〇一〇〕。これは、八重山から台湾への航空機を利用した旅行にも当てはまる。定期船を利用した場合、基隆や高雄など必ず一つは地方を回っていたツアーも、割高で不便なフライトスケジュールの航空機を利用した場合、観光先はほぼ台北に収れんされてしまう。そのため、「安くいけないなら、近くても台湾にまで行く意味があまりない」「次は別の旅行先に」というような航空機利用者の感想も聞かれるのである。

次に、台湾以外の人気旅行先を挙げてみよう。

石垣市の旅行会社による観光旅行の旅程案内（二〇一〇年版）

①那覇二〜三日間二万四〇〇〇円〜三万二〇〇〇円（ホテル付）

②（那覇発）立山黒部アルペンルート三日　五万二八〇〇円～九万一八〇〇円（一人）
③（那覇発）上海万博と無錫・蘇州四日六万五〇〇〇円

台湾以外に向けて旅行する人は、国際ターミナルのある那覇空港経由で日本本土へ、また国外へと旅行する。石垣那覇間の航空便は一日二〇便以上あり、早期割引を利用すれば往復約一万四〇〇〇円で利用できる。ホテルパックにすればさらに割安になるときもあり、乗換えついでに那覇で買い物をするという利用者もいる。圧倒的に八重山台湾間の方が近いにもかかわらず、このように値段に差がでないとなると、「近くても安くないなら台湾に行く意味がない」というのも頷ける。八重山において移動手段が航空機に限られた場合、台湾との「距離的な近さ」は、多様になった旅行先の選択において必ずしも優位になるとは限らないのである。このような状況を、石垣のある旅行者社員は次のように嘆いた。

事例12：五〇歳代男性　旅行社社員（二〇一〇年聞き取り）
復帰から先はだんだん、そして船がなくなってさらに台湾に行かなくなってから、ますます内地にばかり目が向いている。特に若い人たちにとって、こんなに近くに外国があるのに、そっちに目を向けないのはもったいないですよ。(14)

以上のように、国境が確定され強化される中で新たに始まった台湾への観光旅行によって、「近い外国に船舶で旅行する」という八重山独自のツーリズムが生み出された。そこには、地理的な近接性と船舶という移動形態が引き継がれている。日本語が通じる「懐かしい」場所であり、かつ「異国情緒」を感じることができる台湾への観光旅行は、本土復帰により本土ツーリズムが流入するなか、広告業や旅行業の発達により八〇年代にピークを迎える。しかし同時に本土から沖縄への観光客が増加する中で拡大した日本各地との航空定期路線により、八重山からの旅行先も多様化することで多方向へのつながりができるようにみえて、実は日本本土とのつながりが強化されているのだ。このように日本本土の海外ツーリズムと国内ツーリズムの両方が絡み合い、それを八重山から台湾に向かう人々が内面化することで、台湾は唯一の旅行先ではなく選択肢の一つとなった。さらに定期船に代わって唯一の移動手段となった航空便利用により観光先が都市部に集約され、多様な台湾を知る機会が減少している。以上のように、現在八重山の人々がゲストとして台湾を認識する機会自体が画一化し、減少することで、これまでゲストとして得てきた台湾認識が非常に薄れているといえる。

三　クルーズ船による台湾人観光客の到来——再びホストとして

しかし、台湾そのものの存在感が簡単に薄れたわけではない。八重山からの定期船停止の一方で、一九九七年から石垣島への寄港を開始した台湾発のクルーズ船[15]は、年々乗客数が増大している。大型クルーズ船が大量の台湾人観光客を乗せてやってくることで、八重山の人々が今度はホストとしてゲストである台湾人観光客と出会う機会が増加した。地方としての自立を迫られ、かつ日本本土の長引く不況が観光産業に影響する中、台湾人観光客の増加は地域活性化の起爆剤として行政や観光業者からにわかに期待される。その反面、クルーズ船は自らが誘致したものではないことから、積極的な受け入れ対応が進んだとは言いがたい[16]。そこで本節では、台湾人観光客の八重山での行動と、それをめぐって八重山の人々の中で起こっている葛藤を事例に、八重山におけるホストとしての台湾認識について考察する。

1　クルーズ船による台湾人観光客の旅程と消費行動

クルーズ船は外海が穏やかな四月から一〇月にかけて週一～二回石垣港に寄港する。その数は、二〇〇九年三七回、二〇一〇年四五回、二〇一一年五三回[17]と年々増加している。豪華な船内には宿泊、飲食、娯楽施設が備わっている。大量輸送により安価に移動の過程自体を楽しめる旅が人気で、リピーターも多いという。しかし、寄港先である八重山や沖縄本島がどれだけ知られているかというと、ほとんど意識されていないのが実情である〔上水流二〇一一：五九―六〇　および巻末アンケート結果参照〕。つまり、旅行客は「八重山」でも「沖縄」でもなく、「日本」にやってくるのだ。

実際に、八重山における台湾人観光客の旅程と消費行動を見てみよう。

クルーズ船による台湾人旅行客の旅程（二〇一〇年九月二一日の例）

午前八時に石垣港にクルーズ船が入港、入国審査を受ける。九時から一〇時にかけて順次上陸する。比較的若い層は徒歩で市街地の商店街へ出かけた後、タクシーで郊外のマックスバリュへ向かうパターンが多い。大型スーパーマーケットであるマックスバリュ石垣店周辺には、スーパーの店舗に隣接する一〇〇円均一店、薬品や日常雑貨・食品を売るドラッグストア、書店、衣料品店などが店を構える。クルーズ船客の中には、マックスバリュでの買い物を主目的にしている層もいる。

バスで観光コースを回る人々は、一回の寄港で約一三〇〇人。一五～一六台のバスに分乗し各コースを回る。バスには一台に一人、通訳兼ガイドが乗る。

二〇一〇年現在のコース内容は①竹富島（赤瓦の集落を水牛で観光し、グラスボートで海中観測）②鍾乳洞めぐり　③

展望台・八重山村（民俗観光村）の三コースであった。しかし、①②③コースともに最後はマックスバリュにバスをとめて、買い物をする。午後五時～六時頃、港に戻り乗船する。

食事はバス観光の場合、途中で決められた食堂で八重山の名物である八重山そば[18]や牛汁を食べる。コースによってはホテルでバイキング料理や刺身定食、石垣牛ステーキを食べることができる。

マックスバリュでは桃、林檎、梨などの果物[19]、薬品（風邪薬、湿布、目薬）、黒糖、刺身、菓子（ポッキーなど）、一〇〇円均一の日常雑貨を、多くの観光客が買い求めている。ガイドの説明によると、特に日本の薬品は台湾での信頼度が高いのでまとめ買いする客も多い。八重山土産コーナーでは黒糖を使った商品に人気がある。生鮮食品に関しては、刺身の場合、買い物が終わった後に店舗の外で食べる人が多く、果物は船内に持ち帰って食べる。

クルーズ船寄港時には台湾人買い物客で混雑するため、自己清算型のレジには繁体字で「日本人専用レジ」との張り紙が出されている。レジ以外に中国語の文字は見当たらない。スーパー以外では一〇〇円均一店のみ、商品種別ごとの案内表示を繁体字で示している。

2　互いの「観光」認識のズレ

以上の旅程と消費行動から分かるように、旅行客は台湾でよく知られている「日本」の商品を買い、日本本土の観光客向けに開発された「沖縄」や「八重山」の土産物は、知らないから買わない。観光とは「異郷において、よく知られているものを、ほんの少し、一時的な楽しみとして売買すること」［橋本　一九九九］という定義に依拠するなら、台湾側から見た場合、「日本」に来て「知っているもの」を買って楽しむという行為は観光として成立している。しかし、日本本土むけの観光開発を行い、また沖縄本島やその他の沖縄内観光地との競合から独自色を出してきた八重山にとって、台湾人のこのような消費行動は観光として成立しない［上水流 二〇一一：六〇］。さらに、その様子を見聞きした地元住民の間で、台湾人旅行客に対する否定的な見解が生まれている。次の事例は、筆者が「台湾人がマックスバリュによく来るそうですね」と問いかけた際の住民の反応である。皆、台湾へ旅行した経験はない。

事例13：七〇歳代女性（二〇一〇年聞き取り）
マックスバリュには息子が勤めているのでよく来る。台湾から来た客は湿布やら風邪薬やら毛染めをたくさん買うんだって。台湾にはないのかね。

事例14：二〇歳代女性（二〇一〇年聞き取り）
マックスバリュにたくさん台湾からのお客さんが来ていて、ちょっと怖かった。声が大きくてけんかしているみたい。

事例15：六〇歳代男性（二〇一〇年聞き取り）
なんというか、（台湾人観光客は）傍若無人。

観光産業が島の経済を支えていることを自覚しているが、台湾人観光客の受け入れに関して諸手を挙げて歓迎しているわけではない。上水流は、このような観光業従事者ではない地元民の批判的な見解に対して、「八重山の自画像と他画像」という言葉を用いて説明している。観光に携わる人々が、主に日本本土からの観光客が沖縄に対してもつ「美しい海」「独特な文化」といったイメージという他画像に沿いながら、沖縄本島や他の地域とは異なる観光開発を行うことで「八重山らしさ」という自画像を形成し、それが成功することで自画像を強化してきた。その土地に暮らす人にとっても、観光の場における自画像とは無縁ではない。確かに観光文化は売買の対象になる文化であり、人々が生活する生きる文化ではない。しかし生活から切り離されてねつ造された文化でもない。生きる文化の中から作り出されてきた文化である。それゆえに売買の対象になるにしても、その観光文化の生成においては自分たちの文化に対する理解と認識が根底に存在するのである［上水流　二〇一一：六二―六三］。

事例12の話者のように、八重山独自の土産を買わずに日本商品を好んで買い物する台湾人の姿を見て、台湾人観光客はありふれた日本製品を珍しいものとして買い求めなければならない、台湾にはそういった商品は売っていないのではないかという「遅れた」台湾認識を得ている。さらに、また、スーパーで大声でしゃべり、刺身を店舗内外で食してごみを散らかすという八重山の人にとってはマナー違反ととれる台湾人観光客の「傍若無人」な態度からも、台湾人に対してネガティブなイメージを持っていることが分かる。こういった認識を持つ背景には、いずれの話者も、合わせ鏡のように、日本本土のツーリズムにより形成された観光文化および日本人客の観光行動と比較していることが指摘できる。しかし、その大勢の台湾人観光客が観光地としての活気も生むのも確かである。

事例16：五〇歳代男性（二〇一〇年聞き取り）

冬場のマックスバリュの閑散としていること。石垣の人たちも、台湾からのお客が来ればうるさいけど、来ないと寂しいってよ。

季節運航のクルーズ船は、一二月から二月の外海が荒れる冬の時期にはやってこない。その時期のマックスバリュは、人のまばらな郊外のスーパーである。しかし春から秋にかけてのクルーズ船が着く日には、港やスーパー店外には台湾人観光客を乗せるためのタクシーが列をなし、店内では大量の商品をかごに入れた客がレジ待ちの列をつくって賑わう。このような台湾人観光客の旺盛な購買力は観光地にとっては必要であり、台湾の経済的な発展を八重山にいながら感じる。事例16の話者が「来ればうるさいけど来ないと寂しい」と表現するように痛し痒しという状態が「観光」をめぐって続く中で、台湾人旅行者が大挙してやってくることが、八重山の人にとっては事例14のような「怖さ」にも結びつくのである。植民地期台湾からやってきた台湾人に対してもっていた「遅れた台湾人」認識が台湾人の持っていた力に対する畏怖の裏返しであったように、現在も八重山における「観光」の場で、「台湾」の持つ強大な力をホスト側は感じていると言える。

四　繰り返される行き来から形成される「台湾」認識

ここまで、観光旅行でのゲストまたはホストとしての視点を通じた台湾認識についてみてきた。しかし、観光とは異なる形で台湾を行き来することで生まれる「台湾」認識もある。本節では、1　台湾から八重山に移民してきた人々およびその子孫である台湾系住民が、同じ定期船を用いて観光旅行とは異なる形で繰り返し行き来することで作ってきた台湾とのつながり、そして、2　観光旅行を契機として次第に台湾とのつながりを深めていった八重山在住者の例を挙げ、近いからこそ生まれる互いのかけがえのなさについて考える。

1　八重山の台湾系住民

台湾系住民の中には、第二次世界大戦後、再度農業移民として再出発を図る人々、農業の衰退を受けて市街地の商業活動に移行し、中華料理店や商店を開いた人々など様々存在した。仕事や住む場所は違っても、定期船があった時代には、多くの台湾系住民が商用や帰省のために台湾と行き来していた。農業の衰退を受けて市街地の商業活動に移行した人々は、中華料理店や商店を開いた。また、物資全般が安価で質がよい台湾から、様々なモノを運び、中には「担ぎ屋」として生計を立てる人もいた［松田　二〇〇四］。しかし、台湾系の住民が台湾から買い付けていた商品の大量輸送が、二〇〇八年の定期船の停止により不可能になったのである。[20] このような定期船停止の余波は、商業だけでなく農業を営む台湾系住民にも影響している。

事例17：B氏（男性、二世、一九五二年石垣市生まれ）

現在、石垣市でパイナップル農家を営むBさんは、定期船があった頃には年に二～四回「帰っていた」と語る。Bさん自身は、石垣生まれの台湾系住民二世だが、妻は台北出身であるため、しばしば台北に暮らす妻の両親を訪ねていた。また、パイナップル収穫時には、台湾から人手を頼んでいた。家で使うカレンダーなどの生活雑貨から農機具、家具、仏壇にいたるまで台湾で購入して定期船で輸送してきた。しかし、定期船停止後、石垣発着のチャーター航空便がないときは、石垣から那覇を経由して台北に向かうので、ある時は帰省に一五万円もかかった。しかも大型のモノは、飛行機ではチャージをとられるので運べない。「今は高くて気軽に何度も帰れない。船があれば台湾にあるいろいろなものも安く運んでこられるのに」とB氏は語る。

八重山で定期船停止の影響を最も受けたのは、台湾系住民であるといっても過言ではない。[21] その一方で、台湾からのクルーズ船の寄港を受けて、台湾系の旅行会社が現地ツアーの仲介をしたり、石垣島在住の台湾系住民が通訳兼ガイドとして活動する場面も増えている。B氏の場合も二〇〇〇年以降、クルーズ船寄港時のみ通訳兼バスガイドとして活動している。そこでは、彼の台湾に対する知識が活用される。例えば「沖縄そば」は味が薄く台湾人の口に合わないのを知っているため、クルーズ船の観光客がバス観光コースに組み込まれた食堂で八重山そばを供されたクルーズ船の観光客がもの足りないと不満を言う場合は、スーパーで刺身を買って食べましょうと誘導しているという。二〇一一年以降はクルーズ船向けの観光コースの昼食にバイキングや焼き肉も選べるようになったので以前ほどに観光客が刺身に群がるということはないというが、それでもやはり台湾人観光客には新鮮な海の幸が好まれることをよく心得ている。また、台湾で日本製の薬品への信頼度が高いことも十分承知している。このような情報を踏まえ、観光客の求める商品をスーパーに品揃えするように助言しているが、台湾人観光客のために積極的な対応をしない店側の態度を歯がゆく感じている。

このように台湾系住民たちは、定期船により何度も台湾との行き来を繰り返す中で私的な経済圏を構築し、維持していた。また、旅慣れたリピーターのように往復し、かつ長期滞在することを繰り返すことで、その都度台湾の情報をえて「新しい」台湾認識を持っていた。しかし、日本本土のツーリズムの影響から船舶の利用が減少し定期船がなくなった現在、行き来をすること自体が難しくなった。市場として目の前にある台湾を活用しない・できない状態や、さらに台湾の実情が知られていないことに彼らは不満を持っている。

2　観光旅行から始まった台湾とのつながり

前節で述べたように、ゲストとして八重山から台湾へ向かう人々の数は減少した。しかし、観光旅行を入口に観光だけではない台湾とのつながりを見出だす事例も存在する。

事例18：六二歳男性（二〇一〇年聞き取り）

八重山の波照間島で生まれ、島を出て進学した後、那覇で県職員として働いていた。一九八〇年代、近いので台湾に行った。石垣には「湾生」という台湾生まれの人も多く、台湾人も多いからなじみがあった。最初に行った時は那覇から飛行機で行ったので、桃園国際空港に着いてから三泊四日で台北中心に観光した。以降、台湾に何度も旅行し、現在では二〇回を超えている。多いときは年に二～三回行っている。石垣から船を利用して行ったこともある。何度か行くうちに台湾に知り合いができて、お土産を持っていくようになった。日本酒、ウィスキー、薬品などの日本製品は「貴重品」という認識が台湾であった。三〇年通ううちに、台湾の道路もきれいになりホテルや旅行者への対応もよくなった。今は経済も台湾のほうが上だ。

退職して石垣に戻ってきてからも、石垣から台湾に行っている。都会は見たので、最近は金門、台東、蘭嶼（話者は「らんしょ」ではなく「ランイー」と発音）にも行っている。なぜ蘭嶼に行ったかというと、波照間島では、琉球王国時代の人頭税が厳しい時代に島民が船で「南の島」、はっきり蘭嶼とは言っていないが、そこ辺りまで逃げたという言い伝えが残っている。二〇〇六年に旅行社に依頼して、自分で人を集めてツアーを企画し、蘭嶼に連れて行った。今では台湾に留学したいという希望を持ち、石垣で中国語の勉強をし始めた。今度は、台湾の農業や漁業の様子を見に行ってみたいと思っている。

『八重山島年来記』には、一七世紀に重税にあえぐ波照間島の農民が船で波照間の南にあるという大波照間あるいは南波照間島（パイパティローマ）に船で逃げ出したという記述があり、その島は台湾自体とも、蘭嶼または緑島とも言われている［石垣市　一九九九］。この伝承を基に蘭嶼を訪れた彼の経験は、この境域における移動を考える上で非常に示唆に富んでいる。こうした伝承に表されるように、両地域は近代以前からつながっている(22)。島の伝承や近代以降に移住してきた台湾系住民の存在、そして何より台湾は近いという感覚を持った彼は、何度も往復するうちに現代の台湾の事情を知り、今後農業や漁業を台湾から学びたいとこの男性は考えている。このように契機は観光旅行であっても、地理的近接性から生まれる独自の歴史性を踏まえて、台湾とつながっていこうとする人の存在がある。

ここでみてきたように、それぞれの歴史性と行き来を通じて台湾との「かけがえのないつながり」を形成し、台湾に対する認識を更新している。台湾という市場の有用性を理解し、貿易等を通じて観光以外の交流を進める動きは、もちろん八重山内にある。しかし、地域活性化のために台湾との経済圏を構築する際の重要な拠り所として、重層化した台湾認識の中から、あこがれの対象であった台湾の個別的な経験が「よい記憶」として抽出され強調される。この八重山地域が持つ植民地期台湾とのつながりという歴史語りは、まさに「実用的な過去」［ヘイドン 二〇一〇］という性質を備えている。

そういった単一の「記憶」に収斂されず、台湾系住民のように私的でもまたビジネスでも台湾と自由に経済圏を構築してきたという記憶を共有し、台湾に何度も行く旅行者が多数この境域を行きかうことが、台湾との経済圏構築を通じて地域活性化を図ろうとする際の「資源」になるのではないか。

おわりに――日本本土のツーリズムの内面化と台湾認識

以上、八重山台湾間の人的な移動の中で「観光旅行」に着目し、日本本土のツーリズムと八重山のツーリズムとの相関関係を通じて、八重山に暮らす人々が抱く「台湾」に対する認識のあり方について考察を行ってきた。

沖縄出身者の台湾経験を論じた星名のように、これまでの研究では、植民地期台湾における帝国日本の近代性や場所性を表象的に論じることで、戦前の沖縄人が抱くネガティブな台湾人、憧憬の地である台湾というある種矛盾する台湾認識を明らかにした。それに対し本稿では、近接する二つの地域を船舶で行き交うなかで形成された観光領域を取り上げることで、八重山の人びとが出会う現実の台湾との接点、あるいは従来の台湾認識を動かす機会を用意してきたことを明らかにした。

戦後の国境再形成後の八重山台湾間は、日本から切り離されたがゆえに、物流を確保するために船舶によって密に結ばれていた。「故郷」台湾との行き来を続けていた八重山の台湾系の住民とは異なり、「旅行」という形で台湾に行き始めた非台湾系の住民は、戦前の日本による統治と近代化によって形成された台湾認識を継承していた。

その船舶を通じたつながりの中から、復帰後、「近い外国」になった台湾にゲストとして観光旅行に行くという「八重山ツーリズム」ともいうべき独自の移動形態が始まった。植民地期台湾での生活経験がある者は「懐かしさ」から再訪するとともに、「近い外国」で「異国情緒」を楽しんだ。

しかし、同時期に本土ツーリズムによって引き起こされた八重山における観光地化によってホストになった八重山の人々は、自分たちの文化を意識し、それを「観光文化」として内面化していった。もちろん、他の沖縄の地域にない八重山の歴史や文化を踏まえた点を考えると、ホスト側の観光に対する認識は日本本土からの視線に寄り添いながら成り立っているともいえる。

このホストとしての本土ツーリズムは、ゲストとしての台湾を訪れる八重山の人々の台湾認識にも大きく影響した。日本本土からの「年末の海外脱出」にならい、八重山でも「近い外国」台湾への船舶旅行が増加すると、現地のものを観て、食べて、買ってという消費行動が観光旅行の中心になった。しかし、航空機利用は圧倒的なスピードにより、八重山と日本本土、そして台湾以外の「遠い外国」との距離を圧縮した。本土ツーリズムがゲストとしての八重山の人々を台湾以外の観光地へと誘うことで、日本本土との政治的経済的つながりが強化してきた。その結果「八重山ツーリズム」は廃れ、八重山における海外旅行先としての台湾の存在感は低下した。

その一方で、台湾側のツーリズムの高まりから「近い外国」八重山への観光旅行が増加することで、ホストとゲストの立場を変えた両者の新たな出会いの機会が増大した。押し寄せる台湾人ゲストによる日本商品の購入という観光行動が、ホスト側の八重山において葛藤を生んでいる。台湾人ゲストの行動に対して観光業者のみならず、一般住民からもネガティブな認識が生まれるのは、台湾人ゲストが従来の日本観光客が行う観光行動を踏襲していないという理由が挙げられる。このことから、日本本土のツーリズムとそこから派生した観光文化を、ホストとして内面化していることが改めて明らかになる。

二〇一三年、いよいよ石垣島に二〇〇〇mの滑走路と国際ターミナルを備えた新石垣空港が供用を開始した。中型ジェット機の離着陸が可能になることで、日本本土の各地域からの直行便増加が見込まれるとともに、台湾、そして中国・韓国からの航空機による旅行客増加が、八重山の観光業従事者や自治体に大いに期待されている。近年増加しているLCC（格安航空会社）の利用によっては、日本本土から台北経由で観光客が石垣にやってくることも考えられる。そして、八重山の人々がそのルートを逆に利用することも大いに考えられる。本稿で示した交錯するツーリズムがさらに複雑になることが予想されるこの境域を、今後も注視していきたい。

注

（1）本稿では、単純に台湾出身者を「台湾人」と記す。沖縄では、台湾における先住民および人口の多くを占める閩南人という呼称はほとんど知られていない。植民地期に台湾に渡った沖縄出身者の場合、台湾に生活する中で、客家系や閩南系の言語の違い、または「蕃人」として先住民族を意識することはあったが、筆者の行った聞き取りでインフォーマントが用いている呼称は「台湾人」や「台湾の人」「台湾から来た人」というように用いられる。そのため、本稿では上記呼称を一括して「台湾人」とする。

（2）農業移民だけではなく、炭坑労働者としても多くの台湾人が来島している［松田　二〇〇四］。

（3）　主な現地調査は八重山にて二〇〇九年三月に一週間、二〇一〇年二月九月に計二週間、二〇一一年三月七月に計二週間、台湾（台北、花蓮）にて二〇一一年一二月に一〇日間実施した。なお資料には本調査以前の二〇〇四～二〇〇五年に聞き取りした内容も含む。インフォーマントはすべて仮名で記す。
（4）　世界的に有名なガイドブック『ロンリー・プラネット』もその最初は『インド編』であり、同じく八一年に発刊されている。そもそも七〇年代後半の日本におけるバックパッカーの拡大は、六〇年代以降の欧米におけるヒッピームーブメントと連動した影響が認められ、彼らがこぞって訪れたのが「聖地インド」であった［山口　二〇一〇］。
（5）　八重山毎日新聞　一九七五年　二月五日付記事。
（6）　八重山毎日新聞　一九八一年九月一日付記事。
（7）　五泊六日で五万円～七万円。台北、台中をめぐる旅程が人気であった。
（8）　八重山毎日新聞　一九八四年一二月二九日付記事。
（9）　黄春明の『さよなら・再見』（一九七九年）には、台湾人男性が取引先の日本人集団による「百人斬り」と称するセックスツアーの仲介を故郷の町でさせられる葛藤が描かれ、一九八六年には映画化されている。
（10）　船内には個室や特別室が設けられた。名古屋、大阪、那覇、宮古、石垣を経て台湾へ向かう航路をとった。
（11）　「飛龍」は本土から沖縄各地を経て台湾へ至るクルーズ船なので、日本の最終出発地石垣で出国審査を行う。そのため、八重山から台湾へ渡った人数の把握は出国者ではなく入（帰）国者により行った。また人数把握のために用いた出入国管理統計年報は、前年度の記録を翌年に出版するため、表記と実際の年度にはズレがある。
（12）　いずれも添乗員の同行はない。
（13）　八重山に鉄道や動物園はない。
（14）　二〇一二年現在石垣から台湾に留学している男性（二〇歳）も、高校の教師から台湾の大学を出ても先が分からないと留学を反対され、内地の大学を進められたという。
（15）　マレーシアに本社を持つ会社が運行している。公海上でカジノを楽しみながら、各地に寄港する。
（16）　二〇一〇年になってようやく中国語による観光案内のリーフレットが作成されたが、複数の言語で表記された道路標識や案内板はほとんど整備されていない。
（17）　二〇一一年三月現在の予定であり、東日本大震災の影響で乗客数は一時期激減したが二〇一一年五月頃から回復傾向にあるという。
（18）　そばといっても、日本本土で出されるような蕎麦の実を用いていない。小麦粉でできた麺で、カツオの出し汁に煮込んだ豚バラ肉が入っている。沖縄そばは平麺であるのに対し、八重山そばは細麺である。しかし、台湾人にとって薄味の八重山そばは口に合わず、スーパーで刺身や寿司を買って食べたことが地元の行為や伝統文化を軽視したとして不興を買ったという事件がかつて起こった［上水流　二〇一一：五二―五三］。

(19) いずれも本土で収穫され輸送されてくる果物である。

(20) 同じく沖縄本島における華僑・華人も、定期船の停止により大量輸送する術をなくした。そのため、中国からの輸入に切り替えたという。人の移動に関しては、那覇台湾間の定期航空路線を利用することが可能であるが、八重山に関しては石垣台湾間の定期航空路線が整備されていないことから、二〇一〇年現在はチャーター便を利用している。

(21) 現在、航空機で台湾と行き来しているが、持ち込み制限により祭祀に欠かせない爆竹などが手に入りにくくなった。定期船の停止は、彼らの祭祀をこれまで通りに継続することも困難にしかねない。

(22) 逆に近代以降、同じ伝承でも日本と台湾を隔てる言説へと変化する場合もある。与那国では、虫送りのために草履を流していた風習が、明治期以降に訪れた田代安定や笹森儀助らの研究者による調査の際には、「台湾人や食人の習俗を持つ生蕃の侵入を防ぐためにこの島に巨人が住むと見せかける大草鞋を海に流した」という伝承として記され、一九五〇年を境に「台湾人」「生蕃」は「外敵」に変化している。原は、一八七一年に起こった宮古島島民遭難事件を契機として「生蕃＝食人習俗」というイメージが持たれているときにやってきた日本本土の研究者に、台湾を「外部」、与那国を日本の南端としながら、境界の内部における文化的同質性を希求する国民国家のまなざしがあった、と指摘する［原　一九九七］。

参考文献（アルファベット順）

安里進・高良倉吉・田名真之・豊見山和行・西里喜行・真栄平房昭
　二〇〇四　『沖縄県の歴史』東京：山川出版社
黄　春明
　一九七九　『さよなら・再見――シリーズ・アジアの現代文学①［台湾］』田中宏、福田桂二訳、東京：めこん
藤岡和佳
　二〇〇一　「村落の歴史的環境保全施策」『村落社会研究』（ジャーナル）一四
原　知章
　一九九七　「伝承の正典化――沖縄・与那国島の事例より」『民族学研究』六二―二

橋本和也
　一九九九　『観光人類学の戦略――文化の売り方・売られ方』京都：世界思想社
星名宏修
　二〇〇三　「『植民地は天国だった』のか」西成彦・原毅彦編『複数の沖縄――ディアスポラから希望へ』京都：人文書院
細田亜津子
　二〇〇一　「竹富島の選択――八重山・『竹富方式』の史的変遷と再評価」『沖縄文化研究』東京：法政大学出版局
市野沢潤平
　二〇〇三　『ゴーゴーバーの経営人類学――バンコク中心部におけるセックス・ツーリズムに関する微視的研究』東京：めこん
石垣市
　一九九九　『石垣市史叢書一三　八重山島年来記』石垣市
　二〇一一　『統計　いしがき』石垣市
上水流久彦
　二〇一一　「『周辺』にみる国民国家の拘束性――台湾人の八重山観光を通じて」『北東アジア研究』二〇、島根県立大学北東アジア地域研究センター
松田良孝
　二〇〇四　『八重山の台湾人』沖縄：南山舎
　二〇一〇　『台湾疎開』沖縄：南山舎
水田憲治
　一九九八　「沖縄県から台湾への移住」関西大学文学部地理学教室編『地理学の諸相――「実証」の地平』
本浜秀彦
　二〇一〇　「エキゾチシズムとしてのパイナップル――沖縄からの台湾表象、あるいはコロニアルな性的イメージをめぐって」西川潤・松島泰勝・本浜秀彦編『島嶼沖縄の内発的発展』東京：藤原書店
森田真也
　一九九七　「観光と『伝統文化』の意識化――沖縄県竹富島の事例から」『日本民俗学』二〇九
越智郁乃
　二〇一二　「八重山における『観光旅行』を通じた台湾認識」『世新日本語文研究』四世新大学日本語文学系（台湾）

小熊英二
　一九九八『〈日本人〉の境界――沖縄・アイヌ・台湾・朝鮮　植民地支配から復帰運動まで』東京：新曜社
曽山　毅
　二〇〇三『植民地台湾と近代ツーリズム』東京・青弓社
多田　治
　二〇〇四『沖縄イメージの誕生』東京：東洋経済新報社
　二〇〇八『沖縄イメージを旅する――柳田國男から移住ブームまで』東京：中央公論新社（中公新書ラクレ）
冨山一郎
　一九九〇『近代日本社会と「沖縄人」』東京：日本経済評論社
ホワイト、ヘイドン
　二〇一〇「実用的な過去」『思想』一〇三六：八―三三
山口　誠
　二〇一〇『ニッポンの海外旅行――若者と観光メディアの五〇年史』東京：筑摩書房（ちくま新書）
山下晋司
　一九九六「南へ！　北へ！――移動の民族誌」『移動の民族誌』東京：岩波書店
家中　茂
　二〇〇九「コミュニティと景観――竹富島の町並み保全」「開発と景観――新空港建設・大型リゾートホテル・文化財保護」鳥越皓之・家中茂・藤村美穂編『景観形成と地域コミュニティ――地域資本を増やす景観政策』東京：農文協

境域のツーリズム——韓国人の対馬観光をめぐって

中村八重

はじめに

朝鮮半島と日本列島の境域地域にある対馬は、古くから交易や交流の拠点としての役割があった。植民地時代まで韓国南部と対馬は密接な関係を保ってきた。(1) 戦前には朝鮮半島との国境はなかったが、戦後国境線が引かれ、対馬は「周辺」となる。現在の対馬で、韓国との交流がすすめられ、韓国からの観光客誘致に力を入れるのは、こうした「周辺」としての経済的な生き残りをかけていることと直結するからである。

対馬は韓国との関係を前面に出し、「国境の島」というキャッチコピーのもと、国内外からの観光客誘致に努めてきた［村上 二〇〇二］。何よりもまず韓国に近いこと、そして交流を裏付ける歴史とそれに関する史跡が観光資源である。具体的には、対馬北部から釜山まで約五〇キロメートルと近く、天気の良い日には肉眼で韓国が見えるという視覚的なイメージ、朝鮮通信使の最初の上陸地であったことなどが代表的である。

これらの観光資源を生かした祭で最も認知度が高いのは、毎年八月初旬に催される「アリラン祭(2)」である。「アリラン祭」は、朝鮮通信使を再現した行列が呼びもので、日韓交流の象徴的存在として知られている［小田二〇一〇］。釜山からの定期航路が就航して、対馬は韓国人観光客が多く訪れる島として知られるようになっていった。

対馬と韓国南部地域は、国境をめぐって日本、韓国の双方でナショナリズムが先鋭化する場である。二〇〇〇年代に入って、対馬を訪れる韓国人観光客が増加すると、日本国内の特に島外から、「対馬が韓国に奪われる」といったようなセンセーショナルな報道がされ、ナショナリズムが煽られるようになる。他方、韓国内でも対馬はかつて韓国領土であったという認識は一部で共有されている認識でもある。

筆者は、韓国人観光の背景には対馬への領有意識が関連しており、そのことが対馬への親近感を抱かせることを論じた［中村　二〇一二］。対馬を韓国と同一視する認識を一部の人が持っているのは確かであるが、しかしこうした側面だけが文化現象としての韓国人の対馬観光の全体像ではない。対馬は当然日本であると思って対馬を訪れ、対馬について特別な感情をもっていない韓国人観光客のほうが大多数である。領有意識と無関係な無数の人々を想起する必要がある。なぜならば対馬がナショナリズムの応酬の場であることだけに注目し、観光行動を国家という枠組みだけで論じれば、多様な観光者の姿を見失ってしまうからである。ややもすると、対馬と韓国南部の「周辺」同士で行われている国際交流の試みが、「中央」[3]の国家間関係だけに還元されてしまい、相互交渉の場としての境域における観光の実態を見えにくくするだろう。したがって本稿は、韓国人の対馬観光から連想されがちな国家間関係を超えて、境域における交流の一形態として、韓国人の対馬観光の多様な姿に注目して考察することにする。

観光は、橋本によれば「異郷において、よく知られているものを、ほんの少し、一時的な楽しみとして、売買すること［橋本　一九九九：一二］と定義されている。韓国人の対馬観光という現象では、韓国からみた「よく知られたもの」とはどういったもので、韓国人は何を求めて対馬を訪れ、どのように経験して帰るのだろうか。

本稿は対馬を訪れる韓国人の観光形態と観光動機を中心に、彼らの対馬認識を検討し、同時に対馬の地元の人々の中にもある多様な姿に言及しながら、「境域のツーリズム」としての多面的な対馬観光を浮き彫りにしてみたい。

主に、対馬を訪れた観光客、対馬の地元関係者、旅行関係者などへ行ったインタビューと、韓国人観光客を対象にしたアンケート結果を資料として論じる。(4)

一 「日韓交流の島」の成立

対馬市役所のホームページには、対馬の「歴史」が次のように紹介されている。

対馬は、日本の中で朝鮮半島に最も近いという地理的条件から、大陸からの石器文化、青銅器文化、稲作、仏教、漢字などを伝える日本の窓口でした。また、朝鮮半島との間では古くから貿易などの交流が盛んに行われていました。この活発な交流から、対馬には数多くの書物、仏像、建造物、朝鮮式山城の金田城跡や古墳などの文化財が残っています。

朝鮮半島との友好な交流の歴史の中、一五九二年〜九七年の文禄・慶長の役で交流が中断してしまいましたが、対馬藩一〇万石の藩主・宗家は朝鮮との関係を元に戻すため、朝鮮通信使を江戸まで案内するなど日本と朝鮮の交流再開に努力しました。

二〇世紀に入り、一時期、対馬と朝鮮半島との交流が中断した時代もありましたが、対馬にとって朝鮮半島は身近な存在であることは変わりありません。それに過去の長い友好の歴史がありました。一時期中断していた交流も、今では対馬と韓国の釜山が定期航路で結ばれるなど、文化、経済、教育の活発な交流が再開されています。(5)

古代からの朝鮮半島との交流の歴史、対馬藩が一時途絶えた交流を再開させたこと、そして現在に至る活発な交流、これらが対馬の自画像を構成する要素であることが分かる。

行政単位としての対馬は、二〇〇四年に市町村合併により島全体が対馬市として成立した。人口約三四〇〇〇人（二〇一二年一月）で、全国の離島の例にもれず、高齢化が進んでいる。島の約九割が山林で、林業漁業以外に、観光産業が地域振興の活路として注目されている。対馬は南北に長く、北部から韓国まで最短で四九・五キロメートル、南部の厳原から福岡までが一三八キロメートルと言われており、韓国との近接性が対馬の特徴であり観光資源となっている。

対馬の最大の市街地は南東部に位置する厳原町で、江戸時代には対馬藩の城下町であった。現在でも厳原が政治経済の中心となっており、[6]「アリラン祭」もここで行われている。

「アリラン祭」は、正式名称を「厳原港まつり対馬アリラン祭」といい、一九六四年から行われていた「厳原港まつり」に、一九八八年からサブタイトルとして「対馬アリラン祭」が付け加えられてから、日韓交流の象徴的存在としてよく知られるようになった。[7]

祭には朝鮮通信使行列が一九七八年から仮装行列として参加していたという［村上　二〇〇八：一七二］。後の一九八〇年に組織化され、現在では朝鮮通信使行列は祭のメイン行事に位置づけられて、内外で知名度を獲得する。

対馬において朝鮮通信使行列に注目が集まった背景には、国内観光客誘致への関心の高まりがある。一九七〇年代後半から「韓国の見える島」として、「異国情緒」および「国境」が観光に結び付けられ、「日韓交流」が盛んに取り上げられるようになる。こうして「対馬＝国境の島＝日韓交流の島」［村上　二〇〇七ａ：七三］という図式ができあがっていった。

同時に官民ともに数々の日韓交流が進み、現在行われている日韓交流は、市役所の国際交流員の派遣、郵便局の姉妹提携、高校生の留学制度、ホームステイなどなど、枚挙にいとまがない。さらに、二〇〇〇年には国際定期航路が就航して、実質的にも日韓交流が活発化していった。

しかし、村上が指摘するように、「日韓交流の島」のイメージは古いものではない。「アリラン祭」は当初は韓国からの観光客誘致を狙ったものではなかった上、朝鮮通信使行列がはじまった当初から、対馬における韓国イメージはよいものでなかった〔村上 二〇〇八〕。「朝鮮かぶれ」と批判する声もあったという〔嶋村 二〇〇七：二〇〕。

増加している韓国人観光客に関しては、非好意的な立場があるのも否定できない。対馬の人々から韓国人観光客のマナーなどに関する不満を聞くことは難しいことではない。観光業に携わる人々の間でも韓国の観光客に対して否定的な印象を持つことも少なくない。こうした感情はずいぶん改善されてきているとはいえ、韓国人観光客の受け入れが始まった初期のころの摩擦のエピソードがいまでも流通している。

しかしながら、二〇一一年の東日本大震災の影響で、船便が数ヶ月間にわたって運休したことによる経済的打撃と危機感は、韓国人観光の必要性を再認識させるものであった。運航再開後は、対馬観光はさらに人気を得て、島内はますます韓国人観光客でにぎわっている。(8)

「国境」や「異国情緒」は当初は国内向けのキャッチフレーズであったものの、各種の日韓交流の蓄積と韓国人観光客の受け入れなどの取り組みによって、対馬は歴史に裏付けされた現在進行形の「日韓交流の島」というイメージを確立していったといっていいだろう。

二　韓国人による対馬観光の概要

韓国人による対馬観光が本格化するのは、先に述べた二〇〇〇年に釜山と対馬を結ぶ国際定期航路が就航して以降である。韓国の浦項に本社をもち、韓国の離島航路を専門にする船舶会社が三〇〇人乗りの高速艇を出したのが、定期化の始まりであった。二〇一一年まで実質的にこの会社が韓国からの対馬観光を独占していたことになる。[9]二〇一二年にさらに高速化する以前でも、釜山から厳原までの所要時間三時間弱、北部の比田勝とは二時間弱の航路は、それまで長い間閉ざされていた日韓の近さを実感するには十分であっただろう。

定期航路の就航には人の移動の面で大きな意味があった。それまで韓国から対馬へ行くのには福岡を経由するなど遠回りをする航路しかなかったが、直接就航するようになったことで、韓国からの大量の観光客を運ぶことができるようになった。乗客のほとんどが釜山港から乗船して対馬を訪れ、短期間滞在し、そして帰っていく韓国人観光客である。この航路は韓国の観光客だけを乗せて運ぶ航路として定着した。

このような旅行形態は韓国内の経済状況の影響を受けやすい。対馬の旅行商品を扱う旅行社によれば、二〇〇六年にテレビのドキュメンタリー番組で対馬が取り上げられるとブームになり、一気に観光客が増えたことがあったという。一方で、リーマンショック、円高などで容易に客足が遠のくこともあった。

前述のように、東日本大地震の際には、一時的に船便の運休という事態に陥った。この後、さらに別企業が参入することになり、より短時間で往復する船が就航した。時間短縮された上に、競争による値下げによって、二〇一二年夏現在、韓国人観光客数は回復・増加傾向にある。[10]

対馬市の資料によれば、対馬を訪れる韓国人数は、二〇〇七年に約六万五〇〇〇人、二〇〇八年に約七万二〇〇〇人、二〇〇九年と二〇一〇年は約六万人である。対馬市の人口が約三万五〇〇〇人であることを考えると、人口の二倍前後の観光客が訪れていることになる。

韓国から対馬への旅行商品は、旅行社を通じたパッケージの団体旅行で、一泊二日を中心とした短期間の滞在が主流である。二〇一一年秋以降、便数が増え高速化すると日帰り旅行が増加している。アンケートでは、一泊二日が約四〇パーセント、日帰りが三六パーセントを占めている。一泊三日までを含めると九六・四パーセントになり、短期滞在型の多さがきわ立つ。

客層は若者よりも年配層が目につく。釜山を中心とした南部の慶尚道圏からの客が圧倒的に多い。以前よりはソウルを中心とした首都圏からの客も増加傾向にあるといい、近年では旅行社を通さない少人数グループの個人旅行も増加傾向にもある。

観光客が対馬を訪れて見るものとしては、定型化した観光コースがあり、大方が島内の史跡・自然を巡るものである。特に韓国と関連のある史跡や記念碑を見るのは必須コースと言ってよい。団体旅行では、島内の交通インフラ上の限界もあって、移動は貸切バスが使われ、一つの団体につき一人の韓国人ガイドが釜山港出港のときから添乗している。旅行商品の例として次のようなものがある。

一泊二日のツアー例(11)

A「品格観光二日間」（料金二四万九〇〇〇ウォン）

一日目

八：二〇　釜山国際旅客ターミナル集合

九：三〇　出国

一一：三〇　船内で弁当／厳原入港／入国手続き

一二：〇〇　厳原市内観光（対馬歴史資料館、徳恵姫結婚記念碑、西山寺・以酊庵、金誠一詩碑、金石城跡など）

一四：〇〇　上見坂展望台（夏：グリーンパーク海水浴場）

一六：三〇　チェックイン、修善寺（崔益鉉殉国碑）、一〇〇円ショップなど市内自由観光
一八：三〇　夕食、自由時間

二日目
九：〇〇　チェックアウト（移動）、万関橋、和多都美神社、烏帽子岳展望台、韓国展望台、朝鮮訳官使殉難之碑
一三：〇〇　比田勝港到着・昼食、三宇田海水浴場散歩、豊砲台跡
一四：〇〇　ターミナル／出国手続き
一四：四五　出発（オーシャンフラワー）
一五：四五　釜山到着

B「ワンダフル対馬島二日間」（料金二九万ウォン）
一日目
八：二〇　釜山国際旅客ターミナル集合
九：三〇　出国
一一：二〇　厳原入港／入国手続き
一三：〇〇　昼食後専用車両で観光、浅茅湾で釣り＋さしみ、温泉
一六：三〇　ホテルチェックイン、修善寺（崔益鉉殉国碑）、免税店ショッピング、一〇〇円ショップなど市内自由観光
一八：三〇　夕食（海鮮バーベキュー）

二日目
（Aと同一）

スタンダードな市内観光コースとしては、Aのように厳原に入港して、一日目を厳原の市内にある韓国関連の史跡観光をし、二日目に北上しながら展望台などを観光し、比田勝から帰国するというものである。この通常コースより約四万ウォン高いBコースは、一日目の市内観光を省略し、さしみを食べ、温泉にも入れるコースとなっている。

こうした市内観光コース以外に、釣りやサイクリング、登山、キャンプなど特定の目的のコースも用意されていて、家族や頼母子講、同好会、親睦会、社員旅行などに利用されている。

韓国の旅行社を通じて、不安定要素はあるものの、定期的にかつほぼ安定的にやってくる韓国人観光客は、対馬の経済にとってはいまや欠かせない顧客である。彼らが立ち寄ることができるような韓国との歴史に関連する記念碑など観光スポットの整備は、継続して行われてきている。道路標識や案内板のハングル表記から食堂や商店の手書きのハングルにいたるまで、行政や観光関連業者の韓国人を受け入れる努力が至るところで見受けられる。

しかし、食堂や宿泊施設の整備は遅れている。特に宿泊施設の不足は長い間指摘されてきたところで、島外からの介入によって改善が模索されてもいる。目立ったものとしては、ホテルと免税店がある。先の韓国の船舶会社の出資で韓国人観光客対象のホテルが、厳原の海の見える見晴らしの良い高台に建てられた。他にも、パチンコ店の建物を改装して韓国資本の免税店が厳原町内に作られ、観光コースの中に組み込まれている。

対馬は良い釣り場として知られ、韓国からの釣り客も多い。彼らの多くは釣りだけを目的に頻繁に対馬を訪れている。こうした釣り客のために、釣り船を所有している韓国人経営の民宿が島内にいくつか存在している。筆者が訪ねたある民宿は、夏の観光客が多い時期を除いて、基本的に韓国の常連客だけを相手にしているという。

三　韓国人観光客の旅行動機と関心

では対馬を訪れる韓国人観光客はどのような動機で来るのだろうか。対馬を訪れた観光客に旅行先に対馬を選んだ理由を尋ねると、最も多くあがる理由は「近さ」と「安さ」である。これはインタビュー、アンケートの双方で如実に表れていた。

旅行中の観光客に対馬を旅行先に選んだ理由を尋ねると、「近いから」、「安いから」、「近いから一度行ってみようと思った」、「短い日程で行けるところを探したらここだった」、「時間の節約になるから」といった理由を多数聞くことができた。アンケートでも同様の回答が得られた。アンケートの「旅行先を決めた理由」を尋ねる設問では「近いから」（四一・七パーセント）が圧倒的多数を占め、次に「安いから」（二六・五パーセント）と続いている。

近さと安さという点では、対馬はしばしば韓国の国内観光地と比較される。短期間の旅行商品の選択肢の一つとして、特に済州島と比較されている。インタビューでも、「済州島よりも近いし安いから」という意見が多く聞かれた。アンケートでも、対馬を旅行先として選定する際にどこと比較したかを問う設問に、圧倒的多数で三割以上の人が済州島と答えている。

済州島はリゾート地としてよく知られた大規模観光地である。年間約七八〇万人（二〇一一年）の観光客が訪れるといわれ、そのうち八割が国内からの観光客である。観光の規模では対馬と全く異なるが、短期間の「島」の観光という認識のもとでは、対馬は済州島よりもかなり割安に感じられる。(12) そのうえ、海外旅行である点も魅力に映るようである。対馬は、国内旅行と同等かそれよりも安い海外旅行との認識を持たれていると同時に、国内旅行の延長あるいは代替的な観光地として認識されている。

対馬で主として行われている観光活動の一つに登山がある。韓国では登山は非常に一般的なレジャーであり、美しい山のある対馬でも韓国人による登山が盛んである。山岳会のメンバーと登山に来たある観光客は、「韓国の山はだいたい登ったから、今回は対馬へ来た」と語っていた。また夫婦でよく旅行をするという女性は、国内の旅行地はほとんど行ったので今回はじめて対馬に来たと語っており、いかに気軽な旅行先であるかが分かる。

ただし、対馬は団体旅行が多いため、旅行先の決定を人に任せていることが多く、具体的な理由を持たない観光客も多い。アンケートでは、旅行先の選定理由で上位を占めた「近いから」、「安いから」の次に、「同行者のすすめ」（一一・四パーセント）が多かった。

インタビューした家族連れの四〇歳代の女性は、「お父さんが釣りが好きだから一緒に来た」と述べ、知人との団体旅行で来ていた男性は「誰かが決めたから」と言っていた。別のグループでも「知り合いに誘われてついてきたから分からない」、「特に理由はない」、「なんとなく」などの理由が聞かれた。

家族、山岳会、親睦会などの団体旅行では、幹事に当たる人が旅行先を決めるため、上記のようにその他の参加者は特に動機もなく訪れる。対馬の旅行が近くて安い、そして誰かが決めてくれる気軽な旅行であり、旅行前に情報収集をしないことが多い。つまり、対馬自体に関心を持って訪れるわけではないのである。

これは、対馬へ旅行に行くことが重要なのではなく、自らの属する団体で旅行すること自体が大事であるからである。団体旅行は、その団体の目的、すなわち登山や親睦などが旅行の主たる目的となるのであって、旅行先への関心は副次的にならざるを得ない。すなわち韓国人観光客が対馬に特別な思いを持って赴くわけではなく、関心が高いわけではない。

アンケート調査の旅行先選定理由のうち四番目に多かったのが「自然がきれいだから」（一〇・二パーセント）で、五番目に「対馬に関心があったから」（一二・五パーセント）が続く。対馬の自然が美しいこと、韓国との歴史的関連

写真１　通信使行列

があることはよく知られているが、選択理由としては近さと安さに大きく及んでいなかった。

観光客が対馬に来る前に持っていた印象を問う設問で、最も多かった回答は「韓国と関連する歴史」で四〇パーセントを占める。次が「美しい自然」、「韓国に近い外国」でいずれも約三〇パーセントである。ところが、「日韓親善の島」を選んだ人は約一二パーセントにとどまっている。

韓国では対馬の地名がよく知られているが、韓国と歴史的に深い関係があることを漠然と知っていても、対馬自体の「古い歴史」や「日韓親善」に関してはイメージが希薄という結果である。

実際に、対馬が「売り」とするところの「日韓交流の島」を体現する重要なイベント「アリラン祭」を見学しない観光客は多かった。アリラン祭当日に筆者がインタビューしたある五〇歳代の女性は、「（祭があるのを）知らなかった。旅行社からも聞いていない。来てみたら、しているから予定を変更して見に来た」と語っていた。釣りを主な目的にして家族で訪れていた四〇歳代の男性は「たまたま祭に重なっただけ。（行列の出る）明日の朝は釣りに行く」と、特に関心がなさそうに語っていた。祭のステージで踊る韓国の伝統舞踊団を見て「こんなのは韓国でも見られるでしょう」と露骨に無関心さを見せる人もいた。対馬に来てから祭の存在を知ったが、決まったスケジュールに沿って行動しなければならないため見学しない・できないという声も聞いた。ある韓国人ガイドによると、「韓国人は祭に関心がない」といい、旅行社側でも最初から観光コースに組み入れないことが多い。観光客側でも、事前に情報収集をしない、現地ではガイドに任せるなどの理由から、「アリラン祭」の存在自体を知らないわけである。

対馬の独自の歴史やイベントに関心がないことは、アンケートにも表れていた。「楽しみにしていたこと」を問う設問では、「自然観光」が最も多く、次が「韓国と関連する歴史観光」となっていた。「その他の歴史観光」を選ぶ人は非常に少なかった。

もちろん、観光コースには韓国と関連する史跡は盛り込まれていて、これらを期待して「対馬に来て歴史の勉強ができる」と喜ぶ観光客もいる。対馬の「美しく豊かな自然」は韓国でもよく知られていて、登山、キャンプなどの客が多い。対馬が韓国と関連があることや対馬の自然の美しさは知っているが、「日韓交流」や、対馬の歴史を楽しみにして来てはいないと言える。

敢えて言えば、歴史に関心のある観光客は対馬自体の歴史に関心があるのではなく、対馬の中の韓国に関心があるのである。例えば、ある旅行社の対馬ツアーの宣伝文句には、「……対馬にしみ込んでいる、韓国と日本の調和。そして美しい自然風景を共に……」[13]とある。対馬の中に韓国と日本が調和しているとするコピーは、やはり対馬独特の歴史ではなく韓国の歴史に目を向けていることが分かる。

このような意味で、朝鮮通信使を再現したアリラン祭は、「韓国的」ではあるが対馬の歴史を表す対馬の祭であって、忠実に再現された衣裳などから漂う「異国情緒」は、日本人観光客には魅力的に見えても、韓国の観光客には魅力がないのかもしれない。それは韓国の人々には見慣れたものであるか、所詮「にせもの」であるという認識を持たせてしまうからであろう。

次節では対馬に関する知識や関心の持たれ方を別の側面から検討する。

四　韓国における対馬観

一般に韓国では対馬はどのように知られているだろうか。

対馬に関する知識は限定的である。対馬を訪れた人々にインタビューをしても、対馬に関して「知らない」という答えが圧倒的であった。対馬に来て初めて、韓国との関連史を知った、大きな島であることを知った、都会ではないことを知ったというエピソードは幾度も耳にする話題である。

韓国では対馬は「ツシマ」という日本の名称よりも韓国語読みでの「対馬島《テマド》」としてよく知られている。対馬と密接な交流関係を持つ人や公式の場を除けば、一般的にはテマドという名称しか使用されないといっても過言ではない。[14]

また韓国における対馬に関する知識は地域変差があり、釜山を中心とした慶尚道地域において比較的認知度が高い。特に釜山の人々にとって対馬は身近な存在である。展望の良い場所では気象条件が良ければ対馬を肉眼で見ることができる。見たことがなくとも、対馬島（テマド）という地名と地理的に近いということは知識として知っている人が多い。

慶尚道地域を除けばソウルなどの地域では対馬はなじみのない地名である。しかし実は、地理的な近接性に基づく知識はなくとも、「昔韓国だったことしか知りません」という知識を持つ人がいるように、領有観と関連して知っている人も多い。「対馬島は韓国の領土」[15]は比較的広く使われている言説である。

「対馬島は韓国領土」とは、日本の歴史や現状とは関係なく、古地図に朝鮮半島の一部として対馬が描かれていることや、文献に領有に関する記述があることなどが根拠にされている。もっとも知られているのが、『世宗実録』

に記された「対馬島本是我国之地」という記述である。世宗が一四九一年に倭寇対策のために行った「対馬島討伐／征伐」（日本では応永の外寇と呼ばれる）という史実である。このとき「討伐」に成功し対馬を支配したと理解され、古くから経済的に朝鮮半島に依存していて対馬が朝鮮との貿易権をもっていたこと、さらに一九四九年に李承晩大統領が対馬返還要求をしたことなど、対馬が不当に奪われたとの認識を持たせている。[16]

このような対馬認識の特徴は、竹島・独島の問題の引きあいに出される「対抗主張」であることである［村上二〇〇七b：一八七―一八八］。二〇〇五年に島根県で「竹島の日」が制定されたことに対抗して、韓国の馬山市（当時）で「対馬島の日」が作られたのが典型的例である。独島問題が話題になるたびに、必ずといってよいほど「対馬島は韓国領土」と対抗主張が、インターネットなどに出回る。対馬の領有権を主張する書籍なども出版されている。対馬は、こうしたナショナリズムのもとでは、現代の国民国家の領土概念に置き換えられ対立的思考が生みだされる地である。

実際に対馬で「対馬島は韓国領土」とハングルで書かれた落書きを見ることができた。アンケートでも一部に、「対馬島を取り返したい」、「韓国領」など、設問と関係なく自由記述が書きこまれているものが散見された。インタビューでも観光客に対馬の「領土問題」に関して水を向けると、強い調子で返答が返って来ることがたびたびあった。教職に就いている五〇歳代のある男性は、「対馬は韓国の領土だったらいいと思います。いいえ、韓国の領土だと思っています。韓国が管理していたら対馬はもっと発展していたのに、残念です。」と悔しそうに話してくれた。ただし、対馬が韓国の領土云々とは、韓国政府の見解ではない。ナショナリズムが刺激されたときに利用される常套句化された言い回しである。上記のような強い口調の返答は、筆者が意図的に「領土問題」について質問したときに返ってくる答えであった。

ある五〇歳代の男性は、「誰でも対馬は韓国の領土だったと思っていますよ。教科書で習いましたから」と言い、現在日本であることは容認している。朝鮮時代にそうだったからといって今は違うと考える人も多く、一口に領有意識といっても濃淡がある。

かつて韓国であったという意識は対馬にノスタルジーを感じさせる。新聞に対馬で韓国と関連する歴史記念碑が作られていることや韓国語の看板、韓国語を勉強する人々の存在などが紹介され、「さらなる韓国化をもって対馬を取り込もう」という内容が掲載されたこともあった［イム　二〇〇五］。対馬旅行は失われた領土と歴史への思いを心で感じる旅であるべきだと主張する観光関係者に出会ったこともある。

とはいえ、一部に対馬を韓国と同一視する人々がいる半面、実際には多くの韓国人が対馬に対してこうした認識を持たないばかりか、ここまで述べてきたように、対馬への関心は低いと言わざるを得ない。特に観光客は、観光自体に重点をおくため対馬そのものへの関心は低い。

上水流は台湾人の八重山観光において、近接していても「周辺」である八重山の情報は国民国家を超えて共有されないことを指摘した［上水流　二〇一一］。同様に対馬の情報は韓国において国境を越えて共有されにくい上に、一体化されたり切り離されもする。(17)

対馬でも同様に、多くの観光客は、対馬に関する情報を持たないまま、対馬が近くて安いから、気軽な海外旅行、家族と一緒に、親睦会のメンバーと一緒にといったような、個別的な理由で旅行に来ているのである。

五　それぞれの「ものがたり」

韓国人観光客の対馬認識を、「ものがたり」(18)［橋本　二〇一一］の概念を借用してもう一度考えてみたい。観光者は日常と違う何かを経験し、それを語るために旅に出るという［橋本　二〇一一：二］。橋本は、ブルーナー［二〇〇七］

の議論を紹介して、観光者は旅に出る前に先入観的な「ものがたり」をもっており、観光中に生きた経験に基づいて「ものがたり」を修正し、個人化する。そして帰宅後に観光についての経験を自分なりの「ものがたり」に作り替えるとしている。さらに、観光中に何らかの「発見」が伴う、より一貫した「ものがたり」が構築できる観光がよりよい観光経験であり、そこには地元の人々が構築する「地域文化」が欠かせないという［橋本 二〇一一：九二―九四］。

橋本に倣えば、まず韓国人観光客は事前情報に基づいて対馬を訪れ、対馬の「よく知られた」ものを確認して、持ち込んだ「ものがたり」を再構築する。概して言えば、「美しい自然のある日韓交流の歴史のある島」が対馬が見せたい「売り」であり、よく知られたものである。しかし、これが韓国で旅行前から流布している現地に関する情報とずれていたり、彼らが構築したい「ものがたり」とずれていることは容易に想像できる。

観光客に事前の情報収集意欲が希薄で、関心が低いのは前に述べたとおりである。知っている情報は、対馬と韓国が何らかの歴史的関係があったという漠然とした知識、かつて「韓国領土」であったという程度の知識による先入観的な「ものがたり」である。対馬とずれがないのは「島」観光に期待される自然の美しさである。

アンケートで「来島前、対馬にどんな印象をもっていたか」という項目の回答は、順に「韓国に関連する歴史」（四〇・五パーセント）、「美しい自然」（三一・八パーセント）、「韓国に近い外国」（三〇・四パーセント）、「日韓親善の島」（一一・九パーセント）（以下省略）であった[19]。彼らは、対馬の日韓交流という要素に関心が薄く、その観光における「ものがたり」とは、韓国からみた歴史を確認することと推測できる。「アリラン祭」に関心が薄いこともこれとつながる。

アンケートでは「対馬で楽しみにしていたこと」の質問に「自然観光」が最も多く回答があったことは述べた。自由記述欄にも「自然が美しい」、「自然がよかった」という記述が多数あった。これは、対馬の自画像と一致する「よく知られたもの」の一つである[20]。彼らはそれを目的に、家族や仲間たちと一緒に登山やキャンプなどを楽しみにやってくる。つまり、韓国からみた歴史認識を確認する「ものがたり」、あるいは自然を楽しむ海外旅行の「ものがたり」を構築しにくるといってよいだろう。

第三節で対馬を訪れる理由で指摘したように、彼らは近くて安いところへ気軽に旅行に来ている。対馬の歴史などにはあまり興味を持たず、国内の価値観をそのまま持ち込み、家族や同僚たちと一緒に団体で行動しながら気軽に旅行するという、多様で個別的な「ものがたり」をつむいでいると考えることができる。いくつか例を挙げてみたい。

韓国人観光客が多く訪れるようになって、しばしば韓国人と地元との摩擦が話題になる。大抵がマナー上の問題である。摩擦が発生する主な原因は、韓国の価値観のままで「気軽に」対馬で行動するからである。対馬の人にとっても、韓国人観光客にとっても相互の意思疎通を難しくさせるのは、言葉の壁だけでなく、互いの行動の文化的背景である。

厳原にあるショッピングセンターでの出来事である。量り売りの食品を売っていた業者から通訳ボランティアのところに「試食しないでください」とハングルで書いてほしいと要請があった。その時担当者は手書きで対応していた。筆者が後日ここへ行くと、「商品です。試食しないでください」とハングルの印刷物が掲示板に張られていた。日本では商品を勝手に食べてはいけないが、韓国では量り売りの商品をつまんで試食するのは全くとがめられる行為ではない。

問題は対馬でその行動をとることである。韓国での行動様式と同じように行動することには、団体行動であることも理由にあげられるが、海外に来た感覚の欠如という原因も指摘できる。インタビューで実際に訪れた対馬の印象を尋ねると、「韓国と同じだ」であるとか、「日本に来た感じがしない」との返答が多数あった。アンケートでも「韓国と同じだ」と答えた割合が一定程度ある。こうした感想は、対馬を韓国と同じであると考える「ものがたり」

をもって対馬を訪れていることを意味する。

同様の例に観光客の服装に関する例がある。対馬で調査していると、地元の人から「なぜ韓国の人たちはあんな（カジュアルな）格好で来るのか」と問いかけられた。登山が一般化している韓国ではカジュアルなアウトドアスタイルが好まれていて、レジャーや旅行にもよく用いられる。しかし、そのようなスタイルを見慣れない対馬の人には、旅行にふさわしくない「あんな格好」に見えた。反対に、観光客から「アウトドアの店はないのか」と質問を受けたことがある。登山服や登山用品を売る店は韓国では町内はもちろん山のふもとにもあるため、当然対馬にもあると思ったのだ。

アウトドアスタイルの観光客は対馬の人に違和感をもたらした。おそらく自らや、島外からの日本人観光客の姿が参照された旅行にふさわしい服装のイメージと一致しないからである。一方、韓国人にとっては当然旅行らしいスタイルであり、登山や自然観光が目的ならばなおさらで、むしろ山がたくさんあるのにアウトドアショップさえない対馬に違和感を持ったのである。

市内の韓国資本の免税店は、団体客が必ず立ち寄るコースに入っている。高価な健康食品や、台所用品、和風の小物などに人気があると聞く。地元の土産物屋やショッピングセンターでは、観光客のこうした購買行動を好ましく思っていない。韓国資本のホテルに対しても、やはり地元でよく思わない向きがある。しかしながら、免税店もホテルも観光客が事前に求めている「ものがたり」に合致しているからこそ人気がある。観光客は、観光地である程度のホテルに泊まり、免税店で良い品を買って得するという「ものがたり」を持ち込んで構築しているからである。

先に述べた韓国人経営の民宿も、釣り客の求める「ものがたり」に適切に対応している。対馬で韓国人が商店や民宿を経営することには、内外から否定的な意見が根強い。しかし、釣り客にとっては、船を持ち、言葉が通じて、良い釣り場へ案内してくれるガイドのついた民宿は、理想的なサービスを提供してくれる。民宿には韓国から持ち込まれた電気製品もそろっていて、日本式の民家ながら、韓国にいるときに近い生活を送ることができる。釣り客はこうした便利な民宿に泊まり、安価で楽しい釣りをするという期待通りの「ものがたり」を構築していると言えよう。

このように、対馬が「日韓交流の島」であることを事前情報として持たず、対馬を訪れても対馬の狙うような「ものがたり」を構築しない韓国人観光客は少なくない。対馬の「領有」の歴史観を持つ人であれば、対馬へ来てその「よく知られた」領有意識を確認して帰っていく。しかし、ほとんどの観光客は「領有」の問題に無関心であり、美しい自然のほうに注目している。観光客の中には、対馬に実際に来て初めて韓国との関連史があったことを知る人々が多数いる。日帰り旅行に至っては、(韓国内の)免税店での買い物だけが目的の傾向がある。この場合は、対馬の「よく知られた」ものさえ知らず、事前知識としての「ものがたり」を持たずに、あるいは買い物という「ものがたり」のみを持っていると言えるだろう。ここまで見てきたように、韓国と対馬の双方から見た「境域のツーリズム」には、中央同士の関係に押し込められない、相互に多様な姿がある。

おわりに

二〇一一年一一月に行われた第一八回「朝鮮通信使ゆかりのまち全国交流会対馬大会」で、市民劇団によるミュージカル『対馬物語』が上演された。豊臣秀吉の朝鮮出兵に翻弄され、国交回復交渉で苦悩する対馬藩主宗義智が主人公のミュージカルである。このミュージカルに込められているのは、歴史上、中央とは違う特異な立場をとってきた対馬がよりどころにする「島は島なりに治める」というキーフレーズである。幕府と朝鮮王朝との間で、葛藤しながら和平を追求した対馬の、文字通り「物語」は、対馬内外で反響を呼んだ。[21]

しかし、このミュージカルに代弁されるような対馬の物語は、韓国からも共有される「ものがたり」となるかが問われる。観光客は、対馬の歴史がどうであったかに関わらず、美しい自然や、韓国からみた歴史、気軽で身近なところとして、あるいは韓国のテレビに出たものなどの「よく知られたもの」を確認しに、時にはナショナリズムの「ものがたり」で構築したいのである。またその構築は誰と旅行したかなどにも左右され、きわめて個別的である。

ゲストがホストに対して「観光のまなざし」［アーリ　一九九五］をもつように、ホストもまたゲストに対してまなざしをもつ。対馬の人たちの中には、韓国の観光客に対して、積極的に働きかける人々がいるとともに、韓国人観光客に対して冷ややかなまなざしを投げかけている人がいるのもまた事実である。観光客に不快感を覚え、対馬に韓国人の観光客に来てほしくないと思う人もあろう。(22)観光に携わらない人々には他人事でもありえる。韓国人に来てもらわなくても対馬はやっていけると考える対馬の「物語」もあろう。なによりも、韓国や韓国人に関心を持たない多数の人がいるのが現実である。韓国人観光客が事前に多様な「ものがたり」を持って対馬を訪れるのと同様に、対馬でも観光に関して多様な人々と考え方がある。(23)

ここまで見て来たように、観光客と地元の人々の双方に、多様なまなざしがあることを論じることは、二つの意義をもつと考える。一つは、多様なまなざしをもって、多様な「ものがたり」を持ちこんで紡ごうとする観光客に対して、対馬は国家間の関係のみに回収されないような新たな「ものがたり」を構築させる仕掛けを提供しているか再考する視点である。観光者が満足するような「ものがたり」は、「ホスト側の働きかけと観光者側の好奇心が出会うところに生成する」［橋本　二〇一一：二四五］という。対馬が直面する観光の課題は、観光客の多様性に目を向け、いかに地域文化を構築し、いかに働きかけるかだと考える。

もう一つは、境域としての対馬と韓国南部地域は、ナショナリズムの先鋭化しやすい場所であるため、こうした多様な人々によって境域のツーリズムが形づくられている事実が見逃されやすいことを明らかにしたことである。

戦後の国民国家形成後に引かれた国境を前提とした周辺地域の越境の試みとしての「境域のツーリズム」は、中央のまなざしを内面化したナショナリズムが発露する場であるがゆえに、それと関係ない無数の人たちで構成された全体の相互交渉の実践として検討されなければならない。

［謝辞］本稿は、ＪＳＰＳ科研費２１３２０１６５「日本「周辺」地域にみる国境変動とアイデンティティ：韓国・台湾との越境を巡って」（研究代表者　上水流久彦）の研究協力者として調査・研究した成果である。記して感謝申し上げます。

注

（１）正確には戦後にも変則貿易の形で交流は続いていた。詳しくは本書の村上論文を参照。

（２）正式には「厳原港まつり対馬アリラン祭」であるが、対外的な呼称としては「アリラン祭」が好んで使われるため、本稿でも「アリラン祭」を用いる。ただし、この祭は二〇一二年一〇月に起きた文化財に登録されている仏像の盗難事件で、韓国に持ち込まれた仏像が対馬に返還されていないことを理由に、二〇一三年より祭の名称に「アリラン祭」が用いられないことになった。また、この年の朝鮮通信使行列も中止されることが決定している。本稿はこれらの出来事以前について言及するもので、詳述は別稿に譲りたい。

（３）周辺に住む人々にとっても、他者へのまなざしが中央を内面化しているのは事実である。八重山地域に関しては上水流論文において言及されている。

（４）調査は、二〇〇八年から二〇一二年までの夏季と冬季にそれぞれ一〇日間程度、対馬と釜山において行った。アンケートは、対馬観光物産協会の協力を得て二〇一一年一二月と二〇一三年一月に実施した。対馬を訪れた韓国人観光客を対象に、厳原港ターミナル内において帰国前の乗客に直接配布・回収する方式で行われた。三三六枚配布・回収した。詳細は巻末資料を参照。

（５）対馬市ホームページ http://www.city.tsushima.nagasaki.jp/web/profile/post_45.html（二〇一〇年一一月二五日確認）。

（６）対馬の南北の交通は道路の整備が遅れており、地域文化的にも北部と南部は異なり、人々の感覚としても「対馬は一つ」ではない［村上　二〇〇七ａ：一六二］。

(7) 二日間にわたって行われる祭の内容は、通信使行列を除くと、地元の人々による出し物や芸能人によるショー、花火大会など、現在でも地元の祭としての色彩が強い。
(8) 震災後に組まれた、長崎県からの韓国の旅行社への支援金の効果が大きいとも言われている。
(9) 二〇〇九年には、首都圏に位置する金浦空港からの一八人乗りの定期航空便も就航している。
(10) 複数の路線が開設された後では対馬観光の様相は多少変化したが、本稿ではその複数路線開設前のインタビュー内容が中心になっている。
(11) 対馬専門旅行社、対馬島ツアーの旅行商品より。 http://www.thusima.com/html/main/main.php (二〇一二年三月九日確認)
(12) 済州島のパッケージツアーは二泊三日でおおよそ四〇万ウォン台からとなっている。
(13) http://hanatour.com/ 二〇一二年三月確認
(14) 本文では対馬と表記しているが、インタビューではすべて「テマド」と発言されている。
(15) 「대마도는 우리땅」。「땅」は土地・領土を指す言葉だが、この場合の言葉の持ち出され方は領土の意味合いが強い。
(16) 二〇〇二年版高校国史教科書には、「ツシマ島討伐」「一四九一年イ・ジョンムは、兵船二二七隻、兵士一七〇〇〇人を率いてツシマ島を討伐し、倭寇の根絶を約束させて帰った」との記述がある。
(17) 対馬が一度に切り離された例として、東日本大地震による国際航路の一時運休がある。地震と原発事故により全国的に外国人観光客が減少したことは知られている。言うまでもなく、対馬と福島は遠く離れているにも関わらず、船舶会社は運休の処置をとった。この運休に関して、「韓国人は対馬は日本だと思ってるんですよ」と語った専門旅行社の関係者の言葉は象徴的である。まるで対馬の向こう側に引こうとした国境が、忽然と対馬と朝鮮半島の間に出現したかのようである。地震によって国境が顕在化し、国民国家が強固であることが再確認された[中村 二〇一二]。
(18) ブルーナーは「ナラティブ」という用語を用いているが、橋本自らは「ものがたり」と統一して用い、ブルーナーの引用の場合のみ「ナラティブ」を用いている。本稿では煩雑さを避けるために橋本の「ものがたり」を用いる。
(19) アンケートでは「韓国と対馬の関係に望むこと」とうい自由記述欄をもうけたが、観光施設、宿泊施設、表示板などの充実など、観光に対する希望を記入する回答が相当数あった。これも日韓親善よりも、充実した観光をして帰りたいという「ものがたり」が先に立つからであろう。
(20) よく知られたものとしてテレビ番組の例がある。対馬の有名な菓子「かすまき」の老舗店の主人が韓国のテレビ取材を受けたことがある。この番組を見た若い人が、「あの有名なおじいさんの店に行ってみたい」と訪ねてきたことがあったという。この観光客にとってこの旅はテレビで見た(よく知られた)対馬を確認しにいく充実した「ものがたり」となっただろう。

(21) 二〇一二年には釜山でも上演された。本書コラム参照。
(22) 同時にそこに、植民地時代から戦後にかけて作られた、韓国人への蔑視のまなざしがあることは否定できない。観光客への違和感もここに根ざしていると言えるだろう。
(23) 地元を盛り上げようとする「アリラン祭」の実行委員や、静観する人々などについては江本論文でも論じられている。

参考文献

アーリ、ジョン
　一九九五『観光のまなざし』加太宏邦訳、東京：法政大学出版局
ブルーナー、Ｅ・Ｍ
　二〇〇七『観光と文化』安村克己他訳、東京：学文社
橋本和也
　一九九九『観光人類学の戦略──文化の売り方売られ方』京都：世界思想社
　二〇一一『観光経験の人類学──みやげものとガイドの「ものがたり」をめぐって』京都：世界思想社
이훈（李薫）
　二〇〇五『대마도. 역사를 따라 걷다』서울：역사공간（『対馬──歴史をたどって歩く』ソウル：歴史空間）
임채청 외（イム・チェチョン他）
　二〇〇五『간도에서 대마도까지』서울：동아일보사（『間島から対馬まで』ソウル：東亜日報社）
上水流久彦
　二〇一一「『周辺』にみる国民国家の拘束性──台湾人の八重山観光を通して」『東北アジア研究』二〇：五一──六六、島根大学東北アジア地域研究センター
村上和弘
　二〇〇二「『港祭り』と『アリラン祭』──地域活性化と韓日交流の間で」『日本研究』一：一一九──一四四、蔚山大学校日本研究所
　二〇〇七ａ「〈日韓交流の島〉というイメージをめぐって──戦後における対馬観と韓国観」『人文学論叢』九：七一──七九、愛媛大学人文学会

二〇〇七b「インターネットの中のツシマ」石田佐恵子他編著『ポスト韓流のメディア社会学』、一八一―二〇二、京都：ミネルヴァ書房
二〇〇八「厳原港まつりの戦後史――対馬における〈日韓交流〉の利用戦略をめぐって」小松和彦還暦記念論集刊行会編『日本文化の人類学／異文化の民俗学』、一五九―一七九、京都：法蔵館
中村八重
二〇一一「対馬における韓国人観光客と対馬認識」『世新日本語文研究』三：一―一八、台北：世新大学日本語文学系
二〇一二「韓国人の対馬観光から考える越境」『東亜歴史文化研究』三：一〇四―一一一
小田博志
二〇一〇『エスノグラフィー入門』東京：春秋社
嶋村初吉
二〇〇七『海峡を結んだ朝鮮通信使』福岡：梓書院

コラム　〝対馬市民劇団〟の意義

橘　厚志

『通信使』は、江戸時代に朝鮮国王の親書を携えて来日した文化使節団で、朝鮮国内で選抜された政治家、行政家、医者、文人、画人、芸能人など五〇〇人規模の文化人が来日した。命がけで朝鮮海峡を渡り、玄界灘を超えて瀬戸内海に入る。大阪からは陸路をとり、徳川将軍が待つ江戸城まで往復六か月に及ぶ旅をした。対馬藩はこの行列の案内、警護をしながら随行したが、日朝の友好関係の保持は通信使に負うところが大きかった。国内が安定し鎖国政策下にあった日本に通信使がもたらしたものは、当時先進の大陸文化だった。全国の諸大名は彼らとの面談を〝終生の誉れ〟とし、沿道には民衆が群らがった。

この一大ページェントの交渉やアレンジをするのが対馬藩の〝お家役〟であった。

島には資本が乏しい。貿易の対象となるアイテムも限られている。このままでは島は衰退してしまう。なんとか島に活力を取り戻すことはできないか。

振り返ってみると、対馬には他所にはない特異な隣国との交流の歴史がある。歴史は時代時代が積み上げてきた貴重な文化財産だ。資本がなければ歴史を資本と考えればいい。そんなコンセプトで、〝通信使〟を核にした文化交流事業を国内外に展開してきた。

写真1　ミュージカルの一場面

歴史は文字でしか学んでいない。平滑な文字の羅列ではその時の情況や思いが理解しにくい。三年前、〝市民演劇で町づくり実行委員会〟を立ち上げ、民話や伝承をテーマに演劇をすることになった。

最初に取り組んだ劇は『島風』。足利将軍時代、アジア全土を支配下に置こうとする元軍が対馬を侵攻した二度にわたる元寇が時代背景。この戦いのとき対馬ではどんなことが起こっていたのか、美津島町尾崎地区に民話が継承されていた。北条時宗の鎌倉幕府に見放された対馬はひとり侵攻の防御に命を懸けた。

素人ばかりの初公演だったが、尾崎の民を救おうとする少女伝《でん》にまつわる民話劇に、会場を埋め尽くした観客は感激の拍手を惜しまなかった。

初演で自信を得た市民劇団『漁火』は、昨年一一月五日、第二回目の公演となる『ミュージカル対馬物語』を手掛けた。

二〇一一年は、江戸城まで登らなかった〝最後の通信使〟が対馬で国書交換式をしてから二〇〇年の記念すべき年で、官民協調で『朝鮮通信使ゆかりのまち全国交流会対馬大会』が催された。『対馬物語』はこのイベント事業の一環として企画された。

地元の劇団によるミュージカルは初めてのこと。週一回、五月から半年間の稽古が続いた。台本の暗記もさることながら、所作も難しいし、衣装揃えも大わらわだったが、地元のコーラスグループ二チームのほかに、日舞や太鼓のグループ、それに韓国からペギンセ舞踊団も参加してくれて、総員八〇人の華麗な交流舞台になった。

異なるグループとの共演は楽しいばかり。これまで会ったこともない人たちとの出会いがあり、この人がこんな趣味があったのかというサプライズがあった。パーツ、パーツの演出が劇全体を輝かせてくれる。本番では満員の観客の涙を誘い大きな感動を共有することができた。

目指すのは、市民がパワーを持ち寄っての〝文化力で地域づくり〟だ。

劇の内容は〝対馬の生き様〟そのもの。対馬宗家一九代義智公のもとに戦国大名小西行長の娘マリア姫が嫁いでくるシーンで始まる。だが、喜びもつかの間、文禄、慶長の役、それに続く関ヶ原の合戦に見舞われる。対馬は日朝のはざまで苦慮の連続。朝鮮国の事情、国内の動き、何よりも大事なのは対馬の立場……。義智公とマリア姫、重臣たち、それに島民の一喜一憂の思いが絡む。

写真２　ミュージカルの一場面

義智公は行き詰ったとき、先代の遺訓である『島は島なりに治めよ』を貫く。国境の島には国境を守り、平和な交流を築く責任が担わされている。地域がその任を果たしてこそ存在の意味がある。対馬は経験を通してそのことを理解していた。〝地方の確立〟の先駆けでもあった。

公演に当たっては、千葉県にお住いの旧藩主宗家のご次男中正さんご家族をご招待したが、観劇の後、来てよかったと賞賛のお言葉をいただいた。

対馬と宗家との関係がややもすると希薄になる中、この公演を観ていただいたことで、藩主の立場で島民の思いを、島民の立場で城主の苦悩を追体験できる絶好の機会になった。この公演が対馬人の郷土愛を熱くし、宗家の対馬に対する愛着を深くさせてくれたと確信している。

市民が対馬を舞台に繰り広げられた歴史を身近に追体験でき、対馬の意

写真３　ミュージカルの一場面

義を再認識できたことの意味は深い。さらに、市民同士のコラボレーションによってひとつの作品を完成させる喜びを共有できたということにも大きな意義があっただろう。

『ミュージカル対馬物語』がもたらした波紋は、『文化力で地域づくり』に一歩近づいたようだ。

公演から三か月が過ぎても、「すばらしい劇を観せてもらいました〜！」と嬉しいお声がかかる。公演は一度限りの予定だったのだが、翌年二〇一二年には対馬で二回、さらに、韓国釜山市、福岡市でと、好評のうちに公演を実施することになった。（二〇一二年二月寄稿）

●第三部　歴史認識

つなぐ記憶／ずらす記憶——現在の八重山・台湾境域における越境の試みをめぐって

上水流久彦

はじめに

なぜ、沖縄の一地方に過ぎない石垣市（二〇一三年現在人口約四万七千人、面積約二二九平方キロメートル）、与那国町（二〇一三年現在人口約一六〇〇人、面積約二一九平方キロメートル）（以下、八重山）は東京や大阪などの大都市は別にして、日本の他地域よりも一足早く、外国（八重山にとっては台湾）と直接、交流・交易をしたいと考えたのであろうか。国家内部の均質性、同質性を社会システムの基盤とする国民国家から構成される現代では、同一国家内における帰属意識の形成や人、モノ、情報、資本などの流通は比較的容易である。このことは、逆に言えば、国家と国家、すなわち異質な空間間の境を超えていくには様々な仕掛けや仕組みが必要であることを示している。八重山と台湾を結び付けた仕掛けや仕組みは何であったのだろうか。

現在、日本の地方自治体は東アジアの観光客の誘致を直接行い、地域の商品を売り込んでいる。だが、台湾との経済的結びつきを八重山が求めた二〇〇〇年頃、日本での東アジアの一般的印象は「遅れた」というものであり、東アジアは魅力的な市場とは見なされていなかった。それだけに二千数百万のマーケットがあるものの、台湾との経済的結びつきを求めるその頃の八重山側の考えは先進的なものであった。

八重山と台湾を結び付ける理由としてまず考えられるのが、「近さ」である。実際、台湾とのビジネスを模索する八重山の関係者は「台湾がそこにある」と語る。彼らがそう語る理由として、筆者自身、「台湾は石垣市から約二五〇キロ、与那国から約一一〇キロという地理的近接性が身近に台湾があるという感覚を八重山の人々にもたらせてきた」と書いた［上水流　二〇一一b：二三］。

だが、沖縄島（石垣からは約四〇〇キロ）や日本本島との距離に比べれば相対的に近いという感覚は八重山にあるかもしれないが、約一一〇キロと約二五〇キロは「台湾がそこにある」と無条件に思わせる距離ではない。最も近い与那国でも一年のうちで、天気が良い数日、島の最西端から台湾が見える程度で、通常はそれらの島々から台湾が見えることはない。遠いと形容しても良い距離である。したがって八重山が台湾に近いという感覚は台湾から二〇〇〇キロ以上離れた日本本島にいる筆者の空間認識からの見方（それは日本本島の感覚を内面化した場合の八重山の人々の感覚でもある）でしかなく、そこには日本本島と比べてという認識が無意識に入り込んでいる。問題は、目では見えない台湾を彼らがなぜ「台湾がそこにある」と形容するのかという点を彼らの視点から描くことである。

ある空間を身近に感じる仕組みとして地図と情報の流通は重要である。例えば、空間を俯瞰する地図の重要性はアンダーソンが領土認識の点で指摘している［Anderson 2006］。だが、八重山に居住する彼らがテレビなどのメディアを通じて普段に見る地図は、沖縄島から与那国にかけての地図であり、その先にある台湾は描かれないことが多い[1]。つまり台湾と与那国の間は国境があるため、そこで地図は分断される。

情報の流通の点においても八重山と台湾とを結びつけることはない。通信技術の発展によって情報の流通が格段に向上したとはいえ、八重山では台湾の天気でさえメディアを通じて流されることは基本的にない。台湾の情報が八重山に、八重山の情報が台湾に十分に伝わっているとはいえず、隣接することがそのまま情報伝達の容易さを保障するものとはなっていない［上水流　二〇一一a］。

では、一体何なのであろうか。結論を先述すれば、それは、台湾と日本との不均衡な権力構造が忘却された形で継承された日本植民統治末期から中国国民党政府による統治初期の台湾との越境経験の記憶である。本稿ではこの点を、八重山と台湾東部の両地域での現地調査で得た資料に基づいて論じていく。この作業を通して最後に境域研究の課題を明らかにしたい。

一　経済的結びつきの希求と現状

八重山も日本の他の中山間地域、離島の例に漏れず、産業が衰退し、人口減が進んでいる。これまで八重山は、離島振興に基づいて国から手厚い補助を受けていたが、国家の財政的逼迫は、補助金の削減を招き、自前で経済的基盤を確保することを八重山にも求めるようになった。加えて、政府が推進しようとしている地方分権の流れは、地域の自立を加速するものとなった。

そのような状況において、八重山では日本の「周辺」[2]に位置することを逆手に二〇〇〇年頃から台湾との経済的取引が地域発展の切り札として考えられてきた。八重山と台湾の間で経済的に望まれていることは以下の三点である。①飛行機や船による直接の往来の交通手段の確保、②①に基づく台湾からの観光客の誘致、③貿易、工場の誘致・拡大である。現在、ある程度進んでいるのは、②の石垣市における台湾人観光客の誘致である。

石垣市には台湾からのクルーズ船が春から秋にかけて来航し、一定程度の経済的効果をあげてきた。クルーズ船は、スタークルーズというマレーシアに本社を置く船舶会社によって運営されている。カジノが常設された船の中で公海上それを楽しみ、昼は各寄港地を訪れ、基隆を基点に石垣、宮古島、沖縄島（那覇）の観光を楽しむ。客の

写真１　花蓮市役所にある与那国町花蓮事務所の看板

大半は台湾の人々で、石垣に初めて寄港したのは一九九七年三月一五日である。

クルーズ船はほぼ順調だが、[3]これ以外は苦戦している。現在、八重山と台湾を一年中直接結ぶ定期客船、定期便はない。貿易も、那覇、石垣、基隆を結んでいた貨物船がなくなってから（二〇一二年に一部が復活したものの）衰退の一途である［松田二〇一一］。工場の誘致は全くできていない。

この他、与那国町は小泉政権下の特色ある施策とされた特区の申請も行った。二〇〇五年、二〇〇六年と続けて特区申請を行ったが、[4]採用されなかった。また花蓮市への連絡事務所を与那国町は二〇〇七年五月二九日に設置した。[5]二〇〇七年一〇月には与那国と桃園国際空港間、二〇〇八年七月には国際カジキ釣り大会にあわせて与那国・花蓮空港間のチャーター便が飛んだ。このまま進展するかと思われたが、現在、台湾と与那国の間に船も飛行機も直接往来するものはない。台湾から団体観光客が来ているという話も聞いていない。

これらの試みがうまくいかなかった要因は主に三点ある。一点目は、同じ国内ではないという当たり前の理由である。与那国町はチャーター便の就航や船の直行便の設置を働きかけたが、そのためには入国管理局や税関が与那国に必要であり、港が国際港としての資格を満たし、船が国際線の資格を満たしていなければならない。これにかかるコストは高く、それを賄うには一定の需要が必要だが、与那国と花蓮ではその需要はさほど高くなく、直航は頓挫している。石垣と花蓮の間の定期的チャーター便も一年半ほどあったが、こちらもコストが高いことから一旦終了した。[6]

二点目は言語の問題である。日本植民地期や終戦直後と異なって、現在、互いが用いる言語は異なっている。そのため十分な意思疎通ができない。花蓮に駐在した人物は交流促進のためには、中国語に長けた人物を養成する必要があると指摘していたが、現在までその人員の確保はできていない。

三点目としてここ六、七年まで台湾と本気で交流や貿易、観光客誘致をしようという雰囲気はなかった点があげられる。石垣の人々はクルーズ船の台湾人観光客を日本経済が円高などで冷え込むまで、重要な客とは考えていなかった[7]。国内の客足が減じて初めてその恩恵を痛感したような状況である。

このように台湾と石垣市の約二五〇キロ、与那国からの約一一〇キロは、近接しているとはいえ、無条件に直接交流を可能とする距離ではなかった。国境があるがゆえに実際の距離以上に遠いものであった。そこで次節では、台湾との交流や交易の必要性を感じた人々の思いから、地域活性化の方策として台湾との交流、貿易、観光客誘致が八重山で一足早く望まれた直接的な要因を探る[8]。

二　八重山の台湾東部への認識

1　経済的切り札としての台湾

沖縄の日本復帰後、八重山において台湾の自治体と姉妹都市を最初に結ぶのは、一九八二年に花蓮市と締結した与那国町である。その詳細な経緯は不明だが、与那国の建設で必要となった砂利を台湾から運ぶことなどが関係していた。与那国町と花蓮市は姉妹都市協定を結ぶものの、花蓮市役所への連絡事務所設置まで目をひくような交流事業はなかった。

その次が石垣市と台湾東部の蘇澳鎮である。一九八二年に八重山青年会議所と蘇澳鎮青年商会が姉妹関係を結

写真2　石垣空港にあった「クレジットカード、台湾元歓迎」の台湾人向け案内

び、民間での交流が開始された。台湾が日本やアメリカとの国交断絶（日本が一九七二年、アメリカが一九七九年）、国連からの脱退（一九七一年）など、国際社会で孤立していくなか、政府レベルではなく民間レベルで他国と積極的に国際関係を結ぶことを台湾政府は奨励した。いわゆる台湾の民間外交政策である。そのなかで蘇澳鎮は青年会議所との交流を通じて一九八〇年代に石垣関係者と接触する機会があり、それが契機となった。この関係が発展して姉妹都市の協定が両者の間で一九九二年に締結された。石垣市も与那国町同様姉妹都市を結ぶものの、交流事業はきわめて形式的なものであった。

しかしながら、筆者が調査を開始した二〇〇五年春の時点では、形式的な交流の見直しの声があがっていた。台湾との交流が八重山の経済を活性化するという話を、八重山在住の当時五〇歳前後以上の商工業者や自治体関係者からしばしば聞いた。彼らは植民地統治末期前後の八重山と台湾の越境経験について体験者から直接話を聞いていた人々であった。

例えば、石垣市の商工会のある男性（五〇歳代）は、「どうすれば台湾とのビジネスが盛んになるかを考えている。石垣と台湾は昔、直接行き来をしていたことがあり、他の地域（日本や、沖縄の：筆者注）と違って、その点で有利で、台湾との商売を通じて石垣市の経済を発展させたい」と語った。同時期に話を聞いた石垣市で会社を経営するある人物（六〇歳代前半男性）は、「台湾と貿易することで石垣は発展する。過去に石垣の人々が多く台湾に行っており、働きに出た人も多かった。その台湾には今、数千万の人々がいて、クルーズ船で台湾の人々が石垣に来ている」と教えてくれた。

二〇〇五年三月に与那国で出会った五〇歳代後半の推進者は、熱心に台湾との交易こそが与那国を日本の周辺から離脱させる唯一の方法なのだと語った。そして彼もやはり、植民地期の台湾との行き来で与那国は栄えて、密貿易（後述）ではとても栄えたと述べた。植民地期、台湾と八重山を自由に行き来できた時、与那国は周辺ではなく、とても便利であったという。花蓮市の連絡事務所に半年いた人物（当時四〇歳代後半）もそのような話を繰り返し聞かされたうちの一人である。彼は「与那国と台湾は、同じ地域で一緒に暮らしていたわけですよ。今、国境があるからそれができないだけで、行き来をすれば与那国はとても良くなる」と何度も筆者に語ってくれた。そして、彼自身が台湾との交流が地域振興の突破口になると思ったのは、昔の体験話を聞いてからであると述べた。

このように終戦を挟んだ時期の八重山と台湾の往来の話を身近に何度も聞いた人々が、現在における台湾との経済的結びつきを考えついた。その一方で、若い世代は昔の台湾との越境経験についての熱い話を聞いてはいなかった。与那国で台湾との「交易」に関係していた三〇歳代の畜産農家（男性）は「話としては聞いているが、そのような話を経験者からたびたび直接聞いたことはない」という[9]。台湾との歴史を若い世代（中学生、高校生）に教える試みを行っているある人物は、その理由を、学生たちが八重山と台湾の歴史についてほとんど知らないからだと、筆者に説明してくれた。

2　富をもたらした台湾との交流・交易

では、五〇歳前後以上の人々（二〇〇五年頃に）が体験者から聞いた植民地期や密貿易時代の八重山と台湾との関係はどのようなものであったのだろうか。一八七九年に琉球が大日本帝国に沖縄県として編入され、台湾が一八九五年の下関条約によって日本に割譲され、両地域は同じ帝国の領土となる。それ以降、台湾と沖縄の関係はほとんど交渉がなかった時代から大きく変化する。労働力が不足していた台湾では沖縄からの人々が台湾に移り住み、新天地を求めた。「台湾への人的供給源としての沖縄」である〔又吉　一九九〇〕。

八重山と台湾の関係も同様であった。働くために多くの人が台湾に渡り、さらには進学先を求めて台北市へ移り住んだ。女性は、内地人（当時、日本本土から来た人々の意）の礼儀作法を身につけ、「国語（日本語）」を学ぶために台湾の内地人の家にお手伝いさんとして奉公した。就職、進学、奉公に加え、大けがをした時に担ぎ込まれる先が台湾であった。石垣在住のインフォーマント（二〇〇五年当時七〇歳代、男性）によれば、日本植民地期に落馬して骨折する大きなけがをしたが、その時に最終的に運ばれたのは、台北帝国大学の医学部に付設された病院であった。

与那国のインフォーマント（二〇〇六年当時八〇歳代、女性）によれば、植民地期、漁船で往来したという。与那国から個人所有の漁船でも四時間ほどあれば、台湾に着くことができた。日本本島に郵便を出す場合も、与那国から沖縄島経由よりも台湾経由で出すほうが、当時航行していた船の能力、便数によって早く着いたと語る。そのため、漁船で漁業にでる知人に手紙の投函を頼んだ。また、家で飼っていた豚を船に積んで台湾に売りに行くこともあった。売ったお金で日用品を買ってきた。このように単に移り住むだけでなく、日常の生活で台湾と八重山とを往来することは珍しくなかった(10)。

筆者の与那国のインフォーマントは当時の生活を懐かしがって、子ども向けの漫画も沖縄島よりも早く読むことができたとも語った。日本本土から漫画は来るのであるが、沖縄島経由ではなく、台湾から入ってきた。それも沖縄島よりも早くに、である。さらに畳も沖縄島よりも与那国が先に入ってきた。台湾帰りの女性は、言葉も仕草も着る服も与那国や石垣の人々と違って洗練されていたという。

つまり、八重山の人々にとって台湾は先進地であり、近くに台湾があるため他の沖縄の地域より早く彼らは内地文化を享受できた。八重山は沖縄でも周辺にあり、蔑視されたが、内地文化の早い流入という点でまさしく沖縄内での蔑視をはね返す資源として台湾が有用であった。

このような関係は一九四五年の日本の敗戦、台湾の当時の中国政府への返還によって変わっていく。一般の人々が日常的に台湾と往来することはなくなるが、ただ終戦直後の八重山と台湾との間では行政の管理の外でなされた密貿易が行われた。密貿易は終戦直後から一九四九年にかけて盛んに行われ、沖縄がアメリカ統治期に入る一九五一年にはほとんど見られなくなる。[11] 石原［一九八二］、大浦［二〇〇二］、奥野［二〇〇五］らの記述によれば、沖縄からはアメリカ駐留軍の横流し品（たばこ、缶詰、銃弾など）が日本本島や台湾に運ばれ、台湾からは砂糖などの日用品が運ばれた。密貿易とは言われるものの、麻薬や銃などの闇取引ではなく、多くが生活用品の売買であった。そのため、密貿易ではなく八重山を含む沖縄の復興に役立ったことから復興貿易と呼ぶべきだともされる。

その密貿易の中継地点として栄えたのが与那国であった。当時は現在の人口の一〇倍以上の一万七〇〇〇人ほどが住んでいた。与那国の漁村であった久部良には密貿易従事者を相手にする旅館や飲み屋、映画館が軒を並べ、ドル紙幣、台湾紙幣、日本紙幣が飛び交っていた。その隆盛は、鶏でさえ地面に落ちた米を食べないと言われたほどであった。子どもが大人と一緒に荷物運びをするぐらい人手不足だったともいう。密貿易に関わる者は限られていたが、その恩恵は広く行き渡っており、一般の人も現在でも知る記憶となっている。

このように植民地期、八重山の人々にとって台湾は進学先であり、就職先であり、奉公先であり、入院先であり、豚を売りに行くところでもあった。第二次世界大戦終了直後は密貿易によって富をもたらしてくれる場所であった。台湾は八重山の繁栄を支え、台湾と八重山は同じ生活圏にあったと述べても過言ではない。だからこそ筆者のインフォーマントの一人は「一緒に暮らしていた」と語ったのである。

このように台湾との越境経験の記憶が八重山にあり、その記憶を経験者から聞いた者たちが、異口同音に地域振興策の一つとして台湾との経済的結びつきの必要性を語っていた。経験者の体験談は彼らに台湾との行き来が八重山に繁栄をもたらせたものと実感させ、「遠い」外国の台湾を同じ世界にあったという点で感覚的に身近な存在にさせた。

三　台湾東部の八重山への認識

1　認識の薄い八重山

台湾との「交易」の記憶がある八重山に対して、八重山の人々の交流先である台湾東部では八重山についてどのような認識を持っているのだろうか。実は台湾東部の調査では八重山のような「近い」感覚や、「台湾への行き来が八重山に富を、先進的なものをもたらした」という話は基本的に聞くことはなかった。台湾における八重山認識、すなわち八重山像は具体的には台湾には存在しない。日本もしくは沖縄の一部と思われている。沖縄の一部といっても、日本の一部という色彩が濃い[12]。

現在、与那国との交流をすすめるパートナーとなっている花蓮側の関係者は八重山と台湾との行き来について認識はしている。「八重山は台湾と交流することで栄えた」というたぐいの話も複数の関係者から聞かされた。だが、話はそこまでである。実際にどのような交流があったかは八重山の人が語るような広がりも厚みもない。行き来して栄えたという点のみである。

さらに彼らが自分たちの上の世代から聞いて「八重山は台湾と交流することで栄えた」ことを知っていたかと言えば、そうではない。市の幹部でもあった人物は与那国の関係者と接触することでそのような歴史を知ったと語る。与那国町の連絡事務所設置を認めた元市長は、その受け入れを国際交流の意義から語り、国際都市花蓮市を宣伝するものであると捉えていた。だが、植民地期末期の越境の歴史について言及することもなく、深く話すこともなかった。それは二〇一一年一二月に訪問調査した当時の市長も同様であった。実際、八重山からの台湾への行き来が台湾東部で地域の歴史として継承されてはいなかった。

一般市民の間でもほぼ同じである。二〇一一年一二月に花蓮鉄道文化園区の解説ボランティアに話を聞いたことがある。花蓮鉄道文化園区は日本植民地期に建設された台湾東部鉄道の歴史が戦後も含めて展示されている。植民地期の展示があることから八重山のことも知っていると筆者は考えたが、ボランティアの女性（五〇歳代）は与那国や石垣市の名前さえ知らなかった。二〇〇九年夏に不動産業で働いている人物（三〇歳代）にも話を聞いたが、石垣市の名前はどこかで聞いたことがあるという程度であった。

筆者は台湾東部で様々な機会を通じて調査目的を語るのだが、石垣や与那国についてすぐに花蓮や蘇澳と姉妹都市であることを語る人は少なかった。筆者が話して初めて「そう言えば……」という程度であった。ある花蓮市議会議員（三〇歳代後半）と二〇〇八年夏に話す機会があったが、花蓮と与那国の姉妹締結は知っていても、具体的な交流活動や台湾と八重山の歴史については知らなかった。密貿易にいたっては、調査中誰ひとりとしてそれを語る人には出会わなかった。地域の歴史の一つとして学校で教えられてもいなかった。

台湾東部の漁民の記憶を調査する西村によれば、与那国や石垣、さらに尖閣諸島は漁民であった者には認識され、植民地期の往来や密貿易は記憶され、現在の漁民の一部はそれを継承しているという[13]。だが、現在の交流の中心となる都市住民の中に、八重山の詳しい認識は見いだすことがなかった。八重山で台湾との交流の歴史が五〇歳代以上の間で一定程度広がっていることと比べると、台湾東部では限定的であった。

このように台湾東部の都市部では、石垣や与那国が台湾東部の自治体と姉妹都市を結んでいることから、「名前は聞いたことがある」という人がたまにいる程度であり、例えば石垣に美しい海があり、日本では観光地として有名であることさえ知る人はほとんどいなかった[14]。台湾にとって八重山は日本の「どこか」でしかなく、それ故に現在の交流を推進する中心人物たちが自らの地域の歴史として、過去の越境を認識してはいない。すなわち、台湾東部と八重山では両者の過去の越境経験の記憶の継承とその内容に大きな違いがあった。

2　編集される過去

記憶の継承における違いの要因を八重山の経済的魅力のなさに求めることも可能である。実際、花蓮市役所関係者のなかには、人口の少ない八重山と商売しても経済的利益はないと語る者は多い。人口の少なさが経済的魅力を持たせず、台湾での認知度を下げているという理屈は成り立つ[15]。

だが、それだけの理解では八重山の認知度の低さの分析としては不十分である。類似した距離にある対馬は、韓国では多くの人間が知っているからである[16]。対馬は韓国の教科書に李氏朝鮮時代の一時期に占領されたことがあると記され、竹島問題をめぐっては韓国メディアに頻繁に登場する。経済的には対馬は韓国にとって大きな魅力がないにもかかわらず、対馬の認知度は高い。

したがって八重山では台湾との越境経験の記憶が残り、越境先である台湾東部では歴史どころか、その地名さえも十分に浸透していない理由を明らかにしなければ、八重山と台湾東部の間の人やモノの移動を理解することはできない。これを検討する際、過去と現在の関係に関する杉島やホワイトの指摘は示唆的である。

杉島は、過去と現在の関係について「現在の過去負荷性（過去の累積的効果として現在が成立していること）」と「過去の現在負荷性（現在的な目的や関心にしたがって過去が再編成されること）」という概念で議論を整理し、前者を後者に還元できないと指摘する［杉島　二〇〇四］。ホワイトのいう「実用的過去」［ホワイト　二〇一〇］である。

過去なしで現在は成立しないが、そこで言及される過去が必ずしも過去の累積そのものではない。歴史としてであれ、記憶としてであれ、過去を語ることは「物語り」であり、過去を物語るとき、過去は現在のある出来事と関連づけられて読み替えられる［野家　一九九八、上水流　二〇〇四］からである。そして、読み変えには必ず過去の「選択と忘却」、または「明示と隠蔽」が、意図的であるかなしにかかわらず存在し[17]〔石田　二〇〇〇、香月　二〇〇二〕、さらには過去の誤解や誤読も生まれる。

このような問題意識から現在の八重山の動きを考えると、これまで明らかにしてきたように、その希求は八重山の人々が台湾と行き来し、繁栄したという過去なしには存在しない。だが、そこで述べられる過去は過去の全てそのものではなく、「選択と忘却」や「誤解と誤読」が存在する。したがって、過去の越境経験が八重山と台湾とを現在結びつけたと述べるだけでは「実用的過去」の分析としては不十分であり、過去の読み込みや継承においてどのような選択と忘却が行われ、誤読がなされているか、さらにそのような過去の理解が可能となった状況を論じる必要がある。そこで次節では八重山の関係者が語る台湾への認識から検討を行いたい。

四　過去の台湾と現在の台湾のズレ

1　内地的「台湾」の非継承

筆者が八重山の調査で聞く現在の「台湾」は日本ではなく台湾の人々が統治する台湾である。日本とは言語も文化も違い、政治体制も経済体制も日本とは別のものである。一言で言えば、八重山の人にとって現在の「台湾」は外国としての台湾である。

一方で、台湾を身近に感じていた植民地期や密貿易を経験した人々の「台湾」はどうだろうか。植民地期であるが、八重山の少女が奉公にでかけたのは、既述したように当時の内地から来た内地人の家であった[18]。落馬した男性が向かった台北帝国大学病院は内地人が主要な職位を占める場所であった。郵便を出した先で、豚を売ったところで出会う相手は、内地人か沖縄の人であった可能性は高い。たとえ台湾人（当時は本島人）に出会ったとしても、それは大日本帝国のなかの台湾であり、使用した言語も日本語もしく沖縄の言葉であったろう。

当時台湾は台北という大日本帝国のなかでも大きな都市を抱えた地であり、現在の日本での一般的印象である発展途上国台湾ではない。だからこそ、八重山、特に与那国に居住する人々にとって、台湾帰りは憧れであり、おしゃれであり、沖縄の他の地域よりも八重山、中でも与那国が進んでいるという意味を持たせた。八重山から台湾に移った人間が、憧れ、学んだ文化は台湾現地の文化ではなく、大日本帝国の台湾の内地文化であった。

一九四〇年代、台湾の人口の九割以上（約六〇〇万人）が本島人（当時漢族系住民は本島人と呼称されていた）であり、日本内地からの人間は五％ほど（約四〇万人）であった。だが、内地人の生活世界では台湾は大日本帝国の中の台湾であり、本島人との親密な接触は学校生活を除くとほとんどなかった。[19] このことは台湾からの引揚げ者の話からも確認できる。筆者は彼らの調査を二〇〇三年から行い、これまで数一〇人と接触をしてきたが、総じて台湾の人々の暮らしに関する記憶は薄い。

例えば、一〇〇人近くの引揚げ者のなかで閩南語を話せる人物は澎湖島で幼少期を過ごした人物一人だけである。周囲に日本人の子どもはおらず、台湾の子どもたちと遊んだ時に覚えたという。台湾の人々が食べる大根もちを知らない引揚げ者も多く、旧制高校での本島人同級生とのつきあいを除けば、彼らの記憶に出てくるのは内地人のみである。

このようなことから考えると、八重山から台湾に移った人々は内地人の生活圏に暮らし、内地の文化を受入れたという状況にあった。つまり、八重山の人々の植民地期の台湾への越境は、当時の本島人を中心とした生活世界の台湾への越境ではなく、内地的な台湾への移動でしかなかったと言えよう。[20]

一方密貿易時代だが、日本の台湾統治は終了しており、中国国民党政府に徴用されたごく一部の日本人を除けば、内地人は引揚げなければならなかった。したがって、台湾での取引相手は台湾の人間であり、日本人であったとの記録は密貿易に関する資料からは確認できない〔石原　一九八二、大浦　二〇〇二、奥野　二〇〇五〕。

だが、使用した言語は詳細な記述はないが、一九四五年から五一年であれば、現在と違って台湾で日本語を使用できた人々は多く、日本語であったであろう。一九七〇年代に密貿易を行った人間が日本語を使用したことを考えれば、終戦直後、言語が違うことでは困らなかったはずである。個人で往来ができた当時の台湾は大日本帝国の領土ではなくなったとは言え、現在の台湾の状況とは異なっていた。

現在、経済的結びつきを進める者は、現在の台湾との貿易や観光客受入れは外国とのやり取りだと考えている。だが、そこでは過去の台湾が大日本帝国の台湾であったことや、「内地人」や「内地」の素養を身につけた台湾人との交渉であったことは意識されていない。この点に目を向けるインフォーマントは存在せず、彼らにとって「台湾との行き来」という語りは、当時の越境が八重山と内地的なるものの取引であったことを想起させるまでのものとはなっていない。「台湾」の意味は、語る者と聞く者との間で無意識のうちにズレていた。[21]

2　忘却される権力構造

植民地の民族間関係は、上記のような関係のズレだけではない。不均衡な相互認識がある。川村は、満州の記憶を事例に内地人が外地に住みながら日本のなかで生きていくことができた様相を指摘する。たとえそこに中国語、満州語、朝鮮語の言葉が飛び交っていたとしても、朝鮮人や中国人がいたとしても、その存在は満州に住んだ内地人にとって気にしなくてもよく、彼らとつきあうことなく生活できたと述べる〔川村　二〇〇二〕。内地人が「気にしなくてよい」という不均衡な内地人と外地人の相互認識が植民地では成立していた。そのようなありようは、先の引揚者の記憶からもうかがえるように台湾も同様であった。[22]

その一方で本島人の記憶に、内地の文化や内地人の同級生のことは出てくる。日本語を学ばされた記憶、神社に参拝した記憶等その例をあげるのに枚挙にいとまがない。また同じ成績でも内地人の同級生は進学ができても自らはできなかったこと、成績が内地人より良くても学級委員になれなかったことも、植民地期のライフヒストリーを集めればよく聞く話である。すなわち、植民地期の台湾には、内地人を気にしなければならない本島人と、本島人を気にしなくてもよい内地人が存在し、内地人と本島人との権力構造は内地人には意識されず、不可視のままであった。

八重山の植民地期経験者の語りにおいて、このような権力構造に結びつくことが語られることはなかった。あるとすれば八重山を含む沖縄出身者が内地人に差別された、または沖縄島の人間に八重山出身者が蔑視された話であり、沖縄出身者が内地人から差別された故にその点では本島人が沖縄出身者を慕ってくれたというものである。

また現在八重山に生きる人々も台湾が植民地であったことを知りつつも、このような権力構造は知らない。八重山の人々は差別があったことは一般常識として知っている。だが、それだけである。過去に、台湾が内地人を中心とした世界であったことや、内地人と本島人の間にあった不可視な権力構造の存在までをも正しく知っているわけではない。

したがって、八重山において語られる台湾への越境経験は、その「台湾」がは何を指すのかというズレを包み込んで語られ、継承されるだけではない。内地と外地という日本側からは意識されない不均衡な相互認識が不在のまま語られ、継承されていく。このように生活空間が一緒であったという記憶は、その内実やその空間を包み込む権力関係を忘却させながら現代の八重山へ継承され、台湾との往来へとつながっていた。そして、だからこそ過去の越境経験が現在の越境への試みとつながるのである。

３　変化する記憶のズレ

現在の八重山では「台湾と行き来した」という言葉を、しばしば耳にする。だが、八重山と台湾との交流の歴史を学ぶ機会はほとんどない。現在の交流の活性化を求める動きはあっても、過去の歴史を振り返る動きはほとんど見られない。したがって、終戦前後の台湾とのやり取りの実態が現在の若年層に伝わることはない。ましてや、植民地における不均衡な相互認識を理解することは一層難しい。

そこではむしろ、台湾との行き来が八重山に繁栄をもたらしたことのみが選択される。八重山において台湾との行き来は良いことなのであり、「台湾と行き来した」ことだけが流布する。そして流布すればするほど、植民地支配の正の側面のみが注目され、植民地期の交流に内包していた不均衡な相互認識は忘却される。

不均衡な相互認識は八重山が台湾と交流したという語りが台湾東部では継承されていない要因でもある。内地人を中心とした交流のなかで台湾人の存在は希薄だったのであり、自らが排除された世界を台湾の人々が継承するはずもない。

したがって、台湾側から見た場合、不均衡な相互認識を問題にする可能性は低い。ここまで見てきたように彼らの間において台湾と八重山の植民地期の交流は地域の歴史ではなかった。八重山側からのアプローチのなかで、最近あらたに認識された八重山と台湾の歴史であった。八重山の台湾との行き来における台湾人の不在という事実は、経験者として台湾側からその歴史を語る者はほとんど存在しえないことを意味し、台湾側からの不均衡な相互認識の問題視が無理なことを示している[23]。

不均衡な相互認識に基づく一方的な記憶の継承は、ある意味、国境があり、八重山と台湾との空間が交わらなかったからこそ成立しえた。台湾の人々がそのような継承に異議申し立てる場は存在しなかったし、そのような記憶の継承を知ることもなかったからである。

不均衡な相互認識は記憶の継承においてだけではない。一九七二年に沖縄が日本復帰するまでは、台湾の人々がサトウキビ刈りを手伝うために与那国に来ていたし、パイナップル工場で働く女工も存在した［国永　二〇一二］。水牛、パイナップル、炭坑労働、サトウキビ労働など、植民地期や戦後に台湾から八重山に伝わったものはあり、台湾の人々の移住もあった。だが、それらが現在の台湾との関係の発展において取り上げられることはない。現在、八重山の台湾系華僑はクルーズ船で来る台湾人観光客の通訳兼ガイドにはなっているものの、台湾とのビジネスの中でその中心にはいない。そこでもまた観光客以外の台湾人の存在と歴史は排除されている。(24)

しかしながら、このような記憶のあり方は不変ではない。八重山の現代の記憶のあり方は日本と台湾の良好な関係や親日台湾像によって支えられているが［上水流　二〇一一b］、日本と台湾の国家間の関係が過去の再生、解釈という記憶に影響しているということは、国家間の関係が変わった時に新たな解釈、強調、忘却、ひいては八重山と台湾の交流、交易の捉え直しが行われる可能性があることを示しているからである。実際、条件の違う対馬では、類似した越境経験を植民地期に持ちながら、日本と韓国の関係に配慮した、八重山と台湾の境域とは異なる交流や観光の形式をとっている［上水流　二〇一一b］。

二〇一二年一月の台湾の大統領（台湾では「総統」）選挙では、中国との関係の発展を望む馬英九が再選した。結果、台中関係の深化が進み、台湾の人々の国家認識、日本観、東アジアへの認識が変わっていった。(25)野家が指摘するように過去は現在の出来事との関連で新たな物語へと発展していくのであり、その点では今後、台湾と日本、台湾と八重山の関係が変化するなかで、「八重山に繁栄をもたらした台湾との往来」という語りそのものが消え去ることもありうる。内地人と本島人との間の不均衡な相互認識が選択され、強調されるかもしれない。近年、沖縄では中国からの観光客の誘致に注力している。したがって、台湾ではなく中国の比重が八重山でも増加する可能性は高い。その場合、沖縄と中国の近代以前のつながりの強調のなかで、八重山と台湾とのつながり自体が軽視・忘却されることもありえる。国境があってもその意味、国境付近に住む人々の感じ方は、国際政治と現地との相互交渉の中で変わりうる。

おわりに――境域という課題

国境の意味は国際政治という近代的国家の相互交渉によって大きく左右されるが、人々の認識や働きかけの全てがそれによって決まるものでもない。政治地理学の課題として「空間と場所の緊張」を指摘する山﨑は、空間と場所を次のように定義する。近代的・機能的・合理的利用が促進される資本主義社会での「空間」と、歴史的な固有性や主観的な非代替性（＝かけがえのなさ）を持つ「場所」である〔山﨑　二〇一〇：二三一―二三八〕。例えば、西村は本書収録論文のなかで、国境がない状況から「やわらかい」国境、「かたい」国境へ変遷しつつも、台湾東部の漁民が過去の経験に基づいて尖閣諸島やその付近を漁場として見なすことで現在の国境のあり方をずらす試みを行っていることを指摘する。すなわち、近代的国家制度で区切られた空間を、漁民は個別の経験から場所として読み変えようとし、そこに空間と場所の緊張が生じている。

本稿で取り上げた事例もそのような「空間と場所の緊張」のなかにある。国境の移動はその時々で固有の経験を当該地に与えてきた。それらの経験は、植民地支配、国際関係、経済的関係、歴史経験、民族、周辺性等の要素によって形作られ、現在的空間の場所への転換を試みていた。

「空間と場所の緊張」はどこにでも存在し、台湾東部と八重山の間の独特な課題ではない。だが、台湾東部と八重山という二つの地域からの分析は、「空間と場所の緊張」が双方に共有されるものでもなく、有機的に結びついてもいないことを明らかにする。本書の西村論文の事例では、台湾東部の漁民は尖閣諸島及びその周囲を境域として読み替えを行っているが、石垣市のほうでは国家で分節された空間は絶対であり、境域として読み替える余地はない。[26]だが、同時に観光や経済的取り組みでは、八重山側はその読み替えを行うが、本稿の事例のように台湾東部の市民にとって越境の歴史は存在せず、そこに国境は揺るぎなく存在する。つまり「空間と場所の緊張」は双方で共有されず[27]、複数のアスペクト（ここでは領土問題と経済的問題）で異なる様相を示し、かつ各アスペクトが非連関的に存在する。

このような空間と場所の錯綜したせめぎ合いは、台湾東部と八重山がそうであったように、相互の生活のなかで様々に直接的接触が発生しうる地理的な近接性が基盤となる。多様なアスペクトでの結びつきが発生しやすいからである。そして、そのせめぎ合いにこそ異なる文化的政治的背景を持つ隣接する地域を境域として検討する課題のひとつが存在する。

さらに境域の課題として中央と周辺の問題が存在する。石垣にしろ与那国にしろ、そこには常に日本の「周辺」という意識が存在した。それ故に台湾との強固な関係や台湾との交流や交易の希求から自己の独自性や「周辺」からの脱却が試みられた。

だが、同時に過去の継承において内地としての台湾が外国としての台湾になるように、「中央（国民国家のなかでドミナントな存在）」の意識も内面化していく。これは本書が扱う境域では広く見られる。例えば、観光を通じて八重山の人々が「中央」の台湾認識を内面化する過程を越智論文は本書で論じている。他方、対馬と釜山の境域については江本論文が島独自の認識と日本に帰属するという意識の混在を、中村論文が対馬の韓国との関係の強調と同時に韓国人観光客を非好意的に見る姿を描いている。また村上論文は、変則貿易を通じて対馬が朝鮮半島との関係の深さよりも日本の一部分であるとの認識を強める過程を描いている（この他、対馬については村上［二〇〇七］、八重山については上水流［二〇一一ａ、二〇一一ｂ］に詳しい）。

すなわち、境域では「中央」への反発や独自性の強調と、「中央」の内面化が併存し、鋭く対立する。そのなかで現在では外部となった台湾や韓国の取り込みが行われる。外部は「中央」へ対抗する資源であると同時に「中央」

と自らが同じであることを確認する資源でもある。(28) このような構造も境域が抱える課題の一つである。

ここまで見てきたように境域では「中央」への同化と異化と、非連関的に存在する「空間と場所の緊張」とが存在する場である。それは日本本土の地方のように取り込みを行う外部が身近に存在しない、それ故に「中央」と容易に同化できる「『中央』の地方」とは異なる課題が境域には存在する。ここに国境や国民国家を人類学的（人々の視点から微視的に）考察する境域の意義が存在する。今後も八重山と台湾東部という境域をこれらの要素が錯綜し、せめぎ合う場として注視していきたい。

［謝辞］本論文に関する研究は、平成一六年度県立広島女子大学特定研究「『周辺』で『日本人』になること――『日本』概念の再検討」（研究代表者：李建志）、ＪＳＰＳ科研費一七二五一〇一一「台湾における植民地主義に関する歴史人類学的研究――『日本認識』をめぐって」（研究代表者　植野弘子）、県立広島大学重点研究戦略的特定研究「越境実践と生活圏構築の文化人類学的研究――台湾と沖縄の境界領域にみる交渉と記憶から」（代表者：上水流久彦）、トヨタ財団・特定課題「海の東アジアが醸成する文化」の助成プロジェクト「沖縄と台湾の境界領域における越境実践と生活圏構築プロジェクト」（研究代表者：上水流久彦）、ＪＳＰＳ科研費二一三二〇一六五「日本『周辺』地域にみる国境変動とアイデンティティ――韓国・台湾との越境を巡って（研究代表者　上水流久彦）の支援を得て行った。ここに記して感謝申し上げます。

注

（1）気圧配置の図などでは台湾が出てくるが、天気予報など他の地図では与那国までである。

（2）本稿で述べる「周辺」とは地理的に日本の周辺に位置することと、その地理的条件に基づいて政治的、経済的、社会的に日本国内において不利な立場にあるという当該地域に対する内外の認識を意味する。

（3）八重山毎日新聞社・松田良孝氏（所属は二〇一四年当時）によれば、クルーズ船の就航は石垣側ではなく会社からの働きかけであった。したがって、厳密に言えば、八重山側の働きかけによるもので成功しているものはない。

（4）二〇〇六年の申請内容は以下のとおりである。

Ⅰ．国際防災協力特区

・国際防災協力の推進による広域的災害からの地域住民の人道的な保護など、国境離島における防災体制の強化・構築
・国外の地方公共団体等との防災気象情報共有体制の構築
・海外支援物資の迅速な受け入れ体制の構築

Ⅱ．国境交流支援・短国際航海安全航行促進特区
　国境離島における短国際航海（与那国―花蓮間六〇海里）の安全航行促進に資する

Ⅲ．国境離島型開港（クリアランス船等受入れ促進特区、期間限定トライアル開港）
　不開港・非検疫港状態にある与那国島でのクリアランス船等の入港促進措置国境離島の振興等に資する需要創出型トライアル開港

（5）現在も事務所の看板は花蓮市役所にあるが、駐在員は二〇〇七年一一月以降不在である。

（6）二〇一二年春から台湾の桃園国際空港と石垣を定期便で結ぶという話があったが、結果はチャーター便であった。それだけにどの程度継続されるのかは依然問題である。現在、夏期を中心に定期便がある。

（7）台湾でSARS（重症急性呼吸器症候群）が発生した時に日本本土からの観光に悪い影響を与えないようにするために、台湾からの観光客の上陸を見合わせた。この出来事については上水流［二〇〇九］で詳しく分析した。

（8）八重山の人々が本土に居住する筆者と同じ地図に慣れ親しみ、類似した情報空間に住んでいることを考えれば、本文でも触れたように筆者の感覚と同様に「八重山は日本本土と比べれば近い」と感じ得たとは否定できない。だが、いずれにしても八重山と台湾とを結びつける何かが必要である。その結びつきとして戦後の台湾系華僑・華人による台湾との行き来や八重山の人々の台湾観光があり、それらが台湾との交流や交易につながったという可能性もある。しかし、華僑・華人の活動は八重山の人々のというものではなく限定的で、また旅行者の見た台湾は発展途上国の貧しいというもので［上水流　二〇一一c］、八重山を豊かにする台湾像には直結しない。

（9）豊かな台湾との越境経験の話は地域的には八重山までが限界である。二〇〇八年から調査を開始した宮古島では、台湾との越境経験が富を宮古島にもたらしたという話は二〇一四年現在まで一度も聞いていない。台湾と八重山の関係の話をしても、聞いたことはあるが、全く実感をもてない感じであった。宮古島市は台湾からは約四〇〇キロ離れ、日常生活が直接的に重なる空間にはなかったことが影響していよう。

（10）逆に台湾の人々が八重山に移り住むこともあった。例えば、石垣に水牛を導入し、耕作労働の質を変えたのは台湾の人々である。また、石垣では現在、パイナップル産業が盛んだが、パイナップルは台湾人によってもたらされた［松田　二〇〇四］。西表島には日本植民地期、炭坑が開発されるが、そこでは台湾人も働いていた［三木　一九九六］。

(11) 琉球華僑を研究している八尾祥平氏によれば、台湾人どうしの密貿易は一九八〇年代まで継続していたという。したがって、一九五一年に終わるという認識自体、日本側からのみの視点という問題をはらんでいる。なお、筆者の調査では本文で記すように一九七〇年代まで密貿易をしたことがある人物に与那国で出会ったことがある。

(12) 石垣に来る台湾人観光客でさえ、その認識は十分ではない。クルーズ船の観光客に石垣について聞くと、下船する直前に石垣を知ったと答える者もいる。石垣市観光協会が設置したインフォメーションで、「(那覇にある) 国際通りはどこ?」と聞いた者もいた。インフォメーションで対応する台湾人華僑は、台湾の人々が石垣の情報をほとんど知らないと感じている。

(13) 本書の西村論文にその点は詳しい。

(14) 本書のデータ資料にも見るように石垣に観光に来る者でさえ、マリンリゾートであることを知っていたのは七パーセントに過ぎない。なお、二〇一六年時点では石垣牛が知られるようになりつつある。

(15) 経済的に八重山が認識されていないことは八重山側のアプローチにも要因があろう。台湾の「後山」である花蓮は都市規模も小さく。石垣市の経済人は台北との交流を強く望んでいる。

(16) 中村 [二〇一二]、及び現地調査に基づく。なお、韓国における対馬の存在感は歴史的政治的要因が大きいが、花蓮と比べてはるかに大きい都市プサンが近くにあったこと、戦後に本書の村上論文が指摘する変則貿易があったことなど経済的要因も関係しよう。

(17) 記憶と物語の関係では、岡はある物語 (特にナショナリズム) に回収されていく記憶のあり方を批判し、記憶の断片性に注目し、物語に抗する要素を記憶に見いだす [岡 二〇〇〇]。本人の意図とは関係なくあるものを想起させる記憶は、岡が議論するように重要な問題である。だが、本稿では記憶を語る点から捉え、歴史も記憶も語りの一種ととる。なお神話と歴史の類似性は小松が指摘している [小松 一九九七]。

(18) 台湾人の裕福な家庭に奉公した女性も存在した。そのため台湾人口の多くを占める閩南語を身につけた者も存在したという。ただし、その数は限られており、筆者自身は直接的に話を聞いたことはない。

(19) 沖縄の人々と内地人と異なる点は、内地人が一等国民、沖縄出身者は二等国民、台湾の人間は三等国民という偏見のなかで、沖縄の人々だけ、また島出身者で固まって交流した可能性が内地人より高かった点である。

(20) 越境性を否定するものではない。八重山の人々にとって内地の文化は異文化であり、その意味で内地的な台湾への越境である。

(21) 越境に関する筆者のもう一つの調査地・対馬においても同様な点は見いだせる。対馬でも、韓国と交流や交易を行う理由として、植民地期の朝鮮半島との関係が言及される。歯が悪くなれば釜山の歯医者に診てもらったこと、映画は釜山まで見にいったことなどの記憶が語られる。紙幅の関係で本稿では詳述しないが、そこで語られる釜山 (韓国) は、当然ながら現在の釜山 (韓国）ではない。実際は内地的なるものとのやり取りであったが、「釜山との往来」という語りは現代においては朝鮮的なるものとのやり取りを自ずと想起させる。

(22) このようなあり方は、植民地期の葬式の案内文「訃聞」からもうかがえる。訃聞に掲載された遺族や友人の範疇に関する筆者のデータ（一八九五〜一九一二年）によれば、本島人が故人の訃聞では約六割の訃聞において内地人の名前が見られるのに対して、内地人が故人の訃聞において本島人の名前が見られるのは全一〇三六件のなかで僅かに九件だけで一パーセントにも満たない［上水流　二〇〇七］。本島人の訃聞の大半に内地人の名があるのだから、内地人と本島人のつきあいは普段からあったと見ることができる。だとするならば、内地人の訃聞もそうでなければならない。だが、実際はこれほどに偏っている。この偏りはむしろ当時の権力構造を示している。なお、一九四五年までのものの統計処理は完全にはまだすんでいないが、同様の傾向が見られる。

この他に次のような事例もある。日本統治時代に専門教育を受けたある台湾人は久しぶりに参加した戦後の同窓会で、「日本語、下手になったな」と日本人の同級生に言われたと、筆者に語ってくれた。類似した話は、彼のような教育を受けた人物からよく聞き、引き上げた日本人からも同級生だった台湾人の日本語が下手になったという話を聞く。

そのようなやり取りでは、日本語が台湾の人々にとって母語ではなかったこと、戦後の台湾では日本語が敵性言語とされ日本語が使いにくく、中国語の使用が強制されたことなどは考慮されていない。このように日本人の多くは、台湾の状況には無関心である。

(23) 宮岡は本書の論攷のなかで牡丹社事件の多元的な解釈に言及する。その作業はある意味記憶のし直しとも言える。このような記憶のし直しは台湾の人々が当事者としてそこに存在するが故であろう。台湾人の存在が希薄な植民地期の八重山と台湾の越境経験では、台湾において現時点で記憶しなおされる可能性は非常に少ない。もし記憶し直されるとするなら、台湾人の不在の存在が問題になるときであり、不均衡な相互認識の捉え直しがなされた場合のみである。

(24) 同じ図式は対馬と韓国との交易でも見られる。現在、対馬の韓国側との交流において、強調される過去は朝鮮通信使である。植民地期の記憶が韓国との交流を実施する合理的理由（距離の近さという）として聞かれるが、表には出てこない。対馬に朝鮮半島から来た人々が住み、一部の日本人から蔑視されていたことは現在の交流のなかで見えない。対馬と韓国との交流は村上［二〇〇七］、小田［二〇一〇］に詳しい。

(25) 日本語世代の減少、台湾ナショナリズムの強化、台中関係の変化のなかで、現在、日本との関係を批判的に捉えることが台湾の学術界でも広がった。だが、二〇一六年民進党の蔡英文の大統領就任によってこれらの動きの見直しも今度は広がりつつある。

（26）日本と台湾の間で二〇一三年四月漁業取り決めが結ばれたが、石垣側の反発は根強かった。

（27）境域の錯綜した空間と場所のあり方は、国民国家の境界だけに限定されない。植民地期同じ帝国内にあった八重山と台湾でも、同様なことは存在した。台湾の人々、八重山の人々が分節されつつ、ずれながら接合されることを朱は論じている［二〇〇七、二〇一〇］。対馬と韓国における空間と場の非連関的なせめぎあいは本書の村上論文や中村論文に詳しい。

（28）このような視点は、二〇一二年七月一〇日に島根県立大学に開かれた「第三〇回日韓・日朝交流史研究会」で得ることができた。福原裕二氏を始めとする参加してくださった島根県立大学の皆様に感謝申し上げます。

引用文献（アルファベット順）

Anderson, B.
2006 *Imagined Communities: Reflections on the Origin and Spread of Nationalism*, (Verso, 1983, 2nd edition, 1991, Revised edition, 2006)s.

石田　雄
二〇〇〇『記憶と忘却の政治学――同化政策・戦争責任・集合的記憶』東京：明石書店

上水流久彦
二〇〇四「如何描繪台湾的歴史――関於民族誌的叙述」『臺灣文献』五五―三：一四五―一六四
二〇〇七「台湾の植民地支配にみる訃聞の資料的価値に関する一試論」崔吉城・原田環編『植民地の朝鮮と台湾――歴史・文化人類学的研究』、一七七―二一〇、東京：風響社
二〇〇九「台湾東部と沖縄先島諸島にみる越境現象――与那国町を中心に」『世新日本語文研究』一：二一―三七、台湾世新大学日本語文学系
二〇一一a「『周辺』にみる国民国家の拘束性――台湾人の八重山観光を通して」『北東アジア研究』二〇：五一―六六
二〇一一b「対馬海峡から見る台湾と八重山の『交流』」『白山人類学』一四：三一―五二
二〇一一c「台北市古蹟指定にみる日本、中華、中国のせめぎ合い」植野弘子・三尾裕子編『台湾における〈植民地〉経験――日本認識の生成・変容・断絶』、二五―五四、東京：風響社

川村邦光
二〇〇一「植民地体験と〝内地人〟――『アカシアの大連』をめぐって」栗原彬・小森陽一・佐藤学・吉見俊哉編『越境する知六　知の植民地――越境する』、一〇九―一三四、東京：東京大学出版会

小松和彦
　一九九七　「序　物語る行為をめぐって――『歴史』から『神話』へ」青木保・内堀基光・梶原景昭・小松和彦・清水昭俊・中林伸浩・福井勝義・船曳建夫・山下晋司編『岩波講座文化人類学一〇　神話とメディア』、一―四四、東京：岩波書店
香月洋一郎
　二〇〇二　『記憶すること・記録すること――聞き書き論ノート』東京：吉川弘文館
国永美智子
　二〇一一　「『パイン女工』から八重山人へ――きっかけは〝好奇心〟」『やいま』二〇一一（三）：一〇―一一、沖縄：南山舎
松田良孝
　二〇〇四　『八重山の台湾人』沖縄：南山舎
　二〇一一　「東さんちは『台湾』がいっぱい――二つの〝輪〟が結ぶが…」『やいま』二〇一一（三）：一八―一九、沖縄：南山舎
村上和弘
　二〇〇七　「〈日韓交流の島〉というイメージをめぐって――戦後における〈対馬〉観と〈韓国〉観」『人文学論叢』九：一―七九
中村八重
　二〇一一　「韓国人の対馬観光とナショナリズム」『世新日本語文研究』三：二―一八
野家啓一
　一九九八　「講義の七日間――歴史のナラトロジー」野家啓一責任編集『岩波　新・哲学講義　八　歴史・終末論』、一―七六、東京：岩波書店
岡　真理
　二〇〇〇　『記憶／物語』東京：岩波書店
小田博志
　二〇一〇　「よみがえる朝鮮通信史」小田博志編『エスノグラフィー入門』、五五―七一、東京：春秋社
朱　恵足
　二〇一〇　「帝国的移動と「近代」の遠近法――八重山諸島と植民地台湾を行き来する人々」『琉球・沖縄研究』三：三〇―五四

二〇〇七「作為交界場域的『現代性』——往返八重山群島與植民地台湾之間」『文化研究』五：四九—八六
杉島敬志
二〇〇四「現在を理解するための歴史研究——東インドネシア・中部フローレスの事例研究」『文化人類学』六九（三）：三八六—四一一
ホワイト、ヘイドン
二〇一〇「実用的な過去」『思想』一〇三六：八—三三。
山﨑孝史
二〇一〇『政治・空間・場所——「政治の地理学」にむけて』京都：ナカニシヤ出版

歴史的事件の再解釈と資源化

——台湾原住民族パイワンによる「牡丹社事件」をめぐる交渉

宮岡真央子

はじめに

現代社会で日々の生活を送る者にとって、多くの場合、生活の場が属する国家は大きな力をもってそこに存在している。アンダーソンの議論を引くまでもなく、学校教育やマスメディアは生活者一人一人の地理や歴史や自他に関する認識を日々国家／国民的なものへと整えていくことに貢献しており、そこに暮らす一人一人がそれらから全く自由になることは難しい。しかし、境界的な位置から眺めることにより、各自の地理や歴史や自他に関する認識を、国家／国民的なものから少しずらしてみるという可能性は開かれている。モーリス＝鈴木の言葉を借りれば、境界的な位置は「辺境《フロンティア》」とも言い換えることができる。「辺境《フロンティア》という存在が、国史を、地域史を、ひいては世界史を違った視座から再訪する旅の出発点となり、国家／国民という中心からは不可視化されかねない問題を提起しうる」［モーリス＝鈴木　二〇〇〇：四］。本稿はこの問題意識のもとにある。

東アジアにおける近代の幕開けにおいて、日本、清という二つの国家の「辺境《フロンティア》」に位置し近接する二つの地域の人々の間で、一つの出来事が発生した。一八七一（明治四）年、宮古島の船が台湾の南端・恒春半島南部に漂着し、上陸した一行が当地の住民である原住民族[1]パイワン（Paiwan 排湾族）に襲われ、一二人が生還したという遭難事件である。明治政府はこれを口実として一八七四（明治七）年にこの地へ軍を送り、パイワンの村々と交戦、焼き討ちして数か月間占領した。その後、日清間での交渉成立により軍は撤退した。この偶然に端を発する出来事が、その後の歴史の流れを方向付ける契機の一つとなり、出来事の当事者と国家との関係に大きな転換をもたらした。

従来これらの事件については、日本や台湾の教科書に記され、さまざまな研究分野で論じられてきたが、それらは一八七四年の日本から台湾への出兵に関するものが大半を占める。その一方で、「一八七一（明治四）年の漂着民殺害事件を主題にした研究、あるいは現地住民であるパイワンの文化や社会事情を重視した研究となると、意外なほどそのような趣旨で書かれた文献は乏しい」という状況が近年まで続いてきた［笠原　二〇〇七：一四〇］。その理由として、一八七一年の出来事に関する「文字記録が乏しく、また文字記録だけでは理解の及ばない面が大きい」［笠原　二〇〇六：五五］ことに加え、紙村が推測するように、当時首狩り慣行を有したパイワンがこのような残忍な行為に及んだことについて、ことさら説明する必要はないとみる向きが大勢であったとも考えられるだろう［紙村　二〇〇四：一四九―一五〇］。

ところが近年、その恒春半島南部のパイワンの子孫たち、とりわけ教育や行政に関わる人々を中心に、一連の出来事・事件をパイワンの視点から語り記し、歴史を再解釈することが始められている。また、これを観光資源と位置づけたり、郷土教育の教材としたりするなどの資源化の動きが進められている。[2]そのなかで、出来事のもう一方の当事者である宮古島の人々との対話や交流も期待され、いくつかの試みがすでにおこなわれた。

ここでは、最初に発端となった出来事とそれが事件化されていった経緯を概略し、台湾の原住民族および恒春半島南部のパイワンが経験した近代について概観する。続いて、パイワンによる歴史的事件の再解釈と資源化の動きについて詳述し、最後にそれらの実践・交渉がもつ意義、わたしたちに与える示唆について考察する。本稿はもと

図1　台湾恒春半島「牡丹社事件」関連地図（[紙村　2004：161] をもとに一部加筆・変更）

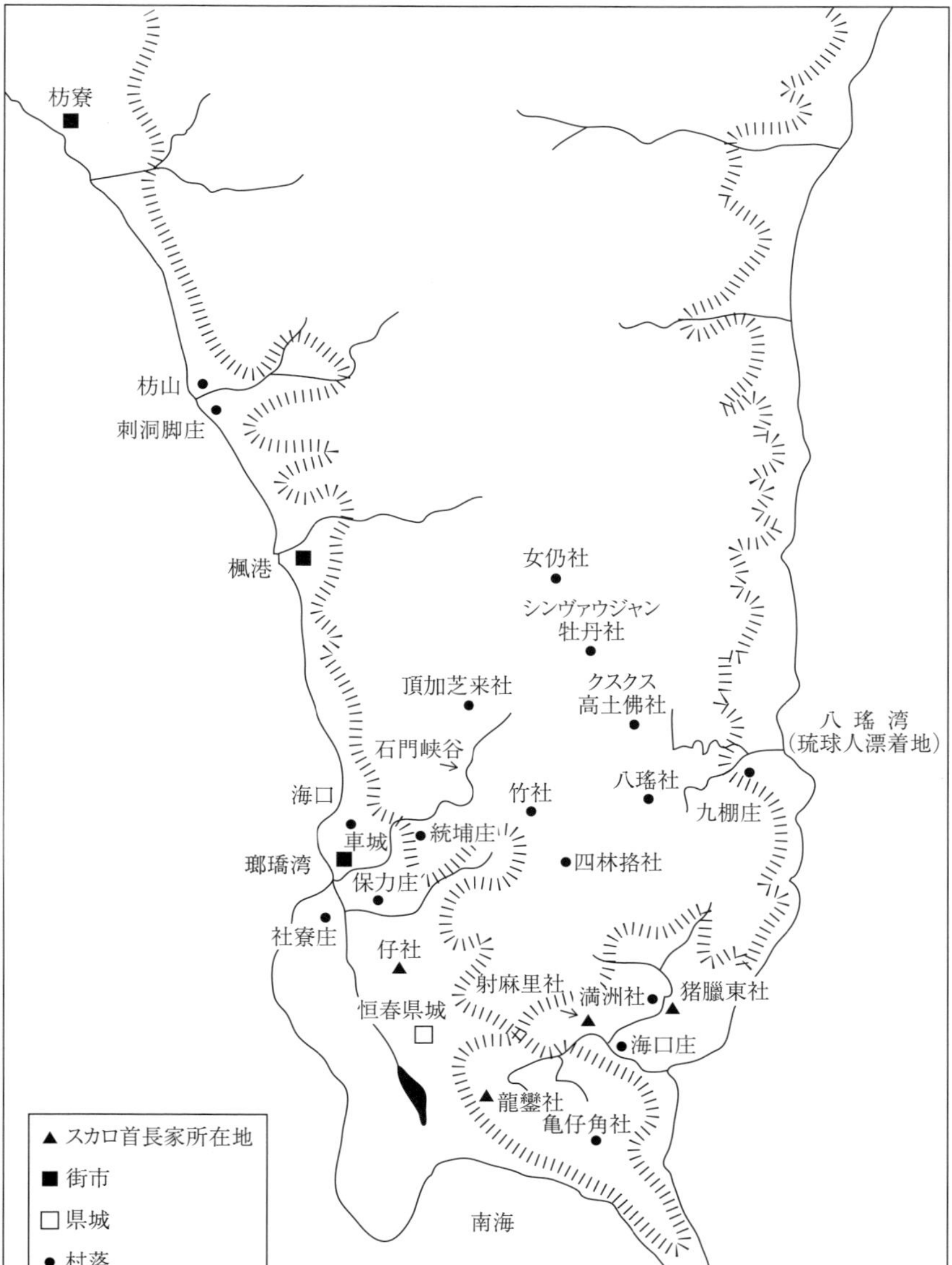

より筆者自身の歴史考証や解釈を提示するものではなく、近年多方面から進められている歴史解釈の一端を整理し紹介することで、この歴史的事件をめぐる今日の状況から、国家の拘束性とそれに抗する実践についての考察を目指すものである。

一　出来事から事件へ

1　一八七一（明治四）年の出来事

一八七一（明治四）年一一月三〇日（旧暦一〇月一八日）、首里に税を納めて帰途に就いた八重山からの船二隻と宮古からの船二隻が、追い風がないために慶良間諸島に寄港し、風を待って一一日後に出発したところ、今度は暴風雨によって四隻ばらばらとなって遭難した。八重山に戻る船の一隻は行方不明となり、もう一隻は一二月二三日（旧暦一一月一二日）に台湾南西部の海岸に漂着した。宮古に戻る船の一隻は何とか宮古島にたどり着いたが、もう一隻は一二月一七日（旧暦一一月六日）、台湾南端・恒春半島南部の東海岸・八瑤湾へ漂着した。

この遭難当時の状況については、一八七二（明治五）年に作成されて明治政府に提出された生還者の証言記録が最も早いものとして知られてきた(3)。ここではさしあたり上記資料を要約し、異聞やその他の資料に依る記述については注記で示す。

この漂着船には、当時の宮古を三分した行政単位「間切」の一つ、平良間切の頭の地位にあった仲宗根玄安を筆頭に、その他の役人や従者、船員、便乗者ら総勢六九人が乗船していた。台湾の島影を見つけて端船で寄せる際に三人が溺死し、残る六六人が上陸を果たした。沖縄島、慶良間諸島、そして宮古の池間島や伊良部島からの人も乗船していたので、以下では琉球人と記す(4)。

琉球人の一行六六人が上陸後、人家を求めてさまよっていたところ、漢人二人に出会って道案内をされた。途中でこの二人の言動を不審に思い、彼らと別れて西方へ向かい山中で一泊した。翌日人家一五、六軒の集落にたどり着き、ここで飯や芋粥を与えられて一晩を過ごした。翌朝不安を抱いた一行は二、三人ずつここから逃げ出し、途中で集合して川端に人家をみつけ、そこの漢人のもとへ避難した。[5] その後を追ってきたものたちによって、一行は襲撃され、殺害・馘首された。その場を散り散りに逃げ延びた人たちは、山麓の漢人村落の有力者である楊友旺に保護された。[6] 生存者は一二人であった。その後楊宅で四〇日余り過ごしたのち、清国の台湾府がおかれた鳳山県（現台南市）に送られた。そこで台湾南西海岸に漂着した八重山船の生存者と出会い、一行は翌年二月（旧暦正月）に清国福建省福州にあった琉球国の出先機関である琉球館へ送られた。そこから那覇・宮古へ帰還したのは同年七月（旧暦六月）以降のことであった。

2　出来事から事件へ

以上の一件は、廃藩置県から四ヶ月後の出来事である。このとき琉球国は、大日本帝国との関係をいまだ取り結ばぬままに、王国としての体制と清への服属関係を維持させていた。安里によれば、「琉球から台湾への漂流事件は清代に七〇件以上も発生しており、原住民に殺害されるといった事件も数回起こっている」ため、「琉球はこの事件も歴年の漂流事件に照らして処理し、救助・保護した中国側には謝文をおくり事件はなにごともなく落着をみていた」という［安里　二〇〇五：二三六］。ところがその後、鹿児島県と明治政府、厦門駐在アメリカ領事ルジャンドルらの介入によって、一八七四（明治七）年五月に西郷従道を都督として三六〇〇人超の軍が台湾南部に侵攻するに至った。同年一〇月に日清間で交渉が成立、清から日本に償金が支払われることで決着したが、それら一連の経緯はここでは省略したい［毛利　一九九六］。

西郷軍の戦闘の主対象とされたのは、当地の大首長潘文杰の仲介による「帰順」を拒んだパイワンの村、シンヴァウジャン[7] sinvaudjan（漢名：牡丹社）、クスクス kuskus（漢名：高士仏社）であった。五月二二日に両村の西方川下に位置する石門峡谷で交戦し、パイワン側ではシンヴァウジャンの首長アルク Aruqu 父子ほか多数の死者を出した。その後に村は焼き払われ一帯は西郷軍に占領され、シンヴァウジャンの新首長やクスクスの首長らが「帰順」の呼びかけに応じたとされる[8]［以上、藤崎　一九二六：四一〇―四六四、落合　一九二〇：六八―一〇三］。

その後、清は台湾に対する政策を転換して原住民族への積極的統治の姿勢を強めた。日本は清との交渉成立を根拠に琉球の日本への一元的帰属を主張し、一八七九（明治一二）年に琉球を解体して「沖縄県」とした。琉球と台湾をつなぐ海で起こった漂流・遭難事件は、時代の歯車に巻き込まれ、両地にとって歴史の転換点となる事件へと発展していったのである。

3　「牡丹社事件」

日本では、一八七一年の事件は「台湾遭難事件」「台湾遭害事件」「宮古島民遭難事件」など、一八七四年の事件は「台湾の役」「征台の役」「台湾出兵」「台湾征伐」「台湾事件」などと呼ばれてきた。台湾においては、「牡丹社事件」の名称が広く知られる。「牡丹社事件」は狭義には一八七一年の事件または一八七四年の事件のみを指すが、広義には一八七一年と一八七四年の二つの事件を包括して用いられる[9]［林等　二〇〇三：三］。「牡丹社」とは先にも述べたように、宮古船の一行の殺害・馘首に関与したとされ、西郷軍の主な攻撃対象となり、首長父子が交戦で亡くなったパイワンの村であるシンヴァウジャンの漢名に由来する。この「牡丹」という地名は、現在まで「屏東県牡丹郷牡丹村」という行政区画・地名として継承されている。

冒頭でも述べたように、一八七四年の台湾への派兵に至る経緯とその後の顛末・影響については、これまでさまざまな分野で議論されており、その研究は枚挙にいとまがない[10]。一方、一八七一年の遭難事件については、明治政府がこれを口実に台湾への出兵を実行するために、その準備措置として「琉球藩」設置をおこなったという見方が従来されてきたが［金城　一九八三、沖縄県教育委員会　一九七六：四七―四八］、近年では一八七一年の遭難事件と「琉球藩設置」との因果関係を否定する見方が提示されている［毛利　一九九六：一四―一八、波平　二〇〇九］。

とはいえ、これらの研究のなかで、一八七一年の出来事の当事者の視点を加味したものはほとんどなかった。ところが近年、恒春半島南部パイワンの子孫たちが歴史語りに着手した。次にその歴史的・社会的・政治的背景を述べたい。

二　恒春半島南部のパイワンが経験した近代

1　台湾の原住民族

台湾の原住民族は、かつてアワやイモ類の焼畑農耕と狩猟によって暮らし、精霊信仰を基調とする宗教を有するなど、東南アジア島嶼部やオセアニア地域の諸民族と共通する文化的特徴をもつ。離島に居住するヤミ（Yami 雅美族、タオ Tao 達悟族とも）を除けば、首狩りの慣行もあった（ただし首狩り慣行は日本の植民地統治下で禁止され、昭和期には消滅した）。

一七世紀以降の植民地化、とりわけ清朝の統治下で、平野部に居住した諸民族は漢文化を受容し、国家に編入されていく。他方、中央山脈山麓部や東部平野に居住する諸民族は、一九世紀末までいずれの国家にも属さず自律的生活を維持してきた。清朝は原住民族を「番人」と総称したが、支配に服した諸民族を「熟番」、支配に服さなかった諸民族を「生番」と区分して扱った[11]。明治政府と清政府との交渉の際に「化外」と目された恒春半島南部の原住民族も「生番」に含まれる[12]。

日本の植民地政策においても、「熟蕃／生蕃」と字を置き換えつつこの二大区分が踏襲された（昭和期には「熟蕃」は「平埔族」、「生蕃」は「高砂族」という通称も用いられる）。「生蕃」居住地は、東部平野など開拓が比較的進んでいた一部の地域を除いて「特別行政区」（あるいは「蕃地」「蕃界」）と区分され、土地は国有化された。そこでは通常の行政法が適用されず、納税が免除される代わりにしばしば強制労働が課され、人の出入りが管理されるなどされ、警察の全権統治下にあった。

第二次世界大戦後、中国国民党政府は「生蕃」「高砂族」を「山地同胞」またはその略称として「山胞」と呼び改め、「山地の平地化」をスローガンとして同化政策を推進した。貨幣経済の浸透、それにともなう都市への人口流出、キリスト教諸教派の普及など、急激な社会変化にともない、共同体の弱体化、アルコール依存などの健康被害、貧困や都市労働での差別などさまざまな社会問題が浮上するようになった。

一九八〇年代半ば、原住民族の若者たちは台湾民主化運動の波に乗じ、差別の是正や人権と先住権の保障を訴える原住民族運動を開始した。そこで「原住民（族）」という自称が主張され、一九九四年に憲法に「原住民」と明記され、一九九七年に「原住民族」と書き改められるに至った。また、個人に与えられる「原住民」という身分が法で規定され、文化や教育に関わる諸権利が「原住民」身分を保持する個人に対して保障されるようにもなった。進学や就業の場面でのアファーマティブアクションも進められている。二〇〇〇年代になると、昭和期の人類学研究で九民族とされて以来、戦後も継承されてきた民族分類が問い直され、今日公定の民族は一六民族にまで増加した（二〇一六年五月末現在）。現在の台湾で原住民族と公式に認定される諸民族の大半は、歴史上「生番」「生蕃」「山胞」と区分されてきた人々の子孫に相当する。[13] 二〇一六年五月末現在、「原住民」身分を有する人口は五四万九〇〇〇人余（台湾人口全体の約二パーセント相当）、うち都市圏居住者が約四六パーセントを占めている。[14]

2　恒春半島南部のパイワン

パイワンは、この一六の原住民族のうちの一つに数えられる。台湾南部〔屏東県・台東県〕の山間部を伝統的居住地とし、かつて首長制社会を構成したことで知られ、人口九万八千人余、政府公認の一六民族のうち二番目の人口規模をもつ。[15] なかでも恒春半島南部のパイワンの村落群は、パイワンの諸村落のなかで最南端に位置し、「端」という語に由来するパリジャリジャオ paliljaliljau という名で呼ばれてきた［台北帝国大学土俗人種学研究室　一九三五：二九八］。古くから漢人を含めた複数の民族と雑居状態にあり、それらの村落を台湾東部の原住民族プユマ（Puyuma 卑南族）に出自をもつと伝えるスカロ Seqalu と呼ばれる一派の首長家が統括していた［紙村　一九九七］。前節で触れた西郷軍の仲介者となり各村首長に「帰順」を促したという潘文杰は、当時のスカロの最高位の首長にあたる。

一八七四年の西郷軍による侵攻・占領・撤退後は、潘文杰の協力体制のもと、清政府およびそれに続く日本政府による原住民族政策の先駆けの地となり、学校教育の浸透、土地開発、焼畑耕作から定置農耕への転換等が早々に進められた[16]［台湾総督府警務本署　一九一八：八六―八七、三三六―三三七、八四一、小林　一九九八、一九九九、江　二〇〇〇：一四一―一四二、一四四―一四七］。

第二次大戦後、恒春半島南部のパイワン諸村落の大半は、国民党政権下で屏東県牡丹郷という行政単位に編入された。[17] 牡丹郷では稲作をはじめとする換金作物栽培によって他地域に比べて経済的には比較的安定し、その状況は一九八〇年代に減反政策が開始されるまで続いた［江　二〇〇〇：一四二―一四四、蔡　二〇〇〇：二二四］。

このように、パイワンの「端」に位置する牡丹郷のパイワンの人々は、これまで外来の新たな知識を積極的に吸収しながら主流社会の変化に対応してきたといえるだろう。クスクス（現牡丹郷高士村）のある老人は、この地方からは戦前・戦後を通じて教育界・政界・医学界・スポーツ界などで活躍する傑出した人材が多数輩出されたと誇らしげに筆者に語った。[18] その代表的人物として、国民党政権下で初の原住民族立法委員（日本の国会議員に相当）となったクスクス出身の華愛[19]（パイワン名：Pujiajuyan Taligu、一九二八―二〇〇八）を挙げることができる〔高　二〇〇〇：五〇八―五〇九〕。華愛は、日本統治期にクスクスの公学校を修了し、戦後に師範学校を卒業した後に職業軍人となり、日本の私立大学で法学を学んだ経歴をもつ。晩年、遭難した琉球人一行の頭であった仲宗根玄安の直系子孫を日本まで訪ねて謝罪し、その後も文通など個人的な交流をもったという。[20]

3　「牡丹社事件」をめぐる主流社会の視線

しかし、牡丹郷のパイワンの人々は、「牡丹社事件」によって周囲から差別的な視線を浴びせられてきた。「牡丹社事件」は、現在に至るまで台湾の中学校・高校の歴史分野を扱う教科書では清代台湾史における重要事項として必ず言及されるがゆえに、「牡丹社」の名は台湾の誰しもが知るものである。[21]そして教科書の記述は、「牡丹社」が「殺人者」として短絡的に記憶されることを促してきた。

たとえば、現在牡丹郷の石門村に位置する牡丹国民中学で用いられ、中学校一年生が学ぶ歴史教科書には、「牡丹社事件」についての説明が以下のように記述される。

清同治一〇（一八七一）年、琉球人の船が遭難し恒春半島に漂着、原住民による殺害の目に遭った。同治一三（一八七四）年、日本は「殺人者を懲罰する」ことを口実として出兵し、台湾南部に位置する牡丹社などの原住民を攻撃、歴史上「牡丹社事件」と称される〔賴等　二〇一一：一一二〕（訳は引用者による）。

この記述を指しながら、この中学校で教鞭を執る同村出身の三〇代の女性の国語科教員は以下のように語った。

現在に到るまで、「牡丹社事件」についての教科書の説明のなかで、原住民についての記述はたったの数行しかない。自分が平地の中学校で「牡丹社事件」のことを学習した際、同級生が「漂流してきた琉球人を野蛮な原住民が殺してしまったがために、台湾は日本に占領されたのだ」と発言し、自分はただうつむいて黙っているしかなかった。高校や大学でも自分が牡丹郷出身というと、似たような反応をされた。教科書には原住民がなぜ琉球人を殺したのか、その説明は何もなく、これを習う学生はみな「原住民は人を見ればすぐに殺すのだ」といった短絡的な印象を抱いてしまう。(22)

このような経験は、彼女一人のものではない。後述する高加馨の論文中にも「牡丹社事件」をめぐる教科書の記述について不十分で不公平だという複数の声が記されている［高　二〇〇八b：三六、三八］。「牡丹社事件」の舞台に生まれ育った村人のなかには、教科書の簡潔な記述に不公平さと不満を感じ、主流社会に面したときに「牡丹社事件」をめぐって「野蛮人」「殺人者」であるという視線を浴びせられるという経験をしてきた人が少なからずいたであろう。(23)

ただし、牡丹郷のパイワンの比較的若い世代はこのような自らに向けられた主流社会の視線に自覚的になり、それを他者に対して表明できるようになった。この背景には、一九八〇年代以降の原住民族をめぐる社会状況の変化を考慮に入れておかなくてはならない。台湾の民主化と言論の自由化にともなって台湾史への注目が高まり、原住民族の歴史と文化についてもさまざまな形で情報が流布するようになった。また、原住民族の個人を対象とする諸権利の保障がある程度進展する一方で、土地権や自治権などいわゆる先住権についての交渉は難航している。こういった状況のなかで、原住民族自身が自らのアイデンティティの問題として歴史を語ることが、ごく日常の風景になりつつあるのだといってよい。

固有の文字を持たない原住民族の歴史を、文献資料と口述の両方から民族史として再構成しようという試みは、郷土史家、研究者、コミュニティ、地方自治体、国家などの各レベルで行われるようになった。国家レベルでいえば、最近十数年来、政府委託の原住民族史研究事業がおこなわれ、民族ごとの歴史書が編纂されたほか、テーマ別の研究も進展している。その一つが「原住民重大歴史事件」である。原住民族による反清・抗日などの歴史的事件に関する史資料・先行研究が再検討され、原住民族の視点を加味した歴史研究が進められた。「牡丹社事件」もこの重要課題として、二〇〇三年には後述のように委託研究の報告書がまとめられたのであった。

そういった動きと多少とも連動しつつ、牡丹郷のパイワンの教育や行政に関わってきた人々の間で「牡丹社事件」の再解釈の動きが進められつつあるのである。

三　「牡丹社事件」の再解釈

1　「牡丹社事件」に対する期待と忌避

牡丹郷では一九七〇年代から牡丹郷長（日本における村長に相当）や牡丹郷選出の県議会議員ら、地方政治に携わるパイワンの人々の間で「牡丹社事件」に関わる資料の保存・展示機能を備えた「牡丹社事件紀念館」建設の構想が話し合われ、中央政府や屏東県政府への嘆願がおこなわれるようになった。それは、コメなど従来の主要換金作物をめぐる状況が変化し、若者の都市への流出が加速しつつあった状況を打破するために、牡丹郷民の新たな現金収入の途として模索されたものであったという。[24] 一九八〇年代半ばからは牡丹郷公所と屏東県政府の間で公式協議がもたれたが、莫大な建設費用の確保や土地の選定などで難航し、屏東県長の交替により構想は実現に至らずに終わった。二〇〇〇年にも牡丹郷公所から再び建設要求が出されたが、予算不足により「牡丹社事件紀念公園」へと計画が変更された［林等　二〇〇三：八二―八四］。

以上のように、一九七〇年代頃より牡丹郷のなかに経済的な動機から「牡丹社事件」に注目し、観光資源として活用しようとする見方はあった。とはいうもののも、それはごく少数の人の間で推進されていたにすぎなかった。一般の人々にとって、「牡丹社事件」は語ることをタブーとする出来事だったのである。それは、パイワンの霊魂観に起因している。

パイワン語で、霊魂あるいは精霊一般をツマス cemas と呼ぶ。人が亡くなるとその霊魂はツマスとなり、死者の霊が集まるとされる山へ赴く。しかし、殺害・事故・疫病・出産などが原因の横死者の場合には、その霊魂は悪霊となって横死した土地に留まる、天空をさまようなどといわれる[台湾総督府蕃族調査会 一九二二：一五—二三]。そして、悪霊は人に災いをもたらしうる存在と考えられ、横死のあった土地は穢れたものとみなされ、祭祀の対象とされた[台湾総督府蕃族調査会 一九二二：二四八—二五四]。また、その後も生者に何らかの災難がもたらされるかもしれないという恐れから、横死者について語ることは禁忌パリシ palisi とされたという記憶は、現在の牡丹郷でも多くの人から聞くことができる。

「牡丹社事件」では、シンヴァウジャンの首長父子はじめ少なからぬ人が戦いによって死傷した。村では、この出来事について語ることを不吉として忌避し、石門峡谷の戦場跡は、不吉な場所として認識されてきた(25)。

しかしながら、このような禁忌を乗り越えて、事件をめぐる伝承を収集しようとする動きが次第にはじまっていく。

2　伝承の収集

パイワンと西郷軍が交戦した石門峡谷が位置する石門村の出身で、「牡丹社事件」の伝承に詳しいと目されるA（五〇代男性、キリスト教会幹部、民宿経営）は、幼少時、父が飼育していた牛を放牧する仕事を任されていたが、川端のとある場所は、不潔だから近寄るなといつも厳しく注意されていた。牛を放牧している間、遊びに夢中になって勝手に牛がそこに行ってしまった時には、連れ戻すのにそこに足を踏み入れることになる。そのような時には、家に帰るのに大きな道から村に入ることを禁じられた。他人に知られないように裏からこっそり家に入ると、父は刀で家の柱などを斬りつけながら米と塩を撒いて、悪霊を追い払った。後になってから、その場所は、琉球人が殺害・埋葬された場所であったことに気がついたという。

Ａは若いころから年寄りの昔話を聞くのが好きだったが、四〇代頃から「牡丹社事件」をめぐる伝承を聞いてまわるようになった。年寄りが、自分が聞いてきたことと本に書いてあることは違うと語るのを聞いて、本の記述に疑問を感じるようになった。「牡丹社事件」に関わる従来の記載のなかに、パイワンの村人の視点や立場に配慮したものは皆無で、パイワンはただ琉球人の殺人者として、人ではなく動物のように描かれているだけだと思うようになった。

Ａが訪ねてまわった老人たちの多くは、この事件について語ることに積極的ではなかった。しかし、それでは、外部の人たちはずっと自分たちに対して偏見をもったままである。祖先が流血した意味を伝えていかなければならない。Ａは立ち上がり自分の見方で説明しなければならないと考えた。そして、村に来たキリスト教関係者や観光客に自分がこの事件のことを話してみると、「原住民は人殺しが好き」という彼らのこれまでの見方は、まったく違ったものになったという実感を得た。そういった経験を通じて、「牡丹社事件」を発端とする原住民族への間違った見方を修正していく必要を痛感した[26]。

Ａは、古老から聞いた伝承を子細に記録してきたというわけではないので、どのような伝承を誰から聞いたのかという点については、明瞭ではないし、文章にも残していない。しかし、文献で得た知識や古老の伝承などをもとに、すでに「牡丹社事件」についてのある定型化した語りを身に着けている。Ａは現在、観光客など牡丹郷への訪問客に対する解説のほか、石門村の小学校や中学校などに講師として呼ばれ、教員や子どもたちに「牡丹社事件」について語る機会をしばしばもっている。

3　牡丹郷パイワンからみた「牡丹社事件」

華阿財（パイワン名：Valjuk Mavaliu、一九三八年生男性、高士村出身）は、教員・牡丹郷長・県議会議員・公務員等を歴任した後に郷土の言語・文化・歴史研究に着手したという経歴をもつ［笠原　二〇〇六］。上述した「牡丹社事件紀念館」構想の牽引役をつとめてきた人物でもある。華阿財はこれまで、「牡丹社事件」関係の史資料の収集・読解とともに、自分の郷里であるクスクスおよび周辺地域に伝わる記憶を聞き取り、それらを丹念に考証することで、事件について現地の視点から説明・解釈を施してきた。

たとえば、一八七一年の遭難事件で琉球人が上陸した後の状況について、華阿財はクスクスの古老たちの伝承を収集・考証した(27)。その結果、琉球人が上陸した後にクスクスの人の畑でイモを食べていたのを見たという伝承、琉球人がクスクスにたどり着いたときに首長が村人に命じて琉球人に芋粥（vinljukui）を炊いて食べさせたが、琉球人が夜半に逃亡したため、三〇余人の男たちに追跡させたという伝承などを公表している［華　二〇〇六：四四］。また、当地で見ず知らずの家で水を飲む行為は、友人としての扱いを受けていることを意味するという慣習に照らして、村人は、琉球人はすでに家の水を飲んだのだから友人だとみなしたのだと、状況を再構成する(28)［華　二〇〇七：二二六、二二八］。華阿財の考証と解釈に従えば、琉球人はクスクスに来て水や食事や宿を与えられた後に村を逃げ出したことで殺害されたのだといえよう。以上、参照した華阿財の二編の著作には、このほかにも独自の論点が少なくないが、いずれも現地の文脈と視点から提示されたものといってよい。

華阿財がクスクスの視点を重視して事件を提示したのに対して、西郷軍の主たる攻撃対象となったシンヴァウジャンの視点から学術論文を執筆したのが、高加馨（パイワン名：Lianes Punanang、一九七三年生女性、牡丹村出身）である。彼女は、大学と大学院修士課程で歴史学を専攻し、卒業論文と修士論文はどちらも「牡丹社事件」を主題とした。

論文は、「牡丹社事件」の主要な史資料をふまえつつ、シンヴァウジャン、クスクスなどでのフィールドワークに基づき、シンヴァウジャンの視点から「牡丹社事件」について論じたもので、のちに改稿して雑誌論文としても公表された。それらは日本語にも翻訳されている［高　一九九八、二〇〇一、二〇〇五、二〇〇八a、二〇〇八b］。ここでは村の伝承を詳述した彼女の卒業論文全文の日本語訳をもとに、その論点をいくつかみていきたい。

一八七一年の琉球人遭難については、琉球人がクスクスの人の畑や村に無断で立ち入ったという伝承から、「伝統的風俗習慣に照らせば、琉球人がすでに村の領地に無断で侵入して」いたのであり、パイワンの観点からみれば、琉球人が殺されたのは、「村本来の法律を犯したため」であった［高　二〇〇八b：二八］。また、日本との戦闘についても老人たちの見方に従い、シンヴァウジャンやクスクスは日本への帰順を拒んで戦った後、日本との敵対的状況を終わらせることを希望したために首長と西郷従道とが会談したが、この戦争の勝敗は定かでなく、パイワンの人々は日本に負けたとは認めていないとする［高　二〇〇八b：二九］。そして、シンヴァウジャンの祖先が村の生存のために、侵入してきた日本と壮烈に戦い、勇敢に自分たちの郷里を防衛したことを子孫に伝えたいとして、これをシンヴァウジャンの誇るべき歴史だと結論づけている［高　二〇〇八b：五〇］。

牡丹村の小学校で教員を務めた経験もある高加馨にとって、自分たちの村の名が冠される国家的な歴史的事件を子どもたちにどのように語り教えていくのかということは、非常に切実な問題として存在しているのだといえよう(29)。

四　パイワンによる歴史的事件の資源化

1　牡丹郷民に向けた取り組み、研究者との連携

牡丹郷ではじめて「牡丹社事件」に関する催しがなされたのは、二〇〇三年八月の牡丹郷運動会に付随した牡丹

郷立図書館での文化活動においてであった。伝統文化の流失が急速に進みつつあることに危機感を抱いた当時の図書館長が呼びかけ人となり、夏休み期間中に小中学校の教員たちが各村の老人を訪問して、伝統技術、口碑、服飾などについて伝承を記録し、その成果を発表した。その際に古写真の展示、生態環境に関する展示などとならんで「牡丹社事件」に関するパネル展示がなされた。これは、従来牡丹郷がもっぱら県や中央政府に向かって「牡丹社事件記念館」建設要求をおこなってきたのに対して、郷民に対して初めて公になされた「牡丹社事件」に関する文化活動であり啓蒙活動であった。

続いて、台湾の中央政府機関である国史館台湾文献館が二〇〇三年に、「牡丹社事件」史料翻訳計画の第一冊目［国史館台湾文献館 二〇〇三］の出版を記念して、同機関主催のシンポジウムを開催したが、その際には牡丹郷立図書館に協力を要請し、事件関係史跡への実地見学が実施された[30]。また同年には、行政院原住民族委員会からの委託により、国立政治大学民族学系の林修澈教授を代表とする「原住民重大歴史事件・牡丹社事件」の研究プロジェクトも実施された。これには、前出の華阿財も研究員の一人として参加し、これまでの台湾と日本における「牡丹社事件」の研究について整理が行われるとともに、現地の伝承が記録された。台湾の主流社会に対して、パイワンの視点による事件の認識を明示しようとした試みとして理解してよい。ここでは「牡丹社事件紀念館」建設計画についての経緯の整理、建設実現の建議とともに、「牡丹社事件」文化観光ルートの開発や、学術シンポジウムの開催が提言された［林等 二〇〇三：八二―九〇］。

そして、二〇〇四年一一月二四～二五日、牡丹郷内で「牡丹社事件一三〇年歴史と回顧国際学術シンポジウム」が開催され、台湾と日本の研究者が多数集った。研究者のみならず、華阿財、高加馨をはじめとする牡丹郷パイワン五人による口頭発表もおこなわれ、関連史跡の視察が実施された[31]［笠原 二〇〇五］。会場には大型バスをチャーターして牡丹郷各村から多数の人が集まり、討論の場ではフロアからも多くの発言があったという。

華阿財は、そのときの予稿集に寄せた論文上で沖縄との交流をパイワンの人びとに呼びかけている。「先祖は家郷を守るために行動をとったのだが、村の掟は合理性と客観性に欠け、そのやり方にも粗暴な点があった。（中略）後世の者として、先祖が琉球人を殺害した過ちについては遺憾の意を表さねばならないし、慙愧に耐えない思いがする。（中略）相互の関係を刷新し、文化、教育、経済等の交流活動を行うことを族人に呼びかけたい。それにより、歴史の傷痕をいやし、また互いに交流する機会を作り出し、協調と福祉を促進したいのである」［華　二〇〇六：五二］。

このようにして、牡丹郷で行政や教育に携わってきた人々は、数度にわたる牡丹郷民への啓蒙活動や呼びかけをおこなって、これまで国家史として教えられながらもタブー視されてきた「牡丹社事件」について、自分たちの歴史・資源としてとらえなおす認識を広めようと努めてきた。また同時に外部の研究者との連携により、外部社会（とりわけ台湾および日本の学術界）に向けてみずからの歴史解釈を語る場を獲得していったのである。

2　郷土教育の資源としての「牡丹社事件」

現在、牡丹郷のいくつかの小学校及び郷内唯一の中学校では、「牡丹社事件」が教材として用いられるようになりつつある。

たとえば、二〇〇七年には、宮古からの来賓を招いた式典がおこなわれたが、このとき高士村と石門村の小学生によって「牡丹社事件」の舞台劇が演じられた。これは、石門村出身で現在高士村の小学校教員（三〇代女性）が、「牡丹社事件」に関する村の伝承を収集して構想したもので、以下の五つの場面から構成された。一八七一年当時の村の伝統的生活の描写／クスクス首長の命令で琉球人に水・食事・宿が与えられる場面／その後逃亡した琉球人を追って入山の意図を尋ねるも、意思疎通はできず衝突する場面／一八七四年の日本との戦闘に際して、まずプリガウ **pulingau** と呼ばれるシャーマンによる祈祷が行われ、その後の戦闘ではパイワンの側が断崖上から投石や弓矢によるゲリラ戦を展開し、牡丹社の首長父子が戦死する場面／時代は現代に移り、琉球人とパイワンの魂が天国で出会い、当時の事情を語り合ってお互いを赦し握手して和解するという愛と平和を象徴したラストシーン。このなかの琉球人とパイワンの衝突場面では、石門村の一首長家の祖先が琉球人の一人を大鍋で匿って助けたという伝承にもとづき、これを描写する演出もなされた[32]。村の伝承を劇中になるべく多く盛り込もうという配慮からである。この演劇は、その後も数回再演されたほか、映像記録として残されている。

また、石門村の小学校は「牡丹社事件」を総合学習の教材としても活用している。たとえば「牡丹社事件の踏査」と名付けられた五年生向け総合学習の目標は、「映像資料の内容から台湾史における牡丹社事件の重要性を探る／牡丹社事件の発生に関わる路線図を知る／牡丹郷における石門古戦場の地理的位置と歴史的意義を知る／地域性を認識し、近隣諸村落との関係についての理解を深める／実地踏査をふまえて自文化を体験し事件を理解する／日本人に対して抗戦したパイワンの祖先の困難と土地や家を守ろうとした心情を理解する」の六点である。地理、台湾史、地域史、郷土文化を総合的に学びつつ、パイワンの側から「牡丹社事件」をとらえる史観が強調されていることがうかがえる。

一方、牡丹村の小学校では、「牡丹社事件」を主題にした創作舞踊が指導された。また、同校の小学生が描いた「牡丹社事件」の各場面の絵に高加馨の執筆による文章が配された絵本も教材として作成された。

写真1　2006年に石門国民小学校の校舎に描かれた壁画。1874年に石門へ攻め入ってきた西郷軍に対して断崖の上から戦っている様子が描かれており、傍には「先達の石門での戦いを忘れず、牡丹の真の精神を再現しよう」という意の詩が添えられている。（2012年3月撮影）

写真2　牡丹国民小学校の生徒による「牡丹社事件」の創作舞踊で、愛と和平を象徴するラストシーン。(2011年11月撮影)

さらに石門村の牡丹国民中学では、近年、年に一度全校生徒で石門の古戦場跡への見学がおこなわれている。戦場跡から峡谷の断崖を登り、シンヴァウジャンやクスクスがゲリラ戦を展開した場所に赴き、そこで前述のAの解説を聞くことで、当時の状況を中学生に理解させるのだという。

以上のように、牡丹郷に位置する「牡丹社事件」に関係する村の小・中学校では、それぞれに事件を教材として活用する取り組みが行われており、そこではパイワンの伝統文化や歴史観が強調されている。その意味で「牡丹社事件」は牡丹郷において郷土教育の資源としての位置づけを与えられているといえる。

3　観光資源としての「牡丹社事件」

二〇〇四年のシンポジウム後には牡丹郷公所の招集で牡丹郷の有識者らによる「牡丹社事件紀念公園」推進委員会が組織され、会議が幾度も開かれ、事件に関わる広範な議題が話し合われた。そして、二〇一一年三月、中央政府の観光局から補助を得て、牡丹郷立「牡丹社事件紀念公園」が着工した。古戦場の周囲に遊歩道が整備され、二〇〇七年に宮古島市に寄贈された「愛と平和記念碑」(後述)と同形の碑がその遊歩道の中ほどの広場に据え置かれた。遊歩道の路肩には、「牡丹社事件」の背景、経緯、顛末、影響などについての説明板が九枚、時系列に並べられている。また、公園前の幹線道路脇には、地元芸術家によって描かれた事件の各場面を表す一〇枚の壁画が飾られている。すでに第一期の工事が終わり、今後第二期の工事が着工予定という。

上記の説明板は、すべて高加馨によって執筆されたもので、英語訳と日本語訳も付されている。説明板の最後の一枚には、「愛と平和」というタイトルが付された。琉球人遭難についての遺憾と哀悼の意とともに、故郷を守るために日本の攻撃に抵抗したパイワンの祖先への敬意が表明され、二〇〇四年の学術シンポジウム、後述する二〇〇五年の宮古島訪問および二〇〇七年の「愛と平和記念碑」除幕・贈呈式について触れられている。この説明文は、「(牡丹郷公所は)『牡丹社事件』の台湾近代史上での重要な位置づけを確立し、幅広い角度からこの事件を考え、和解と共生のもと、愛と平和に対する普遍的価値を表現したいと願っています」という一文で結ばれている(説明板の日本語訳を引用者により一部変更)。

この公園の現出によって、長らく牡丹郷パイワンの行政関係者の間で議論され期待されてきた「牡丹社事件」の観光資源化は、一つの段階を迎えつつあるといえるだろう。

4 資源としての沖縄・宮古への訪問・交渉・交流の経験

以上のような「牡丹社事件」資源化の過程において、資源化に関するパイワンの行政・教育関係者に特に重要視されたのが、沖縄・宮古への訪問と交流であった。牡丹郷の側で「牡丹社事件」再解釈の気運が高まり、新たな歴史認識が台湾社会と牡丹郷内に広まりつつあるなかで、事件のもう一方の当事者の子孫たちとの直接的な対話によって、この事件をめぐる和解をはかり、平和や愛といったメッセージを牡丹郷と宮古とで共有することが必要と考えられたのである。

二〇〇四年の国際シンポジウムの席上で、華阿財によって沖縄・宮古との交流が提言されたことは先に述べたが、この提言は、その際に関与した研究者らに後押しされ、政府諸機関からの助成を得ることで、その翌年には実現されることとなった。

二〇〇五年六月一五～一八日、牡丹郷長（当時）林傑西率いる一行二一人が、「化解之旅（解きほぐす旅）」を主題に沖縄本島と宮古島を訪問した(33)。那覇では「台湾遭害者之墓」の前で琉球人遭難者の頭であった仲宗根玄安の直系子孫も参列し、ともに慰霊式をおこなった。慰霊式では牡丹村の遺族子孫によってパイワン式儀礼で「祖先の過ちのために、わたしたちははるか遠くからこの地に参拝に来ました。わたしたち原住民の誠意を表明するとともに、みんながこの過去を忘れ、ともに前を見ることを希望します」と唱え酒が捧げられた［王　二〇〇五：一六］。また、宮古では牡丹郷長と平良市長伊志嶺亮（当時）との会談がおこなわれ、牡丹郷から平良市に和解と今後の交流、姉妹都市締結が提言された(34)［王　二〇〇五：二〇］。その翌日には座談会の場がもたれ、七人の遭難者子孫、平良市長ほか自治体関係者、若干の市民らが集った。そこでは、華阿財による事件の原因・経過・影響の説明がなされたが、その場にいた市民の一人から、一八七一年の遭難事件で「誤解が原因で殺害した」というパイワン側の説明に疑問が投げかけられたという［王　二〇〇五：二六］。

つづいて二〇〇七年一二月七日、牡丹郷で「愛と平和記念碑」除幕・贈呈式が開かれ、宮古島市長（当時）伊志嶺亮、遭難者子孫代表などが招待され、記念碑が宮古島市に寄贈された。この碑はその後、従来台湾中部に姉妹校をもち独自の交流活動を継続してきた宮古島市立下地中学校の敷地内にある「台湾の森」と称される一角に据え置かれた。同型の像が「牡丹社事件紀念公園」に配置されたことは、先にみたとおりである。

また、一八七一年の遭難事件から一四〇周年にあたる二〇一一年一一月二六～二七日には、宮古島の遭難者の子孫一人および沖縄・宮古・八重山の大学・教育関係者が招かれて、記念式典と再度の国際シンポジウムが開催された。記念式典では、一八七一年の事件関係者の子孫がともに、琉球人の救助・保護や遭難者の埋葬にあたった保力庄（現車城郷統埔村）の楊友旺を祀る祭壇に線香を捧げ、楊友旺宅近くに位置する琉球人遭難者の墓参がおこなわれた。

なお、この一八七一年の遭難事件について、宮古史研究者の下地和宏は、「宮古では、生還者や遺族の言葉を、わずかな例を除けばほとんど聞き取りしたり記録したりしてこなかった」と筆者に語った。[35] 国家史における一八七四年の台湾出兵についての扱いとは対照的に、一八七一年の出来事の方は、従来地域史のレベルでもそれほど重要視されてこなかったのである。[36] 下地は、二〇〇九年一一月に宮古島で開かれた自身が会長を務める宮古郷土史研究会の定例会において、一八七一年の遭難事件を再考する研究報告をおこなった［下地 二〇〇九］。筆者に対しては、パイワンの提示した事件の再解釈にはその後も必ずしも納得していないものの、宮古側の課題として、一方で今後パイワンの歴史や文化を学ぶべきであり、他方で宮古の近代史における事件の意味を考え、宮古側の視点をもつ必要性がある、とも語った。[37] この意味で、宮古島においても「牡丹社事件」をもう一度知り、考え直そうという機運はわずかながら始まっている。これは、牡丹郷パイワンによる交渉の中間的成果といえるだろう。

もう一方の牡丹郷では、この沖縄・宮古への訪問、「愛と平和記念碑」序幕・贈呈式における宮古島からの市長や遭難者子孫の招待といった交渉・交流の経験は、すでに触れたように一部の郷土教育の教材や「牡丹社事件紀念公園」の説明板でも言及されている。この意味で、この交渉の過程は牡丹郷における新たな「牡丹社事件」をめぐる認識の一部となりつつあり、新たな歴史認識・歴史解釈を構成する資源の一つとなりつつあるのだともいえる。

ただし、この訪問・交渉・交流の経験が牡丹郷パイワンだけの独占的資源であるかといえば、決してそうとは言い切れまい。宮古の側でもこの交渉・交流の経験を資源化しうる余地はあると思われるし、下地の語りは、その可能性を示唆しているものと理解してよいだろう。

おわりに

以上みてきた牡丹郷のパイワンによる「牡丹社事件」の再解釈は、周辺的位置におかれてきた人々が国家史としての歴史的事件をみずからの歴史として語り直す実践であり、これを通じて主流社会と自らの関係を再定位しようとする実践であると理解できよう。また、これと並行しておこなわれつつある「牡丹社事件」の資源化――これは「記憶の資源化」と言い換えることもできるだろう――は、その語り直された歴史を子どもたちと主流社会に対して解説・提示する場を獲得する実践であるといえる。そして同時にそれは、従来語ることが忌避されてきた記憶を、現在の日々の暮らしに何とか役立てようと活用する、たくましくしたたかな生活実践でもあるともいえよう。

これら「牡丹社事件」の再解釈と資源化という一連の実践のなかで目指されたのは、国家や主流社会の歴史語りでステレオタイプ化された事件の解釈、原住民族像への異議を提示することであった。これは、過去から現在に至るまで「野蛮な殺人者」という視線を浴びせられてきた牡丹郷パイワンのおかれてきた歴史的境遇と、近年、台湾社会全体がさまざまなレベルと領域でそれぞれ独自の歴史を再構築しようという機運を高揚させてきた社会的文脈とを背景に理解されるべきである。

そのなかでなされた、境界を挟んで隣接する沖縄・宮古への訪問と交渉は、国家の歴史語りを保留にして相互の歴史解釈について直接的な対話を試みたものであった。もっとも、パイワンと宮古の人との関係についていえば、目下のところはパイワン側がみずからの歴史語りを一方的に表明している状況であり、「対話」や「和解」の段階には至っていないともいえる。事件に関する史料は限定されており、史料相互の相違点も少なくない。とすれば、歴史の解釈の細部については、明確な結論や合意が得られない事柄も少なからずあるかもしれない。今後「対話」や「和解」の段階があるとすれば、そういった問題を共有し議論していくなかでのことだともいえよう。その意味では、これまでのパイワンによる交渉は、今後の対話や交流を始めるための糸口をつかんだ、という程度の段階にあるのだともいえる。

ただしここで強調しておきたいのは、境域に生きるマイノリティによる歴史語りが国家に対してというよりも、境界の向こう側の住民に対して直接示され、交渉がおこなわれたことの意義である。両地域の住民による直接的な対話や交流は、それぞれのうちに内在化された国家や主流社会の諸価値や諸観念を相対化させる契機となりつつあるし、多様な文化に配慮し他者を尊重しようとする大きな契機を内包しているといえるだろう。現在、双方とも互いの存在をふまえながら自らの歴史解釈を反芻しつつあることに注目をしておきたい。

また、パイワンによる「牡丹社事件」をめぐる交渉は、わたしたちの歴史認識に対しても重要な示唆を与え、わたしたちの歴史認識のうちに潜む二種の拘束性――国家あるいは国家史の拘束性と日本が近代に遭遇した異民族を「野蛮人」としてとらえてきたまなざしの拘束性――の存在に気づかせてくれるものとしての意義をも持っているという点を付言しておきたい。

平良は、一八七一年の出来事を「遭害事件」として認識することは、「植民地獲得の目的で台湾出兵が行われたことや台湾での西郷軍の蛮行を批判的にとらえる視点を弱めてしまう」と警鐘を鳴らす［平良二〇一一：三七］。これは、冒頭に触れたモーリス＝鈴木の「辺境から眺める」という姿勢とも共鳴する。これまで等閑視されてきたパイワンや宮古島におけるこの事件に関わる歴史や記憶にもう一度耳を傾けることで、わたしたちのうちに根を下ろす国家史的な歴史認識から距離を置き、これまでとは違った視座から歴史を眺める契機がもたらされうるのだといえよう。(38)

また山路は、「牡丹社事件」とりわけ一八七一年の遭難事件の重要性は、「この時の異民族との最初の接触があまりにも猟奇的であったため、日本人の異民族観の形成に大きな影響を及ぼしたということにある」という［山路二〇〇七：一四二］。原住民族の多くが首狩りの慣行を持っていたがゆえに、日本統治期においても「蕃人」と称され、日本が文明化の道へ導くことが正当化された。そして、そのような「野蛮人」観が通底していたがゆえに、パイワンは「殺人者」と短絡的に目され、これまで日本や台湾の歴史研究において一八七一年の出来事についての考証は長らく等閑視されてきたのだといえる。
「牡丹社事件」の歴史語りにおける国家の拘束性、「野蛮人」観の拘束性は、わたしたち自身の思考にも深く根をおろしている。パイワンの歴史語りあるいは今後発信されるかもしれない宮古における歴史語りに耳を傾けることで、それらの拘束性に自覚的になり、距離をおく契機ともなるであろうし、国家中心の歴史観を周辺地域やマイノリティの視点から問い直すことが可能になるであろう。(39)

［謝辞］本研究に関わる調査は、ＪＳＰＳ科研費二一三二〇一六五「日本『周辺』地域にみる国境変動とアイデンティティ――韓国と台湾との越境を巡って」（研究代表者：上水流久彦）および同二二四〇一〇四七「台湾原住民族の民族分類と再編に関する人類学的研究――学術、制度、当事者の相互作用」（研究代表者：野林厚志）の支援を得ておこなわれました。また、以下の関係諸機関並びに関係者に多大なご協力・ご支援・ご助言をいただきました（以下、順不同・敬称略）。宮古島市役所、国立政治大学原住民族研究センター、屏東県牡丹郷公所、同車城郷公所、同牡丹郷立図書館、同石門国民小学校、同牡丹国民小学校、同高士国民小学校、同牡丹国民中学校。華阿財氏、高加馨氏をはじめとする牡丹郷のたくさんの方々。笠原政治、山路勝彦、黄智慧、山本芳美、又吉盛清、仲宗根将二、下地和宏、平良勝保、仲宗根玄吉、里井洋一、王雅萍、陳文玲、范月華、巴代、楊孟哲の各氏。ここに謹んで謝辞を捧げます。

注

（１）　本稿における「原住民族」もしくは「原住民」とは、台湾に居住するオーストロネシア語族系先住諸民族のことをさす。

（２）　ここでいう資源化とは、「あるものが資源になっていく」という過程をさす［内堀　二〇〇七：二四］。森山によれば、文化資源の資源化とは「そのものに対してある距離を取り、それを反省的に対象化することによって、それが新たな意味なり価値なりのもとに『資源』として立ちあらわれる」という動きであり、その場合の「文化資源」には「誰が」「誰の文化を」「誰の文化として」「誰を目がけて」資源化するのか、という行為志向性が含意されている［森山　二〇〇七：六七、八二―八六］。ゆえに資源化をめぐる人と人との関係は、「ある主体がその『文化』の所有者や、志向対象となる行為者に何らかの影響をおよぼそうとしている。他者を動かすことへの意志に導かれている」という意味で政治的だという［森山　二〇〇七：八八］。ここで扱う歴史的事件の資源化にも、同様の指摘ができるであろう。

（3）「大山鹿児島県参事琉球島民台湾ニ於テ遭害ニ付問罪ノ師云々上陳並琉球王子遭害ノ始末届書　壬申七月廿八日」添付の琉球王府から鹿児島在番宛の「御届」と「宮古人仲本筑登之島袋筑登之ヨリノ聞書」［JACAR（アジア歴史資料センター）Ref. A03030995200、単行書・処蕃類纂・第一巻（国立公文書館）］。

（4）遭難者の身元は、一八七二年にこの遭難事件が政府に報告された際には詳らかではなかった。遭難から半世紀以上を経た一九二五（大正一四）年に生還者の一人島袋亀が、救助にあたった漢人の恩に報いたいという旨の手紙を当時台北沖縄県人会総代であり台湾総督府鉄道部技師であった照屋宏に届けたことに端を発し、台湾在住沖縄出身者等の手によって救助者や遭難者についての調査がなされ、一九二八（昭和三）年に『牡丹社遭難民墓碑改修報告書』としてまとめられた（［平良市史編さん委員会　一九八〇：五五五―五六八］所収）。なお、照屋の経歴および上記遭難者調査については［又吉　一九九九：二〇一―二五二、三一三―三三〇］参照。

（5）照屋宏によれば、琉球人が村から逃げ出したのではなく、パイワンの村人が一行を川端の交易を担う漢人凌老生のところへ連れて行ったとされる［照屋生　一九二五］。

（6）救助した漢人のうち楊友旺以外の人物名や関与、救助の状況については、［藤崎　一九二六：二一八、伊能　一九〇四：五九二、一九二八：一六三―一六五、西郷都督樺山総督記念事業出版委員会　一九三六：二、照屋生　一九二五、山中一九四四：一三八］。

（7）本稿中のパイワン語のローマ字表記は、台湾の政府によって二〇〇五年に定められた「原住民族語言書寫系統」におけるパイワン語表記の方法に従うよう努めた。

（8）牡丹社の首長父子が死亡した石門峡谷での戦闘におけるパイワン側の参戦者約三〇〇人、死傷者七〇余人という記載［落合一九二〇：七九、西郷都督樺山総督記念事業出版委員会　一九三六：一二］、同戦闘時のパイワン側死者は三〇余人という記載［藤崎　一九二六：四一八］があるが、その前後の衝突を含めた全体的死傷者数等は不詳である。一方、日本側の参戦者は延べ三六五八人、戦死者一二人、水死者一人、病死者五二五人とされる［西郷都督樺山総督記念事業出版委員会　一九三六：九、四七二］。日本側の死傷者の異説は、［檜山　二〇一一：六、落合　一九二〇：一七二―一七四］。

（9）第四節で触れるように、二〇一一年一一月に一八七一年の遭難事件から一四〇周年を記念して国際シンポジウムが開催された。このときは一八七一年の事件に「八瑤湾事件」「八瑤湾琉球人事件」という名称が用いられた。今後この名称が定着していくかどうかは定かでない。

（10）「牡丹社事件」をめぐる多様な歴史観点については、［林等　二〇〇三］に詳しい。

(11)　本稿では、「番」および「蕃」の字を含む語句を歴史的用語として用いている。他意はないことをご理解いただきたい。

(12)　恒春半島南部のパイワンは、雍正期には「熟番」と「生番」の中間的カテゴリーである「帰化生番」と区分されたが、この帰化は一時的なものであった［小林　一九九九：三五］。

(13)　現在の一六の公定原住民族のうち、サオ（Thao 邵族）とクヴァラン（Kavalan 噶瑪蘭族）は清朝期に「熟番」とみなされていたという点で例外的である。両民族が現在公定の原住民族とされているのは、その集住地が日本統治期に「生蕃」の居住地と区画された場所に位置したという点に負うところが大きく、それにより、今日の「原住民」身分を保持しえた。そして、一九九〇年代末以降、政府に対して単独の民族であることの承認を自ら要求し、それが認められたのである［野林・宮岡　二〇〇九：二九五］。

(14)　行政院原住民族委員会ホームページ公表の統計資料「一〇五年五月台閩縣市鄉鎮市區原住民族人口—都會比例」参照。二〇一六年六月二四日閲覧。

(15)　行政院原住民族委員会ホームページ公表の統計資料「一〇五年五月台閩縣市鄉鎮市區原住民族人口—按性別族別」参照。二〇一六年六月二四日閲覧。

(16)　一九一〇年にロンドンで開催された日英博覧会でクスクスのパイワン二四人（男二一人、女三人）が日本人警察に引率されて渡英し、会場内の一施設「台湾村（落）The Formosa Hamlet」に会期中半年以上居住するという経験をもった［山路　二〇〇九］。このことは、恒春半島南部パイワンの村が日本による植民地統治の「先進地」と目されていたことを示すと考えてよいだろうし、その背景には「牡丹社事件」が日本に与えた恒春半島南部のパイワンに対する認識が関与しているものと推測できるが［山路　二〇〇九：一〇］、これについては今後の研究にゆだねたい。

(17)　牡丹郷（「郷」は日本の「村」に相当）は現在、石門村、牡丹村、高士村、旭海村、四林村、東源村の六つの村（「村」は日本の「大字」に相当）から構成される。牡丹郷全体の人口は二〇一六年五月末現在で四八〇二人、うち原住民族人口は約九四パーセントの四四九九人を占める（屏東県恒春戸政事務所ホームページ公開の統計資料「一〇五年五月份屏東縣牡丹鄉各村里鄰戸數與戸籍動態登記統計表」参照、二〇一六年六月二五日閲覧）。また、同郷内のパイワンの人口は四一三七人、全体の約八六パーセント、原住民族人口の約九二パーセントに相当する（前掲統計資料と注15の統計資料より算出）。

(18)　二〇一一年三月一五日、牡丹郷高士村での聞き書きによる。

(19)　本稿では煩雑さを避けるため、現地調査での情報提供者を含むすべての人名の敬称を省略する。どうかご了承いただきたい。

(20)　酒井による華愛からの聞き書き［酒井　二〇一〇：一四五―一四六］および筆者による仲宗根玄安の直系子孫からの聞き書き（二〇一一年二月二八日）による。

(21) 日本、台湾、中国の歴史教科書における「牡丹社事件」に関する記述については、里井が比較検討をおこなっている［里井 二〇〇六］。

(22) 二〇一二年三月五日、屏東県牡丹郷石門村牡丹国民中学における談話。

(23) 牡丹郷内の六つの村にはそれぞれ小学校もしくはその分校があるが、中学校は石門村に一校あるのみで、牡丹郷外の中学校に進学する子どももいる。また、高校以上の高等教育機関は郷内には存在しない。

(24) 一九七〇年代に牡丹郷から選出されて県議会議員をつとめ、この構想に直接関わった石門村在住の人物からの二〇一二年三月二日の聞き書きによる。なお現行の制度では、原住民族の伝統的居住地域のうち日本統治期に特別行政区とされた区域は「原住民山地郷」、普通行政区とされた区域は「原住民平地郷」と区分されている。「山地郷」で選出される郷長及び県議会議員は規定により「原住民」身分を持つ個人でなければならない。

(25) 「牡丹社事件」について語ることが避けられてきたもう一つの要因として、牡丹郷内外で日本と対立した村がある一方で協力した村もあり、その出来事を語ることが、過去の確執を惹起させるという懸念もあったのだともいわれる。

(26) 以上、二〇一一年三月一六日、屏東県牡丹郷石門村におけるAの談話。

(27) 本稿冒頭で参照した一八七二年作成の生還者の証言記録には琉球人のたどり着いた村の名は記されていないが、後世にはそこが「牡丹社」であったという地理上の推定［伊能 一九二八：一六三］、クスクスの古老の伝承に依拠してそこが「高士仏社」であったという考証［藤崎 一九二六：二一八、二三一―二三四］がなされた。後者の説は、『西郷都督と樺山総督』の執筆者の一人である山中樵にも継承された［西郷都督樺山総督記念事業出版委員会 一九三六：二、山中 一九四四：一三八］。

(28) 同様の慣習法の存在は紙村によっても指摘され、琉球人が殺害された理由として考察されている［紙村 二〇〇四：一五七―一五八］。

(29) 近年、新たな角度からの「牡丹社事件」の論考が人類学や歴史学の立場から複数なされている。琉球・宮古の史料からの事件の読み直し［西里 二〇〇五：二八九、平良 二〇一一：三五］、一八七一年の事件について、恒春半島南部パイワンの首長制の状況からの考察［紙村 二〇〇四］、琉球人の原住民族認識およびクスクスの伝承からの考察［大浜 二〇〇六］、パイワンとの交易を担っていた地元漢人への注目［大浜 二〇〇七、林 二〇〇八］、恒春半島南部の諸民族間の政治的・経済的関係の分析［Fix 2009、羽根 二〇〇八、二〇〇九］など、これらはいずれも一八七〇年代の事件関係者が属した社会の文脈を仔細に検討した研究である。また、「牡丹社事件」を契機に原住民族を「無主の野蛮人」とみなす他者認識が芽生え、それが台湾植民地化の原点となり、原住民族に対する統治政策に結実したことの考証［山路 二〇〇七、二〇一一：二〇九―二二三］、西郷軍が日本へ連れ帰り「オタイ」と名付けたパイワンの少女の処遇を通してみた当時の日本人の台湾原住民族像［山本 二〇〇七］など、日本の帝国主義・植民地主義を論じる研究も進展しつつある。

(30) 以上、二〇一二年三月四日、牡丹郷石門村にて二〇〇三年当時の図書館長の談話。

(31) 先に言及した華阿財や高加馨の論文の一部［高　二〇〇五、華　二〇〇六］は、この時の予稿集を翻訳したものである。

(32) 一方、救助にあたった現地漢人凌老生の子孫は、凌老生が所有していた大櫃で琉球人を匿ったという伝承を語っている［林　二〇〇八：一八七、二〇一一：一九五―一九六］。

(33) この訪問に先立ち、牡丹郷民代表会（日本の村議会に相当）では、郷内での議論が不十分、事件の歴史解釈の合意は未達成といった観点から時期尚早という異議が出され、また、訪問団構成員の代表性の問題なども取り沙汰されたが、最終的には承認されるに至ったという（二〇一二年三月三日、牡丹郷石門村にて当時の一郷民代表の談話）。

(34) 牡丹郷から宮古島に対して提言された姉妹都市締結案は、その後実現しなかった。その代わりに、二〇〇七年六月、第二次世界大戦以前に出稼ぎや疎開などで人の往来の窓口となり、近年では定期船運行（二〇〇八年停止）やヨットレース開催などで交流を有してきた北部の港湾都市である基隆市との姉妹都市締結がなされた。

(35) 稲村の『宮古島庶民史』には、遭難事件の生還者の証言をもとにしたと思われる記述がある［稲村　一九七二：三七七―三七八］。

(36) 上記座談会に参加した宮古島在住の遭難者子孫の一人は、「事件について聞いたことがあったのは二つだけ。先祖にそういう事件があったということ、父母が台湾まで遺骨を探しに行ったが見つからなかったので、石ころをとってきたこと」だと筆者に語った（二〇一一年二月四日、宮古島市内における談話）。

(37) 以上、二〇一一年二月六日、宮古島市内にて下地和宏の談話。

(38) 遭難事件からの生還者の子孫が、祖先を救助したとされる台湾の人を祀る拝所を屋敷の片隅で維持してきたという事実を里井が宮古島での調査から報告したが、これは宮古から「牡丹社事件」をとらえるための重要な視座を提供するものといえよう［里井　二〇一一］。

(39) 国家の拘束性という点は、本書における八重山―台湾間の越境と交流、対馬―韓国間の越境と交流の事例でも共通に指摘される問題である。これらの事例では、地域（八重山・対馬）対国家（台湾・韓国）間におけるマス・ツーリズムを基盤とする互いの顔が見えづらい関係性のなかで、人々は、国家の拘束性により大きく絡めとられがちだといえるのではないか。本事例に引き戻していえば、今後牡丹郷（地域）と日本（国）との交流がより増加していくと仮定すれば、その際に牡丹郷パイワンの人々の歴史語りが聴き手の耳に届くためには、個人どうしの顔が見えるつながりのなかで越境・交流がなされていくことが理想といえるであろう。

参考文献

安里　進
　二〇〇三「王国の消滅と沖縄の近代」豊見山和行編『琉球・沖縄史の世界』、二三三一―二六六、東京：吉川弘文館

蔡　承維
　二〇〇〇「産業経済篇」陳梅卿編『牡丹郷志』、二一一―二六四、牡丹：牡丹郷公所

Fix, Douglas L.
　2009 "The Changing Contours of Lived Communities on the Hengchun Peninsula, 1850-1874" 洪麗完編『國家與原住民――亞太地區族群歷史研究』、二三三―二八二、台北：中央研究院台湾史研究所

藤崎済之助
　一九二六『台湾史と樺山大将』東京：国史刊行会（檜山　二〇一一a所収）

高　加馨
　一九九八「従Sinvaujan看牡丹社事件」『史学』二四：五五―八三
　二〇〇〇「人物篇」陳梅卿編『牡丹郷志』、四九三―五一九、牡丹：牡丹郷公所
　二〇〇一『牡丹社群的歴史與文化軌跡――従排湾族的視点』（台南師範学院郷土文化研究所碩士論文）
　二〇〇五「牡丹社事件の真実――パイワン族の視点から」『植民地文化研究』四：三六―四六
　二〇〇八a「Sinvaudjanからみた牡丹社事件 上」里井洋一訳『琉球大学教育学部紀要』七二：四一―六三
　二〇〇八b「Sinvaudjanからみた牡丹社事件 下」里井洋一訳『琉球大学教育学部紀要』七三：二七―五〇

国史館台湾文献館編
　二〇〇三『牡丹社事件史料専題翻訳（一）風港営所雑記』（王学新訳）南投：国史館台湾文献館

羽根次郎
　二〇〇八「ローバー号事件の解決過程について」『日本台湾学会報』一〇：七五―九六
　二〇〇九「〝南岬之盟〟和琉球漂流民殺害事件」『跨域青年学者台湾史研究続集』三―四一、板橋：稲郷出版

平良市史編さん委員会［編］
　一九八〇『平良市史第三巻　資料編一　前近代』平良：平良市役所

檜山幸夫
　二〇一一　「第二巻『西郷都督と樺山総督』と『明治七年生蕃討伐回顧談』解説」檜山幸夫編『台湾史研究叢書第二巻　西郷都督と樺山総督　明治七年生蕃討伐回顧録』、一―六、東京：クレス出版
檜山幸夫［編］
　二〇一一ａ　『台湾史研究叢書第一巻　台湾史と樺山大将』東京：クレス出版
　二〇一一ｂ　『台湾史研究叢書第二巻　西郷都督と樺山総督　明治七年生蕃討伐回顧録』東京：クレス出版
華　阿財
　二〇〇六　「『牡丹社事件』についての私見」宮崎聖子訳『台湾原住民研究』一〇：三八―五二
　二〇〇七　「バヅロク（Valjeluk）からの言葉――信頼と希望」石垣直訳『台湾原住民研究』一一：二二四―二二八
稲村賢敷
　一九七二　『宮古島庶民史』東京：三一書房
伊能嘉矩
　一九〇四　『台湾蕃政志』台北：台湾総督府民政部殖産局（一九九七、台北：南天書局復刻）
　一九二八　『台湾文化志 下巻』東京：刀江書院（一九六五、東京：刀江書院復刻）
江　鑁萍
　二〇〇〇　「開拓篇」陳梅卿編『牡丹郷志』、一二七―一五六、牡丹：牡丹郷公所
紙村　徹
　一九九七　「『恒春下蕃』首長制の性格――前＝日本領有期台湾南部山地のコスモロジーの変貌」『南方文化』二四：一〇一―一二二
　二〇〇四　「なぜ牡丹社民は琉球漂流民を殺害したのか？――牡丹社事件序曲の歴史人類学的素描」山本春樹／黄智慧／パスヤ・ポイツォヌ／下村作二郎編『台湾原住民族の現在』、一四九―一六一、東京：草風館
笠原政治
　二〇〇五　「屏東県牡丹郷で開催された『牡丹社事件一三〇年歴史与回顧国際学術研討会』傍聴の記」『台湾原住民研究』九：二三〇―二三三
　二〇〇六　「【解説】華阿財先生と『牡丹社事件』の研究」『台湾原住民研究』一〇：五三―五九
　二〇〇七　「はじめに（小特集：「牡丹社事件」をめぐって）」『台湾原住民研究』一一：一三八―一四一

金城正篤
一九八三「台湾事件」『沖縄大百科事典　中巻』、六七八、那覇：沖縄タイムス社
小林岳二
一九九八「台湾原住民の辮髪」『台湾原住民研究』三：一二八―一五七
一九九九「清末・日本統治直後、政権交代期の台湾住民――文書から見た『帰順』」『東洋学報』八〇（四）：二九―六一
林　淑美
二〇〇八「台湾事件と漢蕃交易の仲介者――双渓口の人びとのまなざし」加藤雄三・大西秀之・佐々木史郎編『東アジア内界世界の交流史――周縁地域における社会制度の形成』、一七一―一九〇、京都：人文書院
二〇一一『現代オーストロネシア語族と漢人――口述歴史：台湾を事例として』東京：汲古書院
林　修澈・黄　季平・王　雅萍
二〇〇三『原住民重大歴史事件――牡丹社事件』台北：行政院原住民族委員會
又吉盛清
一九九〇『日本植民地下の台湾と沖縄』宜野湾：沖縄あき書房
宮岡真央子
二〇一六「重層化する記憶の場――〈牡丹江事件〉コメモレイションの通時的考察」『文化人類学』八一（二）：二六六―二八一
毛利敏彦
一九九六『台湾出兵――大日本帝国の開幕劇』東京：中央公論社
森山　工
二〇〇七「文化資源　使用法――植民地マダガスカルにおける『文化』の『資源化』」山下晋司編『資源化する文化』、六一―九一、東京：弘文堂
モーリス＝鈴木、テッサ
二〇〇〇『辺境から眺める――アイヌが経験する近代』（大川正彦訳）、東京：みすず書房
波平恒男
二〇〇九「『琉球処分』再考――琉球藩王冊封と台湾出兵問題」『政策科学・国際関係論集』一一：一―七八
西里喜行

二〇〇五　『清末中琉日関係史の研究』京都：京都大学学術出版会
野林厚志・宮岡真央子
二〇〇九　「台湾の先住民とは誰か――原住民族の分類史と〈伝統領域〉概念からみる台湾の先住性」窪田幸子・野林厚志編『「先住民」とはだれか』、二九三―三一七、京都：世界思想社
落合泰造
一九二〇　『明治七年生蕃討伐回顧録』（私家版、檜山　二〇一一b所収）
沖縄県教育委員会編
一九七六　『沖縄県史　第一巻』那覇：沖縄県教育委員会
大浜郁子
二〇〇六　「『加害の元凶は牡丹社蕃に非ず』――『牡丹社事件』からみる沖縄と台湾」『二十世紀研究』七：七九―一〇二
二〇〇七　「『牡丹社事件』再考――なぜパイワン族は琉球島民を殺害したのか」『台湾原住民研究』一一：二〇三―二二三
賴　進貴等
二〇一一　『国民中学社会課本一年級上学期』台南：翰林出版
西郷都督樺山総督記念事業出版委員会編
一九三六　『西郷都督と樺山総督』台北：西郷都督樺山総督記念事業出版委員会（檜山　二〇一一b所収）
酒井充子
二〇一〇　『台湾人生』東京：文藝春秋
里井洋一
二〇〇六　「台湾社会科教育研究X　日本・台湾・中国教科書における台湾（牡丹社）事件・琉球処分記述の考察」『琉球大学教育学部紀要』六八：四九―六八
下地和宏
二〇一一　「宮古島台湾遭難事件――生還者の子孫が今に伝えるもの」『歴史と実践』三〇：三九―四七
二〇〇九　「宮古島民ら虐殺事件について――何故殺されねばならなかったのか？」『宮古郷土史研究会 会報』一七五
台北帝国大学土俗人種学研究室
一九三五　『台湾高砂族系統所属の研究』東京：刀江書院
平良勝保

二〇一一　『近代最初の「植民地」沖縄と旧慣調査』東京：藤原書店
台湾総督府蕃族調査会
一九二二　『番族慣習調査報告書　第五巻第三冊』台北：台湾総督府蕃族調査会
台湾総督府警務本署
一九一八　『理蕃志稿　第一巻』台北：台湾総督府警務本署（一九九五、台北：南天書局復刻）
照屋生
一九二五　「無名烈士五十四名が流した尊い犠牲の血潮　帝国の国力南進に大貢献　牡丹社遭難懐古（一）～（四）」『台湾日日新報』（七月二二日―二五日掲載、［平良市史編さん委員会　一九八〇：五五九―五六三］所収）
内堀基光
二〇〇七　「資源をめぐる問題群の構成」内堀基光編『資源と人間』一五―四三、東京：弘文堂
王　美連［編］
二〇〇五　『牡丹社事件愛与和平世紀大和解――沖縄訪問団成果報告書』牡丹郷：屏東県牡丹郷公所
山路勝彦
二〇〇七　「〈野蛮人〉の表象、あるいは植民地主義の起源――明治七年の台湾出兵をめぐる諸問題」『台湾原住民研究』一一：一四二―一六六
二〇〇九　「日英博覧会と『人間動物園』」『関西学院大学社会学部紀要』一〇八：一―二七
二〇一一　『台湾タイヤル族の一〇〇年――漂流する伝統、蛇行する近代、脱植民地化への道のり』東京：風響社
山中　樵
一九四四　「宮古島民の台湾遭害」『南島』三：一三六―一七三
山本芳美
二〇〇七　「パイワン少女オタイからみる『牡丹社事件』」『台湾原住民研究』一一：一六七―二〇二
インターネット・ホームページ
国立公文書館アジア歴史資料センター　http: //www.jacar.go.jp/
行政院台湾原住民族委員会　http: //www.apc.gov.tw/portal/
屏東県恒春戸政事務所　http: //www.hengchun-house.gov.tw/

（付記）「牡丹郷立牡丹社事件紀念公園」は、二〇一四年五月二二日の開幕式典を経て、公開・利用されるようになった。五月二二日は、一八七四（明治四年）年に牡丹郷パイワンと西郷軍とが戦闘した日にあたり、牡丹郷はこの日を「牡丹社事件記念日」と定めた。なお、「牡丹社事件」に関して日本が建立したモニュメントをめぐってさまざまな主体によってさまざまな年代に行われてきたコメモレイション（記憶の共有化）とその問題点、および近年の牡丹郷パイワンによる独自のコメモレイションの意義については、別稿で論じた［宮岡　二〇一六］。本稿とあわせてご参照いただければ幸いである。

ポストコロニアルにみる対馬の祭りの可能性——時の辺境化と儀礼の力

江本智美

はじめに

対馬を訪れる以前に筆者が抱いていた対馬観は、多くの日本人が外から思い描く対馬像とそうちがっていなかったはずである。日本と朝鮮半島の境界に位置する島、ゆえに特別な歴史地域意識を持つ島の人々、また、対馬の人々は地元の祭りで李氏朝鮮の正式な外交官として徳川日本にやってきた朝鮮通信使の歴史を祝う。そんなごく一般的かつ表面的な対馬像を描きつつ筆者が初めて対馬の地に足を踏み入れたのは、対馬の人々がいかにその境界人としてのアイデンティティーを祭りにおいて表現しているのか、という文化人類学調査が目的だった。本論では、研究開始以前に持っていた根本的な誤解、つまり対馬の人の帰属意識の問題に焦点を置く。国民国家では境界地域はしばしば国家の支配の延長とみなされよう。しかし、国土領土内の中心地域では自明であろう民族的な自己認識（エスニックアイデンティティー）というものは、他国と隔たる境界においては微妙に維持、調整され、また時にははじきだされることもある。境界地域は総括的な理論化がむしろ難しい多種多様な文化現象であり、置かれた歴史的社会的文脈に応じて特異で個別な文化過程を展開する。対馬ではどうか。(1)境界地域であるがゆえに国家帰属意識のあいまいさ、朝鮮半島にも属するような文化的意識的なあいまいさは存在するのか、というような、当初筆者が持っていた初歩的な問いかけから出発して、本論では特に対馬の祭りという事象の分析を試みることによって、境界と帰属について人類学的考察を提示したい。

本論での人類学視点について述べておきたい。祭りの文化人類学的分析はさまざまな手法があるが、ここで着目するのは、対馬がただ二つの文化圏の境界であるだけではなく、植民地化を推し進めた帝国主義者と被抑圧者、という両極の力関係のはざまに在る点である。単なる異文化接点の地ではない。圧倒的な政治的、社会的、文化的な力関係を具現化した植民地制度における支配者対被支配者の二国間の力関係がそこにあり、民族意識、自民族文化優越主義、差別意識などが文化的に構築されイデオロギーとして作用した。植民地化の歴史、といっても半世紀ほど以前の過去にすぎない、この国家の力関係が対馬の地理的、政治的、文化的背景である、という事実に絡めて対馬の祭りを政治人類学の視点から分析する。

本論ではより具体的な二つの目的を掲げた。一つ目は、歴史認識における文化の媒介性を展開し、祭りの文化的政治性（cultural politics）を提示することである。対馬の夏祭りは、鎖国時代の江戸幕府に招かれた李氏王朝の通信使（外交官としての団体）の到来を再演する。その史実の演出は、我々に対して新たな歴史認識を挑発する。この対馬の祭りを考察するにおいて「歴史という観念」の理解が不可欠である。ここで単に歴史といわず、歴史という観念としたのは、「歴史」に文化がかかわるその複雑性による。言い換えれば、それは「歴史」における文化の媒介性、つまり文化の政治性である。これは宮岡論文が述べる国家史の拘束性や、さらに上水流論文が提示する八重山と台湾での事例で示す選択と忘却の過程でも描かれている。[2]本論の二つ目の目的に、この対馬という境界になされた文化的意味づけ、つまり、地理的（空間的）な国境としてだけでなく時間的境界性を分析することを掲げる。ポストコロニアルつまり植民地構造終焉後の時代である現代社会で見直される対馬の歴史性、および離島という辺境の地として認識される対馬の存在に注目する。一見楽しげに見える対馬の祭りに潜む時間の媒介と、ひいては文化的政治性を提示する。

本論で分析対象となる祭りの考察は、現地長期滞在、地元の人々の活動への参与型観察という文化人類学のフィールドワーク研究方法論に従った。二〇〇二年から二〇〇三年にわたる一年半の住み込み調査による。最初に対馬に到着して一ヵ月後に経験した厳原港祭り対馬アリラン祭は、観光客とほぼ同じ表面的な観察にとどまった。しかしそれとは対照的に、二年目の祭りは内部者としての祭り経験であった。対馬の地元の商工会厳原町青年部に特別部員として一年を通して参加し、ほぼすべての部員活動に従事した。[3] この活動と平行して、祭りとは無関係な、様々な立場や年齢層の地元人とも日常場面で親しく交わり続け、祭りを取り巻く対馬の文化的社会的文脈を様々な立場の対馬人から学んだ。その過程では複雑な祭りの意義に日々驚かされる思いだった。対馬の生活、文化そして祭りは、実に奥深く時には矛盾に満ちているような複雑な文化層を成している。本論ではそのごく一部の側面の考察にとどまることを記しておきたい。[4] 具体的には、本論文ではその複雑な文化事象のごく一部でしかない時間的要素に焦点を絞り、祭りに内在する、構造的には相反する二つの側面を論じる。[5] さらに対馬の置かれた社会的文脈の特殊性をいくつかの人類学の理論的枠組みにあてることによって、本論を通じて越境をとりまく事象の人類学的比較研究と理論構築に貢献したい。[6]

一　時間的他者と民族の階層化

筆者が対馬に研究滞在していたのは、竹島問題から発展して対馬の領土問題がメディアに大きく取り上げられる数年前だった。その折、韓国から対馬に訪れている人たちと交わるなかで幾度も対馬が韓国の島だったという話を聞いた。特にナショナリスティックな政治思考に傾いている人たちではなかったが、中には韓国の歴史の本にも書いてあるんですよ、と筆者を説得しようとする韓国人大学生もいた。対馬島は日本国土の西南国境に位置し、わずかながら日本本土より朝鮮半島により近い。地図を眺めてみる限りでは、この中間に浮かぶ島が史上ずっと片側の一国だけに所属してきたと考えるのも無理があるかもしれない。まして、地理的な領土に基づく国家の概念が成立したのは比較的最近の近代国家の誕生に伴ってである。それまでは、対馬に限らず、世界の多くの地域では国家帰属というものはあやふやで流動的だった。筆者は、朝鮮の対馬所有論は韓国の人が持つ彼らの国家史観として興味深く聞いた(7)。

その後二〇〇八年に対馬に短期研究で戻ったときは対馬の領土問題がメディアで騒がれた直後であった。対馬の自衛隊基地に隣接する土地を韓国の人が購入したことから、国家治安の問題として騒ぐ人が出るまでに発展した。韓国の右翼団体や日本の政治家が対馬を訪れたり、新聞に〝国境の島が危ない〟などとセンセーショナルな見出しがつけられたりした。そんな騒ぎの直後の対馬訪問だったが、対馬の人々はみな驚くほどこの一連の出来事を静観していた。他人事のような対応でもあり、逆に地元にとっては迷惑という感じを受けた。「（右翼）はここ（対馬）に来ないで東京に行ってさわいでほしい」という苦笑交じりの対馬人の意見は、筆者が何度も耳にした、地元では一般的な見解だった。韓国で一般的に信じられている対馬の韓国領神話というものが、今日の対馬の住民にとって脅威にならず笑い飛ばされている。また、単に面倒がられている。むきになって弁護したり感情的に対応したりする対馬の人もひょっとしているかとも思ったのだがそうではなかった。

二つの国の中間に存在する地域の住人にとって、国家に対する帰属意識はどこから来るのか。近代国家による国境線というものを考えるとき、ベネディクト・アンダーソンの唱える「想像の共同体」という観念が有益であり、それはおそらく人類学で最も支持されている現代国民国家の定義の一つであろう［Anderson 1986］。市民が帰属意識をはぐくむことができるのは近代国家の創り出した幻想上の地域社会に対してである、とアンダーソンは唱える。(8) 国境は単なる地理的空間線ではなく、この「想像の共同体」を定義する境界であるというわけだ。この国境の定義における差異は本論で取りあげる境界という事象の考察において重要である。

日本においては、ペリー到来を契機として近代国民国家である明治政府建設を成したのは歴史が示すところである。その西欧にならった帝国主義的な国家思想をもってして、日本はさらに大東亜共栄圏を唱えてアジア世界に暴力的に植民地拡大を推し進めた。帝国主義においては領土の規模が国の強さの尺度となる。ゆえに国境は二つの政治面を持つことになる。

一つは推進力として外縁に押し進めるべきものであり、もう一つは内と外を分けるラインとして、その境界内側で単一な文化統治が図られる。アンダーソンの言うように、近代国家成立のためには国家に忠誠な市民をつくる国家意識育成が鍵となるのだから、この境界の内側に組み入れられた日本領土すべてにはっきりとした帰属意識が課された。対馬島についても近代以降は単なる地理的な境の島ではなく、国家への帰属意識の存在の境ともなった。(9) 対馬の人が明治以前に抱いていた、我々日本人、といったような漠然とした区別とはまるで別種の意識である。それは、近代的領土における文化統治のからくりとして、近代日本が天皇制に基づく国粋主義を進め、国民の中に日本国家への忠誠を培養し日本人としてのアイデンティティー（自己意識、自己認識）を育成した過程でもある。たとえばその特殊な天皇臣民化教育では、科学的知識は却下され、天皇神話を盛り上げる寓話（narrative）が、生徒への教材として民の心に正当化された。家族国家思想はイデオロギー、つまり政治支配のための社会思想として、日本列島に散らばる、まるでつながりのない個々人を日本人というだけで一つの大家族に属しているとする幻想を作り上げた［Weiner 1994］。アンダーソンがその著書のなかで、近代国家に現れた帰属意識の世界的な事例として、天皇のために命も投げ出した日本人神風パイロットの忠誠愛国心を例として挙げているのが興味深いではないか。

この神風パイロットと同様な国民意識（ナショナル・アイデンティティー）は対馬にも当然に内在化され、朝鮮半島に住む「彼ら」と日本人としての「我々」対馬の人を近代国家的に区別することになった。対馬滞在中に聞いたある対馬の年配の婦人たちの戦時中の様々な思い出話の中に、日本という「想像上」の社会に参加した経験が盛り込まれていた。小学校での竹槍等を使った戦闘訓練のとき、真剣にその木刀で「憎き」上陸敵兵を一騎打ちでやり負かすつもりだったという。笑いながら話す彼女たちの思い出話は、帰属意識を物語っている。また、対馬内でもとくに奥まった地域の神社を訪れたときにも天皇の写真が掲げられているのが印象的だった。国のたくみな文化政策を通じて、近代的な意味での国境は、明治から昭和までひきつづいて対馬の人の意識を包み込んで、対馬の人はその幻想的な家族国家というものに自分自身を投影した。対馬の人がこの「我々」としてのアイデンティティーを育むと、韓国領神話は単に他国のたわごとになる。

対馬でのフィールドワーク中に出会った地元対馬の人々は誰もが日本に帰属する市民であり、その境界線を踏み越えるような言動場面には一度も出会わなかった。裏返せば朝鮮半島から対馬を訪れる人はいつも文化的他者であるということだ。対馬の人が話すとき、それが韓国からの観光客の噂話であれ、悪口であれ、あるいはほめ言葉であれ、また対馬と朝鮮、さらには日本と対馬の過去についてであれ、対馬の人がその境界人としての中間に属する者の曖昧さや両属性を表現する場面には一度として出会うことはなかった。

この境界というものについて、自省的人類学批判の分野で最も注目される政治人類学者ヨハネス・ファビアンが記す「時」と「他者」の見解に絞った理論的考察を試みたい［Fabian 1983］。ここでは「彼ら」と「我々」を分けるその空間的境が、同時に「時」の次元における境界を意味する。言い換えれば、対馬が存在する時空間は朝鮮半島の時空間とは別の次元であるという。まず時制的政治（chronopolitics）と言う彼の概念を簡単にではあるが紹介したい。[10]

ファビアンは西洋社会を分析する。西洋は非西洋に対して自らを「時間」的に進んだ文明社会であるとし、時間的に〝遅れた〟非西洋社会を抑圧する植民地化行為を正当化した。これは共時性の否定であり、「未開」や「野蛮」な〝遅れた〟非西洋文化を同等に扱わず、西洋人を文化の上位者とみなした。この「西洋」に対する「他者」または、「非西洋」という二項対立の構造においては、地理的な政治関係（geopolitics）はすなわち時制的政治（chronopolitics）にとりかわる、と彼は主張する。時間は地理的空間と同様に、もはや中立的な観念ではない。政治的思想に基づいた支配のための道具である。西洋の思想的手段では「時」が近代性や進歩の尺度となる。そこでは文化の優劣上下関係がすなわち時の次元での表意だ。西洋と同レベルの「時」のレベルに達していないとされた非西洋人に対しては、たとえば植民地化、奴隷化、抵抗運動の抑圧、軍事力での制圧、宗教や教育を通じて洗脳が行われる。戦後の経済的支配でさえ、遅れた社会を進んだ社会にするという国際援助の名の下に行われている。

この時制的政治（chronopolitics）は、西洋の帝国主義にはごくありきたりの、文化的戦略としての特定の人種文化優劣主義にのっとったものである。二一世紀以前の時代では、信じがたいことに、この白人社会優秀論が社会科学上の見識として一般に認識されていたのである。しかし、この権力の保有者を集約的に西洋と呼ぶのは正確ではなく、ファビアン自身も西洋だけに限ることには同意していない。本論が対象とする、西洋に追随し植民地支配を進めた日本の、「時間」という観念を駆使した政治思想もしかりであろう。日本でも大和民族優秀論の〝ものがたり〟が作られ広められた。日本の社会近代思想は西洋の支配理論、つまり西洋の文化進化論の模倣に基づくのだから、この類似性は当たり前である。西洋の近代性というものが文化的他者である非西洋人を必要としたように［Knauft 1994］、日本の近代化も、イデオロギー支配において他者とみなせる非日本人を必要とした。

先ほど述べたように日本国民国家のイデオロギーは天皇制を軸にした。国家神道による天皇と神との結びつきは、さらに「家族国家」思想によって天皇臣民である日本人の選民的な優秀性へとつながっていく。日本の家族国家主義思想では、天皇の国は神話の表現する神の国であり、天皇の血を引くその臣民は〝選ばれた〟、それゆえに〝優れた〟民であるとなった。このすぐれた神の民とそうでない下位の民とは、上下の「時制」的縦列関係で理解された。同じ黄色人種でありながら、対馬を隔てたこちら日本は朝鮮半島の「先」を歩き、欧米諸国と肩をならべる文明化した進んだ社会となる。一方、朝鮮半島ははるかに後れて歩んでいるとされた。朝鮮半島の現在はすでに日本の過去であり、日本の現在が朝鮮半島が迎える将来という「時」の構造である。これが直線的な文化進化論であり、日本が遂げた文明にたどり着くには、朝鮮半島はその同じ直線状をあと何年何十年もかかって歩んで行かねばならない、とする。ゆえに朝鮮半島と日本は同次元には存在しておらず、その共時性が否定されている。ファビアンの説く、圧倒的な政治、軍事、文化の力によって課された「時の他者化」である。

この時を基軸にした他者化という政治的かつ文化的行為は、明らかに野望的な帝国主義の国家政策である。その影響は今日にいたっても、ごく普通の公平な精神を持った人々の間にもいまも影を落としている。(11) 少なくない年配の対馬人が、日本の朝鮮半島植民地化正当論を口にする場面には何度も遭遇した。日本の「おかげ」で朝鮮半島は「ひとっとびに」進み、日本は朝鮮文化の発展に貢献したはずと言う。日本の植民地支配によって、朝鮮の人々は直線的な文化の進歩上の差を縮める「恩恵」をこうむったのである、というわけだ。この視点は、時制政治の観念による。帝国主義、植民地政策擁護論である。エスノセントリズム（自民族優越主義）とは紙一重の危険な思想であろう。「後れた」朝鮮半島と「進んだ」日本。日本植民地化有益論は、明らかに文化的他者の共時性否定に基づいているのである。

二　時間的他者の共存

最近、近世に関する歴史研究の少なからぬ成果によって、東アジアそしてまた日本の歴史において対馬の果たした役割が明らかになってきた。対馬における朝鮮通信使の再演行事が、これらの歴史研究を触発したにちがいない[12]。毎年八月の最初の週末の二日間に「厳原港祭り対馬アリラン祭」が開催されていた。現在の形式で祭りが始まったのは一九八〇年以降である。厳原港祭りとして地元人のための小さな行事が二日間にわたっておこなわれたあと、対馬アリラン祭として朝鮮通信使行列の再演が二日目の午後におこなわれる。この朝鮮通信使行列は今日では民間と行政が協力する対馬の観光行事の目玉商品である。対馬と李氏通信使の歴史については多くの書物が書かれているので［辛　一九九九、仲尾　二〇〇〇、上田　二〇〇〇、田代　一九八二、荒野　一九八八］、ここではごく大まかな概要にとどめる。江戸時代、対馬を介して徳川日本と李氏朝鮮王朝は東アジア儒教秩序にのっとった象徴外交を続けた。朝鮮王朝、江戸徳川幕府、対馬藩の三者間に様々な社会的政治経済的思惑が当時あったにもかかわらず、それは正式な友好関係であった。朝鮮通信使は朝鮮国王の公使・外交官であり、徳川将軍が招く一級賓客として扱われた。一行は、対馬藩士、随行員、儒学者などを含めて四〇〇人にも上る行列をなして、対馬島から江戸城まで約半年をかけて移動した。

しかし、対馬がこの史実を夏祭りで再演するまでは、ほとんどの日本人はこの通信使が象徴する二国間の対等の、そして友好の歴史を知らなかった。帝国主義的な国史観が生じる以前の対等な李氏朝鮮と江戸幕府のご近所的付き合いは、日本国史からは消えていったからである[13]。領土的野心に満ちた明治以降の近代国民国家には不都合であったろう。西洋に対しては文化的遅れを感じる日本は、周知のように対馬ではなく長崎が異国情調のただよう異文化交流の地とされている。長崎出島が徳川時代の唯一の国外への窓、ということは誰でも習う日本歴史の定説である。つまり歴史に国家間の文化的階層化が反映されている。イデオロギーは歴史的ディスコース（discourse）に内在する。これは、歴史と言うものが中立で学問的に純粋に事実に基づいていると信じている一般読者には耳新しい視点かもしれない。[14] ファビアンも、現代のわれわれが歴史と呼ぶものは、進歩、発達、近代といった観念を伴う西洋の文化的価値に沿った抑圧的思想の所産でもあり、他者の共時性の否定や国家や人種の階層化が歴史構築に反映されている、[15] と説く。

対馬の地元の夏祭りを通じて、一般の日本人には目新しい史実が視覚的に日本社会に浮き上がった。鎖国時代は正式外交がなかったとする特定の国史観を植えつけられた多くの日本人にとって、近世における対馬を通じての朝鮮と日本の二国間の平和的ご近所づきあいの史実は、現代の日本では新鮮なものである。対馬の夏祭りは意外な史実の告発である。「目あたらしい」過去を、祭りは雄弁に物語っている。祭りが伝える朝鮮半島との関係は、否定的な感情が表面化する戦後の日韓関係とはまったく異質なものである。祭りの規模はこれまでの三〇年間に増大しつづけ、来島者は地元の宿泊施設がまかなえる枠をはるかに超える二十万人近くにもなる。

対馬の祭りの前夜と当日は、島外から訪れる観光客でこの町の飲食店がにぎわう。筆者は、日本各地から毎年対馬で集合し酒を飲み交わすという小グループの対馬ファンたちと居酒屋で席を共にした。彼らは対馬への好意、憧れを楽しく語りあう。朝鮮通信使行列再演の当日には、島外からきて行列に参加するという女性の着付けのお手伝いをした。彼女たちはチマチョゴリをまとい練り歩く。みな衣装の美しさ、知らなかった対馬の過去、祭りのたのしさ、と感激をいっぱいに表わし嬉々としている。また、当時の対馬厳原町の郵便局長は対馬に赴任してから初めて知った通信使行列にまつわる対馬の過去に心酔し、韓国の郵便局と姉妹提携までこぎつけることに努力、ついに成功した。[16] このような一般日本人は、対馬が維持してきた朝鮮半島との歴史的関係は日本の他地域と違っているのだ、と理解している。すなわち対馬は、近代日本が創った時空間の境界を越えた、友好を象徴する憧憬の国境の地であるというわけだ。聴衆はその感激的な物語に沿って新しい対馬像を彼らの中で造り出す。多くの日本人観光客にとって、もはや対馬はさえない最果ての離島僻地などではなく、歴史の中心である。その友好の歴史は、暗い過去の植民地と暴力の政治史を乗り越えられるような、むしろ希望に満ちた未来を提示する史実である。ここでは、祭りといった文化事象の演劇性を論じる際に祭り行為者と同じくらいに不可欠な分析対象である観光客の重要性が、実に際立っている。

対馬の祭りの人気は、現代社会に顕著なグローバライゼイション（国際化）の影響であり、また植民地構造の崩壊というポストコロニアル思想の一面のせいでもある。ポストコロニアルの時代性については崔吉城論文で語られているが、本論ではその一面として、時制政治とはまるで反対の、つまり他者の共時存在を認める世界観であるとその定義に加えたい。他者化を覆す行為だ。冷戦時代の終止、平和主義、国際連合を媒介しての各国の土着民の結束、ネルソン・マンデラの南アフリカ誕生、また東アジアにおける二〇〇二年の日韓共催ワールドサッカーなどは、すべて対馬の祭りと同じ流れである。韓国ドラマがブームとなり、韓国食に人気が出る。それは文化的他者を時間的他者と見るのではなく、異文化の共存、つまり文化相対主義を讃え実践する時代である。アメリカにおいて人種坩堝主義が多文化主義にとって代わったように、そして平成日本で韓流ブームがおこったように、対馬の祭りが表象する新しい世界観も日本の大衆に受け入れられているのである。

そこでは、お隣の国への興味や憧れが民衆の中に静かに芽生え始める。植民地時代に日本の属国とされ戦後も引きつづいて劣ったと見なされた朝鮮半島の文化に対する、帝国主義的国家思想をのり超えつつある新しい他国観だ。今日多くの日本人々が酔う李氏朝鮮通信使行列の再演は、現代日本人にとってはポストコロニアリズムの具現化である。それは帝国主義時代に思想化された人種民族の階層化を否定する。文化的他者の時間的共存を讃え支持するものである。それは皮肉にも「過去」を演出しながらも文化的自己認識の政治性（Identity Politics）における先端思想を表象した祭りであるわけだ。文化的上位者としての日本のヘゲモニー（覇権力）を覆す政治的文化要素がそこにある。

三　儀礼の力

対馬を訪れる島外日本人の祭りに対する憧憬の念に比較して、対馬の人は祭りに対してさまざまな複雑な感情を表している。祭りを支援し一般の島外者の感激に同調する対馬の人がいる一方で、祭りに納得のいかない不満をもつ対馬の人も存在する。祭り自体が比較的新しく、「つくられた」地元行事であり、当初の祭りに反対者は多かったというのは対馬の人なら多くが認めている。しかし、このポストコロニアルという時代性のなかで、この三〇年の間に対馬の人の祭りに対する意識も変わってきているということもほとんどの対馬の人自身が感じている。以前は、自分たち対馬の人々よりも「劣った」「遅れた」「朝鮮の祭り」に反対敵視していた島民の中でも、春の初めに徐々に氷が解けていくように、この祭りを肯定し始めた人がいる。祭りの意義、つまり現代の対馬の人々の集合的なアイデンティティーに肯定的に関わる祭りの存在を、少なくとも認識し始めている。

祭りのような地域性というものが技巧的に作り出される過程において、儀式化の役割は大きい。特に儀式において媒介となる身体性に注目すべきであろう。儀式の参加者は、感情という抽象的なものでさえもかれらの身体でもって具体的なものに換え、ひいてはその儀式の場において参加者が分かち合える集約的な認識を生み出すことができる［Connerton 1989; Bloch 1986］。儀式によって組織立てられた集合的な力が、その以前には無統制に存在していた人々や空間を治めることができるのである。対馬においてもこの儀式化の効果は顕著である。多くの対馬人が、個人として、一業者として、また団体で祭りという儀式に毎年繰り返し参加する。参加は祭りのための寄付という形でなされたり、韓国からの客のホームステイを引き受けたり、またはもっとかんたんな別の形で祭りのボランティア活動に従事することもある。さらには、朝鮮通信史行列で歴史上の人物を演じる参加者もいれば、行列を道路脇で待ち構え声援をおくる地元観客になるなど、対馬の人は皆、さまざまな立場で儀式に参加するのである。彼ら地元人の存在自体が、朝鮮通信使行列再演によって描き出されるポストコロニアルの新しい世界観の一部となって観客に提示されている。

更には、儀礼の力は、今まで当たり前のものと考えられていた階層や役割といった社会的構成要素を象徴的にくつがえすこともできる［Turner 1969］。お祭りの行列では、日本の近代化思想では「上位」に位置するはずの日本人が下層武士を演じることにより、「下位」に位置するはずの韓国からの招待客が演じる朝鮮通信使を、うやうやしく御輿に乗せてかつぎ歩く。象徴的な構造転換が儀式として演じられている[17]。また行列の後尾では、植民地主義イデオロギーでは「上位」に位置する日本人女性が、「下位」に位置する朝鮮民族の衣装であるチマチョゴリを嬉々としてまとい対馬の町を行進する。つまり、対馬の祭りは植民地的関係を覆した新しい文化的民族的関係を具現した「非日常化」の祭りである。地元人はこれを毎年繰り返し経験し、新しい世界観を象徴的に表象しまた鑑賞し、感動的な華やいだ祭り気分を感情的に訴えることによって、彼ら自身もこの儀式の力に影響されている。

多くの人々にとっては祭りは純粋に楽しむべき行事と思われているにかかわらず、祭りはその社会の縮図であり、深刻な社会的効果を発揮する。傍観者も含めた儀式参加者である対馬の人々は、この儀式が表わす世界観を共に演出、経験することによって自らもその世界観を内在化していくのである。儀式研究の大家のベルは、これを儀式によって引きおこる世界観の「誤認識」作用であると言う［Bell 1992］。たとえ儀式参加者がその世界観に合意せずとも、その内在化は起こりうるからである。そうであるならば、対馬の祭りの可能性は無限に大きくその先は予測しがたい。筆者が冒頭で述べたこの対馬の祭りに潜む文化的政治性はここにある。

四　「ギフト」としての祭り――近代国家と離島

朝鮮通信使の祭りとして島外に知られる対馬の祭りは、別の一面を持つ。それは前述したように、地元では厳原港祭りと呼ばれ、アリラン祭の加わる二〇年以上も前にさかのぼる一九六四年にすでに始まっていた。地元の厳原町内に住む対馬の人のためのお祭りである。(18) 対馬最大の厳原港の繁栄および町の商業活動の促進を祝う。早朝から夕方まで地元人を楽しませる行事がぎっしりだ。「厳原港祭り対馬アリラン祭」（当時）は大小さまざまな規模の行事を含み、朝鮮通信使行列再演はその全行事のうちの一つにすぎない。しかしながら構成上重要な点は、港祭りは厳原商工会の青年部によって全演出がまかなわれる一方で、アリラン祭としての通信使行列だけが例外的に別の組織「朝鮮通信使行列振興会」によって作られていることだ。通信使行列は港祭りの時空間に取り込まれながら組織的には別ものであるということである。

対馬の祭りはこの朝鮮通信使行列によって島外での知名度が上がっているのは周知の事実である。単なる地元の港祭りではなく、境界という地理的特異性、また歴史的特異性を生かしたアリラン祭として地元、九州地方という地域の枠を越えて全国的メディアの注目を集め、島外からの観光客も招いていた。一年を通して対馬では夏の祭りの時期の特殊性が際立っている。もはや静かな離島ではなくなり、にぎやかな祭りの場へ変換する過程には驚かされる。

人類学では祭りの儀式は日常と隔離された過程と位置づけられる。ビクター・ターナーの古典的な儀式の研究は、儀式の期間中を日常から離脱させたうえでの文化分析であるが、対馬の祭りの日常からの隔離性は明らかであるにもかかわらず、その移行はむしろ徐々にしかし密やかにすすむ［Turner 1966］。夏の時期には街の人口が増え、人気《ひとけ》がより近くに感じられる。明らかに島外人と思われる人たちが連れ立って歩く姿があちらこちらに目立ち始める。ゆえに騒々しさが増す。いつもは静まりかえったこの港町に忙しそうに活気が満ちてくる。祭りの時期に合わせて韓国学生のホームステイや韓国映画の上映、韓国美術品展などの特別行事が街の気配を楽しげにふくらませていく。つまりこの過程で、祭り開始以前にすでに対馬の非日常のドラマは始まっている。

しかし何にもまして、普段の閑散と、人影のまばらな対馬において祭りに向かう非日常性への移行準備は、厳原商工会の青年部という小さな任意団体の大きなボランティア活動によって、確実に計画的にむしろ内向的な動きでもって着々となされるのである。街中の道路の両側に延々と連なる無数の白いのぼりは祭りの到来を視覚的に人々に知らせる。夏風にこれらの白いのぼりがはためく様子は祭りへの鼓動を感覚に訴え、人々の気分を高揚させていく。しかし、祭りに不可欠の小道具であるのぼりは一瞬にして置かれたのではなく、何十人の成年者が自らの休日を使い、または各自の本業の合間の時間をやりくりしながら、一本ずつその手で腰をかがめ休憩を取り黙々と結び立てていくのである。港に隣接するだだっ広い平坦な空き地（駐車場）が、立派な祭りの中心会場へと変身するのは、十数人、時には四〇人にもなる青年部員が休日を使って早朝から繰りだし、清掃、舞台の建設工事、看板設置をてきぱきと協力してこなしていく奉仕の活動による。強い日差しの中では首に巻いたタオルで汗をぬぐいながら、雨の日には吹きかかる雨粒に目を細めながら、計画された作業を完了させるまで、もくもくと働き続ける。

厳原青年部は、これら準備をその年の春から週一度の会議で開始しており、その後徐々にしかし速度を上げて計画を押し進めていく。地元対馬の人たちや

写真１　春から毎週行われる厳原町青年部員の部会

外部からの観光客が名物的行事の朝鮮通信使行列を楽しむその祭りとしての枠組み作りは、これら地元の成年男子が無償で提供する〝お祭り作り〟の成果である。この枠組み作りがあるゆえに、構造的には地元の港祭りと通信使行列再演という別種の行事が統一され、華やかに夏の祭りの全体を相乗効果を持って創りあげている。[19]

春から準備が進んでいくとはいえ、祭りの日が近づくにつれ、これらボランティアに要求される労働量はただごとでない。ほとんどが商家の跡継ぎで働き盛りの地元男性であるから、その家業の仕事を犠牲にしての祭りの準備である。小さい子供がいる部員も多く、週末もその祭りの準備にとられてしまうため家族と過ごすはずの時間を犠牲にする。夏は祭りの準備のために自分たちの家族は母子家庭になると笑うこれら青年部員が、毎夏訪れる対馬の非日常を作り上げていくのである。

祭り当日に最後を飾る壮大な花火大会、夜のステージを飾る芸能人招来は華々しく大規模だ。また祭りの当日に港の海をにぎわせ祭り気分を作り出す伝統的フナグロー競争[20]の練習にも時間を見つけて励む。これらの行事はみな通信使行列と同等に祭り気分に不可欠な要素である。さらに一方では、対馬の地元人すべてを対象とした「地元のための」祭りを請け負い、そのための、決して表立たない〝見えない〟作業にも価値を置き労働を提供する。早朝に始まる対馬の老年熟年層のためのゲートボール大会。交通が不便な地域に住む住民や子供たちのためにトラックで出張しておこなう小祭り。これらの小さな行事はおそらく地元参加者以外は気にも留めないであろう。外来の観客に注目されている朝鮮通信使行列再演とまるで趣旨が違っている、観光とは結びつかない地元人のためのお祭りである。その準備と実行は、すべて彼ら青年部だけで春から綿密に決められていき、たとえば子供のための景品記念品集めから始まりその仕分け、竹やぶから竹の切り出し、祭りの看板のペンキ塗り、などといった、ごく地味で華やかさもなく表立たない作業に終始する。

祭り作りに全然携わらぬ一般の対馬の人との会話の中で、青年部員の持つ奉仕精神への敬服を筆者が言葉にすると、たいてい驚きの声が返ってくる。青年部のそんな活動は知らというのだ。ほとんどの人からは「ほー、そうなの」という意外をあらわす返答が返ってくる。祭りは毎年にぎやかに訪れるが、その訪れを招きいれている過程をほとんどの対馬人は知らない。この地元人の認識不足を改めさせ自分たちの活躍を知らしめようという意識は青年部の中には全くない。過大な犠牲や労働に対する報酬または非物資的な評価、見返りを求める気持ちは微塵もないのだ。この青年部の奉仕活動がその犠牲の程度にかかわらず、一般に外部に認識されずに提供されているという事実は注目に値する。彼らの奉仕活動をギフト（贈り物）と考えた場合、「ギフト」の研究とその理論化で著名なモース［Mauss 1950］の視点が必要だ。

モースが説いた、ここでは贈り物がなされる特異な社会文化背景に注目する必要がある。とくに、日本ではボランティア活動は日常的なものとして普及していない。たとえばアメリカでは、全人口の半数以上の人が何らかのボランティア活動に従事するが、日本ではその四分の一ほどにすぎず、それも、そのほとんどは子供の通う学校関係の父兄ボランティアつまりPTA活動に過ぎない［Nakano 2005］。さらに、日本では無名での贈り物はめったになされず、逆に自らの貢献を公に提示することを通じてその地域で自己の地位、立場を獲得また建設していくことが重要視される［Befu 1968］。とすると、対馬の祭りでいわば影武者としての活動という奉仕のギフトの送り手である青年部の貢献は例外的であり実に興味深い。モースの贈り物の概念によると、贈り物は物質、又は行為にかかわらず常に個別な社会的文脈に密着した相互関係においてのみ分析がなされるという。ならば対馬の青年部にとってそれは何であるか。青年部の働きから、離島としての周縁化という港祭

写真２　朝鮮通信使行列の一場面

りとしての祭りの別の顔を以下で指摘する。

五　近代国家と離島による周縁化

対馬は、国民国家に取り組まれたことによって二重に周辺化されている。一つはすでに述べた歴史の忘却による周辺化である。近代日本の境界作りの過程では、不都合で矛盾する史実は取り除かれた。李氏朝鮮王朝と徳川日本の対等な友好的付き合いの歴史が消え、「後進文化」である朝鮮半島の共時性が否定されると同時に、二国の交流に深く関与貢献した対馬の歴史的重要性が消えていった。この歴史的周縁化につながる、もう一つの周辺化が離島化である。国境の前線地としての先鋭性と媒介性を持つ対馬が、日本国内のただの地理的辺境地になることを強いられ、最果てに位置する「後れた」島として「離島」化された。この二重の周辺化過程を通じて、歴史なき対馬像が時制的政治に伴って形成された上、引き続き現代の離島として文化の中心から外れ、時間の静止した「何もない」そして「何もなかった」空間と認識されるようになった。

日本国家が推進する離島振興法は、その目的に「本土より隔絶せる離島の特殊事情よりくる後進性を除去するための基礎条件の改善」を掲げる（傍線は引用者）。つまり離島振興を国家が奨励するのは、近代国家が仮定する直線上の進化の程度において遅れた「離れ島」がその先を行く「進んだ」本土に追いつくのを手助けするという近代化経済発展論に基づいている。交通の便利さ、病院、学校の設備、情報の流通などの点で離島は「後進」地であるという視点は、西洋の進歩史観を模倣した日本の近代主義にもとづいている。離島という社会文化的範疇の登場は、地理的な辺境領域としてだけでなく、近代主義に基づいた文化的なレベルでの「遅れた」対馬像を創り出すことに貢献した。さらには、他の離島と違って対馬の特異性は、空間地理的に朝鮮半島に近いため、文化的他者の方向に押しやられる周縁化も伴ったことにある。具体的には、次に述べる二つの次元における対馬の人のアイデンティティー構築過程となって表れる。その考察には、民族とその境界の研究では今や人類学の古典となりつつあるフレデリック・バースの理論がもっとも有益であろう。

バースは、文化やグループ間の境界区別は地理的または社会的孤立によって作り出されるという、それまで通説だった未熟な見解を否定する［Barth 1966］。彼は、逆に、境界というものは人々の頻繁な外部との交流や所属構成員の変化にかかわらず存続する、という現象主義的な理論の構築を提示した。バースの斬新な視点は、民族研究の重きをそれまで一般的であった民族が歴史的に培った「内容」におくことをせず、ある民族が隣接する他民族との間の流動的な境界に注目した点にある。つまり一般に考えられているように、文化的内容のあれこれ、たとえば言語、食事、伝統、慣習などといったものが民族性をつくりあげるのではない。それとは微妙な差だがしかし決定的に異なるのは、文化的内容は人々が誇示し認め合う相互的な合図として民族性にかかわっている、ということである。いいかえれば、所属性が互いに評価されるという点でのみ文化的内容は重要である。ゆえにバースは、民族的自己認識は、主観的になされる排他と組み入れという社会過程によるものだというのである。このバースの境界理論を援用して、対馬青年部の自己認識を二つのレベルで展開させる。即ち、内地（本土）に対する離島という構造、そして次に戻り組対残り組の構造という二つの次元における二項対立的な対馬の人のアイデンティティーの自己構築である。

一つ目の内地人に対する離島対馬人という構造においては、島外の日本人、つまり内地人が抱く、遅れた離島対馬のイメージが要となる。対馬島の外に出て暮らした対馬の人は、様々な経験を通じ、この離島対馬のイメージを学び自らの対馬人認識に内在させる。たとえば彼ら対馬の人は、福岡で離島居住者に配当される離島カードを利用して交通切符を購買するとき大声で離島カードと言われるのが恥ずかしいという。この恥ずかしい、つまり誇るにあたいしない日本の中の「遅れた」離島としての対馬像が、彼らの自己認識の形成要素になっている。この否定的に捉えられた〝恥ずかしい〟離島のイメージは、バースのいう他者との交流によってはじめて彼らに様々な形で差し出される。対馬の朝鮮通信使行列振興会と対馬観光物産協会の会員とともに、朝鮮通信使全国大会参加のため滋賀県に同行したことがあった。滋賀県と岡山県からの参加者と同席になった時、彼ら島外者が言うには、対馬というからどんなに〝いなか〟な人たちがあらわれるのかと想像していたら、ルイ・ヴィトンのかばんを持って颯爽としている対馬の人と対面して驚いた経験があると。居合わせた対馬の人はそれを聞いて微笑または苦笑してうなずいていた。また別の機会で、対馬に島外から派遣されてきた内地人をふくめて話していたとき、その島外者が、冗談めかして、対馬派遣の指示は彼らの間では数年の〝島流し〟と呼んでいる、と言う。ただし、対馬人が同席のときに、このような失礼な話が支障なく出るときは、その派遣された本人が対馬の生活や人間のすばらしさを知っていて、島流しどころか楽園のように思っているときのみであるが。

離島のイメージには、さらに対馬の地理的位置により、日本対朝鮮半島という二国間構造も関連する。冗談で、しかし時にはその内地人の無知から、対馬人の韓国パスポート所持、韓国語の会話能力などが質問されることがある。対馬は史上日本領でありこれはとんでもない話だが、からかい混じりのものもあれば、また無知な内地の若者の中には半信半疑で聞いてくる者もいるという。内地人が描く離島対馬像は、朝鮮半島とともに周縁の空間にあって他者化されているのである。対馬で育った若者が島から出て都会に住み、このような周辺化された離島対馬像をもつ島外者に囲まれて生活したとき、否定的な対馬認識を学び再確認する機会は日常的な場面となる。その日常的経験がすなわち他者が持つ境界認識を内在化する社会的過程である。バースの説くように、対馬人のアイデンティティー（自己認識）というものは離島内において孤立状態から育まれるのではなく、主観的にまた流動的に他者との接触交流によってはじめて形成されうる。そして重要なことだが、青年部のほとんどが、少なくとも数年間は島から離れ九州の福岡という都会で暮らし、島外の日本人と交わった経験をもつ者である。

青年部員の二つ目の二項対立のアイデンティティー構造として、戻り組対残り組の構造が存在する。青年部のほとんどが自らを福岡からの戻り組と呼び、島外生活経験のない同世代の島民と自らを明確に区別する事実が重要である。祭りは民間と行政の協力からなる対馬の地元の文化行事である。しかし、港祭りに関する部分では、行政の肉体的な労働貢献はほとんど得られない。青年部にとって肉体労働や自己犠牲が過度に要求される祭り直前の夏の時期は、人の手を少しでも借りたい時期である。厳原町役場に勤める同世代に属する若手の職員はしかしボランティアはしない。声をかけても対応してこないので誘うこともない。報酬手当てもなく、公に地元の対馬人からさえも認知されていない裏舞台のボランティア活動は、多くの若手職員からは携わる価値を得られないようだ。声さえかければ同じ対馬の人なのだから手伝ってくれる、という筆者の意見に対して、幾人かの青年部員が作業中に若手役場職員に実際に声をかけたことが何度もあったが、興味を示す者は一人としていなかった。同じ世代の対馬の人でありながらこの祭りの奉仕に対する差はどこからくるのか。多くの青年部やその周囲の人は、これを島から出た経験の有無に帰する。バースのアイデンティティー論から考察したように、他者が向ける郷土に対する視線を学んだ者だけが、島に対するある種の感情と対馬人意識を育むことができる、というわけだ。たとえば、対馬で高校を卒業しそのまま対馬で職に就いたというような残り組のアイデンティティー構築においては、他者（内地人）の不在が自己認識の要因になりうる。内地人の視線からは対馬が境界内ではなく境界上に存在する島として曖昧に捉えられていることに、残り組は無頓着になりがちであり、そうなると、自己存在の危機感が欠けてこよう。

このバースの境界理論によって展開した、青年部の二つの次元における二項対立的なアイデンティティーの自己構築、すなわち、内地（本土）に対する離島という構造と、戻り組対残り組の構造は、離島および文化的他者化としての周縁化に伴っている、と前述した。ここにおいて青年部のしかける港祭り、つまりモースの唱える「贈り物」

は、その社会的文化的背景である離島としての後進性の押し付けと周縁化に対する文化的な対抗行為として存在価値が認められる。これらは、贈り物の贈り手である青年部員の自己定義の演出として行使されるのである。

青年部が祭りのために費やす時間と労働、かつそれに伴う家族や仕事の犠牲の大きさに対して、多くの住民にはほとんどその働きを知られていないというのは、不本意なことであり悔しいではないか、と筆者が言葉を投げかけたことが一年の活動中に何度もあった。数万人の観光客が訪れ各方面の対馬人が集まってくる華々しい祭りは彼ら青年部の労働というギフトなしにはなりたたない。そのつど、どの青年部員も例外なく、「何もないところだから」「縁の下の力持ちで」「対馬が盛りあがればそれでいい」と返事を返した。青年部の高い志気の背景は、何もない島だからこそ祭りで盛り立てようという明快なものである。対馬の祭りは、それに従事する青年部たちにとっては対馬を鼓舞する手段である。たとえ年に一度であれ、〝離島〟像を覆すような華やかな祭り、都会に負けないほど大規模な花火の打ち上げ、ある程度全国規模で名の知れた芸能人を招いての舞台、様々な住民をもれなく対象とした娯楽行事など、〝都会〟に負けない華やかさと濃密な非日常を提供する。戻り組としての青年部が祭りを通じて具現化しようとするのは、よって近代性であり、離島周縁化に対する文化的な対抗行為である。たとえ一年のうち夏祭りの日だけでも非日常的な〝都会のような〟ハレの日を演出する。つまり人類学で言うリミナル（liminal）な時空間である［Turner 1969］。そこでは内地対離島という現存の構造とイデオロギーを否定する象徴的な行動が演じられている。

ビクター・ターナーは『演劇の人類学』のなかで、儀式は不確かさを退け確かな何かを作り出すものであり、人類学者はその不確かさと演じられる何かとの間に生じる流動的な関係を説明しなければならない、と訴える［Turner 1987］。また彼は、いったん祭りとして「演劇」が始まると、かれら行為者の情熱的な行動は彼らの主張となる、と述べている。とすると、対馬の港祭りでは、退け打ち消されるのは対馬に押し付けられた離島像であり、生み出される情熱的作品は躍動的な対馬像の演出となるであろう。

つまり祭りの行使は、近代性を表象する離島認識からの離脱の行為である。これは、興味深いことに、近代化の程度に依拠した文化の縦列帰属という文化進歩主義に実は同調するものである。しかるにそれは、近代国家が持つ〝時間〟構造において意味づけをなす文化行為である。というのは、祭りによって対馬の離島像を覆すという試みは、すなわち非近代的であるという離島の定義の根本にある、時制的縦列関係を肯定しているからである。既存の観念、たとえば進んだ都会と遅れた離島、という意味づけの構造自体は否定されずにそのまま残っているばかりでなく、かえってそこから作り出される自己認識が彼らの祭りに打ち込むエネルギーを生み出している。ここでは、近代性というものが、第一義的な意味構造として祭りの行為により無意識のうちに繰り返し確認されているのである［Bourdieu 1977］。すなわち、進んだ都会と遅れた離島という構造に基づいてアイデンティティーが構築されている限り、彼らの祭り作りは結果的に本質的には西洋の時間の価値観を模倣した日本の近代主義に同調しており、対馬土着のものではない。近代的な時制的政治（chronopolitics）の意義がそのまま再生産されているからである。とすると、興味深いことに、対馬が離れ島であり時間的には「遅れた」地であるとするこの捉え方は、ポストコロニアリズムに賛同し、近代日本が模倣した西洋的な時制的政治をくつがえす朝鮮通信使の祭りとは、対極に位置するものである。

六　結び——儀礼の可能性

本論での対馬の祭りの分析は、研究開始当初に筆者が掲げていた対馬のアイデンティティーとその帰属性に対するごく単純な問いかけから始めた。ある地域がどの国に従属するのか、という問いは政治的組織の問題でありながら、歴史文化のからくりが複雑に入り組んだ事象をとり扱うのである。対馬のように、政治歴史関係が複雑な二つの国家の境界に位置する島では、とくに国家レベルの力関係が島の帰属関係に深くかかわってくる。また、離島という国内における対馬の文化的位置が祭りの意味づけにかかわってくる。本論では華やかで楽しい対馬の夏祭りがこの島の帰属意識をさまざまに表象しているという人類学の視点を展開した。とくに対馬の祭りは二つの周辺化を覆す二つの異なる基層の文化的行為であることを論じた。これは一般には認識されにくい。離島としての対馬像に基づく地域の祭りは、島外者にとっては特に賞賛に値せず見過ごされる。対馬を訪れる島外観光客は、地域の港祭りという一面には無頓着であり、彼らの興味を促す要素は、単なる離島としてではなく国境の離島という対馬の魅力である。鎖国時代に国際的重要性を担っていた対馬の意外性、さらには今日において称賛すべき朝鮮との友好の過去を持つ国境対馬の存在に注目を寄せている。対馬の祭りは全国的に朝鮮通信使の祭りとして知名度が広がっており、さらには対馬島はこれからのポストコロニアルにふさわしい、つまり植民地主義が過ぎ去った時代の文化的前衛地として讃えられるのである。

祭りの人類学は文化の演劇性を分析しその社会の核の意味を追求する。そこでは壮観すべき文化的光景には、たとえ地域の構成員すべてが一致団結しているわけではなくとも地域社会全体を再編成する力があることを示す。すなわち祭りには社会変遷に至るほどの文化的活力がある。祭りの人類学の大家であるコーエン〔Cohen 1983〕は、イギリスの一地域の祭りの舞台裏の分析を通じて祭りの人類学の魅力の一面を提示してくれる。日常性ではなく、年に一度きりしか起こりえない華々しい地域行事に潜んでいる奇想天外さに注目し、そこから日常に深く浸透した分析が意義深い。休日の娯楽であり明るく生き生きした地域性を演出する祭りが、コーエンの歴史的民族誌分析によってイギリス社会の人種と階級闘争の具現となる。対馬の祭りも然りである。祭りは、そして文化は、個人であれ集約的であれ自己認識を表現する場であり、その政治性が象徴的に表されるため高度に効果的である。国民国家の覇権力に従わない対馬人の集約的な意識の表れとなる。「想像上の地域社会」を、名もなき人々が国家とは違った形で想像することにより、国家という覇権力に対抗する事例は政治人類学のさまざまな研究が示す。それらの分析対象となるのは、そのような国民国家に潜在的な、政治を超えた文化の力である。それは、非権力者による政治支配に対する〝文化〟抵抗であったり、または国家支配下での人民の民族的意識の発芽であったりと、様々である。

特にその自己表現の過程では、集約的文化的な語りが要となる。表象的な文化という形式を通じて自分たちの中に保持されてきた過去や意識や〝伝統〟を、祭りを行う者は対抗的に詩的に戦略的に語る。たとえばその文化行為者がたとえ社会の底辺に追いやられ人たちであろうとも、彼らの自己認識を集合的に表現し発信することができるからである［Handler 1988; Comaroff 1985］。対馬の祭りにおいては、戻り組の青年がつくりあげる祭りは、一般の日本人に発するアリラン祭の表象とはまるで別な対馬人の自己認識が語られている。したがって彼らのいう「何もない島」の定義には、対馬の国際的先鋭性に魅了され祭りに酔う日本人は賛同し難い。本論の分析で示したように、近代性を体現しようとする地域の祭りとして地元青年が作る港祭りがある一方、朝鮮王朝との歴史的関係を再現し時間的境界を取り除くアリラン祭があった。これら異なる二つの対馬認識が具体化され矛盾した演出をその基層としている。この二つの異なる意味づけが一つの祭り内でしのぎを削っているため、かくて祭りは対馬人としての自己演出において文化的な意味論闘争の場となっている。二つの意味づけが競り合う対馬の祭りは、それゆえに考察するには実に興味い人類学的事象である。

［謝辞］本論文は 二〇一一年度ニューヨーク市立大学プロフェッショナルコングレス基金の援助によって執筆できた。また越境科研究会のメンバーの方々にはこのプロジェクトに快く参加させていただき様々な助言もいただいた。改めてお礼申し上げたい。特に代表者の上水流氏には長期にわたりご指導をイーメールで頂けたことに感謝を記したい。また、風響社編集者より丁寧な校正指導も頂けた。論文中のいたらない箇所はすべて筆者に帰する。最後に個人的ながら、この小論文は、筆者にとって日本語では初の論文となるため、敬愛する両親、江本正雄、秀子に呈したい。

［追悼］この本が出版される以前に対馬の恩師の橘厚志氏が逝かれた。お世話になりっぱなしのままで、お別れになった。奥様の八寿子さんにもお世話になり、今日の夫人のさみしさを察すると胸が痛むようだ。私が大学院生として対馬での一年半の研究生活以来の長いおつきあいをしていただいた。橘さんが公民館館長をされていたその縁で公民館の皆様にも毎日のようにお世話になった。静かに、とつとつと対馬への思いと行動を語る橘さんの周りにはいつも同じような楽しい人たちが集まっていた。この本の研究者にも橘さんが縁となって出会えた。一年前の二〇一五年の夏お会いした時には、対馬市民劇団のアメリカ公演の夢など話して目が輝いていた。その折には英語の字幕を作ります、などと私も話していたが、そんな恩返しみたいなこともできないままのお別れになりました。

注

（1）地理的近接性が他ではみられない交流を生んでいるのは事実である。村上論文でも対馬と韓国の変則貿易の交流史が描かれている。さまざまな形で存在した交流が対馬人の民族意識に影響し、ひいては境界人としてのあいまいな帰属意識が微妙に潜在しているのではないか、というのが当初私が持っていた仮説であった。領土としては、はやくは魏志倭人伝に対馬が日本に属する観察が記述されている。

（2）角南論文でも歴史の客観性は問われている。考古学的にモノから再構築された歴史が文化的に構築された史実と異なる場合がある。

（3）豊田部長、船越副部長、小田副部長の率いる厳原商工会青年部の高い志のおかげで対馬の祭りの研究および様々な対馬観の研究を進めることができた。足手まといになることが多かったにかかわらず、広い心で一年間特別部員として活動に従事できたことに改めて感謝の意を記したい。

（4）二〇一三年にアリランの名称がまつりの正式名から取り除かれた事実はこの論文のために研究データが集積されその分析を行った時点後に起こったため、ここでは言及していないことを記しておきたい。

（5）「祭り」という言葉の使用については、神との関わりのいかんによって祭りとイベント祭りを区別する研究立場について編集者から提言を頂いた。人類学でも儀式の分析では同様な区別（religious ／ secular）がなされることがあるが、本論では英語で言う festival（フェスティバル）の訳語とし、区別なしに祭りという言葉を用いた。

（6）本論の分析対象となっている祭りの二面性が、ここで言及されていない他の面と無関係に、あるいは独立的に存在しているわけではない。本論での限定的な分析の理由は、本書全体に与えられた「越境」という貴重な主題に適した対馬分析を試みたためである。よって本論文は対馬の祭りの包括的な理解を目的とするものではなく、その包括的理解には不可欠であろう様々な文化要素、歴史背景、政治的文脈に基づく事実、資料、そして分析が、ここでは意図的に省かれていることを読者は留意されたい。

(7) この韓国史観については中村論文でさらに詳しく述べられている。

(8) たとえばアメリカの例でも、他民族で埋められるニューヨークのアメリカ人学生にアメリカという国を「感じる」物はと尋ねると、たいていホワイトハウス、自由の女神、リバティベル、そして今はなきニューヨークのツインタワーなどと答える。9・11(ナインイレブン)テロ爆破事件が日本人の理解以上にアメリカ国民の中で重要視されるのは、アメリカ人にとってアメリカという国家を〝感じさせる〟象徴的な建物ツインタワーが壊されたためでもある。宏大な領土内で顔を合わせることの決してない人々が国に対して同様の感情そして忠誠心をはぐくむのは、個別の民族的範疇にかかわらずみなが一つの地域的社会に帰属しているという幻想のためである。その幻想的社会の基礎的構成要素、たとえば象徴的建築物が壊されたことで強い感情反応を引き起こすのは明らかであり、民衆にとって帰属する国が脅かされるのは、つまり自分自身の存在が重ねて脅かされることである。これが国家的自己の認識(national identity)、または国民意識である。

(9) 対馬は領土としては、すでに魏志倭人伝に日本に属する観察が記述されている。歴史上一般的に対馬と韓国との交流は基本的には異文化交流ととらえられる。

(10) ファビアンは、人類学という学問に潜在する危険な政治性を斬新な視点で明らかにする。彼の人類学批判は、「時間」の政治性を暴いた上で帝国主義的力関係が人類学者の書く民族誌や人類学理論に今日に至るまで反映されているという問題点を雄弁に説く社会的哲学的な文化分析である。残念ながら、彼の包括的な主張をここで検証することは、本論の対象視点をはるかに超えるものであり、かつ人類学批判自体は本論旨には含まれない。

(11) たとえば人類学の授業で中米の先住民の民俗学映像を見せると、アメリカ人大学生はその先住民が今も存在するのか、または今も〝そのような〟暮らしを続けているのか、と質問する。国際化、西洋化、世界化の進む現代において欧米文化に基づく進んだ文明化の恩恵をこうむらぬ「遅れた」社会が今も存在するのか、と問うのである。多民族がひしめくニューヨークの若者学生においてもそうである。文化的に世界的覇者と一般的にみなされるアメリカにおいて、この直線的進歩論の否定を内在化させるのはどこまで可能か。彼らにとって視覚的にも最も明らかな科学技術の側面における進歩・差異は、すなわち観念的な時間的進歩の具体化であるからだ。

(12) 江戸時代の朝鮮通信使招聘における対馬のはたした役割についての文献は、今日では各地の書店で簡単に見つけられるほどである。

(13)　歴史教科書に数行の記述がある場合でも、朝鮮通信使に関する歴史的文脈の詳細は欠けており、その教科書使用の教師と学習者にほとんど史実が把握されていないのが普通であった。

(14)　今日の人類学では歴史の恣意性が重要視され、今日に至って歴史（ヒストリー）は複数形のヒストリーズ（HISTORIES）として歴史の多面性について様々に分析されている。

(15)　一般に西洋とわれわれが呼ぶ抑圧的帝国主義的社会は、一方通行な「歴史」と呼ばれる時間の枠組みを創り出した。それは、生物進化論者ダーウィンが〝種の起源〟[Darwin 1859] で説いた適者生存の論理が、人間社会に誤適用された社会文化進化論に基づき、暴力的な欧米による植民地化に貢献し植民地政治の存在を正当化した。現代の人類学者が反省戒めとする、過去に存在した人類学的「歴史」観である。それゆえ今日において、特に政治人類学者に支持されるファビアンが唱える「時と他者化」という鋭い視点が、〝歴史〟という観念を含んだ文化と呼ばれるものの理解をさらに推し進める。

(16)　対馬厳原郵便局と釜山広域市影島郵便局との姉妹提携が当時の本幡藤次郎厳原郵便局長によって成された。

(17)　天皇神話、国粋主義、日本民族優越論などに基づく他のアジア人蔑視の感情は、植民地や戦後を経験した年配の日本人の中にはいまだに影を落としているという事実は、対馬も日本の他の地域と同様であろう。

(18)　筆者が研究した時期は厳原町が他の対馬五町と合併して対馬市として統合される直前であったので、祭りも厳原町の管轄であった。

(19)　これらの行事を独立させるのは物理的にはまったく不可能ではないにしろ、その効果は疑問である。朝鮮通信使行列再演は、この地域の祭りという枠組みのないところでぽつんと単一に行われた場合は、その文脈作りの不足が演劇性または〝ドラマ〟的効果を半減させるに違いない。ゆえに、地元の港祭りに構成上組み込まれ、祭りの「目玉」という位置づけがあるからこそ、その効果や華やかさはさらに際立っているものであろう。たとえばそれは、四楽章から成る感動的な交響曲からしばし人気の楽章一つだけを引き抜いて聞かされるのと同じく、何か味気ない印象を残すに違いない。一方、地域の港祭りも、朝鮮通信使行列再演という華々しさと話題性があるゆえに、さらに島内の人々の間で活気付き祭りの非日常性が膨らんでいる、ということであろう。

(20)　厳原町の伝統的な集団船競争をさす。

引用文献

Anderson, Benedict

1983　*Imagined Community*, London: Verso.

荒野泰典

一九八八　『近世日本と東アジア』 東京：東京大学出版会

Barth, Fredrik

1969　*Introduction: Ethnic groups and boundaries: the Social Organization of Cultural Difference*, London: George Allen and Unwin

Befu, Harumi

1968　Gift-Giving in a Modernizing Japan, *MonumentaNipponica* 23(3･4) : 445-456

Bell, Catherine

1992　*Ritual theory, ritual practice*, Oxford: Oxford University Press.

Bestor, Theodore

2004　*Tsukiji: The Fish Market at the Center of the World*, Berkeley: University of California Press.

Bloch, Maurice

1986　*From Blessing to Violence: History and ideology in the circumcision ritual of the Merina of Madagascar*, Cambridge: Cambridge University Press.

Bourdieu, Pierre

1977　*Outline of a Theory of Practice,* Cambridge: Cambridge University Press.

Cohen, Abner

1983　*Masquerade Politics*, Berkeley: University of California Press.

Connerton, Paul

1989　*How Societies Remember*, Cambridge: Cambridge University Press.

Cormaroff, Jean

1985　*Body of Power Spirit of Resistance: The Culture and History of South African People*, Chicago: University of Chicago Press.

Darwin, Charles

1859 (2003)　*Origin of Species,* New York: Signet Classics

Fabian, Johannes

1983　*Time and the Other: How Anthropology Makes Its Object*, New York: Columbia

Handler, Richard
1988　*Nationalism and the Politics of Culture in 'Quebec*, Madison: the University of Wisconsin Press.
Hill, Jonathan
1996　*History, Power, and Identity*, Iowa: University of Iowa Press.
Knauft, Bruce
2002　*Critically Modern: Alternatives, Alterities, Anthropologies*, Indiana: Indiana University Press.
Mauss, Marcel
1954　*The Gift: The Form and Reason for Exchange in Archaic Societies*, New York: Routledge
McGuire, Randall
1992　Archeology and the First Americans, *American Anthropologist* 94(4): 816-836.
Nakano, Lynne
2005　*Community Volunteers in Japan: Everyday stories of social change*, London: Routledge Curzon.
仲尾　浩
二〇〇〇　『朝鮮通信使と壬申倭乱――日朝関係史』東京：明石書店
辛　基秀
一九九九　『朝鮮通信使――人の往来、文化の交流』東京：明石書店
田代和生
一九八三　『書き替えられた国書――徳川、朝鮮外交の舞台裏』東京：中央公論社
Turner, Victor
1969　*The Ritual Process: Structure and Anti-Structure*, New York: Aldine De Gruyier
1988　*Anthropology of Performance*, New York: PAJ Publication
上田正明
一九九五　『朝鮮通信使――善交とみのり』東京：明石書店
Watson, James
1998　*Golden Arches East: McDonald's in East Asia,* Stanford: Stanford University Press
Weiner, Michael

1994　Discourse of Race, Nation and Empire in Pre-1945 Japan, *Ethnic and Racial Studies* 18: 433-56.

Wolf, Eric

1982　*Europe and the People Without History*, Berkeley: University of California Press.

引揚げ体験に見るノスタルジア
——朝鮮半島、満州、シベリア、南京からの引揚げ

崔吉城

はじめに

朝鮮は日本の植民地から「解放（liberation）」され、「大韓民国」として独立国家となったが、突然の解放と自由の中で社会は大変混乱した。植民地から解放されたが、自由と責任が伴わず、さらなる混乱を招き、朝鮮戦争が勃発した。その混乱の中で新生国家になった韓国は、植民地から解放されたという意味の「解放」は消極的で適切ではないと考え、植民地時代の「暗黒」から光をとり戻したという「光復」[1]を選んだ。だが、戦前の日本の植民地「朝鮮」に生まれ、解放直後の混乱期、クーデターによる長期軍事政権、民主化運動が長く続いた時期を生きぬいてきた筆者は「解放」という言葉が適切だと考えている。「解放」がただ植民地支配から解放されたという消極的な意味しかないわけではないからである。被植民地的意識構造や被害妄想的な思想などからの解放、そして自由という意味があるからである。[2]

このような混乱は韓国だけではなく、植民地から解放された多くのアジア・アフリカにもあり、解放と自由に堪えられず民族紛争が起こり、今なお続いている所もある。エーリッヒ・フロムは『自由からの逃走』の中で自由を

営む力のない社会は自由を与えても混乱し、独裁へ戻ると論じている [Erich Fromm 1965: 157-162]。朝鮮半島の南北の指導者たちは本当の自由を得ることができず、民族分断を生み、朝鮮戦争、独裁軍事政権への暗黒の道を辿ることになった。

戦争を起こした日本やドイツが戦後いち早く民主主義や経済発展を成し遂げたのに、被植民地であった韓国はその負の遺産を受け、複雑な重荷を負って、旧宗主国であった日本に遅れた。このことに筆者は青年時代以来、経済は倫理や精神とは無関係なのであろうか、加害国家の日本やドイツの経済発展を深く考えなければならないと、強く矛盾を感じていた。もし神の倫理があるとしたら、可哀想な被害国であった韓国に経済発展の恩恵を施すべきであろう。

筆者はその矛盾をもったまま旧宗主国の日本に留学した。まず韓国との経済的格差の大きさに驚いた。それはカルチャーショックであり、当時無銭の苦学の中、適応や人間関係の難しさからパニック状態であった。筆者は、古く魯迅が日本留学して中国の近代化の必要性を痛感したように、韓国の近代化に関心をもった。そしてマックス・ウェーバーの『プロテスタントの倫理と資本主義の精神』をテキストにした読書会で韓国の近代化について長々と議論した。特にキリスト教の労働観に基づいて韓国の改革を考えた。

五年間の留学を終え、韓国に帰国した時は韓国のナショナリズム、反日思想などに逆カルチャーショック（reverse culture shock）を大きく受けた。筆者の植民地研究はそれらとの戦いであった。デモが盛んな時代に反日デモ隊の前に立ち日本研究の必要性を語った。今考えても危険な状況であった。筆者は日本帝国の植民地研究を行う必要性を痛感し、読書会を組織した。韓国で同行者を得るのは難しかったが、時代が変わり、今では日韓両国で植民地研究が盛んになっており、隔世の感がある。

大日本帝国の「一等国民」といわれた（?）日本人が突然、敗戦と引き揚げの悲惨な状況になった。その終戦直後の混乱期にある韓国人は日本人の家屋（後に敵産）などを占拠し所有し、富を得、貧富や興亡が逆転する現象も起きた。人によっては激変期がチャンスになり、個人的にも変わる契機になった。社会的正義を守る人が犠牲になり、損することも多かった。戦争映画に出てくるヒューマニストのような人物は稀であった。危機や混乱期には社会正義やモラルなどは無力なものであった[3]。

戦争は残酷なだけの物語ではなく、恐怖や悲喜劇の要素から戦争の悲惨さを伝える、またはヒューマニズム的メッセージ性の溢れる小説や劇映画にもなっている。例えば、アメリカの南北戦争の『風と共に去りぬ』やトルストイの『戦争と平和』などの名作がある。小説など文学作品を人類学の研究対象とした試みもあるが、それは戦争の記録自体として対象となるのではない［Els Postel-Coster 1977: 140 以下数ページ参考］。作家の戦争への意識を問うもので、戦後文学の研究には、戦後社会の何たるかを考え続ける重い課題がある。

人類学者にとって記憶としての戦争は歴史学による戦争史の研究対象とは異なるが、戦争の記憶と忘却は個人の人生観や国家の国家観とかかわるものである［石田 二〇〇〇：一五］。文化人類学者が現地調査において観察しインタビューをし、それによって得られた資料は一つのコミュニケーションの過程を表すものである。それがそのまま歴史資料や裁判資料のような証言にはならないものの、一次資料として重要な意味をもちうる。

時にそれは信頼できないと批判されることもあるが、無文字社会を対象とする人類学では遺物や遺跡などの形象化されたものと「はなし」と「かたり」などが重要なデータとしてある［菅原 一九九六］。語りや証言などは歴史そのものではないものの、過去の解釈や立場に基づく好悪の感じ方であり［五十嵐・三尾 二〇〇六：三］、今を考える問題へとつらなる［上水流 二〇〇六：二一］。それらをもって民族誌も作られる［川田 一九七六：三］。したがって、インタビューによって情報を得ることも大事であるが、それ以上に語り手の状況にも関心を注ぐべきである。

また日常的な話、証言や一定の形をもって口承される文芸の伝承などは民俗学や神話学などによって分析されており、その価値は高く評価されている［ステブリン　一九八〇：一三四―一四〇］。ポストコロニアル批評は移動、引揚げの証言から戦争や敗戦などにおいて個人あるいは国家、社会の思考構造がいかに変化し、改革したかを論じている［Aschcroft 1995: 2］。

これらの研究は西洋植民地史を前提に行われているが、筆者は日本の植民地のポストコロニアルにも応用できると考えている。例えば、日本人の引揚げの証言は、植民地支配者であったにもかかわらず敗戦によって被害を受けたと強調するが、それは戦前日本の被支配者であった朝鮮、台湾などの被害と似たものであろうか、それとも似て非なるものであろうか。

このように語られた戦争の記憶を人類学者がどのように研究資料とするかは重要である。そのために、まずはある人から見た事実の情報として証言を記録していく必要がある。さらには、語り手や作家がいかに過去を記憶して生き方に活用しているか、を考察すべきである。ある人は辛い過去を忘却して沈黙する、ある人は過去に埋没し悲劇的主人公のようにする、またある人は悲惨な過去でも活力として人生観に生かして暮らしている［宮崎　二〇〇六：八八］。

このように、戦争の記憶は人それぞれであるにもかかわらず、多くの証言集は千篇一律的に悲惨な残酷物語になっている。だが、筆者の多くのインタビュー経験では、話者にとって戦争が必ずしも悲惨な残酷物語だけではなかった。このことから考えると、悲惨さを強調する証言集はおそらく多くの聞き手がそのように答えを求めたからだと考える。したがってその資料を使う前には語り手のみならず、書く側の意識や、時流や時代思想を検証すべきである。

一　ポストコロニアル研究

一九七〇年代から最初は歴史学者が使用し、戦後の植民地遺産による病理的な社会現象を批評して以来ポストコロニアルという言葉が流行している。その言葉が広く頻繁に使われるようになり、次第に社会、政治、文学、芸術等の分野に広まり、研究書や雑誌なども多く出版されている［Neil 2004: 1］。

人類は歴史上数多く侵略と植民を行ってきた。一六世紀以降、フロンティア開拓精神にバックアップされた地理上の大発見を背景に海上を制御するヨーロッパの帝国が植民地を世界に拡大し、主に西洋の移民、植民によって地理的、文化的にグローバル化した。二〇世紀は西ヨーロッパのアフリカへの植民地のスクランブル時代であった［Slemon 1995: 51-56］。それは侵入、侵略、征服、植民といわれるが、グローバリゼーション現象を引き起こしたのも事実であった。植民地化によって人類史上初めて地球規模のグローバル現象が起きた［Thomas 1994: iii］。

しかし第二次世界大戦の終戦によって直接的あるいは間接的に大部分の植民地は宗主国から解放され、独立した。植民や移民した人々の本国への復帰や帰還は史上類例のない大移動と混乱した現象となった。一方解放された民族は国民国家を作り、また民族紛争や内部葛藤を伴った。つまり政治や軍事上の植民地の終息がすぐ平和と安定をもたらしたわけではない。植民地が終わったとしても形を変えて社会的、経済的、文化的に植民地的現象は持続し、戦後処理などさまざまな問題を残した。また、移動によって社会が再構成されることもありうる［McLeod 2004: 23］。

戦前植民地に居住していた日本人は戦争の敗者として全部引揚げ、帰還せざるをえなかった。それは選択の余地のない悲惨な引揚げであった。植民地に移住した朝鮮人たちにも戦後引揚げがあったが、日本、サハリン、旧満州、沿海州などにそのまま残った人が多い。満州、樺太、朝鮮半島、台湾、南洋群島などから大量の日本人引揚者（約六六〇万）が帰還し、また被植民者の中にも本国への帰国（日本から韓国へ一五〇万人、北朝鮮へ一〇万人）した人も多く、地球上の大移動現象であった。それに関する証言集は山ほど積まれている。

ソ連軍の占領地からの引揚者たちの悲惨さ（抑留、殺害、強姦、暴行、略奪など）は多くの資料や証言によって知ることができる。朝鮮半島ではソ連軍の北朝鮮での略奪や性暴行などは、悲惨さや残酷さの証言が多い（例えば森田芳夫氏の『朝鮮終戦の記録』巌南堂書店　一九六四）。ソ連軍の占領地では特に悲惨を極めていた。それを素材とした戦争文学や引揚文学というジャンルができた。引揚げの代表作といわれる藤原ていの『流れる星は生きている』にも生々しく描かれている。悲惨な状況は小説やノンフィクションの主題にもなった。

ポストコロニアル（postcolonial）とは再会、融合、分散、複合的なアイデンティティなど戦前と戦後の社会と文化への冷静な批判的な眼差しである。戦後最も変わったのは、日本が宗主国、支配者からアメリカの占領地となったこと、そして植民地の諸民族が解放され、勝者のようになったことである。つまり日本は旧植民地を手放すだけではなく、敗戦国として占領され、被害国・被曝国として位置付けられるなど天地がひっくり返るように変わった。戦前に植民した日本人は引き揚げ、戦前日本に来た人の一部は在日として日本に残り、時々国内外で問題にされた。

一方韓国は日本に植民地化され、日本の支配と恥辱をうけたが解放された。韓国が直接、日本に勝ったのではなく、国際事情によって解放されたに過ぎなかったが、まるで戦勝国のようになった。解放されただけの無秩序社会は混乱と暴力が乱舞し、三八度線で南北が分断されてしまい、大きい負の遺産を残した。韓国の歴史学者や政治学者は植民地史自体を社会的にタブー視し、主に独立運動史、抗日・反日的な研究に集中した。このことは政治的志向によるものといわざるをえない。

戦後日本の人類学界でも植民地研究はタブー視されているような雰囲気があり、なかなか着手されず、沈黙するような時期が続いた［Rabinow 1986: 253］。日本の文化人類学・民族学は反省もなく沈黙していた。一九九〇年代前半までにはアフリカ、オセアニアなどの研究はあっても日本のことについては研究がほぼなかった。そして一九九〇年代の後半から急速に注目されるようになった［田中　二〇〇二：五五四］。目下日本では「植民地」をテーマにした研究会は数多く行われている。それについては別に論じたのでここでは省略する［崔吉城　二〇一二］。

二　ノスタルジアの力学――辛さから懐かしさへ

引揚げと関連して、証言集などは混乱期の状況の情報をよく伝える記録である。戦前に植民した人は引揚げ、あるいは追い出され、敗戦によって難民になって帰還し、厄介者のような存在になり、今日も罪悪感を引きずっているという［Smith 2004: 241-261］。大概は聞き手と語り手ともに反植民地主義、残酷物語を語り、聞くのである。そこでどう聞いてどう書くかが問われる(4)。

筆者自身も朝鮮戦争の体験を語ることが多々ある。古くても生々しく覚えているものもあるが、覚えていない部分、忘れたものもある。筆者は作り話にならないように気をつけているが、事実と事実をつなげるためには想像する部分もある。多くの体験の記憶が薄れ、残った記憶は筆者の人生に深く関与していて、また記憶が現在の自身を表すということを知っている。自らの体験と記憶によった証言は個人にもポストコロニアル研究の分析対象としても大事なものである。筆者は話者の価値観や人生観によって記憶や体験をどのように語るかに注目している。人によっては若い時の辛い経験を高齢になってノスタルジックに語る人も多い。その例を次に挙げてみる。

1　『朝鮮海峡』の大木信夫

植民地朝鮮全羅南道麗水に居住して引き上げた人々は、二〇〇六年の「麗水会」解散までほぼ一〇年間、年会などを開催し、そこに筆者も参加し証言を聞いて調査を行った。二〇〇七年七月のプラザ下関ホテルでの集いは台風が接近したにもかかわらず、『朝鮮海峡』（文芸社、二〇〇一）の著者の大木信夫氏が千葉から参加するなど遠くから多くのメンバーが参加した。大木氏は父親が自殺し、残した遺書を持ってこられ、麗水会の会長であった成田信夫

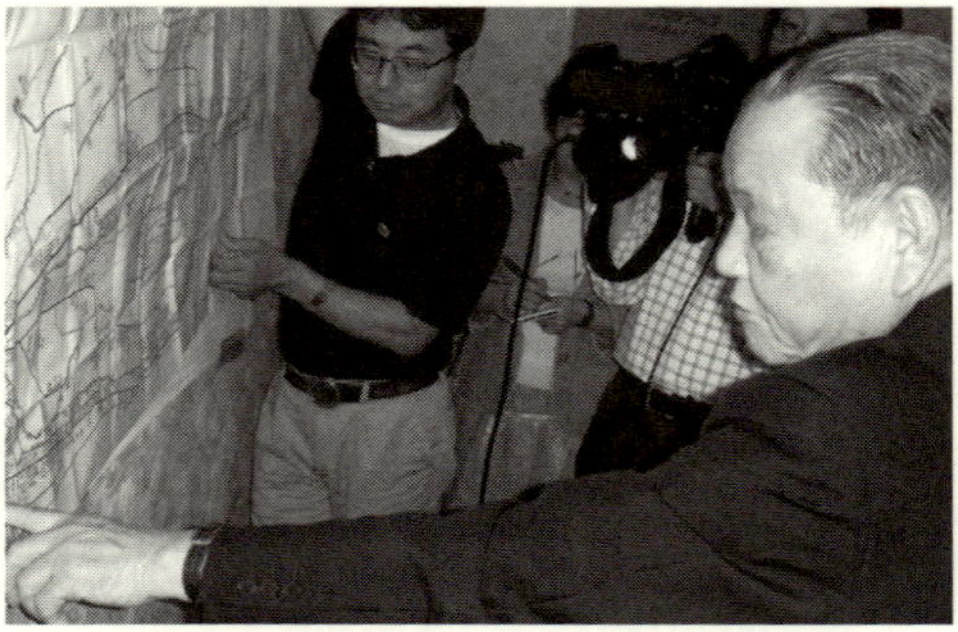

写真１　麗水から引揚げ者の河崎威氏が日本人街を説明

氏からは戦後の交流関係の手紙や資料を多く郵送していただいた。

大木氏の『朝鮮海峡』は植民地崩壊後に生き抜いた引揚げ者の話である。ジャンク船上の飢餓状況で人間が品格を失うこと、緊迫な状況においても朝鮮人との信頼関係が強く続いたこと、日本での適応の難しさなどが描かれている。

大木氏は戦前朝鮮で、戦後日本で暮らした。戦前住んだ麗水は港町であり、標準語を使っていて、皮靴をはいていた。官舎の中で五人家族がカシネ（女中）二人と給仕一人の八人で豊かに上層の生活をしていた。しかし外地である朝鮮にいて日本の中学校などへの入学が難しく日本の学校のための受験勉強をしなければならなかった。大木氏は受験勉強のために一時期千葉の農村に住み学校に通った。農村では方言を喋り草鞋を履いていた。朝鮮では差別されることがなかったが、日本では朝鮮人扱いされ、朝鮮へ帰れと言われた。疎開してきたある少女に恋を感じたが、うまく行かず失望する。受験勉強も失敗して、結局朝鮮の高等学校に入学することとなった。麗水に戻って家族と終戦を迎えるが、裁判官であった彼の父親は終戦の時に重病で帰還が困難となり、自決してしまった。リヤカーで運ばれ焼かれ、朝鮮人の協力を得て埋葬することができたという。

日本に帰還してからはゼロから努力しなければならなかった。朝鮮から引揚げてきてから生活は落ちたという。朝鮮では優位な存在であったが、日本ではそうはならなかった。今、朝鮮での生活が良い思い出として残っている。彼は故郷を忘れられず、これまで旧友を訪ね歩いた。朝鮮半島への愛着、うまれ、育てられた故郷へのノスタルジアは純粋なものであり、懐かしさを語っている。朝鮮半島を「生まれ故郷」「第二の故郷」だと語る。

2　シベリア抑留者の弘中数実

山口県周南市大字八代村に住んでいるナベ鶴ウォッチングの鶴鑑賞員である広中数実氏（九〇歳）には八年間のシベリア抑留の肉筆記録の四冊のノートがある。彼は終戦直後中国でソ連軍に逮捕され、シベリアを経由してカザフスタンで強制収容されながらアルマティなどで鉄道工事などをしていた。彼に三回インタビューをしたが、筆者は一〇年ほど前にアルマティを訪問したことがあって話が盛り上がった。彼はその収容時代を堂々と語り、悲しくも残酷にも語らない。若い時の体験として大事に肯定的に思っておられ、聞き手の筆者らが驚いた。彼は捕虜とは言っても自由に収容所から出かけてロシア人、モンゴル人、朝鮮人、日本人にも会ったという。そして四年後に帰国して「浦島太郎になった」といい、物価が高いのに驚き、親族の子供たちが大きく成長したのを見て年月の長かったことを実感し、米のご飯を食べて日本に帰ったことがほんとうに嬉しかったと語っていた。

彼は収容所の話を青春時代の良い経験を語るように明るい表情で語った。帰り道に筆者夫婦と同行した二人の方の間で収容所が筆者たちの想像していたものとかなり違っていたことが話題になった。

3　上海事変に参戦した小山正夫

下関市豊北町特牛には、一九三七年の南京戦争に参戦した小山正夫氏(5)（九七歳）が住んでいる。小山正夫氏宅を訪れインタビューを行った。最初は筆者の学生である本山君にお話を聞くように言ったが、日記と写真などの資料があることを知って挨拶を兼ねて訪ねることにした。

一九三七年二一歳で召集をうけて日中戦争に参戦したという氏は、明るい表情で上海の南部において数多く戦ったことを堂々と証言した。兵卒から伍長へ昇進、一二円ほど給料をもらった。丸三年で帰還兵として郵便局に復帰したが在郷軍人として再び召集されたという。

広島や長崎の原爆の投下のことを列車内で聞いた。小倉の病院を出た後小倉の本隊に帰還するよう命令が下っていた。天皇の玉音放送も列車で移動中に聞いた。突然「ただいまから重大放送があります。」と言った後、天皇の玉音放送が流れた。放送が終わった後、兵士は解放されたように「万歳！万歳！」と叫んでいた。しかし、中尉などは無言のまま立っていた。その後が大変で、「貴官らは本隊に帰る必要はなし」という言葉の後に現地解散となった。やっとの思いで関門海峡の近くに来たが、仲間の間では「関門海峡には米軍がいるから渡れない」というデマが流れていた。だが、その心配はなく、無事に渡れて故郷に帰ることができた。彼は出発前の小倉と南京で恋をしたことをかたり、辛かったことがそれらに埋没されたような表情をした。

４　北朝鮮からの引揚川島擁子

日系米国人作家の川島擁子（ヨーコ・カワシマ・ワトキンズ）は一九三四年満州に生まれ、父親が公務員として働いていた朝鮮の咸鏡北道で一一歳まで過ごす。一九四五年日本の敗戦が濃厚になると、母親と姉とともに避難を開始し、京城を経由して日本へ逃れる。離れ離れになった兄とも後に再会した。彼女は北朝鮮から引き上げたときのことを自伝的小説『竹林はるか遠く』（So Far from the Bamboo Grove）（都竹恵子訳、ハート出版、二〇一三）として発表した。この本は一九八六年にアメリカで出版され、二〇〇五年に韓国で翻訳出版された。筆者は在日朝鮮人の女性から終戦の状況の中で苦労した話を読んで感動し、泣いたと言われ、勧められて韓国語版を読んだ。作家の川島氏が終戦前後、一一歳の少女として北朝鮮の羅南から京城（現ソウル）、釜山を経て日本へ帰国する際の、および帰国後の、悲惨な状況を描いている。日本へ引揚げや逆境をのり越えた過程を描いた小説である。親子の脱出の悲惨なストーリーの中には日本の女性が朝鮮人男性にレイプされたことも書かれている。アメリカでは戦争文学として分類され、多くの中学校の推薦図書となった。

概略はこうである。父と兄を残したまま、川島氏は母や姉と一緒に京城行きの患者護送列車に便乗した。汽車が故障したため降りて京城に向かうとき、母は二人の娘を男装させた。少女は爆弾の破片を受けて、聴力をほとんど失った。三人の母娘はやっと京城駅に到着したが、兄は現われない。駅で雑魚寝をし、食堂のゴミ箱から食べ物を探しながら、少女は兄を待つ。五週間が経ち、母娘は釜山行きの列車に乗る。戦争が終わった後に朝鮮人たちが日本人の女性に暴行を加えたことがあったのを目撃した。一〇月になって母娘は福岡行きの船に乗りこむ。日本の難民収容所に隔離された母娘はゴミ箱をあさる。母親が亡くなり、姉妹だけぽつんと残されるが、それでも姉妹は学校に行こうとする。翌年春、兄が帰還して小説は終わる。一人で避難してきた兄は三八度線近くで、金という男性の助けで生きのびることができた。少女にとって嫌な存在は朝鮮だけではなく、日本でもあった。

引揚げの文学を植民地研究の一環として韓国で調査中に、この本が大きく報道されていることを筆者は知った。朝鮮人が日本人の女性や子供を迫害し、性的暴行を行ったという部分に韓国人・韓国系アメリカ人が反発、二〇〇七年にこの本の教材使用禁止運動がおこり、活発なロビー活動、不買運動や反対運動があり、話題になっていた。要点は文学作品とは言っても植民地にされた韓国人が加害者で、それもレイプの加害者ということで、韓国人の恥であると問題にされた。また作中において父親の職業が「満洲で働く高級官僚」であり、六年間シベリア抑留を受けていたとされていることから七三一部隊の幹部であったという作り話もでき上がった。

韓国領事館もアメリカの教育当局へ嘆願書を提出し、反対運動などの圧力を受けて、一部の地域では教材から取り除くなどの対応が行われた。さらに教科書として読んだ中学生から保護者へとその話が膨らんで伝わり、最終的には韓国へと広がり、作家バッシングが激しくなった。韓国内にも、戦争の悲惨さを訴えている作品であり、あえて朝鮮人を悪く言っているわけではないという声もあったが、それは少数であった。このことから筆者は韓国の反日感情は言うまでもなく激しいが、アメリカの韓国系の人たちも反日感情が強いことを知った。

筆者は作家にその事情を直接聞きたかった。そして二〇〇七年九月アメリカのマサチューセッツ州ケープ・コッドの川島擁子氏の自宅を訪問した。日本にも招待して研究会などで証言を聞いた。彼女は、少女時代の辛い経験と懐かしさをもって書いた小説が意外な、そして異様な反応に驚いたという。筆者は彼女の話を聞いて引揚者に一般的に共通するのが「辛さ」と「懐かしさ」であること[6]を確認した。「辛さ」と「懐かしさ」は矛盾しているようであるが、辛さが過去形になると懐かしくなるのは経験的に納得できる。彼女は辛い過去を昇華して朝鮮・韓国を懐かしく思っている。それは過ぎ去った過去の歴史に過ぎないからである[7]。

なお彼女を非難する騒動は文学評論的な知識に基づいたものではなく、民衆レベルの反抗であった。この騒動は日本の植民地の負の遺産と韓国人のナショナリズムを反映するものとして注視すべきであり、このような脈略では韓国のマスメディアやアカデミズムも変わりはない。

まとめ

戦前、朝鮮半島を故郷とする多くの日本人がいて、多くの証言集が出ている。膨大な引揚者の証言は苛烈な労働や悲惨さを語っている。それ自体は歴史的な記録として価値があるだろう。しかし、その証言集などと筆者のインタビューの内容はかなり異なった。主に証言集では悲惨な残酷な内容であったが、インタビューでは辛さと同時に懐かしさが語られたのが印象的であった。それは、筆者という聞き手のことを考慮したからであろうかとも思われるが、それより「麗水を懐かしむ」ことであった。特に朝鮮から引き揚げた時などの悲惨さを語る人のなかには朝鮮を嫌がる人もいたが、大多数は懐かしく、「ふるさと」「第二の故郷」と語った人が多い。最初はそれを矛盾しているように感じたが、過ぎ去った時間だけによるものではないことを知った。辛い過去を昇華転換させた生き方によるものである。

これまで多く収集された証言はポストコニアルにおける植民地主義者の批評的な態度で行われたものが多い。それは資料的な価値がないわけではないが、一方的に悲惨な過去を再生産したような傾向がないわけではない。戦後六〇年過ぎての収集では特にノスタルジア的な視線がみえる。証言はただの体験や事実を語るのではなく、過去を解釈していることを認識しなければならない。ここで大まかに言うならば、体験の直後には事実の確認や証言的な性質があるが、時間がだいぶん過ぎた過去を語る人へのインタビューはノスタルジアを注視すべきであろうと思う。

筆者は古い過去を語る人からは自然な懐かしさを強く感じた。インタビューの中では捕虜としてシベリアに抑留されたが、それを克服し、それが生きる力になっていた。悲惨な過去をもって現在を力強く生きる人からはノスタルジアを強く感じた。自分の生まれ育った地域の歴史・文化に対する懐かしさ（ノスタルジア）は生きる原動力となりうる。他郷暮らしの悲しさや寂しさのとは裏腹の、過去を懐かしむ「懐かしさ」は愛情的心理現象であり、郷愁（ノスタルジア）はホームシックのような一種の病的現象でもあるが、「懐かしむ」ことは趣味や地域における何かしらの活動に結びつくもので、むしろ進取的に「新しいもの」を産み出す原動力として肯定的に評価できる。それは過去、ふるさと、伝統への愛情からなるエネルギーの原動力であることを認識すべきである。

最後に植民地支配を研究する者として、知識人の責任について述べておきたい。敗戦して引き揚げる時、日本人が「よし、今に見ていろ」といい残した言葉が怖いと韓国人の親たちは言っていた。サルトルは自由なフランスと自由になったアルジェリアとの間に、新しい関係をアルジェリア人と一緒に築きあげるべきだと言ったが［サルトル 二〇〇〇：五二］、日本と韓国もどのようにしたら新しい関係になれるかを考えるべきである。そしてそれは戦争への真の反省から始まる。

例えば、戦前において戦争賛美はしなくても反対しなかったのはなぜであろうか。思想と生活は別であり、生き残るためには「反対できなかった」というのが弁解の論理であった。また新天地を求めて自ら開拓移住した人さえ「強制動員」されたとか、あるいは賛成も否定もせず、あるいは戦後の平和主義者に豹変した勝戦主義者もいた［加藤　一九七六：一八五］。加藤周一は、その点について戦前の知識人たちがなぜ戦争やファシズムに反対ではなかったかについて、思想的、精神的な内面にメスを入れ、日本浪漫派と京都哲学を批判的に考察した［加藤　一九七六：一八八―一九七］。

ここでは知識人の「戦争責任」を論じるのが目的ではない。そうではなくて日本の知識人の戦争に対する態度を内面からあきらかにし、その態度によって来る理由を考えるのが目的である。しかしその目的のためには戦争を体験していなかった読者のためにも、知識人が「何もしらされなかった」というごまかしを、ごまかしとしてはっきりさせておかなければならない［加藤　一九七六：一六九］。

彼は、日本の知識人が日本を超えるいかなる価値概念も真理概念もなかったからだといい、国家を超える価値概念を模索して「キリスト教徒は当然神を天皇の上においていたはずであり、その真理の超越性を信じていたはずである」とキリスト教に期待したが、それも「大東亜戦争を聖戦なり」といったので「キリスト教は少しも役に立たなかった」という。しかし無教会派の矢内原忠雄においては「国家への忠誠」を超えた「真の愛国」、超越的な真理につながっていると述べている［加藤　一九七六：二〇二―二一〇］。上記の批判は主に戦前の知識人への批判であるが、戦後の知識人はどうであろうか。

また人類学に関して述べれば、植民地を主なフィールドとしてきた文化人類学が直接間接に植民地に関与してきたのは周知のとおりである。南アジア、アフリカ、カリブ海とラテンアメリカの独立国では政治的イデオロギーに反帝国主義と反植民地主義の傾向があった。反植民地の抵抗は人類学に対するものも多かった。戦後、文化人類学は被植民地の人々の抵抗が可能になり、難所に立たされた。マリノフスキーのフィールドノートが公表された時は人類学者とインフォーマントとの関係が問題となり、批判を受けた。戦後ある人類学者は戦前の自分のフィールドを訪ねて、冷たくされ、そのような屈辱的な場面が多く報告されている。[8] ハイムズとアサドは文化人類学の危機を感じ、大胆にその状況を詳細に論じた。[9] 戦後多くの人が戦前の植民地主義を批判することについて、クリフォードは、戦後の自由な時代に戦前の研究を非難するようなことは「アカデミズムの政治」だと批判した。[10] 同時代の研究者同士の批評がもっとなされるべきであろう。

注

（1）戦前の独立運動の「光復軍」もいたのでそれに因んだようである。台湾、韓国はこの日を「光復節」という。北朝鮮では「解放記念日」としている。台湾は一〇月二五日を日本の統治が終了した「台湾光復節」としている。中国は九月三日を「抗日戦争勝利記念日」としている。

（2）R.S. Sugirtharajah, Postcolonializing Biblical Intepretation, in Aschcroft Bill/Gareth Griffiths/Helen Tiffineds (eds.), *The Post. Colonial Studies Reader*, 2nd Edition,1995: 537-539.

（3）法や治安がない混乱期にこそ正義が力を発揮することはできないのだろうか。

（4）Clifford 1986: 252.

（5）東亜大学人間社会学科三年本山大智君が日中戦争戦闘参加期間の主な行動などを整理してくれた。

（6）二〇〇七年七月二八日東亜大学主催の「下関学と地域創造」において、崔吉城は「ノスタルジア（郷愁）の力学」という演題で、懐かしさ（ノスタルジア）が歴史や文化を振り返るだけではなく、経済・行政の面での参加が不可欠であると主張した。

（7）Paul Carter, Spatial History, in Aschcroft Bill/Gareth Griffiths/Helen Tiffin (eds.), ibid. 1995: 333

（8）Mayburry-Lews/Mary Louise Pratt, Fieldwork in Common Places, in James Clifford & George Marcus (eds.), *Writing Culture*, 1986: 40-42.

（9）George Stocking W. editor（1991）.

（10）James Clifford, On Ethnographic Allegory, James Clifford & George Marcus (eds.), *Writing Culture*, 1986: 9, 120

引用文献（アルファベット順）

Aschcroft Bill/Gareth Griffiths/Helen Tiffin,

1995　General Introduction, *The Post-Colonial Studies Reader*, 2nd Edition, 1-9, New York: Routledge.

崔　吉城

二〇一二「日本民族学者の植民地朝鮮認識」ヨーゼフ・クライナー編『近代〈日本意識〉の成立：民俗学・民族学の貢献』、八六―一〇四、東京：東京堂出版

Clifford , James & Marcus, George (eds.)

1986　*Writing Culture*, California: University of California Press.

Erich Fromm

1965　*Escape from Freedom*. New York: Avon Books.

五十嵐真子・三尾裕子

二〇〇六「はじめに」五十嵐真子・三尾裕子編『戦後台湾における〈日本〉』、一―一六、東京：風響社

石田　雄

二〇〇〇『記憶と忘却の政治学』東京：明石書店

上水流久彦

二〇〇六「自画像形成の道具としての〈日本語〉」五十嵐真子・三尾裕子編『戦後台湾における〈日本〉』、一八七―二一六、東京：風響社

加藤周一

一九七六『日本人とは何か』東京：講談社（講談社学術文庫）

川田順造

一九七六『無文字社会の歴史』東京：岩波書店

Lazarus, Neil

2004　Introducing postcolonial Studies, in Neil Lazarused (ed.), *The Cambridge Companion to Postcolonial Literary Studies*, 1-16, Cambridge: Cambridge University Press

Mayburry Lewis/Mary Louise Pratt

1986 *Fieldwork in Common Places,* in James Clifford & George Marcus (eds.), *Writing Culture*, California: University of California Press.

McLeod, John

2004 *Postcolonial London: Rewriting the metropolis*, London: Routledge.

宮崎聖子

二〇〇六「元台湾人特別志願兵における『植民地経験』」五十嵐真子・三尾裕子編『戦後台湾における〈日本〉』、六一—九二、東京：風響社

Nicholas, Thomas

1994 *Colonialism's Culture: Anthropology, Travel and Government*, London: Polity Press.

大木信夫

二〇〇一『朝鮮海峡』東京：文芸社

Paul Carter

1995 Spatial History, Aschcroft Bill, in Gareth Griffiths and Helen Tiffineds (eds.), *The Post. Colonial Studies Reader*, 2nd Edition,1995: 333-339, New York: Routledge.

サルトル、J・P

二〇〇〇『植民地の問題』京都：人文書院

Slemon, Stephen.

1995 The Scramble for Post-colonialism, in Bill Ashcroft, Gareth Griffiths & Helen Tiffin (eds.), *The Post-Colonial Studies Reader*, 51-56, London: Routledge 2nd.

Smith, Andrew

2004 Migrancy, hybridity and postcolonial literary studies, in Neil Lazarus (ed.), *The Cambridge Companion to Postcolonial Literary Studies*, Cambridge: Cambridge University Press.

ステブリン・カーメンスキィ（菅原邦城・坂内徳明訳）

一九八〇『神話学入門』東京：東海大学出版会

Stocking George W.

1991 *Colonial Situations*, Wisconsin: University of Wisconsin Press.

菅原和孝

一九九六「民族誌としての語り」宮岡伯人編『言語人類学を学ぶ人のために』、一〇九―一四二、京都：世界思想社

田中雅一
二〇〇二「あとがき」山路勝彦・田中雅一編『植民地主義と人類学』、五四七―五五五、兵庫：関西学院大学出版会

コラム「パイン女工」から八重山人へ——きっかけは〝好奇心〟

国永美智子

今から四〇年ほど前のこと。パイナップルの収穫時期になると、西表島大富の桃原方美さん（一九二五年生）宅には、台湾からやってきた女性たちが集まり、憩いの場になることがあった。いわゆる「パイン女工」の台湾人たちである。

「本当に親子みたいになってしまってね」

台湾の女工さんたちは、よく働くし、明るくてかわいいところがあった——と桃原さんは懐かしそうだ。「これ食べてー」と、チマキをおすそ分けに持参してくる女工もいたし、逆に女工さんに寮へ招かれ、台湾式のお供えものの前で長い線香を持って女工たちと一緒に「パイパイ（拝む）」したこともあった。

台湾から来たとはいえ、四〇代以上であれば、台湾が日本の植民地だった頃に日本教育を受けているため、日本語を話せた。その世代の女工は、中国語しか話せない若い女工の通訳係でもあった。また、桃原さんの妻、民さん（一九二四年生）は戦前、出身地の竹富島から台湾へ女中奉公に行った経験があり、「台湾の話題が懐かしくて、よく盛り上がりました」と笑った。

戦後、復帰前の沖縄ではパイナップル栽培が推奨され、八重山でもパイナップル缶詰工場が次々と設立された。しかし、生産量の増加や農村部の過疎化に伴い、労働力不足に陥る。宮古島や沖縄本島からも人手を探したが、それでも足りず、パイナップル栽培の先進国である台湾で労働者を募集した。こうしてやってきたのが「パイン女工」である。

八重山のパイナップル工場には一九六三年に初めて台湾からの女工が訪れ、沖縄の日本復帰と日台断交の前年にあたる一九七一年まで続く。復帰前の沖縄では、台湾人労働者は技術導入という制度により、名目上は「技術指導員」として受け入れられたが、実態はパイナップル加工やサトウキビ収穫作業などの単純労働を行っていた。八重山には一番多い年で約七〇〇人の台湾人労働者が導入され、男性もいたが、多くが女性だった。技術導入には一年更新タイプと半年契約タイプがあった。労働力はパイナップル収穫時期に集中して必要であったため、女工は季節労務の半年契約だった。

桃原さんは当時、大富にあった琉球産業で労務係を務めており、「女工さんを勧誘するのに苦労しましたよ」と振り返った。パイナップル缶詰工場はどこも人手不足なので、女工さんの確保は競争である。桃原さんによると、宮古の人も台湾の人も石垣へは行きたがるが、西表へは来たがらず、女工たちも街に近い工場を好んだという。休日に遊びに行ったり、買い物をしたりできるからだ。西表は人手確保に不利だったので、桃原さんはライバル工場に内緒で女工の待遇をアップさせるなど知恵を絞って台湾からの働き手をつなぎとめようとした。

「ほら、あのとき若いから好奇心あるでしょ。外国行ってどんなんかなぁって」

一九七〇年、当時二一歳だった林さん（仮名）は、台湾・彰化県員林の缶詰工場で働いていたが、友人に「琉球へ働きに行こう」と誘われた。半年だけの短期間、ちょっと働いてすぐ帰ってくるつもりだった。

台湾で林さんが勤めていた工場では、毎年、パイナップル収穫期になると出稼ぎに行く者がいた。帰国すると、琉球で買った日本製のおしゃれなスカートを身にまとい、そこでの暮らしがいかに刺激的で楽しかったかと自慢話を吹いてまわった。

当時、アメリカ統治下であった沖縄の通貨は米ドルであり、台湾ドルへの換算レートは高かった。いっぱい稼いだうえに、休日には街へ繰り出して買い物や小旅行を楽しんだという。

この時期、台湾は戒厳令が敷かれ、一般人の海外渡航は厳しく制限されていた。また、輸出を奨励し、国内産業を保護するため、日本製品は少なく、高価だった。それゆえ、外国である琉球からの求人は魅力的だった。給与は台湾の約五倍で、宿舎や渡航費も支給された。誰もが憧れる外国への渡航と日本製品、自分も行ってみたい。林さんが好奇心を抱いてしまう環境がそこにはあった。

彼女たちを乗せた船は石垣港に到着した。港は台湾から来た女性たちでごったがえし、名簿を片手に声を張り上げる係の人の姿があった。そこで、林さんに予期せぬことが起こった。勤め先が彼女一人だけ別の工場となったのである。ずっと一緒だと思っていた友人たちとバラバラになってしまった。不安な面持ちで、迎えに来た担当者の後についていくと、石垣島からさらに船に乗り、別の島にたどり着いた。そこは西表島で、大富の琉球産業に配属されたのだった。

村にあるお店といったら雑貨店のみ。食事も台湾で親しんでいた味とは異なり、お腹は満たされなかった。知り合いのいない孤独。「来なければよかったって後悔した。一ヶ月泣いて暮らした。でも、運が悪いのか良かったのか、今思うと不思議さ」と林さんは振り返る。思いがけない西表への配属によって、林さんの人生は大きく変わっていく。

林さんは、同じ工場で働く宮古、与那国からの女工さんとも友人になり、「とても暮らしやすいところだ」と感じるようになっていったという。桃原さん宅で憩う時間も、林さんをなごませていたことだろう。

林さんの帰国が近づいたある日のこと、桃原さんから「引き続き大富に残らないか？　一年更新の技術導入に切り換えてあげるよ」という声がかかった。本来は半年契約だが、働く意欲があるなら特別に手続をして長く滞在できるようにするとのことだった。

桃原さんにとっては労働力を確保するための秘策だった。台湾人は働き者のうえ、残業も喜んで引き受けてくれる安定した労働力だと考え、待遇や条件をよくして確保したいという思いがあった。そして、林さんは「もう一年ぐらいなら働いてもいいかな」とその声に応じた。

こうして林さんは沖縄の日本復帰後も働き続けることになり、その後、地元の人と結婚。日本国籍も取得し、石垣島の住民になった。「好奇心」で海を渡った林さんは現在も八重山で暮らしている。

「こんな予定じゃなかったけど、気付いたら、台湾よりも長くここに住んでいるさ」と笑った。

＊本コラムは『月刊やいま』二〇一一年三月号特集「八重山と台湾の交流」に掲載されたものです。転載を許可いただいた南山舎上江洲儀正氏に感謝申し上げます。

あとがき

まず初めに本書『境域の人類学』は、諸般の事情により、予定よりも四年近く遅れての刊行となってしまった。ご協力いただだいていた全ての人に深くお詫びしたい。この本は日本と近隣諸国との間で形成される「境域」を主なフィールドとする研究者を中心に、ゲストメンバーを加えて執筆・編集された。その母体となったのは、二〇〇九〜二〇一二年度に日本学術振興会科学研究費補助金を受けて実施した研究課題：「日本「周辺」地域にみる国境変動とアイデンティティ：韓国・台湾との越境を巡って」（課題番号：二一三二〇一六五）であり、その研究組織は以下の通りである。

研究代表者：上水流久彦
研究分担者：角南聡一郎、西村一之、宮岡真央子、村上和弘、森田真也
研究協力者：越智郁乃、中村八重（以上、五〇音順）

同研究組織では年三回のペースで研究会を開き（計九回、二〇〇九年六月・一〇月、二〇一〇年二月・六月・一〇月、

二〇一一年二月・七月・一二月、二〇一二年二月)、毎回、ほぼ全メンバーが集合し、議論を積み重ねていった。また、ある時はメンバー以外の研究者や識者を招き、報告をしていただくと同時に討議を行った(二〇〇九年　水田憲二氏〈関西大学〉、二〇一〇年　橘厚志氏〈元厳原町助役〉・田里千代基氏〈与那国町議〉)。

ところで、この研究プロジェクトはメンバーの間で通称「越境科研」と呼ばれていた。日本との境域、すなわち、台湾と日本(八重山、沖縄)および韓国と日本(対馬)における往来や交流に関わる諸事象を「越境」と捉え、その解明を試みようとしていたからである。また、両境域はその歴史的経緯から、植民地経験を共通しており、当然それを視野に入れた研究となった。そして、当初は「越境」イコール「トランスナショナリズム」と漠然と想定していた。しかし研究会を重ねる中で、物理的な移動/交流現象つまり越境と、アイデンティティの変容や重層性に着目する研究が指すトランスナショナルな動きは、必ずしも重ねて理解することが出来ないことが徐々に明らかとなった。

お互いに顔を合わせての討議を繰り返した結果からか、本書に収められたメンバーによる各論考はいずれも、問題意識として境界領域における交流現象および自他認識を扱っている点が共通しているが、対象や重点の置き方はそれぞれ異なる。それだけ「境域」における諸現象は多様かつ多彩なのである。一方で討議を重ねた分、それだけ視野が固定化されてしまったのではないかという漠然とした懸念も皆無ではなかった。

そこで、異なる角度からより多様な視点を得るべく、出版に際してはゲストメンバーとして文化人類学者で韓国と日本の調査研究を長く続けられている崔吉城先生(東亜大学)、および同じく文化人類学者で対馬を調査対象としている江本智美氏(ニューヨーク市立大学)にそれぞれ研究成果を御寄稿いただいた。また韓国との交流事業に長く携わってこられた橘厚志氏、八重山と台湾との交流について精力的な取材活動を通じた執筆作品を持つ松田良孝氏(八重山毎日新聞社、当時)、そして自身沖縄から台湾への留学経験を持ち現在那覇市に在住する国永美智子氏にはコラムを寄せていただいた。さらに、付録として対馬市および石垣市において実施した観光客対象のアンケート調査の結果も収録した（それぞれの自治体には既にデータを提供・公表している）。もちろん本書の各論考の内容が境域における全事象ではなく、また執筆者間の見解も必ずしも一致しているわけではないが、これらの多様な論考が少しでも幅広い事例の紹介および問題提起に結びつくことを希望している。

メンバーは皆、研究期間中に繰り返し調査地を訪れ、精力的に臨地調査を継続的に実施している。この時、境域を形成する二つの地域（沖縄／台湾、対馬／韓国）をそれぞれが訪れている。そして現地調査の過程で浮かび上がってきたのが、「越境」あるいは「トランスナショナリズム」という言葉から想起される事象と、フィールドで発見されるその土地の人々が示す実際の現象との間で認められるズレであった。さらに、同じ日本の国境隣接地域であっても、台湾―日本間と韓国―日本間では歴史的経緯や社会的・政治的状況が異なっており、自他認識について一概に語ることの困難さが共有されていった。他方、こうした理解を共有すればするほど、調査研究の対象とした、対峙する二つの地域からなる境域の持つ地理的性質、つまり近接性と海を通じた空間に着目することの重要性も同時に認識されていった。

こうした研究組織内で形成された共通認識を基にして、二〇一一年六月の日本文化人類学会第四五回研究大会（於、法政大学）における分科会発表「越境経験の資源化・歴史化：日本の周辺地域における国境変動をめぐって」を行った。この分科会の準備と実施を経て、研究成果の刊行が構想・企画された。その際、最も悩んだ一つが、全体を総括するキーワードであり、編者を中心にして検討し選択されたのが、本書タイトルにある「境域」であった。この言葉自体については、本書「はじめに」で述べられているので、繰り返し説明することは避けるが、「越境」ではなく「境域」を書名に冠したのはこの言葉が「相互交渉の場」［植野　二〇〇一：二］という意味を含意しているからである。

さて、この科学研究費補助金による研究期間および本書の作成期間は、期せずして台湾と日本（沖縄）そして韓国と日本との間の境域が社会的に大きく注目された時期と重なった。原稿が入稿され、出版に向けた作業が進む中で、本書で取り上げた境域を取り巻く状況は、まさに日々変わっていった。その変化を受け、各執筆者は、文章を改め、また注を附すなどして対応した。だが変化のスピードは速く、また出版の遅れが重なり、その内容は基本的に執筆当時の状況に基づいたものとなってしまった。

その後の状況だが台湾と日本との間の海に浮かぶ尖閣諸島（釣魚台列島嶼）を巡っては、本研究では直接取り上げはしなかった中国も交えて国家レベルで領有をめぐる問題が繰り返された。特に二〇一二年九月の日本政府による尖閣諸島国有化をきっかけとした、中国と台湾の激しい反応が想い起こされる。これらを同列に扱うことはできないのだが、日本国内では大きな衝撃をもって受け止められた。正式な国交がない台湾と日本との間では、国際関係上より複雑な様相を呈しているこの島々に対し、向かい合って暮らしてきた双方の住民たちの思いと、両政府機関の間で「公式」に交わされる応酬との間にはズレが認められる。彼らの思いは互いの国の人々にもなかなか伝わるものではないようだ。また、韓国と日本の間では、竹島（独島）領有権問題と連動した形で対馬をめぐる発言もあった。ただ、対馬の帰属については、両政府間で一切争われていないことに留意する必要がある。一方、二〇一二年秋以降、対馬の寺院にあった仏像の盗難および返還要求をめぐって両国関係者の思いのズレが表面化した。その結果、対馬では二〇一三年夏のイベントから「アリラン祭」の名称が外され、また同年の「朝鮮通信使行列」パレードも開催中止となったが、その後再開されている。

これらの出来事は、いずれも「境域」を巡っての国家間のやり取りと、そこを挟んで向き合い生活してきた人々の思いの差、さらには向かい合って暮らしてきた人々の間の中でも様々な思いの交錯が存在していることを、私たちに強く認識させる出来事となった。本書がこうしたすれ違いに気づくことにつながり、そしてこれら近いもの同士の間では、地域性に根差す歴史認識を基盤とし、すれ違いや紆余曲折を重ねながらも紐帯が繰り返し作り上げられてきたことについて理解が広がっていって欲しい。

最後に、出版に多大な御助力をいただいた風響社社長・石井雅氏、本書および基盤となった調査研究に関わってくださった方々、そして何よりも私たちの調査にこころよくお力添えをして下さった台湾、韓国、沖縄、八重山、対馬の皆様に心より感謝を申し上げるとともに、忌憚ない御批判・御指摘を賜りたい。

［付記］二〇一六年六月、本書にコラムを御寄稿いただいた橘厚志氏（対馬市在住）の訃報が届いた。橘氏は、対馬調査においてメンバーの多くが多大な御助力を賜り、また、二〇一〇年には福岡での研究会にも講師として御出席いただいた。氏がお元気なうちに本書をお見せできなかったことが慚愧に堪えない。メンバーを代表して謹んで御冥福をお祈りしたい。

村上和弘・西村一之

			4-Q5 対馬で困った事								
		合計	言葉が通じない	旅行者向け標識が少ない	トイレ	物価が高い	交通が不便	対馬の情報が手に入れにくい	その他	困ったことはない	不明
全体		336	86	51	7	86	44	36	22	37	0
		100.0	25.6	15.2	2.1	25.6	13.1	10.7	6.5	11.0	
Q7 旅行形態	パッケージ旅行	181	42	16	4	54	26	16	12	22	0
		100.0	23.2	8.8	2.2	29.8	14.4	8.8	6.6	12.2	
	自由旅行	145	41	34	3	28	17	19	10	17	0
		100.0	28.3	23.4	2.1	19.3	11.7	13.1	6.9	11.7	

			4-Q6-1 対馬をまた訪問したいか					
		合計	とても来たい	また来てもよい	どちらでもない	あまり来たくない	絶対来たくない	不明
全体		336	75	181	32	30	5	0
		100.0	22.3	53.9	9.5	8.9	1.5	
Q7 旅行形態	パッケージ旅行	181	40	97	19	18	2	0
		100.0	22.1	53.6	10.5	9.9	1.1	
	自由旅行	145	33	82	13	11	3	0
		100.0	22.8	56.6	9.0	7.6	2.1	

		合計	4-Q2-2　どこで収集したか									
			旅行社	ガイドブック	新聞・雑誌	ブログ	SNS	ホームページ	テレビ	人から	その他	不明
全体		336	56	19	5	45	3	104	2	10	11	0
		100.0	16.7	5.7	1.5	13.4	0.9	31.0	0.6	3.0	3.3	
Q7 旅行形態	パッケージ旅行	181	33	9	2	15	1	55	1	5	3	0
		100.0	18.2	5.0	1.1	8.3	0.6	30.4	0.6	2.8	1.7	
	自由旅行	145	18	10	3	30	2	50	1	4	7	0
		100.0	12.4	6.9	2.1	20.7	1.4	34.5	0.7	2.8	4.8	

			4-Q3　対馬の印象は期待通りだったか				
		合計	期待以上	ほぼ期待通り	やや期待はずれ	期待はずれ	不明
全体		336	87	129	83	13	0
		100.0	25.9	38.4	24.7	3.9	
Q7 旅行形態	パッケージ旅行	181	55	65	47	4	0
		100.0	30.4	35.9	26.0	2.2	
	自由旅行	145	30	64	34	9	0
		100.0	20.7	44.1	23.4	6.2	

			3-Q1　楽しみにしていた事													
		合計	自然観光	韓国と関連する歴史観光	その他の歴史観光	登山	サイクリング	釣り	海水浴	キャンプ	食べ物	ショッピング	温泉	その他	期待していなかった	不明
全体		336	150	107	16	8	3	13	3	2	37	36	34	2	7	0
		100.0	44.6	31.8	4.8	2.4	0.9	3.9	0.9	0.6	11.0	10.7	10.1	0.6	2.1	
Q7 旅行形態	パッケージ旅行	181	78	81	9	1	2	3	3	1	15	9	24	0	5	0
		100.0	43.1	44.8	5.0	0.6	1.1	1.7	1.7	0.6	8.3	5.0	13.3	0.0	2.8	
	自由旅行	145	68	23	7	7	1	9	0	1	22	28	9	2	2	0
		100.0	46.9	15.9	4.8	4.8	0.7	6.2	0.0	0.7	15.2	19.3	6.2	1.4	1.4	

			4-Q1-3　来島前、対馬にどんな印象を持っていたか							
		合計	美しい自然	日韓親善の島	食べ物	古い歴史	韓国と関連する歴史	韓国に近い外国	その他	不明
全体		336	107	40	13	13	136	102	4	0
		100.0	31.8	11.9	3.9	3.9	40.5	30.4	1.2	
Q7 旅行形態	パッケージ旅行	181	58	21	6	12	85	50	2	0
		100.0	32.0	11.6	3.3	6.6	47.0	27.6	1.1	
	自由旅行	145	42	18	6	1	51	50	2	0
		100.0	29.0	12.4	4.1	0.7	35.2	34.5	1.4	

		合計	2-Q1　この旅行企画をどこから知ったか								
			旅行会社	新聞・テレビの広告	ガイドブック・雑誌	インターネット	家族	恋人	友人・知人	その他	不明
全体		336	110	24	4	56	32	5	91	13	0
		100.0	32.7	7.1	1.2	16.7	9.5	1.5	27.1	3.9	
Q7 旅行形態	パッケージ旅行	181	77	12	3	11	17	1	51	8	0
		100.0	42.5	6.6	1.7	6.1	9.4	0.6	28.2	4.4	
	自由旅行	145	28	11	1	46	16	4	36	5	0
		100.0	19.3	7.6	0.7	31.7	11.0	2.8	24.8	3.4	

		合計	2-Q3　比べた所								
			済州島	巨済島	鬱陵島	その他韓国国内の旅行先	福岡	その他日本国内	その他の外国	無し	不明
全体		336	104	45	47	11	51	16	6	60	0
		100.0	31.0	13.4	14.0	3.3	15.2	4.8	1.8	17.9	
Q7 旅行形態	パッケージ旅行	181	61	28	26	7	14	6	3	38	0
		100.0	33.7	15.5	14.4	3.9	7.7	3.3	1.7	21.0	
	自由旅行	145	39	16	19	4	38	9	3	22	0
		100.0	26.9	11.0	13.1	2.8	26.2	6.2	2.1	15.2	

			4-Q2-2 どこで収集したか									
		合計	旅行社	ガイドブック	新聞・雑誌	ブログ	SNS	ホームページ	テレビ	人から	その他	不明
全体		336	56	19	5	45	3	104	2	10	11	0
		100.0	16.7	5.7	1.5	13.4	0.9	31.0	0.6	3.0	3.3	
Q2 年齢層	10 歳代	38	4	3	0	8	1	14	0	0	0	0
		100.0	10.5	7.9	0.0	21.1	2.6	36.8	0.0	0.0	0.0	
	20 歳代	29	5	2	0	12	0	9	0	0	0	0
		100.0	17.2	6.9	0.0	41.4	0.0	31.0	0.0	0.0	0.0	
	30 歳代	78	7	5	2	19	0	19	1	2	4	0
		100.0	9.0	6.4	2.6	24.4	0.0	24.4	1.3	2.6	5.1	
	40 歳代	75	8	2	1	3	0	29	1	2	1	0
		100.0	10.7	2.7	1.3	4.0	0.0	38.7	1.3	2.7	1.3	
	50 歳代	78	18	7	2	3	2	25	0	4	4	0
		100.0	23.1	9.0	2.6	3.8	2.6	32.1	0.0	5.1	5.1	
	60 歳代	33	12	0	0	0	0	7	0	2	2	0
		100.0	36.4	0.0	0.0	0.0	0.0	21.2	0.0	6.1	6.1	
	70 歳代以上	3	2	0	0	0	0	1	0	0	0	0
		100.0	66.7	0.0	0.0	0.0	0.0	33.3	0.0	0.0	0.0	

旅行形態とのクロス

			Q8 旅行日数					
		合計	日帰り	1泊2日	2泊3日	4泊5日	その他	不明
全体		336	121	135	68	4	3	0
		100.0	36.0	40.2	20.2	1.2	0.9	
Q7 旅行形態	パッケージ旅行	181	18	112	46	1	0	0
		100.0	9.9	61.9	25.4	0.6	0.0	
	自由旅行	145	105	18	18	3	3	0
		100.0	72.4	12.4	12.4	2.1	2.1	

			3-Q1　楽しみにしていた事												
		合計	自然観光	韓国と関連する歴史観光	その他の歴史観光	登山	サイクリング	釣り	海水浴	キャンプ	食べ物	ショッピング	温泉	その他	期待していなかった	不明
全体		336	150	107	16	8	3	13	3	2	37	36	34	2	7	0
		100.0	44.6	31.8	4.8	2.4	0.9	3.9	0.9	0.6	11.0	10.7	10.1	0.6	2.1	
Q2 年齢層	10 歳代	38	14	11	2	0	1	0	0	1	8	9	2	0	0	0
		100.0	36.8	28.9	5.3	0.0	2.6	0.0	0.0	2.6	21.1	23.7	5.3	0.0	0.0	
	20 歳代	29	12	2	2	0	1	0	0	0	12	8	7	0	2	0
		100.0	41.4	6.9	6.9	0.0	3.4	0.0	0.0	0.0	41.4	27.6	24.1	0.0	6.9	
	30 歳代	78	38	20	5	1	0	1	1	0	10	11	5	1	2	0
		100.0	48.7	25.6	6.4	1.3	0.0	1.3	1.3	0.0	12.8	14.1	6.4	1.3	2.6	
	40 歳代	75	31	29	2	0	1	5	1	1	4	4	9	0	2	0
		100.0	41.3	38.7	2.7	0.0	1.3	6.7	1.3	1.3	5.3	5.3	12.0	0.0	2.7	
	50 歳代	78	42	27	3	6	0	4	1	0	1	4	5	0	0	0
		100.0	53.8	34.6	3.8	7.7	0.0	5.1	1.3	0.0	1.3	5.1	6.4	0.0	0.0	
	60 歳代	33	12	15	2	1	0	2	0	0	2	0	6	1	1	0
		100.0	36.4	45.5	6.1	3.0	0.0	6.1	0.0	0.0	6.1	0.0	18.2	3.0	3.0	
	70 歳代以上	3	1	2	0	0	0	1	0	0	0	0	0	0	0	0
		100.0	33.3	66.7	0.0	0.0	0.0	33.3	0.0	0.0	0.0	0.0	0.0	0.0	0.0	

		合計	2-Q3 比べた所 済州島	巨済島	鬱陵島	その他韓国国内の旅行先	福岡	その他日本国内	その他の外国	無し	不明
全体		336	104	45	47	11	51	16	6	60	0
		100.0	31.0	13.4	14.0	3.3	15.2	4.8	1.8	17.9	
Q2 年齢層	10歳代	38	13	5	0	1	1	3	1	14	0
		100.0	34.2	13.2	0.0	2.6	2.6	7.9	2.6	36.8	
	20歳代	29	3	3	1	1	9	1	1	10	0
		100.0	10.3	10.3	3.4	3.4	31.0	3.4	3.4	34.5	
	30歳代	78	18	8	10	3	17	4	1	20	0
		100.0	23.1	10.3	12.8	3.8	21.8	5.1	1.3	25.6	
	40歳代	75	27	10	12	2	10	3	2	9	0
		100.0	36.0	13.3	16.0	2.7	13.3	4.0	2.7	12.0	
	50歳代	78	28	10	16	3	12	3	1	4	0
		100.0	35.9	12.8	20.5	3.8	15.4	3.8	1.3	5.1	
	60歳代	33	13	8	7	1	2	1	0	3	0
		100.0	39.4	24.2	21.2	3.0	6.1	3.0	0.0	9.1	
	70歳代以上	3	2	0	0	0	0	1	0	0	0
		100.0	66.7	0.0	0.0	0.0	0.0	33.3	0.0	0.0	

		合計	2-Q2　旅行先を決めた理由 近いから	同行者のすすめ	自然がきれいだから	金額が安かったから	以前来たことがあり、良かったから	食べ物がおいしいと聞いたから	日本に関心があったから	対馬に関心があったから	特になし	登りたい山があるから	サイクリングコースがよいから	よい釣り場があるから	その他	不明
全体		336	140	72	68	89	5	1	18	42	15	10	0	5	10	0
		100.0	41.7	21.4	20.2	26.5	1.5	0.3	5.4	12.5	4.5	3.0	0.0	1.5	3.0	
Q2 年齢層	10歳代	38	11	15	5	5	1	0	2	1	5	0	0	0	5	0
		100.0	28.9	39.5	13.2	13.2	2.6	0.0	5.3	2.6	13.2	0.0	0.0	0.0	13.2	
	20歳代	29	17	7	5	11	0	0	1	2	2	0	0	0	0	0
		100.0	58.6	24.1	17.2	37.9	0.0	0.0	3.4	6.9	6.9	0.0	0.0	0.0	0.0	
	30歳代	78	40	14	8	29	2	1	11	3	2	1	0	0	3	0
		100.0	51.3	17.9	10.3	37.2	2.6	1.3	14.1	3.8	2.6	1.3	0.0	0.0	3.8	
	40歳代	75	34	15	15	14	0	0	2	12	2	0	0	3	1	0
		100.0	45.3	20.0	20.0	18.7	0.0	0.0	2.7	16.0	2.7	0.0	0.0	4.0	1.3	
	50歳代	78	28	14	23	21	1	0	2	15	1	6	0	1	1	0
		100.0	35.9	17.9	29.5	26.9	1.3	0.0	2.6	19.2	1.3	7.7	0.0	1.3	1.3	
	60歳代	33	8	7	11	8	1	0	0	8	3	3	0	1	0	0
		100.0	24.2	21.2	33.3	24.2	3.0	0.0	0.0	24.2	9.1	9.1	0.0	3.0	0.0	
	70歳代以上	3	1	0	1	0	0	0	0	1	0	0	0	0	0	0
		100.0	33.3	0.0	33.3	0.0	0.0	0.0	0.0	33.3	0.0	0.0	0.0	0.0	0.0	

年齢層とのクロス集計

			Q7　旅行形態		
		合計	パッケージ旅行	自由旅行	不明
全体		336	181	145	0
		100.0	53.9	43.2	
Q2 年齢層	10 歳代	38	25	13	0
		100.0	65.8	34.2	
	20 歳代	29	7	22	0
		100.0	24.1	75.9	
	30 歳代	78	24	54	0
		100.0	30.8	69.2	
	40 歳代	75	55	20	0
		100.0	73.3	26.7	
	50 歳代	78	47	27	0
		100.0	60.3	34.6	
	60 歳代	33	21	8	0
		100.0	63.6	24.2	
	70 歳代以上	3	2	0	0
		100.0	66.7	0.0	

			Q8　旅行日数					
		合計	日帰り	1 泊 2 日	2 泊 3 日	4 泊 5 日	その他	不明
全体		336	121	135	68	4	3	0
		100.0	36.0	40.2	20.2	1.2	0.9	
Q2 年齢層	10 歳代	38	18	7	12	0	0	0
		100.0	47.4	18.4	31.6	0.0	0.0	
	20 歳代	29	17	12	0	1	0	0
		100.0	58.6	41.4	0.0	3.4	0.0	
	30 歳代	78	46	22	7	2	0	0
		100.0	59.0	28.2	9.0	2.6	0.0	
	40 歳代	75	17	40	16	0	1	0
		100.0	22.7	53.3	21.3	0.0	1.3	
	50 歳代	78	20	36	17	1	1	0
		100.0	25.6	46.2	21.8	1.3	1.3	
	60 歳代	33	2	17	14	0	1	0
		100.0	6.1	51.5	42.4	0.0	3.0	
	70 歳代以上	3	0	1	2	0	0	0
		100.0	0.0	33.3	66.7	0.0	0.0	

資料

調査名［対馬韓国語アンケート］

性別とのクロス集計

			3-Q1　楽しみにしていた事													
		合計	自然観光	韓国と関連する歴史観光	その他の歴史観光	登山	サイクリング	釣り	海水浴	キャンプ	食べ物	ショッピング	温泉	その他	期待していなかった	不明
全体		336	150	107	16	8	3	13	3	2	37	36	34	2	7	0
		100.0	44.6	31.8	4.8	2.4	0.9	3.9	0.9	0.6	11.0	10.7	10.1	0.6	2.1	
Q1性別	男	113	50	45	5	4	2	10	1	1	7	3	8	1	2	0
		100.0	44.2	39.8	4.4	3.5	1.8	8.8	0.9	0.9	6.2	2.7	7.1	0.9	1.8	
	女	220	100	61	11	4	1	3	2	1	30	33	25	0	5	0
		100.0	45.5	27.7	5.0	1.8	0.5	1.4	0.9	0.5	13.6	15.0	11.4	0.0	2.3	

			4-Q6-1　対馬をまた訪問したいか					
		合計	とても来たい	また来てもよい	どちらでもない	あまり来たくない	絶対来たくない	不明
全体		336	75	181	32	30	5	0
		100.0	22.3	53.9	9.5	8.9	1.5	
Q1性別	男	113	32	64	9	6	0	0
		100.0	28.3	56.6	8.0	5.3	0.0	
	女	220	41	117	22	24	5	0
		100.0	18.6	53.2	10.0	10.9	2.3	

②いいえ

Ｑ９金浦－対馬飛行機便があることを知っていますか？　①はい　②いいえ

Ｑ１０対馬は日韓親善の島として知られています。今後対馬－韓国関係にどんなことを期待しますか。

（　　　　　　　　　　　　　　　　　　　　　　　）

Ｑ１１観光に関して、その他、感想等ご自由にお書きください。

（　　　　　　　　　　　　　　　　　　　　　　　）

ご協力ありがとうございました。

）⑬楽しくなかった

Ｑ３この旅行で買って持って帰るものは何ですか。複数回答可

①電化製品　②日用雑貨（具体的に　　　　　　　　）　③お酒　④菓子（具体的に　　　　　）⑤薬　⑥化粧品　⑦海産物　⑧記念品（具体的に　　　　　　）⑨その他（　　　　　　　　）

Ｑ４対馬旅行中に食べたものに○をつけてください。複数回答可

郷土料理　①石焼　②対州そば　③ろくべえ　④とんちゃん　⑤その他（　　　　　　）

日本料理　⑥うどん⑦日本そば　⑧刺身　⑨寿司　⑩天ぷら　⑪その他（　　　　　　）

その他　⑫ステーキ、焼き肉　⑬韓国料理　⑭中華料理　⑮コンビニのお弁当　⑯アイスクリーム・ジェラート

Ⅳ．対馬について教えてください。

Ｑ１－１対馬という地名を聞いたことがありましたか。　　①ある　②ない

Ｑ１－２テマド＝対馬ということを知っていましたか。　①はい　②いいえ

Ｑ１－３対馬・テマドを知っていた／聞いたことがある方にうかがいます。ご来島前、対馬にどんな印象を持っていましたか。複数回答可

①美しい自然　②日韓親善の島　③食べ物　④古い歴史　⑤韓国と関連する歴史　⑥韓国に近い外国　⑦その他（　　　　　　　　　　）

Ｑ２－１旅行に行く前に対馬の情報を収集しましたか。　　①はい　②いいえ

Ｑ２－２はいと答えた方にお聞きします。どこで情報を収集しましたか。

①旅行社　②ガイドブック　③新聞・雑誌　④ブログ　⑤SNS　⑥ホームページ　⑦テレビ　⑧人から　⑨その他（　　　　　　）

Ｑ３対馬の印象はいかがでしたか。期待どおりでしたか。

①期待以上　　②ほぼ期待通り　　③やや期待はずれ　　④期待はずれ

Ｑ４訪問を終えてどのような印象をもちましたか。（複数回答可）

①韓国みたいだった　②思ったより都会じゃなかった　③海が汚かった　④都会だった　⑤海が綺麗だった　⑥日本らしい料理がなかった　⑦日本らしいお土産がなかった　⑧物価が高かった　　⑨自然が綺麗だった　⑩日本の他の地域と違う食べ物や特徴があってよかった　⑪その他（　　　　　　　）

Ｑ５対馬で困ったことは何ですか？複数回答可

①言葉が通じない　②旅行者向け標識が少ない　③トイレ　④物価が高い　⑤交通が不便　⑥対馬の情報が手に入れにくい　⑦その他（　　　　　　　　）　⑧困ったことはない

Ｑ６－１また対馬を訪問したいですか？

①とても来たい　②また来てもよい　③どちらでもない④あまり来たくない　⑤絶対来たくない

Ｑ６－２その理由はなんですか。

（　　　　　　　　　　　　　　　　　　　　　　　　　　　　　）

Ｑ７釜山－対馬航路がいつからあるか知っていますか？　　①はい　②いいえ

Ｑ８地震の影響で釜山―対馬航路が運休していたことを知っていますか？　　①はい

資料

アンケート用紙（日本語）

Ⅰ．あなた自身についてお聞かせください。

Q１性別：　①男　　②女

Q２年齢層：① 10 歳代　② 20 歳代　③ 30 歳代　④ 40 歳代　⑤ 50 歳代⑥ 60 歳代　⑦ 70 歳代以上

Q３居住地：①ソウル　②釜山　③その他（　　　　　道　　　市／郡）

Q４職業：①会社役員　②会社員　③添乗員　④公務員　⑤自営業⑥専業主婦　⑦学生　⑧無職　⑨その他（　　　　　　）

Q５同行者：①１人で　②夫婦で　③子供連れ家族で　④その他家族で　⑤恋人と　⑥友人と　⑦仕事仲間と　⑧同業団体等の団体で　⑨契・互助会　⑩その他（　　　　）

Q６訪問回数：　日本には（　　）回目。対馬には（　　）回目

Q７旅行形態：①パッケージ旅行　②自由旅行

Q８旅行日数：①日帰り　②１泊２日　③２泊３日　④４泊５日　⑤その他（　　　　）

Ⅱ．対馬旅行を決めた経緯について教えてください。

Q１この旅行企画を誰から（もしくはどこから）知りましたか？

①旅行社　②新聞・テレビの広告　③ガイドブック・雑誌　④インターネット　⑤家族　⑥恋人　⑦友人・知人　⑧その他（　　　　　）

Q２この旅行先を決めた理由は何ですか？　複数回答可

①近いから　②同行者のすすめ　③自然がきれいだから　④金額が安かったから　⑤以前来たことがあり、良かったから　⑥食べ物がおいしいと聞いたから　⑦日本に関心があったから　⑧対馬に関心があったから　⑨特になし　⑩登りたい山があるから　⑪サイクリングコースがよいから　⑫よい釣り場があるから　⑬その他（　　　　　）

Q３旅行先を決めるにあたって比べたところがありますか。

①済州島　②巨済島　③鬱陵島　④その他韓国国内の旅行先（具体的に　　　　　　）⑤福岡　⑥その他の日本国内（具体的に　　　　　　）⑦その他の外国（具体的に　　　）⑧無し

Ⅲ．旅行を終えた感想について教えてください。

Q１対馬旅行で楽しみにしていたことは何ですか？

①自然観光　②韓国と関連する歴史観光　③その他の歴史観光　④登山　⑤サイクリング　⑥釣り　⑦海水浴　⑧キャンプ　⑨食べ物　⑩ショッピング　⑪温泉　⑫その他（　　　　　）⑬期待していなかった

Q２実際に来てみて、楽しかったことは何ですか？

①自然観光　②韓国と関連する歴史観光　③その他の歴史観光　④登山　⑤サイクリング　⑥釣り　⑦海水浴　⑧キャンプ　⑨食べ物　⑩ショッピング　⑪温泉　⑫その他（

べきである。個人旅行は団体旅行よりも地元と濃密に交流する機会を増やす。彼らの利便性を高める配慮が、リピーターを増やし、長期滞在者を増やすことにつながると考えられる。

認知度の高い対馬の自然資源を生かすには、これまで以上の整備が望まれる。例えば、対馬とよく比較される済州島では、「オルレ」というトレッキングコースが整備され好評を博している。車が少なく眺めの良い海側の徒歩コースが次々と開発・整備され島を半周するほどになった。対馬でも登山以外のトレッキングコースの開発に参考になるだろう。対馬の美しい資源を活用するには、このような実際に体験できる多様なプログラム開発が必要である。

最後に、従来から指摘されてきたことであるが、宿泊施設、食堂、島内交通などのインフラを充実させなければならないのは言うまでもない。この問題が解決された上で、対馬は国際観光都市として踏み出すことができ、さらなる地域振興が模索できると考える。

きる点も共通している。対馬では美しい自然が比較的認知され登山や釣りに訪れる観光客は多いが、石垣のマリンリゾートは台湾ではあまり知られておらず宣伝が必要であるという。自然資源を生かした観光の拡充および宣伝とサービスの充実は共通の課題といえる。しかし決定的に違うのは、すでにマリンリゾート地として国内では知名度があり、施設も整っている石垣に比べると、対馬は韓国で自然の美しさは知られていても、楽しむための十分な施設では大きく及ばない。山そのものや海そのものだけに頼らない、人を呼び込むことのできるような施設建設、コース整備、プログラム開発等が急がれる。

観光客の年齢層には差異点が見られた。対馬の観光客の年齢層が若干高いのに対して、石垣の台湾人観光客はカップルや家族連れが多く、年齢層が比較的均等である。石垣は年齢、性別を問わず楽しめる環境で、整備された施設があるのは強みである。それに対して対馬は開発の余地が残る。例えば子供からお年寄りまで楽しめる施設やサービス拡充が課題である。また、対馬で有名な釣りを楽しむのは男性が多い。女性が楽しめる観光プランが充実すれば、夫婦で訪れる客や女性同士のグループの増加を見込める。

石垣と比較して対馬の強みは、認知度の高さとそれを裏打ちする日韓交流の長い歴史であり、韓国からのアクセスの良さがそれをサポートしている。台湾から石垣への交通アクセスは、対馬に比べて充実しておらず、クルーズ船が主流で滞在時間が短い。対馬は船便が増え、高速化したことで利便性が上がったが、滞在時間がさらに短くなり日帰り客が増加している。現時点でアクセスが制限的な石垣と条件は違うものの、長期滞在をしてもらうためのプランの提示や、サービスの向上は共通の課題であろう。

おわりに

釜山からの定期国際航路が就航して以降、すでに多くの韓国人観光客を受け入れてきたが、今回のアンケートから韓国人観光客の多くが初めての日本として対馬を訪れていることが推察できた。同時に、対馬という地名はよく知られており、対馬の韓国と関連する歴史資源と自然環境資源は、韓国でも高い認知度を持っていたことが分かった。

しかし、韓国人観光客の多くは「安くて近い日本」の観光地として対馬を考えている。アンケートからも対馬の歴史などには興味が薄く、日本的なモノを消費する傾向にあることが分かった。このようなことから、韓国人の対馬観光は、「日本イメージ」と「対馬らしさ」の両輪で開発を検討するべきだと考える。

国内向けには「国境の島」としてとしての魅力が対馬観光は重心が置かれていたが、韓国からみると日韓交流もさることながら、最も近い異国であることに魅力がある。「和風」なイメージを利用することも検討されてもよい。町で朝鮮通信使が来た時代の雰囲気を演出することは意味のあることではないだろうか。これは、対馬が「韓国と同じ」と考える一部の人々のイメージの改善にもつながるだろう。

次に対馬らしさは韓国であまり知られていないため、情報の発信方法を再検討すべきである。対馬の大小の観光情報を集約的に提供する場所があるとよい。また、最近増加している個人旅行に対応した、特にインターネットを利用した情報発信に力を入れる必要がある。個人旅行ではブログなどを参考にするため韓国の個人ブログに介入することを検討す

資料

パッケージ旅行では「韓国と関連する歴史観光」と「自然観光」の割合が高いのに対して、自由旅行では前者に対しては低い割合にとどまり、「食べ物」を期待していた人が「自然観光」の次に多くなっている。また、パッケージ旅行の観光客のほうが、対馬の歴史に関するイメージが強いことが分かった。

対馬に対する印象について、パッケージ旅行は「期待以上」、「ほぼ期待通り」の順で多いが、自由旅行は「ほぼ期待通り」、「やや期待外れ」の順で多くなっており若干の差が認められる。再来訪の意向については、旅行形態による差は大きくないようである。

⑤対馬で困ったこと

パッケージ旅行では、「物価が高い」「言葉が通じない」の順で多いが、自由旅行では「言葉が通じない」「旅行者向けの標識が少ない」の順で多くなっている。団体で行動をせず、ガイドが同行しない自由旅行の旅行者のほうが言葉や標識等への不満が多くなっており、彼らへの配慮が望まれるところである。

（3）クロス集計分析のまとめ

ここでは若い世代と、女性がキーワードになる。

若い世代に多い自由旅行は、そのほとんどが日帰り旅行である。若い世代は対馬の歴史などには高い関心を示すわけではなく、日本的なものを求めて、福岡と比較して、安くて近い対馬を選んでいるといえる。当然若い世代ほどインターネットを通じた情報収集、特にブログの利用が多いので、インターネット上での正確な対馬情報を増やすことが望まれる。

また、自由旅行ではパッケージ旅行に比べて満足度が下がっている。自由旅行者に配慮した標識の充実、観光情報発信、情報の入手のしやすさなど改善すべき問題が多い。

対馬の韓国との関係史への関心は女性よりも男性のほうが高いが、男性よりも女性のほうが満足度が低くなっている。歴史観光ではない、女性をターゲットにした観光資源が開発されなければならない。

5．石垣市との比較

われわれの研究グループでは、石垣市においてもクルーズ船で訪れた台湾人観光客を対象に、ほぼ同様のアンケート調査を行った。石垣市を訪れる年間約70万人の観光客のうち、台湾からの観光客は約4万人であるという。アンケートの結果から、共通点と差異点を、簡単ではあるが検討して見る。

共通している点として、石垣を訪れる観光客は、「日本的」なものを求めていることである。石垣独自のものへの関心は薄く、食事や土産物の消費行動にもそれが表れている。石垣独自の食べ物や観光資源などは台湾の人々にはあまり認知されていない。地理的に隣接していることが、必ずしも対馬の情報がよく伝わることではないのは似通っている。

自然環境の美しさは共通しており、自然を楽しむ観光客のへのサービスの不足も指摘で年齢層別の旅行形態では、10歳代から30歳代にかけては、日帰り旅行が多く、年齢層が上がると一泊二日、二泊三日が増えている。また、2，30歳代は自由旅行で訪れる割合が明らかに高くなっている。

②選定理由・比較対象

選定理由をみると、「対馬に関心がある」と答えたのは40歳代以上が高く、「近いから」「安いから」では若い世代が高い比率となっている。

選定の際の比較対象で特徴的なのは20歳代が、福岡と比較している率が高いことである。さらに、若い世代で比較をしない人が多い半面、40歳代以上では、済州島など国内と比較している割合が高い。

③楽しみにしていたこと

韓国と関連する歴史観光を楽しみていていたのは40歳代以上が多く、10～30歳代まででは食べ物とショッピングを楽しみにしていた割合が高くなっている。男女別では、男性が「韓国と関連する歴史観光」がもっとも高いのに対して、女性は食べ物とショッピングを挙げる割合が高いことが分かった。

④情報へのアクセス

情報収集では年齢層が高いほど旅行社からの情報にたより、10～30歳代ではブログの利用が多いことが分かる。ただし、「ホームページ」の利用は年齢を問わず利用されているようである。

⑤再訪問の意向

「また来たい」と答えた男性の割合は女性よりも高かったが、反対に女性は、来たくないと答える割合が男性に比べると高かった。

（2）旅行形態クロス分析

①旅程

パッケージ旅行の6割程度が一泊二日で、自由旅行の7割程度が日帰りとなっている。

②旅行情報の収集

パッケージ旅行は旅行会社から、自由旅行はインターネットからの情報収集が主流となっている。

③比較対象

パッケージ旅行では、済州島と比較している割合が高いのに対して、自由旅行では福岡と比較している割合と同等である。

④楽しみにしていたこと・イメージ・印象について

わせると56.2%で多数を占めた。対馬の魅力に触れ、また来たいと思わせているといえる。ただし、「どちらでもない」、「あまり来たくない」、「絶対来たくない」を合わせると約20%にも上ることも見逃せない。

対馬を初めて訪問する観光客が多いとみられることは述べた。今後いかにしてリピーターを増やすか、もう来たくないと思う人をいかにして減らすことができるかが課題である。

⑤航路の認知度

釜山－対馬航路がいつからあるか知っている人の割合は、45.8%で比較的知られていたが、東日本大地震でこの航路が運休していたことを知っていた人は、29.8%である。金浦からの飛行機便の存在を知る人は28.3%とやはりまだ知名度が低い。首都圏からの観光客の少なさも合わせて、首都圏市場を狙った一層の誘致が望まれる。

（5）自由記述欄

①美しい自然

対馬へまた来たい理由を尋ねた理由の記述欄および感想の自由記述欄では、「自然が美しい」「きれいで静かだ」という意見が多かった。対馬の美しい自然は魅力的であり、韓国からみても認知度が高く、静かな保養地としての需要が今後も見込まれる。

②交流関係

韓国と対馬の関係に望むことを問うた記述欄では、「よい関係を維持してほしい」「より活発な交流を」という意見が多く見られた。一方で一部に「対馬は韓国領である」といった記述も散見され、一部ではあるとはいえ、韓国で流布している考え方として見逃せない意見である。

③観光施設の充実

自由記述には対馬観光への要望を記入する例が多数見られた。大別すると、観光施設や宿泊施設の充実を望む声、案内板の設置などを望む声、食堂の不足、交通通の不便さなどを指摘する声が多かった。観光産業の関係者などからこれまで指摘された事柄がここでも指摘されており、早急に対応されるべき重要な課題である。

4．クロス集計分析

ここでは、性別と年齢層、旅行形態についてクロス集計分析を試みた結果、これらを通して特徴的な違いを見いだせたものだけについて記述する。

（1）性別・年齢層クロス分析

①旅行形態

30% である。ところが、「日韓親善の島」を選んだ人は約 12% にとどまっている。韓国では対馬の地名がよく知られており、韓国と歴史的に深い関係があることを漠然と知っていても、対馬自体の「古い歴史」や「日韓親善」に関してはあまりイメージされていない結果となった。

では、対馬に来てみてその印象は期待通りだったかを問う設問では、「期待以上」、「ほぼ期待通り」を足すと 64.3% で、おおむね期待通りだったと言える。ただし、反対に「やや期待はずれ」「期待はずれ」を合わせれば 38.6% もあるということは見逃せない。

訪問後の印象を問う設問には、「自然がきれいだった」が 48.1%、「海がきれいだった」が 33.2% と、自然の美しさを答えた回答が上位を占めた。対馬の自然が十分な観光資源であるといえよう。しかし、次に多い回答が「韓国みたいだった」28.9%、さらに「思ったより都会じゃなかった」が 20.2% である。対馬の情報やイメージが韓国へ伝わっていない、理解されていないことを示唆する。さらに、「日本の他の地域との違う食べ物や特徴」はわずかに 4.8% しか選択されていなかった。対馬がどのような島であるかが、美しい自然以外では知られておらず、漠然と「近い日本」と考えられていることを表している。

今後より一層対馬そのものの魅力を発信すると同時に、「日本的」なイメージ作りも目指すべきである。店舗、土産品などに和風イメージをもっと前面に出してよい。例えば、厳原の昔ながらの町並みに、和風雑貨屋や和風カフェが並ぶであるとか、江戸時代の情緒が再現された装飾などがあれば、外国人の日本イメージを充足させると同時に、朝鮮通信使の時代を表現することができる。

③対馬で困ったこと

「対馬で困ったこと」の項目の上位は「言葉が通じない」、「物価が高い」が 4 分の 1 ずつを占めている。物価については解決が難しいが、言葉の壁はその次に多かった項目「標識が少ない」(15.2%)にも現れており、ハングルでの標識や案内板に改善の余地があろう。「交通が不便」、「対馬の情報が手に入りにくい」もそれぞれ 1 割以上もあり、改善の余地がある。

言葉の面では、電話での通訳サービスなども検討すべきである。また、国内向けに用意されているようなきめ細かい観光コースの紹介が韓国語で対応されれば、満足度が高まるのではないか。対馬のよさを伝えるには、韓国のガイドに頼らない、島内の通訳の養成も検討されるべきである。

対馬は済州島と比べられることが多いが、済州島での観光情報へのアクセスの良さと多言語対応は参考になる。済州島の空港では、ほぼ同一規格の三つ折り程度のパンフレットが、観光施設ごとに、四カ国語(日本語・韓国語・英語・中国語)でそれぞれ用意され、観光案内所にぎっしりと並べられている。済州島の主な移動手段はレンタカーやタクシーで、パンフレットにはカーナビ用の検索番号も載っている。どこに行くと何を見られて何をすることができるかが集約的に分かり、観光客が選んで行くことができる。対馬でも島内の多様な観光情報が一目でわかり、選べるような工夫が模索されるべきである。

④再訪問の意向

再訪問の意向に関する質問には、「また来たい」、「また来てもよい」と答えた割合を合

が、「かすまき」（23 人）で、かすまきは対馬の菓子としてある程度知名度が高いことが分かる。日本の市販の菓子や洋菓子のおいしさは韓国でも知られている。島内に散らばる「対馬スイーツ」を見直し、販売・宣伝戦略を再考すれば、女性や若い世代へアピールできると考える。

食事では対馬の郷土料理よりも、一般の日本食を食べていることが分かった。うどん、天ぷら、寿司が高い割合であった。郷土料理が食べられる場所が限られていたり、ツアーでは決まった料理しか食べられないという限界もあるものの、日本食の消費指向があることが指摘できる。郷土料理が食べられる場所を増やすと同時に、質の良い日本食を提供することにも注力する必要がある。

食事の「その他」の自由記入では「モスバーガー」、「ハンバーガー」を記入した人が 47 人に上った。モスバーガーのような、気軽に入れて軽食がとれ、コーヒーが飲める場所は必要とされている。韓国人観光客が「ティアラ」で買った食品をベンチで広げて食べているのをよく思わない向きがあるが、韓国は露店が多く、日常的に買い食いに慣れている。彼らのマナーを問うよりは、彼らが集まりやすいオープンスペースを提供するほうが一層の消費を促す意味でも有益である。持ち込み可のオープンカフェのような施設を作るのも方法かもしれない。

（4）対馬に関して

①対馬という地名について

韓国では対馬のことを、「対馬島」を韓国語読みした「テマド」と呼ぶことが多いが、「つしま」という地名を聞いたことがあるかとの設問には 85% があると答えている。また、テマド＝対馬であることを知っていたかとの設問には、80% が「はい」と答えている。韓国語読みではない日本語読みの「つしま」も多くの人が耳にしていることが分かり、対馬の認知度は高いことが分かった。

②対馬情報へのアクセス

対馬に来る前に、対馬に関する情報を収集したという人の割合は 58.3% で、35.1% は事前に情報収集をしなかった。やはり団体旅行で旅行先選定を人に任せることが多いという現実を反映し、対馬に関心を持っていないことをうかがわせる。

どこで情報を収集したかは、ホームページが 31%、旅行社、ブログがそれぞれ、16.7%、13.4% でほとんどを占めている。旅行社とインターネットに情報収集を依存していることが分かる。韓国では、対馬について知ることのできる媒体がインターネット以外にはあまりないことから、インターネットを狙った広報戦略が必要である。インターネット上の対馬の情報は限られている。特に韓国ではブログの影響力が強い。韓国のパワーブロガーと呼ばれる人々を呼び、対馬について記事を書いてもらうなど検討されるべきである。

③来島前後の印象

観光客が対馬に来る前に持っていた印象を問う設問で、最も多かった回答は「韓国と関連する歴史」で 40% を占める。次が「美しい自然」、「韓国に近い外国」でいずれも約

（２）旅行の決定について

①対馬への旅行企画への情報アクセス

「旅行企画をどのように知ったか」という設問には、「旅行会社」、「友人・知人」が順に多かった（計約60%）。「知人・友人」の多さは、一度対馬に行ったことのある人から勧められた、あるいは団体旅行で幹事に決めたなどが理由と考えられる。続いて、「インターネット」が16.7%で、インターネットを通じて旅行企画を知る機会が多いことが分かる。韓国は日本以上にネット社会と言われ、韓国の旅行社でもインターネット上で商品を販売し、予約や問い合わせなどもすべてネット上の掲示板で行うこともあるが、こうしたことを表していると思われる。

②選定理由

では対馬を旅行先に選定した理由はなにか。最も多い理由は「近いから」41.7%、続いて「金額が安かったから」26.5%である。多くの観光客に、近接性、経済性が対馬へ行くことを決める要因となっている。３番目に多いのが「同行者のすすめ」21.4%である。団体旅行で来る場合、幹事が旅行先を決定し、残りの人々はついてくるだけというパターンが多い。家族旅行もここに含まれると見られる。意思決定に「口コミ」の力も無視できない。

次に多く上がった理由に、「自然がきれいだから」（20.2%）、「対馬に関心があったから」（12.5%）が続く。対馬が誇る美しい自然や対馬自体への「関心」は、選定理由においては近さや安さに大きく及ばないことが分かる。

③選定における比較対象

旅行先選定にあたって比較したところでは、済州島（チェジュド）が圧倒的に多い31%である。済州島は国内観光、リゾート地として知られ年間約780万人(2011年)が訪れる大観光地である。観光の規模では対馬と大きく異なるが、同じ「島」の観光として比較されている。同じく島である国内の巨済島、鬱陵島と比較した割合も高い。日本の中では、対馬と同様に韓国と近く船便でアクセスできる福岡と比較した割合が高くなっている。

（３）旅行の感想、消費行動

対馬を訪れる観光客が「楽しみにしていたこと」の上位３つは、「自然観光」と「韓国と関連する歴史観光」、「食べ物」であった。これに対して「実際に楽しかったこと」では、「自然観光」はそのまま、「韓国と関連する歴史観光」と「食べ物」の割合が下がり、「ショッピング」が多少上がっている。

実際に買って帰るもので、最も多いのが「菓子」、次に「日用雑貨」で、合わせて７割程度を占めている。次が「記念品」であるが16%ほどとなっている。つまり韓国人観光客は日本の商品を買いたいのであって、いわゆる土産物にはあまり興味もっていないと考えられる。前述のように、対馬は福岡と比べられるが、ショッピングにおいては福岡に及ぶべくもない。対馬らしい商品も当然必要だが、福岡でもできるような買い物も充足できるよう、観光客に好まれる商品を用意したほうがよい。

ただし、対馬の商品にまったく関心がないわけではない。自由記述で最も多かった回答

3．単純集計分析

（1）一般情報

①性別・年齢・職業・同行者

男性33.9%、女性66.1%と女性のほうが多い結果が出た。年齢は30歳代、40歳代、50歳代がそれぞれ約2割ずつとなっている。職業別には会社員、公務員、主婦の順に多い。

同行者は、友人、仕事仲間、子供連れ家族、夫婦の順で多い。10代が1割程度であり、冬休みを利用した家族旅行が多かったことをうかがわせる。20代が全体でみて少ないこと、職業別では学生がさほど多くないことから、若者の好む観光開発の余地があると見られる。

②居住地

釜山が約45%と最も多く、慶尚南道地域を合わせると圧倒的に多い。ソウルはわずか9.5%である。このように、首都圏の市場開拓はまだまだだといえる。韓国の人口が集中している首都圏に市場を求められなければならない。

③訪問回数

この項目は設問の不備で、日本への訪問回数に今回の対馬訪問を含めているかいないか、また、対馬への訪問回数に今回の訪問を含めているかいないかが判別できないことをお断りしておきたい。ここでは大まかな傾向として分かることを述べる。

対馬への訪問回数は、0回と1回を合わせると72.9%を占める。不明を含めると88.1%と、大多数の観光客が対馬を初めて訪問していることが推測できる。また、日本への訪問回数が2回以上（不明除外）の観光客の割合は約50%であることから見て、対馬は近くても日本の中ではまだ行ったことのない観光地ということであろう。

④旅行形態

旅行形態の選択肢を「パッケージ旅行」と「自由旅行」に分けて問うた結果、前者が53.9%で若干多かった。従来は、旅行者のパッケージを利用した団体客が多かったが、近年個人旅行が増加していると言われ、その傾向が数字に表れたとみられる。なお、「自由旅行」には旅行社を通して予約した人たちと、個人で船やホテルを予約して訪れた人たちも含まれるとみられる。今後増加すると予想される旅行社を通さない観光客への個別的な対応も課題になるだろう。

⑤旅程

旅程は一泊二日が約40%で最も多い。続いて日帰りが36%である。「ビートル」と「コビー」の高速艇の乗り入れによって、より短時間での往復が可能となり、日帰り旅行が増加していると言われていることを証明している。日帰り、一泊二日、二泊三日を合わせると、96.4%となり、対馬観光のほとんどが短い日程で組まれていることがわかる。これには対馬の観光インフラが二泊以上に向かないという問題も指摘できよう。日帰り客を含めて、観光客に対馬にどれだけ長い期間滞在してもらえるか、そして対馬の魅力を知ってもらえるかが重要になってくるだろう。

訪れている。彼らは対馬の歴史よりも自然や日本イメージのほうに関心を持っている。団体ではなく個人で訪れる観光客は今後増加して行くと見られる。彼らの利便性を図る標識を充実させ、旅行情報を入手しやすくするなどして、リピーターを増やし、さらには長期滞在につながるよう観光開発が望まれる。

（３）情報提供方法の検討

対馬を訪れる観光客は、旅行社からの情報とインターネットからの情報に頼っている。自由旅行は2、30歳代が多く、彼らの情報入手方法は、ブログなどインターネットである。したがって、インターネットの情報発信を積極的にすべきである。特にブログの影響力が強いので、パワーブロガーに対馬の記事を書いてもらうという方法が考えられる。紙媒体では、対馬の大小の観光スポットの情報の集約し、規格化したパンフレットを作って、一定の場所で手に入りやすくするなど、情報へのアクセスの向上が望まれる。

（４）観光資源の活用とインフラ整備

対馬観光の魅力として自然環境をあげ、その美しさに言及する観光客は多かった。しかし、それを楽しむための施設面では不十分である。自然そのものだけでなく、美しい自然の中で楽しむことのできる多様な施設や活動の整備が望まれる。見るだけではない体験するプログラムが開発され、幅広い年齢層に対応するようにしなければならない。宿泊施設や交通等が満足度を下げており、インフラ整備が早急にされるべきである。

２．調査の概略

（１）日時

2011年12月
2012年1月

（２）配布

①対馬観光物産協会関係者が厳原ターミナル内にて帰国前の乗客に直接配布・回収
② 336枚配布　336枚回収（回収率100%）

（３）予算

科学研究費補助金（基盤研究（B））
「日本「周辺」地域にみる国境変動とアイデンティティ：韓国・台湾との越境を巡って」
課題番号：21320165
研究代表者：県立広島大学・上水流久彦
期間：2009年4月～2012年3月

はじめに

本書は、船舶を利用して対馬を訪れた韓国人観光客を対象に、2011年12月と2012年1年に実施したアンケート調査に関する報告書である。アンケートは対馬市、対馬物産観光協会の協力を得て実施した。

日本各地で地域の経済活性化の重要な方策として外国人観光客の受け入れが推進されている。こうしたなかで外国人観光客に対しての地元から出る不満は大きく二つに分けられるだろう。

ひとつは、外国人観光客が地元でお金をあまり使ってくれないという不満である。都市部では大型電気店などで外国人観光客が大量に買い物をする姿が報道されたりするが、都市以外の地方や地元の商品に目が向けられているかどうかは疑問である。対馬でも観光客が来ても韓国から食べ物などを持ち込み、地元で消費してくれないなどの声を聞くことができる。

もうひとつは文化的摩擦である。特に観光客のマナーの問題として、トイレの使い方、交通ルール、騒音などがしばしば指摘される。特に小規模な都市に大量の観光客が流入する場合に目に触れやすく起こりがちな問題である。こうした文化的摩擦が外国人排除の動きとなっては、地元、観光客の双方にとって利益とならない。

このような状況を踏まえ、観光客の満足度を上げ、よりよい地域振興を模索するために、対馬を訪れる韓国人を対象にアンケート調査を行った。アンケートは、JSPS科研費21320165「日本「周辺」地域にみる国境変動とアイデンティティ：韓国・台湾との越境を巡って」(研究代表者　上水流久彦) の研究調査の一環として行ったものであるが､対馬市・対馬観光物産協会と連携することで、上記の二つの問題と関連する調査項目も多く組み込んだ。

本報告書では、学術的視角からの分析というよりは、韓国人観光客の実感と実態を知ることを執筆の主な目的とした。対馬の観光産業の発展に本報告書が少しでも貢献できれば幸いである。

1．報告書要旨

（1）韓国人観光客の対馬イメージの把握

韓国人観光客は、日本の他の地域を訪れたことがあっても、対馬は初めてという観光客が多い。対馬の歴史的な魅力と同時に、近い日本の観光地として位置づけている。対馬の美しい自然や歴史は比較的認知度が高いものの、対馬自体へは関心が低い傾向があり、日本的なものを求めていることが指摘できる。対馬らしさと共に､「和風」なものを「売り」にした施設整備や宣伝を再検討されるべきだ。

（2）自由旅行者へのサービス向上

従来多かったパッケージ旅行に加え、自由旅行が増加しており、その多くは短い日程で

韓国人観光客アンケート調査報告書

中村八重

目次

はじめに
1．報告書要旨
2．調査の概略
3．単純集計分析
（1）一般情報
（2）旅行の決定について
（3）旅行の感想および消費行動
（4）対馬に関して
（5）自由記述欄
4．クロス集計分析
（1）年齢層・性別クロス分析
（2）旅行形態クロス分析
（3）クロス集計分析のまとめ
5．石垣市との比較
おわりに

資料
アンケート用紙（日本語）
クロス集計結果

職業欄　その他

退休	11	22	23	84	92	204
退休人員(人士)		246	247	260	340	387
公務員退休		388				
教員	2	370	383			
百貨店店員	1	11				
元教師		83				
電話会社		109				
家庭管理		142				
自由業		182				
技術職員		186				
個人商店		340				
生命保険会社		374				

地名	回答総数	回答者 No.				
台湾東部	1	12				
台湾南部		237				
渓頭		41				
八卦山		64				
墾丁		119				
高雄		127				
馬祖		163				
緑島		163				
金門		241				
台中		268				
小琉球		327				
海南島		184				
西湖		265				
澎湖島	2	229	241			
台東	3	104	367	401		
桂林	1	188				
三東省		209				
黄山		229				
張家界		378				
屏東		394				
漉江		361				
日月潭		368				
蘇州		368				
上海	3	206	209	369		
花蓮	8	113	118	120	265	307
		367	369	401		
エジプト	1	182				
フランス		186				
オーストラリア		13				
シンガポール		7	141			
欧米	3	83	84	189		
友達と一緒に行ければ何でもいい	1	374				

資料

旅行先を決める際に、比べた所

地名	回答総数	回答者No.				
仙台	1	145				
山形	1	190				
秋田	1	285				
東北	3	12	104	243		
日本(各地)	2	177	396			
日本本島	2	222	259			
西表島	1	284				
九州		329				
西日本		246				
黒部		223				
立山		223				
横浜		207				
大阪	5	36	40	143	178	331
京都	10	37	178	181	192	200
		265	268	339	391	393
東京	16	11	36	38	105	106
		151	169	175	217	232
		291	307	331	335	354
		371				
北海道	27	4	6	12	55	99
		118	131	149	171	174
		184	229	260	270	275
		288	289	294	326	343
		352	353	358	363	368
		377	378			
回答総数	103					

			台湾石垣間の直行航空機路線を利用したいか				
		合計	利用したい	利用したくない	どちらでもいい	船のほうが良い	不明
全体		363	149	6	160	48	54
		100.0	41.0	1.7	44.1	13.2	
石垣島内での移動手段	バス観光	134	51	4	64	15	9
		100.0	38.1	3.0	47.8	11.2	
	徒歩	13	8	0	4	1	2
		100.0	61.5	0.0	30.8	7.7	
	タクシー	32	17	0	9	6	2
		100.0	53.1	0.0	28.1	18.8	
	レンタカー	8	7	0	1	0	1
		100.0	87.5	0.0	12.5	0.0	
	その他	3	2	0	0	1	1
		100.0	66.7	0.0	0.0	33.3	

			滞在時間に満足したか			
		合計	利用したい	利用したくない	どちらでもいい	不明
全体		352	196	137	19	65
		100.0	55.7	38.9	5.4	
石垣島内での移動手段	バス観光	130	67	52	11	13
		100.0	51.5	40.0	8.5	
	徒歩	13	11	1	1	2
		100.0	84.6	7.7	7.7	
	タクシー	32	21	10	1	2
		100.0	65.6	31.3	3.1	
	レンタカー	8	7	1	0	1
		100.0	87.5	12.5	0.0	
	その他	4	3	1	0	0
		100.0	75.0	25.0	0.0	

			石垣で困ったこと								
		合計	言葉が通じない	旅行者向け標識が少ない	トイレ	物価が高い	交通が不便	クレジットが使えない	その他	なし	不明
全体		417	101	42	15	91	55	6	18	69	0
		100.0	24.2	10.1	3.6	21.8	13.2	1.4	4.3	16.5	
石垣島内での移動手段	バス観光	143	40	15	6	41	23	4	6	19	0
		100.0	28.0	10.5	4.2	28.7	16.1	2.8	4.2	13.3	
	徒歩	15	5	5	0	3	6	0	0	3	0
		100.0	33.3	33.3	0.0	20.0	40.0	0.0	0.0	20.0	
	タクシー	34	15	4	0	1	6	0	1	11	0
		100.0	44.1	11.8	0.0	2.9	17.6	0.0	2.9	32.4	
	レンタカー	9	5	2	0	2	1	0	0	1	0
		100.0	55.6	22.2	0.0	22.2	11.1	0.0	0.0	11.1	
	その他	4	2	2	0	0	1	0	0	1	0
		100.0	50.0	50.0	0.0	0.0	25.0	0.0	0.0	25.0	

			また訪問したいか					
		合計	とても来たい	また来てもよい	どちらでもない	あまり来たくない	絶対来ない	不明
全体		361	37	152	137	29	6	56
		100.0	10.2	42.1	38.0	8.0	1.7	
石垣島内での移動手段	バス観光	135	10	49	65	8	3	8
		100.0	7.4	36.3	48.1	5.9	2.2	
	徒歩	13	2	8	3	0	0	2
		100.0	15.4	61.5	23.1	0.0	0.0	
	タクシー	32	11	12	9	0	0	2
		100.0	34.4	37.5	28.1	0.0	0.0	
	レンタカー	8	3	4	1	0	0	1
		100.0	37.5	50.0	12.5	0.0	0.0	
	その他	4	3	0	0	1	0	0
		100.0	75.0	0.0	0.0	25.0	0.0	

		合計	印象は期待通りだったか				
			期待以上	ほぼ期待通り	やや期待はずれ	期待はずれ	不明
全体		346	88	196	44	18	71
		100.0	25.4	56.6	12.7	5.2	
石垣島内での移動手段	バス観光	130	24	85	13	8	13
		100.0	18.5	65.4	10.0	6.2	
	徒歩	13	6	7	0	0	2
		100.0	46.2	53.8	0.0	0.0	
	タクシー	32	15	16	1	0	2
		100.0	46.9	50.0	3.1	0.0	
	レンタカー	7	3	4	0	0	2
		100.0	42.9	57.1	0.0	0.0	
	その他	4	2	1	1	0	0
		100.0	50.0	25.0	25.0	0.0	

		合計	訪問を終えての印象											
			台湾みたい	思ったより都会じゃない	海が汚い	都会だった	海が綺麗	日本らしい料理がない	日本らしいお土産がない	物価が高い	自然が綺麗	日本と違う食べ物や特徴があってよい	その他	不明
全体		417	63	79	4	2	148	16	17	55	109	16	3	0
		100.0	15.1	18.9	1.0	0.5	35.5	3.8	4.1	13.2	26.1	3.8	0.7	
石垣島内での移動手段	バス観光	143	16	33	4	1	58	7	6	30	41	6	1	0
		100.0	11.2	23.1	2.8	0.7	40.6	4.9	4.2	21.0	28.7	4.2	0.7	
	徒歩	15	2	2	0	0	8	2	3	0	6	0	0	0
		100.0	13.3	13.3	0.0	0.0	53.3	13.3	20.0	0.0	40.0	0.0	0.0	
	タクシー	34	9	8	0	0	10	2	4	0	12	2	1	0
		100.0	26.5	23.5	0.0	0.0	29.4	5.9	11.8	0.0	35.3	5.9	2.9	
	レンタカー	9	3	2	0	0	4	1	1	0	1	0	0	0
		100.0	33.3	22.2	0.0	0.0	44.4	11.1	11.1	0.0	11.1	0.0	0.0	
	その他	4	2	1	0	0	2	1	0	1	2	0	0	0
		100.0	50.0	25.0	0.0	0.0	50.0	25.0	0.0	25.0	50.0	0.0	0.0	

			石垣滞在中に食べたもの															
		合計	沖縄そば	ちゃんぷるー（炒物）	かまぼこ	牛汁	その他	うどん	日本そば	刺身	寿司	天ぷら	その他	ステーキ、焼き肉	中華料理	コンビニのお弁当	アイスクリーム、ジェラート	不明
全体		417	83	10	11	26	9	28	19	78	35	18	12	110	13	18	74	0
		100.0	19.9	2.4	2.6	6.2	2.2	6.7	4.6	18.7	8.4	4.3	2.9	26.4	3.1	4.3	17.7	
石垣島内での移動手段	バス観光	143	29	2	3	12	2	11	5	33	11	6	5	41	5	3	31	0
		100.0	20.3	1.4	2.1	8.4	1.4	7.7	3.5	23.1	7.7	4.2	3.5	28.7	3.5	2.1	21.7	
	徒歩	15	2	0	0	0	0	0	1	7	2	0	0	7	0	2	4	0
		100.0	13.3	0.0	0.0	0.0	0.0	0.0	6.7	46.7	13.3	0.0	0.0	46.7	0.0	13.3	26.7	
	タクシー	34	7	1	0	0	0	2	3	15	6	2	2	10	1	3	13	0
		100.0	20.6	2.9	0.0	0.0	0.0	5.9	8.8	44.1	17.6	5.9	5.9	29.4	2.9	8.8	38.2	
	レンタカー	9	1	3	1	3	0	1	0	3	1	2	0	4	1	1	3	0
		100.0	11.1	33.3	11.1	33.3	0.0	11.1	0.0	33.3	11.1	22.2	0.0	44.4	11.1	11.1	33.3	
	その他	4	1	0	0	0	0	0	1	0	0	0	0	1	0	0	1	0
		100.0	25.0	0.0	0.0	0.0	0.0	0.0	25.0	0.0	0.0	0.0	0.0	25.0	0.0	0.0	25.0	

			事前に予約したもの					
		合計	レンタカー	シュノーケルツアー	バスツアー	その他	全く無し	不明
全体		417	27	6	174	4	101	0
		100.0	6.5	1.4	41.7	1.0	24.2	
石垣島内での移動手段	バス観光	143	4	3	68	2	32	0
		100.0	2.8	2.1	47.6	1.4	22.4	
	徒歩	15	1	0	3	1	6	0
		100.0	6.7	0.0	20.0	6.7	40.0	
	タクシー	34	5	1	7	1	16	0
		100.0	14.7	2.9	20.6	2.9	47.1	
	レンタカー	9	7	0	1	1	0	0
		100.0	77.8	0.0	11.1	11.1	0.0	
	その他	4	1	0	1	1	0	0
		100.0	25.0	0.0	25.0	25.0	0.0	

何を買ったか					
日用雑貨	薬品	衣類	記念品	上記以外	不明
25	91	20	51	5	0
6.0	21.8	4.8	12.2	1.2	
13	40	10	22	3	0
9.1	28.0	7.0	15.4	2.1	
0	2	0	1	1	0
0.0	13.3	0.0	6.7	6.7	
1	6	4	1	1	0
2.9	17.6	11.8	2.9	2.9	
1	3	0	4	0	0
11.1	33.3	0.0	44.4	0.0	
0	1	0	0	0	0
0.0	25.0	0.0	0.0	0.0	

資料

			何を買ったか													
		合計	梨	林檎	桃	パイナップル	沖縄の菓子	日本の菓子	生鮮食品	加工食品（レトルト食品、カップめんなど）	お弁当	海産物	黒糖	日本の酒	沖縄の酒（泡盛）	家庭用電化製品
全体		417	15	26	27	3	67	62	26	33	20	27	150	43	33	16
		100.0	3.6	6.2	6.5	0.7	16.1	14.9	6.2	7.9	4.8	6.5	36.0	10.3	7.9	3.8
石垣島内での移動手段	バス観光	143	8	7	11	2	16	17	5	6	5	8	50	14	9	5
		100.0	5.6	4.9	7.7	1.4	11.2	11.9	3.5	4.2	3.5	5.6	35.0	9.8	6.3	3.5
	徒歩	15	1	1	1	0	6	2	2	0	0	0	4	3	4	0
		100.0	6.7	6.7	6.7	0.0	40.0	13.3	13.3	0.0	0.0	0.0	26.7	20.0	26.7	0.0
	タクシー	34	0	3	4	0	9	8	8	4	1	1	13	1	6	0
		100.0	0.0	8.8	11.8	0.0	26.5	23.5	23.5	11.8	2.9	2.9	38.2	2.9	17.6	0.0
	レンタカー	9	0	0	0	0	5	3	1	0	2	0	4	2	3	1
		100.0	0.0	0.0	0.0	0.0	55.6	33.3	11.1	0.0	22.2	0.0	44.4	22.2	33.3	11.1
	その他	4	1	0	0	0	2	0	0	0	0	0	2	0	0	1
		100.0	25.0	0.0	0.0	0.0	50.0	0.0	0.0	0.0	0.0	0.0	50.0	0.0	0.0	25.0

			実際に来て、楽しかったこと							
		合計	観光	食べ物	買い物	船旅	海	その他	楽しくなかった	不明
全体		417	141	68	67	56	72	8	27	0
		100.0	33.8	16.3	16.1	13.4	17.3	1.9	6.5	
石垣島内での移動手段	バス観光	143	44	26	15	17	35	1	12	0
		100.0	30.8	18.2	10.5	11.9	24.5	0.7	8.4	
	徒歩	15	3	5	3	1	5	2	1	0
		100.0	20.0	33.3	20.0	6.7	33.3	13.3	6.7	
	タクシー	34	9	12	19	2	5	3	1	0
		100.0	26.5	35.3	55.9	5.9	14.7	8.8	2.9	
	レンタカー	9	4	1	0	2	0	1	0	0
		100.0	44.4	11.1	0.0	22.2	0.0	11.1	0.0	
	その他	4	3	1	1	0	1	1	0	0
		100.0	75.0	25.0	25.0	0.0	25.0	25.0	0.0	

			石垣でいくら使ったか										
		合計	〇円	～一〇〇〇円	～三〇〇〇円	～五〇〇〇円	～一万円	～一・五万	～二万円	～二・五万円	～三万円	三万円以上	不明
全体		345	4	21	50	48	91	39	27	13	17	35	72
		100.0	1.2	6.1	14.5	13.9	26.4	11.3	7.8	3.8	4.9	10.1	
石垣島内での移動手段	バス観光	120	1	6	25	18	24	13	11	2	8	12	23
		100.0	0.8	5.0	20.8	15.0	20.0	10.8	9.2	1.7	6.7	10.0	
	徒歩	13	0	0	2	3	4	2	0	0	1	1	2
		100.0	0.0	0.0	15.4	23.1	30.8	15.4	0.0	0.0	7.7	7.7	
	タクシー	34	0	0	3	4	16	3	3	0	3	2	0
		100.0	0.0	0.0	8.8	11.8	47.1	8.8	8.8	0.0	8.8	5.9	
	レンタカー	9	0	0	0	0	2	3	2	0	0	2	0
		100.0	0.0	0.0	0.0	0.0	22.2	33.3	22.2	0.0	0.0	22.2	
	その他	4	0	0	0	1	0	2	0	0	1	0	0
		100.0	0.0	0.0	0.0	25.0	0.0	50.0	0.0	0.0	25.0	0.0	

			クルーズ船旅行企画を誰から知ったか								
		合計	旅行社	新聞・テレビの広告	ガイドブック・雑誌	インターネット	家族	恋人	友人・知人	その他	不明
全体		417	114	45	19	46	89	9	99	13	0
		100.0	27.3	10.8	4.6	11.0	21.3	2.2	23.7	3.1	
石垣島内での移動手段	バス観光	143	39	16	3	15	30	2	44	7	0
		100.0	27.3	11.2	2.1	10.5	21.0	1.4	30.8	4.9	
	徒歩	15	5	2	1	4	6	0	2	0	0
		100.0	33.3	13.3	6.7	26.7	40.0	0.0	13.3	0.0	
	タクシー	34	8	1	4	9	10	0	7	1	0
		100.0	23.5	2.9	11.8	26.5	29.4	0.0	20.6	2.9	
	レンタカー	9	1	2	1	1	3	1	1	0	0
		100.0	11.1	22.2	11.1	11.1	33.3	11.1	11.1	0.0	
	その他	4	1	0	0	1	1	0	1	0	0
		100.0	25.0	0.0	0.0	25.0	25.0	0.0	25.0	0.0	

			石垣滞在で楽しみにしていたこと							
		合計	観光	食べ物	買い物	船旅	海	その他	期待していない	不明
全体		417	223	115	96	72	60	2	8	0
		100.0	53.5	27.6	23.0	17.3	14.4	0.5	1.9	
石垣島内での移動手段	バス観光	143	80	41	28	26	28	0	4	0
		100.0	55.9	28.7	19.6	18.2	19.6	0.0	2.8	
	徒歩	15	8	8	8	3	5	0	0	0
		100.0	53.3	53.3	53.3	20.0	33.3	0.0	0.0	
	タクシー	34	11	15	20	6	5	0	0	0
		100.0	32.4	44.1	58.8	17.6	14.7	0.0	0.0	
	レンタカー	9	5	3	2	1	1	0	0	0
		100.0	55.6	33.3	22.2	11.1	11.1	0.0	0.0	
	その他	4	4	2	1	0	1	0	0	0
		100.0	100.0	50.0	25.0	0.0	25.0	0.0	0.0	

			同行者										
		合計	一人で	夫婦で	子供連れ家族で	その他家族で（両親や兄弟、姉妹）	恋人と	友人・趣味等の仲間と	仕事仲間と	同業団体等の団体で	互助会	その他	不明
全体		408	8	84	72	54	23	48	23	2	0	1	9
		100.0	2.0	20.6	17.6	13.2	5.6	11.8	5.6	0.5	0.0	0.2	
石垣島内での移動手段	バス観光	142	6	42	34	31	11	32	21	1	0	1	1
		100.0	4.2	29.6	23.9	21.8	7.7	22.5	14.8	0.7	0.0	0.7	
	徒歩	15	1	3	4	4	1	1	1	0	0	0	0
		100.0	6.7	20.0	26.7	26.7	6.7	6.7	6.7	0.0	0.0	0.0	
	タクシー	34	0	6	10	8	4	7	0	0	0	0	0
		100.0	0.0	17.6	29.4	23.5	11.8	20.6	0.0	0.0	0.0	0.0	
	レンタカー	9	0	2	4	2	2	0	1	0	0	0	0
		100.0	0.0	22.2	44.4	22.2	22.2	0.0	11.1	0.0	0.0	0.0	
	その他	4	0	3	1	0	0	0	0	0	0	0	0
		100.0	0.0	75.0	25.0	0.0	0.0	0.0	0.0	0.0	0.0	0.0	

			どこに行ったか													
		合計	川平湾	竹富島	西表島	ビーチ	八重山村（民俗園）	鍾乳洞	公設市場	焼肉	バイキングレストラン	マックスバリュ	サンエー	ドラッグイレブン	しまむら	その他	不明
全体		417	169	70	7	76	51	110	77	57	14	99	33	87	18	13	0
		100.0	40.5	16.8	1.7	18.2	12.2	26.4	18.5	13.7	3.4	23.7	7.9	20.9	4.3	3.1	
石垣島内での移動手段	バス観光	143	72	39	1	33	20	26	19	24	5	28	11	32	5	7	0
		100.0	50.3	27.3	0.7	23.1	14.0	18.2	13.3	16.8	3.5	19.6	7.7	22.4	3.5	4.9	
	徒歩	15	2	4	0	2	3	1	8	6	0	4	2	5	0	0	0
		100.0	13.3	26.7	0.0	13.3	20.0	6.7	53.3	40.0	0.0	26.7	13.3	33.3	0.0	0.0	
	タクシー	34	7	8	3	8	6	5	24	12	1	17	7	15	3	1	0
		100.0	20.6	23.5	8.8	23.5	17.6	14.7	70.6	35.3	2.9	50.0	20.6	44.1	8.8	2.9	
	レンタカー	9	5	3	0	2	0	0	5	0	0	3	0	0	3	0	0
		100.0	55.6	33.3	0.0	22.2	0.0	0.0	55.6	0.0	0.0	33.3	0.0	0.0	33.3	0.0	
	その他	4	2	3	0	1	0	0	0	0	1	0	0	0	0	0	0
		100.0	50.0	75.0	0.0	25.0	0.0	0.0	0.0	0.0	25.0	0.0	0.0	0.0	0.0	0.0	

資料

			滞在時間に満足したか			
		合計	利用したい	利用したくない	どちらでもいい	不明
全体		352	196	137	19	65
		100.0	55.7	38.9	5.4	
年齢	10 歳代	11	8	3	0	2
		100.0	72.7	27.3	0.0	
	20 歳代	70	51	18	1	2
		100.0	72.9	25.7	1.4	
	30 歳代	84	51	29	4	2
		100.0	60.7	34.5	4.8	
	40 歳代	54	27	25	2	9
		100.0	50.0	46.3	3.7	
	50 歳代	74	41	27	6	14
		100.0	55.4	36.5	8.1	
	60 歳代	40	8	28	4	19
		100.0	20.0	70.0	10.0	
	70 歳以上	10	4	4	2	11
		100.0	40.0	40.0	20.0	

			また訪問したいか					
		合計	とても来たい	また来てもよい	どちらでもない	あまり来たくない	絶対来ない	不明
全体		361	37	152	137	29	6	56
		100.0	10.2	42.1	38.0	8.0	1.7	
年齢	10歳代	11	2	7	2	0	0	2
		100.0	18.2	63.6	18.2	0.0	0.0	
	20歳代	71	6	31	29	5	0	1
		100.0	8.5	43.7	40.8	7.0	0.0	
	30歳代	83	9	36	27	10	1	3
		100.0	10.8	43.4	32.5	12.0	1.2	
	40歳代	58	6	23	23	4	2	5
		100.0	10.3	39.7	39.7	6.9	3.4	
	50歳代	74	5	31	30	6	2	14
		100.0	6.8	41.9	40.5	8.1	2.7	
	60歳代	44	4	20	17	2	1	15
		100.0	9.1	45.5	38.6	4.5	2.3	
	70歳以上	11	3	2	4	2	0	10
		100.0	27.3	18.2	36.4	18.2	0.0	

			台湾石垣間の直行航空機路線を利用したいか				
		合計	利用したい	利用したくない	どちらでもいい	船のほうが良い	不明
全体		363	149	6	160	48	54
		100.0	41.0	1.7	44.1	13.2	
年齢	10歳代	11	5	0	5	1	2
		100.0	45.5	0.0	45.5	9.1	
	20歳代	71	19	0	45	7	1
		100.0	26.8	0.0	63.4	9.9	
	30歳代	84	33	1	46	4	2
		100.0	39.3	1.2	54.8	4.8	
	40歳代	57	23	1	23	10	6
		100.0	40.4	1.8	40.4	17.5	
	50歳代	75	36	1	27	11	13
		100.0	48.0	1.3	36.0	14.7	
	60歳代	43	22	1	9	11	16
		100.0	51.2	2.3	20.9	25.6	
	70歳以上	11	7	1	1	2	10
		100.0	63.6	9.1	9.1	18.2	

資料

		合計	石垣で困ったこと								
			言葉が通じない	旅行者向け標識が少ない	トイレ	物価が高い	交通が不便	クレジットが使えない	その他	なし	不明
全体		417	101	42	15	91	55	6	18	69	0
		100.0	24.2	10.1	3.6	21.8	13.2	1.4	4.3	16.5	
年齢	10 歳代	13	2	1	0	3	2	1	0	2	0
		100.0	15.4	7.7	0.0	23.1	15.4	7.7	0.0	15.4	
	20 歳代	72	17	7	4	15	13	1	5	16	0
		100.0	23.6	9.7	5.6	20.8	18.1	1.4	6.9	22.2	
	30 歳代	86	26	12	3	16	18	2	4	21	0
		100.0	30.2	14.0	3.5	18.6	20.9	2.3	4.7	24.4	
	40 歳代	63	14	6	3	15	5	1	2	16	0
		100.0	22.2	9.5	4.8	23.8	7.9	1.6	3.2	25.4	
	50 歳代	88	16	9	2	25	14	1	3	7	0
		100.0	18.2	10.2	2.3	28.4	15.9	1.1	3.4	8.0	
	60 歳代	59	20	4	1	11	3	0	3	4	0
		100.0	33.9	6.8	1.7	18.6	5.1	0.0	5.1	6.8	
	70 歳以上	21	4	3	0	2	0	0	0	1	0
		100.0	19.0	14.3	0.0	9.5	0.0	0.0	0.0	4.8	

			訪問を終えての印象											
		合計	台湾みたい	思ったより都会じゃない	海が汚い	都会だった	海が綺麗	日本らしい料理がない	日本らしいお土産がない	物価が高い	自然が綺麗	日本と違う食べ物や特徴があってよい	その他	不明
全体		417	63	79	4	2	148	16	17	55	109	16	3	0
		100.0	15.1	18.9	1.0	0.5	35.5	3.8	4.1	13.2	26.1	3.8	0.7	
年齢	10 歳代	13	5	0	0	1	3	1	0	0	2	1	0	0
		100.0	38.5	0.0	0.0	7.7	23.1	7.7	0.0	0.0	15.4	7.7	0.0	
	20 歳代	72	14	14	1	0	30	1	1	14	30	5	0	0
		100.0	19.4	19.4	1.4	0.0	41.7	1.4	1.4	19.4	41.7	6.9	0.0	
	30 歳代	86	11	21	2	0	31	4	7	8	23	4	0	0
		100.0	12.8	24.4	2.3	0.0	36.0	4.7	8.1	9.3	26.7	4.7	0.0	
	40 歳代	63	9	13	0	1	18	3	3	9	18	3	3	0
		100.0	14.3	20.6	0.0	1.6	28.6	4.8	4.8	14.3	28.6	4.8	4.8	
	50 歳代	88	8	19	1	0	37	6	5	17	18	2	0	0
		100.0	9.1	21.6	1.1	0.0	42.0	6.8	5.7	19.3	20.5	2.3	0.0	
	60 歳代	59	11	9	0	0	18	1	0	5	15	0	0	0
		100.0	18.6	15.3	0.0	0.0	30.5	1.7	0.0	8.5	25.4	0.0	0.0	
	70 歳以上	21	4	3	0	0	3	0	1	1	1	0	0	0
		100.0	19.0	14.3	0.0	0.0	14.3	0.0	4.8	4.8	4.8	0.0	0.0	

資料

			石垣島のマリンリゾートを知っていたか		
		合計	はい	いいえ	不明
全体		336	111	225	81
		100.0	33.0	67.0	
年齢	10歳代	11	2	9	2
		100.0	18.2	81.8	
	20歳代	68	14	54	4
		100.0	20.6	79.4	
	30歳代	83	22	61	3
		100.0	26.5	73.5	
	40歳代	54	19	35	9
		100.0	35.2	64.8	
	50歳代	64	28	36	24
		100.0	43.8	56.3	
	60歳代	38	19	19	21
		100.0	50.0	50.0	
	70歳以上	11	5	6	10
		100.0	45.5	54.5	

			どこで情報収集したか（前質問にはいと答えた人のみ回答）									
		合計	旅行社	ガイドブック	新聞・雑誌	ブログ	SNS	ホームページ	テレビ	人から聞いた	その他	不明
全体		417	54	62	22	53	40	26	14	33	3	0
		100.0	12.9	14.9	5.3	12.7	9.6	6.2	3.4	7.9	0.7	
年齢	10歳代	13	0	1	1	2	2	1	0	0	0	0
		100.0	0.0	7.7	7.7	15.4	15.4	7.7	0.0	0.0	0.0	
	20歳代	72	5	6	2	18	8	2	2	4	1	0
		100.0	6.9	8.3	2.8	25.0	11.1	2.8	2.8	5.6	1.4	
	30歳代	86	12	13	3	21	14	10	2	3	0	0
		100.0	14.0	15.1	3.5	24.4	16.3	11.6	2.3	3.5	0.0	
	40歳代	63	8	12	5	5	5	5	6	7	0	0
		100.0	12.7	19.0	7.9	7.9	7.9	7.9	9.5	11.1	0.0	
	50歳代	88	16	17	7	4	7	1	2	11	1	0
		100.0	18.2	19.3	8.0	4.5	8.0	1.1	2.3	12.5	1.1	
	60歳代	59	6	9	2	1	2	6	1	6	0	0
		100.0	10.2	15.3	3.4	1.7	3.4	10.2	1.7	10.2	0.0	
	70歳以上	21	4	4	1	0	1	0	0	1	0	0
		100.0	19.0	19.0	4.8	0.0	4.8	0.0	0.0	4.8	0.0	

			印象は期待通りだったか				
		合計	期待以上	ほぼ期待通り	やや期待はずれ	期待はずれ	不明
全体		346	88	196	44	18	71
		100.0	25.4	56.6	12.7	5.2	
年齢	10歳代	11	4	6	1	0	2
		100.0	36.4	54.5	9.1	0.0	
	20歳代	71	11	44	14	2	1
		100.0	15.5	62.0	19.7	2.8	
	30歳代	83	18	51	9	5	3
		100.0	21.7	61.4	10.8	6.0	
	40歳代	52	14	22	10	6	11
		100.0	26.9	42.3	19.2	11.5	
	50歳代	68	19	38	8	3	20
		100.0	27.9	55.9	11.8	4.4	
	60歳代	41	13	26	0	2	18
		100.0	31.7	63.4	0.0	4.9	
	70歳以上	11	4	6	1	0	10
		100.0	36.4	54.5	9.1	0.0	

資料

			石垣島の特徴として知っていたこと（前質問にあると答えた人のみ回答）						
		合計	石垣牛	マリンリゾート	食べ物	民家	民俗芸能	その他	不明
全体		417	189	41	47	39	33	11	0
		100.0	45.3	9.8	11.3	9.4	7.9	2.6	
年齢	10歳代	13	6	1	2	1	1	0	0
		100.0	46.2	7.7	15.4	7.7	7.7	0.0	
	20歳代	72	29	5	4	5	2	1	0
		100.0	40.3	6.9	5.6	6.9	2.8	1.4	
	30歳代	86	50	6	8	6	8	0	0
		100.0	58.1	7.0	9.3	7.0	9.3	0.0	
	40歳代	63	36	7	10	7	4	5	0
		100.0	57.1	11.1	15.9	11.1	6.3	7.9	
	50歳代	88	35	18	13	11	12	3	0
		100.0	39.8	20.5	14.8	12.5	13.6	3.4	
	60歳代	59	18	3	5	5	5	2	0
		100.0	30.5	5.1	8.5	8.5	8.5	3.4	
	70歳以上	21	8	1	1	2	1	0	0
		100.0	38.1	4.8	4.8	9.5	4.8	0.0	

			旅行前に石垣の情報を収集したか		
		合計	はい	いいえ	不明
全体		316	173	143	101
		100.0	54.7	45.3	
年齢	10歳代	11	7	4	2
		100.0	63.6	36.4	
	20歳代	64	36	28	8
		100.0	56.3	43.8	
	30歳代	80	48	32	6
		100.0	60.0	40.0	
	40歳代	47	21	26	16
		100.0	44.7	55.3	
	50歳代	62	39	23	26
		100.0	62.9	37.1	
	60歳代	35	16	19	24
		100.0	45.7	54.3	
	70歳以上	11	3	8	10
		100.0	27.3	72.7	

			事前に予約したもの					
		合計	レンタカー	シュノーケルツアー	バスツアー	その他	全く無し	不明
全体		417	27	6	174	4	101	0
		100.0	6.5	1.4	41.7	1.0	24.2	
年齢	10歳代	13	1	0	5	0	4	0
		100.0	7.7	0.0	38.5	0.0	30.8	
	20歳代	72	1	0	37	0	23	0
		100.0	1.4	0.0	51.4	0.0	31.9	
	30歳代	86	7	3	35	2	30	0
		100.0	8.1	3.5	40.7	2.3	34.9	
	40歳代	63	3	1	23	0	20	0
		100.0	4.8	1.6	36.5	0.0	31.7	
	50歳代	88	10	1	42	0	12	0
		100.0	11.4	1.1	47.7	0.0	13.6	
	60歳代	59	4	0	18	2	8	0
		100.0	6.8	0.0	30.5	3.4	13.6	
	70歳以上	21	0	1	7	0	3	0
		100.0	0.0	4.8	33.3	0.0	14.3	

			旅行前に石垣という地名を聞いたことがあるか		
		合計	ある	ない	不明
全体		357	267	90	60
		100.0	74.8	25.2	
年齢	10歳代	11	10	1	2
		100.0	90.9	9.1	
	20歳代	71	37	34	1
		100.0	52.1	47.9	
	30歳代	82	58	24	4
		100.0	70.7	29.3	
	40歳代	55	48	7	8
		100.0	87.3	12.7	
	50歳代	73	59	14	15
		100.0	80.8	19.2	
	60歳代	45	36	9	14
		100.0	80.0	20.0	
	70歳以上	12	11	1	9
		100.0	91.7	8.3	

			石垣滞在中に食べたもの														
		合計	沖縄そば	ちゃんぷるー（炒物）	かまぼこ	牛汁	その他	うどん	日本そば	刺身	寿司	天ぷら	その他	ステーキ、焼き肉	中華料理	コンビニのお弁当	アイスクリーム、ジェラート	不明
全体		417	83	10	11	26	9	28	19	78	35	18	12	110	13	18	74	0
		100.0	19.9	2.4	2.6	6.2	2.2	6.7	4.6	18.7	8.4	4.3	2.9	26.4	3.1	4.3	17.7	
年齢	10歳代	13	2	0	0	0	1	0	1	2	1	0	1	6	0	0	3	0
		100.0	15.4	0.0	0.0	0.0	7.7	0.0	7.7	15.4	7.7	0.0	7.7	46.2	0.0	0.0	23.1	
	20歳代	72	14	2	0	2	4	3	0	8	4	1	6	14	1	4	13	0
		100.0	19.4	2.8	0.0	2.8	5.6	4.2	0.0	11.1	5.6	1.4	8.3	19.4	1.4	5.6	18.1	
	30歳代	86	19	3	2	4	0	4	2	15	4	3	2	26	5	9	19	0
		100.0	22.1	3.5	2.3	4.7	0.0	4.7	2.3	17.4	4.7	3.5	2.3	30.2	5.8	10.5	22.1	
	40歳代	63	17	2	1	3	1	3	2	17	5	4	1	20	0	1	15	0
		100.0	27.0	3.2	1.6	4.8	1.6	4.8	3.2	27.0	7.9	6.3	1.6	31.7	0.0	1.6	23.8	
	50歳代	88	18	3	3	10	2	8	9	19	13	6	2	22	2	4	14	0
		100.0	20.5	3.4	3.4	11.4	2.3	9.1	10.2	21.6	14.8	6.8	2.3	25.0	2.3	4.5	15.9	
	60歳代	59	9	0	2	4	0	7	3	9	5	3	0	12	4	0	7	0
		100.0	15.3	0.0	3.4	6.8	0.0	11.9	5.1	15.3	8.5	5.1	0.0	20.3	6.8	0.0	11.9	
	70歳以上	21	2	0	3	1	0	3	1	5	2	1	0	4	1	0	2	0
		100.0	9.5	0.0	14.3	4.8	0.0	14.3	4.8	23.8	9.5	4.8	0.0	19.0	4.8	0.0	9.5	

			何を買ったか					
		合計	日用雑貨	薬品	衣類	記念品	上記以外	不明
全体		417	25	91	20	51	5	0
		100.0	6.0	21.8	4.8	12.2	1.2	
年齢	10歳代	13	0	1	0	5	0	0
		100.0	0.0	7.7	0.0	38.5	0.0	
	20歳代	72	6	13	4	9	0	0
		100.0	8.3	18.1	5.6	12.5	0.0	
	30歳代	86	6	21	7	11	2	0
		100.0	7.0	24.4	8.1	12.8	2.3	
	40歳代	63	6	19	2	5	2	0
		100.0	9.5	30.2	3.2	7.9	3.2	
	50歳代	88	3	24	5	14	1	0
		100.0	3.4	27.3	5.7	15.9	1.1	
	60歳代	59	4	9	2	5	0	0
		100.0	6.8	15.3	3.4	8.5	0.0	
	70歳以上	21	0	1	0	2	0	0
		100.0	0.0	4.8	0.0	9.5	0.0	

			主な支払い方法			
		合計	現金（日本円）	現金（台湾元）	クレジットカード	不明
全体		363	215	11	44	54
		100.0	59.2	3.0	12.1	
年齢	10歳代	10	5	0	0	3
		100.0	50.0	0.0	0.0	
	20歳代	68	42	1	2	4
		100.0	61.8	1.5	2.9	
	30歳代	82	50	1	17	4
		100.0	61.0	1.2	20.7	
	40歳代	55	30	3	6	8
		100.0	54.5	5.5	10.9	
	50歳代	77	44	2	10	11
		100.0	57.1	2.6	13.0	
	60歳代	45	29	2	8	14
		100.0	64.4	4.4	17.8	
	70歳以上	15	10	0	1	6
		100.0	66.7	0.0	6.7	

資料

			何を買ったか													
		合計	梨	林檎	桃	パイナップル	沖縄の菓子	日本の菓子	生鮮食品	加工食品（レトルト食品、カップめんなど）	お弁当	海産物	黒糖	日本の酒	沖縄の酒（泡盛）	家庭用電化製品
全体		417	15	26	27	3	67	62	26	33	20	27	150	43	33	16
		100.0	3.6	6.2	6.5	0.7	16.1	14.9	6.2	7.9	4.8	6.5	36.0	10.3	7.9	3.8
年齢	10 歳代	13	0	0	0	0	0	2	1	2	1	2	1	0	0	0
		100.0	0.0	0.0	0.0	0.0	0.0	15.4	7.7	15.4	7.7	15.4	7.7	0.0	0.0	0.0
	20 歳代	72	2	0	7	0	17	17	1	5	7	1	25	4	7	0
		100.0	2.8	0.0	9.7	0.0	23.6	23.6	1.4	6.9	9.7	1.4	34.7	5.6	9.7	0.0
	30 歳代	86	0	2	1	0	19	16	9	4	7	4	33	6	11	1
		100.0	0.0	2.3	1.2	0.0	22.1	18.6	10.5	4.7	8.1	4.7	38.4	7.0	12.8	1.2
	40 歳代	63	1	8	4	1	8	6	3	12	0	6	27	7	5	2
		100.0	1.6	12.7	6.3	1.6	12.7	9.5	4.8	19.0	0.0	9.5	42.9	11.1	7.9	3.2
	50 歳代	88	6	10	6	1	15	13	7	6	4	8	36	13	7	9
		100.0	6.8	11.4	6.8	1.1	17.0	14.8	8.0	6.8	4.5	9.1	40.9	14.8	8.0	10.2
	60 歳代	59	3	1	3	1	6	3	2	3	1	4	22	5	2	2
		100.0	5.1	1.7	5.1	1.7	10.2	5.1	3.4	5.1	1.7	6.8	37.3	8.5	3.4	3.4
	70 歳以上	21	2	3	5	0	2	3	1	0	0	1	4	4	0	1
		100.0	9.5	14.3	23.8	0.0	9.5	14.3	4.8	0.0	0.0	4.8	19.0	19.0	0.0	4.8

			石垣でいくら使ったか										
		合計	〇円	〜一〇〇〇円	〜三〇〇〇円	〜五〇〇〇円	〜一万円	〜一・五万	〜二万円	〜二・五万円	〜三万円	三万円以上	不明
全体		345	4	21	50	48	91	39	27	13	17	35	72
		100.0	1.2	6.1	14.5	13.9	26.4	11.3	7.8	3.8	4.9	10.1	
年齢	10歳代	11	0	0	3	2	2	0	1	1	0	2	2
		100.0	0.0	0.0	27.3	18.2	18.2	0.0	9.1	9.1	0.0	18.2	
	20歳代	69	3	10	19	10	15	6	1	1	1	3	3
		100.0	4.3	14.5	27.5	14.5	21.7	8.7	1.4	1.4	1.4	4.3	
	30歳代	81	1	5	11	12	22	8	9	0	7	6	5
		100.0	1.2	6.2	13.6	14.8	27.2	9.9	11.1	0.0	8.6	7.4	
	40歳代	55	0	1	6	7	17	6	2	3	3	10	8
		100.0	0.0	1.8	10.9	12.7	30.9	10.9	3.6	5.5	5.5	18.2	
	50歳代	74	0	1	8	7	23	14	8	4	0	9	14
		100.0	0.0	1.4	10.8	9.5	31.1	18.9	10.8	5.4	0.0	12.2	
	60歳代	39	0	3	2	7	9	5	3	2	5	3	20
		100.0	0.0	7.7	5.1	17.9	23.1	12.8	7.7	5.1	12.8	7.7	
	70歳以上	11	0	1	0	3	3	0	1	1	1	1	10
		100.0	0.0	9.1	0.0	27.3	27.3	0.0	9.1	9.1	9.1	9.1	

			実際に来て、楽しかったこと							
		合計	観光	食べ物	買い物	船旅	海	その他	楽しくなかった	不明
全体		417	141	68	67	56	72	8	27	0
		100.0	33.8	16.3	16.1	13.4	17.3	1.9	6.5	
年齢	10歳代	13	2	2	3	3	4	0	0	0
		100.0	15.4	15.4	23.1	23.1	30.8	0.0	0.0	
	20歳代	72	18	9	13	8	18	1	3	0
		100.0	25.0	12.5	18.1	11.1	25.0	1.4	4.2	
	30歳代	86	28	18	19	6	16	3	11	0
		100.0	32.6	20.9	22.1	7.0	18.6	3.5	12.8	
	40歳代	63	21	12	10	4	7	2	5	0
		100.0	33.3	19.0	15.9	6.3	11.1	3.2	7.9	
	50歳代	88	37	14	14	19	16	1	5	0
		100.0	42.0	15.9	15.9	21.6	18.2	1.1	5.7	
	60歳代	59	24	8	7	12	4	1	3	0
		100.0	40.7	13.6	11.9	20.3	6.8	1.7	5.1	
	70歳以上	21	11	2	0	2	5	0	0	0
		100.0	52.4	9.5	0.0	9.5	23.8	0.0	0.0	

			どこで換金したか				
		合計	台湾国内	船内	石垣港内	その他	不明
全体		362	314	32	9	7	55
		100.0	86.7	8.8	2.5	1.9	
年齢	10歳代	11	11	0	0	0	2
		100.0	100.0	0.0	0.0	0.0	
	20歳代	68	61	4	1	2	4
		100.0	89.7	5.9	1.5	2.9	
	30歳代	80	74	3	2	1	6
		100.0	92.5	3.8	2.5	1.3	
	40歳代	61	46	12	2	1	2
		100.0	75.4	19.7	3.3	1.6	
	50歳代	75	61	9	3	2	13
		100.0	81.3	12.0	4.0	2.7	
	60歳代	46	45	1	0	0	13
		100.0	97.8	2.2	0.0	0.0	
	70歳以上	16	11	3	1	1	5
		100.0	68.8	18.8	6.3	6.3	

			旅行先を決めるにあたって比べた所があるか										
		合計	台湾国内の旅行先	沖縄本島	香港	プーケット	バリ島	韓国	その他の日本国内	中国大陸	その他	なし	不明
全体		417	36	96	52	52	95	39	103	29	5	49	0
		100.0	8.6	23.0	12.5	12.5	22.8	9.4	24.7	7.0	1.2	11.8	
年齢	10歳代	13	0	3	1	1	1	0	2	0	0	5	0
		100.0	0.0	23.1	7.7	7.7	7.7	0.0	15.4	0.0	0.0	38.5	
	20歳代	72	5	17	15	8	16	14	21	1	1	8	0
		100.0	6.9	23.6	20.8	11.1	22.2	19.4	29.2	1.4	1.4	11.1	
	30歳代	86	8	19	14	14	27	5	25	5	1	10	0
		100.0	9.3	22.1	16.3	16.3	31.4	5.8	29.1	5.8	1.2	11.6	
	40歳代	63	2	11	6	9	11	7	22	2	1	6	0
		100.0	3.2	17.5	9.5	14.3	17.5	11.1	34.9	3.2	1.6	9.5	
	50歳代	88	15	27	7	13	24	8	19	9	0	7	0
		100.0	17.0	30.7	8.0	14.8	27.3	9.1	21.6	10.2	0.0	8.0	
	60歳代	59	5	14	7	5	11	2	11	10	2	9	0
		100.0	8.5	23.7	11.9	8.5	18.6	3.4	18.6	16.9	3.4	15.3	
	70歳以上	21	1	4	1	1	1	1	3	0	0	3	0
		100.0	4.8	19.0	4.8	4.8	4.8	4.8	14.3	0.0	0.0	14.3	

			石垣滞在で楽しみにしていたこと							
		合計	観光	食べ物	買い物	船旅	海	その他	期待していない	不明
全体		417	223	115	96	72	60	2	8	0
		100.0	53.5	27.6	23.0	17.3	14.4	0.5	1.9	
年齢	10歳代	13	7	3	3	3	3	1	0	0
		100.0	53.8	23.1	23.1	23.1	23.1	7.7	0.0	
	20歳代	72	32	20	30	9	14	0	0	0
		100.0	44.4	27.8	41.7	12.5	19.4	0.0	0.0	
	30歳代	86	41	36	25	9	14	0	1	0
		100.0	47.7	41.9	29.1	10.5	16.3	0.0	1.2	
	40歳代	63	35	25	14	10	8	1	3	0
		100.0	55.6	39.7	22.2	15.9	12.7	1.6	4.8	
	50歳代	88	51	17	15	20	16	0	3	0
		100.0	58.0	19.3	17.0	22.7	18.2	0.0	3.4	
	60歳代	59	39	8	6	17	2	0	1	0
		100.0	66.1	13.6	10.2	28.8	3.4	0.0	1.7	
	70歳以上	21	13	2	1	3	2	0	0	0
		100.0	61.9	9.5	4.8	14.3	9.5	0.0	0.0	

資料

			旅行先を決めた理由												
		合計	近いから	同行者のすすめ	風景がきれいだから	金額が安かったから	以前来たことがあり、良かったから	食べ物がおいしいと聞いたから	海で泳ぎたいから	日本に関心があったから	沖縄に関心があったから	石垣に関心があったから	特にない	その他	不明
全体		417	31	112	100	29	33	21	5	73	99	79	30	15	0
		100.0	7.4	26.9	24.0	7.0	7.9	5.0	1.2	17.5	23.7	18.9	7.2	3.6	
年齢	10歳代	13	2	2	5	2	1	1	1	2	1	1	3	0	0
		100.0	15.4	15.4	38.5	15.4	7.7	7.7	7.7	15.4	7.7	7.7	23.1	0.0	
	20歳代	72	3	17	21	8	2	4	0	19	22	9	7	1	0
		100.0	4.2	23.6	29.2	11.1	2.8	5.6	0.0	26.4	30.6	12.5	9.7	1.4	
	30歳代	86	6	25	18	4	5	8	2	15	17	12	5	5	0
		100.0	7.0	29.1	20.9	4.7	5.8	9.3	2.3	17.4	19.8	14.0	5.8	5.8	
	40歳代	63	8	15	15	6	7	4	0	10	21	14	4	4	0
		100.0	12.7	23.8	23.8	9.5	11.1	6.3	0.0	15.9	33.3	22.2	6.3	6.3	
	50歳代	88	5	20	22	4	12	2	0	17	18	18	7	2	0
		100.0	5.7	22.7	25.0	4.5	13.6	2.3	0.0	19.3	20.5	20.5	8.0	2.3	
	60歳代	59	4	25	11	2	4	2	0	4	15	18	2	2	0
		100.0	6.8	42.4	18.6	3.4	6.8	3.4	0.0	6.8	25.4	30.5	3.4	3.4	
	70歳以上	21	2	6	6	3	2	0	2	4	4	6	2	1	0
		100.0	9.5	28.6	28.6	14.3	9.5	0.0	9.5	19.0	19.0	28.6	9.5	4.8	

			クルーズ船旅行企画を誰から知ったか								
		合計	旅行社	新聞・テレビの広告	ガイドブック・雑誌	インターネット	家族	恋人	友人・知人	その他	不明
全体		417	114	45	19	46	89	9	99	13	0
		100.0	27.3	10.8	4.6	11.0	21.3	2.2	23.7	3.1	
年齢	10歳代	13	5	0	0	1	8	0	1	0	0
		100.0	38.5	0.0	0.0	7.7	61.5	0.0	7.7	0.0	
	20歳代	72	16	4	2	4	18	5	17	5	0
		100.0	22.2	5.6	2.8	5.6	25.0	6.9	23.6	6.9	
	30歳代	86	24	8	2	19	20	4	11	6	0
		100.0	27.9	9.3	2.3	22.1	23.3	4.7	12.8	7.0	
	40歳代	63	21	10	4	4	13	0	13	1	0
		100.0	33.3	15.9	6.3	6.3	20.6	0.0	20.6	1.6	
	50歳代	88	24	13	8	11	17	0	27	1	0
		100.0	27.3	14.8	9.1	12.5	19.3	0.0	30.7	1.1	
	60歳代	59	15	6	2	4	8	0	26	0	0
		100.0	25.4	10.2	3.4	6.8	13.6	0.0	44.1	0.0	
	70歳以上	21	9	4	0	0	3	0	3	0	0
		100.0	42.9	19.0	0.0	0.0	14.3	0.0	14.3	0.0	

			どこに行ったか														
		合計	川平湾	竹富島	西表島	ビーチ	八重山村（民俗園）	鍾乳洞	公設市場	焼肉	バイキングレストラン	マックスバリュ	サンエー	ドラッグイレブン	しまむら	その他	不明
全体		417	169	70	7	76	51	110	77	57	14	99	33	87	18	13	0
		100.0	40.5	16.8	1.7	18.2	12.2	26.4	18.5	13.7	3.4	23.7	7.9	20.9	4.3	3.1	
年齢	10歳代	13	7	1	0	0	3	3	1	3	0	3	0	3	0	0	0
		100.0	53.8	7.7	0.0	0.0	23.1	23.1	7.7	23.1	0.0	23.1	0.0	23.1	0.0	0.0	
	20歳代	72	31	19	1	15	11	25	11	9	1	23	2	14	2	2	0
		100.0	43.1	26.4	1.4	20.8	15.3	34.7	15.3	12.5	1.4	31.9	2.8	19.4	2.8	2.8	
	30歳代	86	35	16	0	8	7	16	26	13	1	30	6	26	6	1	0
		100.0	40.7	18.6	0.0	9.3	8.1	18.6	30.2	15.1	1.2	34.9	7.0	30.2	7.0	1.2	
	40歳代	63	24	7	3	16	11	20	12	11	5	14	9	18	4	5	0
		100.0	38.1	11.1	4.8	25.4	17.5	31.7	19.0	17.5	7.9	22.2	14.3	28.6	6.3	7.9	
	50歳代	88	41	19	2	20	14	24	20	10	3	12	8	10	2	4	0
		100.0	46.6	21.6	2.3	22.7	15.9	27.3	22.7	11.4	3.4	13.6	9.1	11.4	2.3	4.5	
	60歳代	59	21	5	1	12	3	10	4	7	4	13	6	13	2	1	0
		100.0	35.6	8.5	1.7	20.3	5.1	16.9	6.8	11.9	6.8	22.0	10.2	22.0	3.4	1.7	
	70歳以上	21	7	2	0	3	2	11	2	2	0	3	2	3	1	0	0
		100.0	33.3	9.5	0.0	14.3	9.5	52.4	9.5	9.5	0.0	14.3	9.5	14.3	4.8	0.0	

			同行者										
		合計	一人で	夫婦で	子供連れ家族で	その他家族で（両親や兄弟、姉妹）	恋人と	友人・趣味等の仲間と	仕事仲間と	同業団体等の団体で	互助会	その他	不明
全体		408	8	84	72	54	23	48	23	2	0	1	9
		100.0	2.0	20.6	17.6	13.2	5.6	11.8	5.6	0.5	0.0	0.2	
年齢	10歳代	13	1	0	5	1	0	0	0	0	0	0	0
		100.0	7.7	0.0	38.5	7.7	0.0	0.0	0.0	0.0	0.0	0.0	
	20歳代	71	0	2	12	11	10	9	7	1	0	0	1
		100.0	0.0	2.8	16.9	15.5	14.1	12.7	9.9	1.4	0.0	0.0	
	30歳代	86	3	8	15	17	10	7	5	0	0	0	0
		100.0	3.5	9.3	17.4	19.8	11.6	8.1	5.8	0.0	0.0	0.0	
	40歳代	63	1	18	7	8	3	7	4	0	0	1	0
		100.0	1.6	28.6	11.1	12.7	4.8	11.1	6.3	0.0	0.0	1.6	
	50歳代	87	2	17	18	12	0	12	5	0	0	0	1
		100.0	2.3	19.5	20.7	13.8	0.0	13.8	5.7	0.0	0.0	0.0	
	60歳代	59	1	26	12	3	0	10	2	1	0	0	0
		100.0	1.7	44.1	20.3	5.1	0.0	16.9	3.4	1.7	0.0	0.0	
	70歳以上	21	0	10	3	0	0	3	0	0	0	0	0
		100.0	0.0	47.6	14.3	0.0	0.0	14.3	0.0	0.0	0.0	0.0	

			石垣島内での移動手段					
		合計	バス観光	徒歩	タクシー	レンタカー	その他	不明
全体		407	143	15	34	9	4	10
		100.0	35.1	3.7	8.4	2.2	1.0	
年齢	10歳代	13	3	2	1	1	0	0
		100.0	23.1	15.4	7.7	7.7	0.0	
	20歳代	71	29	1	3	0	0	1
		100.0	40.8	1.4	4.2	0.0	0.0	
	30歳代	86	21	8	16	5	1	0
		100.0	24.4	9.3	18.6	5.8	1.2	
	40歳代	62	25	1	5	0	1	1
		100.0	40.3	1.6	8.1	0.0	1.6	
	50歳代	88	34	2	4	3	0	0
		100.0	38.6	2.3	4.5	3.4	0.0	
	60歳代	59	25	0	5	0	1	0
		100.0	42.4	0.0	8.5	0.0	1.7	
	70歳以上	20	4	1	0	0	1	1
		100.0	20.0	5.0	0.0	0.0	5.0	

資料

調査名［石垣観光に関するアンケート調査］

			居住地					
		合計	北部地区	中部地区	東部地区	南部地区	外島地区	不明
全体		397	279	82	8	28	0	20
		100.0	70.3	20.7	2.0	7.1	0.0	
年齢	10歳代	13	11	2	0	0	0	0
		100.0	84.6	15.4	0.0	0.0	0.0	
	20歳代	71	50	13	0	8	0	1
		100.0	70.4	18.3	0.0	11.3	0.0	
	30歳代	85	69	12	2	2	0	1
		100.0	81.2	14.1	2.4	2.4	0.0	
	40歳代	60	41	14	0	5	0	3
		100.0	68.3	23.3	0.0	8.3	0.0	
	50歳代	85	55	20	4	6	0	3
		100.0	64.7	23.5	4.7	7.1	0.0	
	60歳代	58	42	12	2	2	0	1
		100.0	72.4	20.7	3.4	3.4	0.0	
	70歳以上	20	7	9	0	4	0	1
		100.0	35.0	45.0	0.0	20.0	0.0	

			職業									
		合計	会社役員	会社員	添乗員	公務員	自営業	専業主婦	学生	無職	その他	不明
全体		388	48	111	0	33	42	72	30	17	35	29
		100.0	12.4	28.6	0.0	8.5	10.8	18.6	7.7	4.4	9.0	
年齢	10歳代	13	0	1	0	0	0	0	12	0	0	0
		100.0	0.0	7.7	0.0	0.0	0.0	0.0	92.3	0.0	0.0	
	20歳代	69	3	37	0	0	2	4	18	2	3	3
		100.0	4.3	53.6	0.0	0.0	2.9	5.8	26.1	2.9	4.3	
	30歳代	83	14	40	0	10	4	5	0	3	7	3
		100.0	16.9	48.2	0.0	12.0	4.8	6.0	0.0	3.6	8.4	
	40歳代	59	7	21	0	3	14	9	0	0	5	4
		100.0	11.9	35.6	0.0	5.1	23.7	15.3	0.0	0.0	8.5	
	50歳代	86	16	8	0	13	14	28	0	2	5	2
		100.0	18.6	9.3	0.0	15.1	16.3	32.6	0.0	2.3	5.8	
	60歳代	55	6	2	0	6	4	20	0	5	12	4
		100.0	10.9	3.6	0.0	10.9	7.3	36.4	0.0	9.1	21.8	
	70歳以上	17	0	0	0	1	2	6	0	5	3	4
		100.0	0.0	0.0	0.0	5.9	11.8	35.3	0.0	29.4	17.6	

		合計	滞在時間に満足したか			
			利用したい	利用したくない	どちらでもいい	不明
全体		352	196	137	19	65
		100.0	55.7	38.9	5.4	
性別	男性	127	71	50	6	18
		100.0	55.9	39.4	4.7	
	女性	193	111	71	11	32
		100.0	57.5	36.8	5.7	

			石垣で困ったこと								
		合計	言葉が通じない	旅行者向け標識が少ない	トイレ	物価が高い	交通が不便	クレジットが使えない	その他	なし	不明
全体		417	101	42	15	91	55	6	18	69	0
		100.0	24.2	10.1	3.6	21.8	13.2	1.4	4.3	16.5	
性別	男性	145	41	17	8	30	17	3	6	25	0
		100.0	28.3	11.7	5.5	20.7	11.7	2.1	4.1	17.2	
	女性	225	54	21	5	56	35	2	10	35	0
		100.0	24.0	9.3	2.2	24.9	15.6	0.9	4.4	15.6	

			また訪問したいか					
		合計	とても来たい	また来てもよい	どちらでもない	あまり来たくない	絶対来ない	不明
全体		361	37	152	137	29	6	56
		100.0	10.2	42.1	38.0	8.0	1.7	
性別	男性	128	19	61	41	6	1	17
		100.0	14.8	47.7	32.0	4.7	0.8	
	女性	198	17	75	84	18	4	27
		100.0	8.6	37.9	42.4	9.1	2.0	

			台湾石垣間の直行航空機路線を利用したいか				
		合計	利用したい	利用したくない	どちらでもいい	船のほうが良い	不明
全体		363	149	6	160	48	54
		100.0	41.0	1.7	44.1	13.2	
性別	男性	127	62	3	45	17	18
		100.0	48.8	2.4	35.4	13.4	
	女性	199	72	1	100	26	26
		100.0	36.2	0.5	50.3	13.1	

		合計	期待以上	ほぼ期待通り	やや期待はずれ	期待はずれ	不明
			印象は期待通りだったか				
全体		346	88	196	44	18	71
		100.0	25.4	56.6	12.7	5.2	
性別	男性	127	31	80	14	2	18
		100.0	24.4	63.0	11.0	1.6	
	女性	188	48	105	22	13	37
		100.0	25.5	55.9	11.7	6.9	

		合計	はい	いいえ	不明
			石垣島のマリンリゾートを知っていたか		
全体		336	111	225	81
		100.0	33.0	67.0	
性別	男性	120	44	76	25
		100.0	36.7	63.3	
	女性	186	56	130	39
		100.0	30.1	69.9	

		合計	台湾みたい	思ったより都会じゃない	海が汚い	都会だった	海が綺麗	日本らしい料理がない	日本らしいお土産がない	物価が高い	自然が綺麗	日本と違う食べ物や特徴があってよい	その他	不明
			訪問を終えての印象											
全体		417	63	79	4	2	148	16	17	55	109	16	3	0
		100.0	15.1	18.9	1.0	0.5	35.5	3.8	4.1	13.2	26.1	3.8	0.7	
性別	男性	145	29	25	2	2	50	4	6	19	35	7	3	0
		100.0	20.0	17.2	1.4	1.4	34.5	2.8	4.1	13.1	24.1	4.8	2.1	
	女性	225	26	45	2	0	81	10	10	34	66	8	0	0
		100.0	11.6	20.0	0.9	0.0	36.0	4.4	4.4	15.1	29.3	3.6	0.0	

資料

			旅行前に石垣という地名を聞いたことがあるか		
		合計	ある	ない	不明
全体		357	267	90	60
		100.0	74.8	25.2	
性別	男性	130	101	29	15
		100.0	77.7	22.3	
	女性	192	141	51	33
		100.0	73.4	26.6	

			石垣島の特徴として知っていたこと（前質問にあると答えた人のみ回答）						
		合計	石垣牛	マリンリゾート	食べ物	民家	民俗芸能	その他	不明
全体		417	189	41	47	39	33	11	0
		100.0	45.3	9.8	11.3	9.4	7.9	2.6	
性別	男性	145	74	18	16	11	10	7	0
		100.0	51.0	12.4	11.0	7.6	6.9	4.8	
	女性	225	103	21	29	26	23	2	0
		100.0	45.8	9.3	12.9	11.6	10.2	0.9	

			旅行前に石垣の情報を収集したか		
		合計	はい	いいえ	不明
全体		316	173	143	101
		100.0	54.7	45.3	
性別	男性	111	57	54	34
		100.0	51.4	48.6	
	女性	177	99	78	48
		100.0	55.9	44.1	

			どこで情報収集したか（前質問にはいと答えた人のみ回答）									
		合計	旅行社	ガイドブック	新聞・雑誌	ブログ	SNS	ホームページ	テレビ	人から聞いた	その他	不明
全体		417	54	62	22	53	40	26	14	33	3	0
		100.0	12.9	14.9	5.3	12.7	9.6	6.2	3.4	7.9	0.7	
性別	男性	145	18	21	9	17	9	9	2	5	2	0
		100.0	12.4	14.5	6.2	11.7	6.2	6.2	1.4	3.4	1.4	
	女性	225	28	37	11	32	28	13	12	27	1	0
		100.0	12.4	16.4	4.9	14.2	12.4	5.8	5.3	12.0	0.4	

			主な支払い方法			
		合計	現金（日本円）	現金（台湾元）	クレジットカード	不明
全体		363	215	11	44	54
		100.0	59.2	3.0	12.1	
性別	男性	129	72	6	18	16
		100.0	55.8	4.7	14.0	
	女性	201	122	3	21	24
		100.0	60.7	1.5	10.4	

			石垣滞在中に食べたもの															
		合計	沖縄そば	ちゃんぷるー（炒物）	かまぼこ	牛汁	その他	うどん	日本そば	刺身	寿司	天ぷら	その他	ステーキ、焼き肉	中華料理	コンビニのお弁当	アイスクリーム、ジェラート	不明
全体		417	83	10	11	26	9	28	19	78	35	18	12	110	13	18	74	0
		100.0	19.9	2.4	2.6	6.2	2.2	6.7	4.6	18.7	8.4	4.3	2.9	26.4	3.1	4.3	17.7	
性別	男性	145	29	3	2	15	2	11	8	35	12	4	2	41	4	6	22	0
		100.0	20.0	2.1	1.4	10.3	1.4	7.6	5.5	24.1	8.3	2.8	1.4	28.3	2.8	4.1	15.2	
	女性	225	39	7	8	8	6	15	5	37	19	13	9	65	8	11	49	0
		100.0	17.3	3.1	3.6	3.6	2.7	6.7	2.2	16.4	8.4	5.8	4.0	28.9	3.6	4.9	2	1.8

			事前に予約したもの					
		合計	レンタカー	シュノーケルツアー	バスツアー	その他	全く無し	不明
全体		417	27	6	174	4	101	0
		100.0	6.5	1.4	41.7	1.0	24.2	
性別	男性	145	8	3	58	1	36	0
		100.0	5.5	2.1	40.0	0.7	24.8	
	女性	225	16	3	92	3	57	0
		100.0	7.1	1.3	40.9	1.3	25.3	

資料

		石垣でいくら使ったか										
	合計	〇円	〜一〇〇〇円	〜三〇〇〇円	〜五〇〇〇円	〜一万円	〜一・五万	〜二万円	〜二・五万円	〜三万円	三万円以上	不明
全体	345	4	21	50	48	91	39	27	13	17	35	72
	100.0	1.2	6.1	14.5	13.9	26.4	11.3	7.8	3.8	4.9	10.1	
性別 男性	130	2	8	14	16	35	16	10	6	10	13	15
	100.0	1.5	6.2	10.8	12.3	26.9	12.3	7.7	4.6	7.7	10.0	
性別 女性	189	2	9	31	29	49	21	16	6	7	19	36
	100.0	1.1	4.8	16.4	15.3	25.9	11.1	8.5	3.2	3.7	10.1	

		何を買ったか																			
	合計	梨	林檎	桃	パイナップル	沖縄の菓子	日本の菓子	生鮮食品	加工食品（レトルト食品、カップめんなど）	お弁当	海産物	黒糖	日本の酒	沖縄の酒（泡盛）	家庭用電化製品	日用雑貨	薬品	衣類	記念品	上記以外	不明
全体	417	15	26	27	3	67	62	26	33	20	27	150	43	33	16	25	91	20	51	5	0
	100.0	3.6	6.2	6.5	0.7	16.1	14.9	6.2	7.9	4.8	6.5	36.0	10.3	7.9	3.8	6.0	21.8	4.8	12.2	1.2	
性別 男性	145	10	10	13	3	20	25	9	14	5	12	48	15	14	5	8	29	7	20	3	0
	100.0	6.9	6.9	9.0	2.1	13.8	17.2	6.2	9.7	3.4	8.3	33.1	10.3	9.7	3.4	5.5	20.0	4.8	13.8	2.1	
性別 女性	225	3	10	13	0	37	31	15	14	13	15	84	21	16	9	16	56	12	25	2	0
	100.0	1.3	4.4	5.8	0.0	16.4	13.8	6.7	6.2	5.8	6.7	37.3	9.3	7.1	4.0	7.1	24.9	5.3	11.1	0.9	

			石垣滞在で楽しみにしていたこと							
		合計	観光	食べ物	買い物	船旅	海	その他	期待していない	不明
全体		417	223	115	96	72	60	2	8	0
		100.0	53.5	27.6	23.0	17.3	14.4	0.5	1.9	
性別	男性	145	85	35	22	30	25	0	3	0
		100.0	58.6	24.1	15.2	20.7	17.2	0.0	2.1	
	女性	225	125	73	67	35	29	2	4	0
		100.0	55.6	32.4	29.8	15.6	12.9	0.9	1.8	

			実際に来て、楽しかったこと							
		合計	観光	食べ物	買い物	船旅	海	その他	楽しくなかった	不明
全体		417	141	68	67	56	72	8	27	0
		100.0	33.8	16.3	16.1	13.4	17.3	1.9	6.5	
性別	男性	145	65	28	26	22	28	2	6	0
		100.0	44.8	19.3	17.9	15.2	19.3	1.4	4.1	
	女性	225	65	36	40	29	37	6	15	0
		100.0	28.9	16.0	17.8	12.9	16.4	2.7	6.7	

			どこで換金したか				
		合計	台湾国内	船内	石垣港内	その他	不明
全体		362	314	32	9	7	55
		100.0	86.7	8.8	2.5	1.9	
性別	男性	128	113	12	3	0	17
		100.0	88.3	9.4	2.3	0.0	
	女性	206	175	20	4	7	19
		100.0	85.0	9.7	1.9	3.4	

		合計	旅行先を決めた理由 近いから	同行者のすすめ	風景がきれいだから	金額が安かったから	以前来たことがあり、良かったから	食べ物がおいしいと聞いたから	海で泳ぎたいから	日本に関心があったから	沖縄に関心があったから	石垣に関心があったから	特にない	その他	不明
全体		417	31	112	100	29	33	21	5	73	99	79	30	15	0
		100.0	7.4	26.9	24.0	7.0	7.9	5.0	1.2	17.5	23.7	18.9	7.2	3.6	
性別	男性	145	12	34	43	14	12	10	2	22	39	32	8	3	0
		100.0	8.3	23.4	29.7	9.7	8.3	6.9	1.4	15.2	26.9	22.1	5.5	2.1	
	女性	225	15	68	48	14	21	11	3	45	51	45	22	11	0
		100.0	6.7	30.2	21.3	6.2	9.3	4.9	1.3	20.0	22.7	20.0	9.8	4.9	

		合計	旅行先を決めるにあたって比べた所があるか 台湾国内の旅行先	沖縄本島	香港	プーケット	バリ島	韓国	その他の日本国内	中国大陸	その他	なし	不明
全体		417	36	96	52	52	95	39	103	29	5	49	0
		100.0	8.6	23.0	12.5	12.5	22.8	9.4	24.7	7.0	1.2	11.8	
性別	男性	145	14	36	17	20	26	8	32	10	0	24	0
		100.0	9.7	24.8	11.7	13.8	17.9	5.5	22.1	6.9	0.0	16.6	
	女性	225	21	52	29	25	58	28	65	16	4	20	0
		100.0	9.3	23.1	12.9	11.1	25.8	12.4	28.9	7.1	1.8	8.9	

			石垣島内での移動手段					
		合計	バス観光	徒歩	タクシー	レンタカー	その他	不明
全体		407	143	15	34	9	4	10
		100.0	35.1	3.7	8.4	2.2	1.0	
性別	男性	144	58	5	11	2	2	1
		100.0	40.3	3.5	7.6	1.4	1.4	
	女性	224	83	10	22	6	2	1
		100.0	37.1	4.5	9.8	2.7	0.9	

			どこに行ったか													
		合計	川平湾	竹富島	西表島	ビーチ	八重山村（民俗園）	鍾乳洞	公設市場	焼肉	バイキングレストラン	マックスバリュ	サンエー	ドラッグイレブン	しまむら	その他	不明
全体		417	169	70	7	76	51	110	77	57	14	99	33	87	18	13	0
		100.0	40.5	16.8	1.7	18.2	12.2	26.4	18.5	13.7	3.4	23.7	7.9	20.9	4.3	3.1	
性別	男性	145	62	29	3	28	18	32	32	23	4	30	13	34	4	3	0
		100.0	42.8	20.0	2.1	19.3	12.4	22.1	22.1	15.9	2.8	20.7	9.0	23.4	2.8	2.1	
	女性	225	89	40	4	44	32	50	40	33	9	60	18	52	11	9	0
		100.0	39.6	17.8	1.8	19.6	14.2	22.2	17.8	14.7	4.0	26.7	8.0	23.1	4.9	4.0	

			クルーズ船旅行企画を誰から知ったか							
		合計	旅行社	新聞・テレビの広告	ガイドブック・雑誌	インターネット	家族	恋人	友人・知人	その他	不明
全体		417	114	45	19	46	89	9	99	13	0
		100.0	27.3	10.8	4.6	11.0	21.3	2.2	23.7	3.1	
性別	男性	145	46	20	8	23	25	4	29	4	0
		100.0	31.7	13.8	5.5	15.9	17.2	2.8	20.0	2.8	
	女性	225	51	20	8	22	55	5	69	9	0
		100.0	22.7	8.9	3.6	9.8	24.4	2.2	30.7	4.0	

資料

調査名［石垣観光に関するアンケート調査］

			年齢							
		合計	10歳代	20歳代	30歳代	40歳代	50歳代	60歳代	70歳以上	不明
全体		402	13	72	86	63	88	59	21	15
		100.0	3.2	17.9	21.4	15.7	21.9	14.7	5.2	
性別	男性	142	6	20	33	22	31	21	9	3
		100.0	4.2	14.1	23.2	15.5	21.8	14.8	6.3	
	女性	223	7	44	44	37	52	31	8	2
		100.0	3.1	19.7	19.7	16.6	23.3	13.9	3.6	

			居住地					
		合計	北部地区	中部地区	東部地区	南部地区	外島地区	不明
全体		397	279	82	8	28	0	20
		100.0	70.3	20.7	2.0	7.1	0.0	
性別	男性	143	99	31	3	10	0	2
		100.0	69.2	21.7	2.1	7.0	0.0	
	女性	219	160	41	5	13	0	6
		100.0	73.1	18.7	2.3	5.9	0.0	

			同行者									
		合計	1人で	夫婦で	子供連れ家族で	その他家族で（両親や兄弟、姉妹）	恋人と	友人・趣味等の仲間と	仕事仲間と	同業団体等の団体で	互助会	その他	不明
全体		408	8	84	72	54	23	48	23	2	0	1	9
		100.0	2.0	20.6	17.6	13.2	5.6	11.8	5.6	0.5	0.0	0.2	
性別	男性	143	5	38	30	8	8	9	12	1	0	1	2
		100.0	3.5	26.6	21.0	5.6	5.6	6.3	8.4	0.7	0.0	0.7	
	女性	225	3	34	36	36	11	38	10	1	0	0	0
		100.0	1.3	15.1	16.0	16.0	4.9	16.9	4.4	0.4	0.0	0.0	

(28)訪問を終えての印象

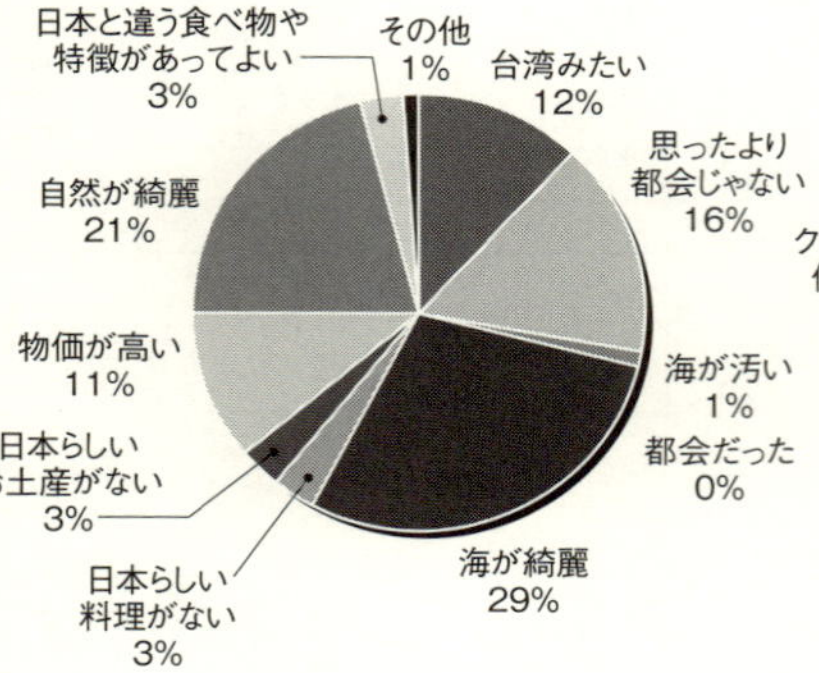

(29)石垣で困ったこと

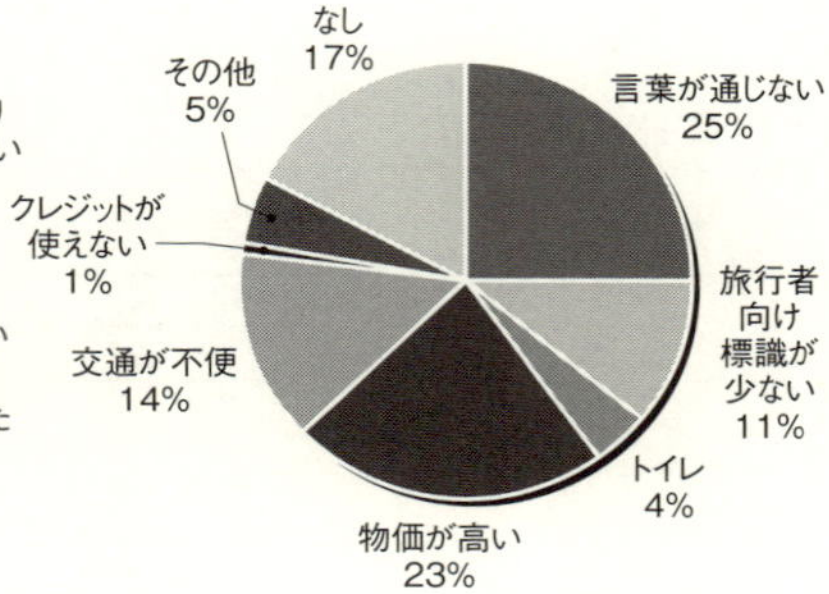

(30)また訪問したいか

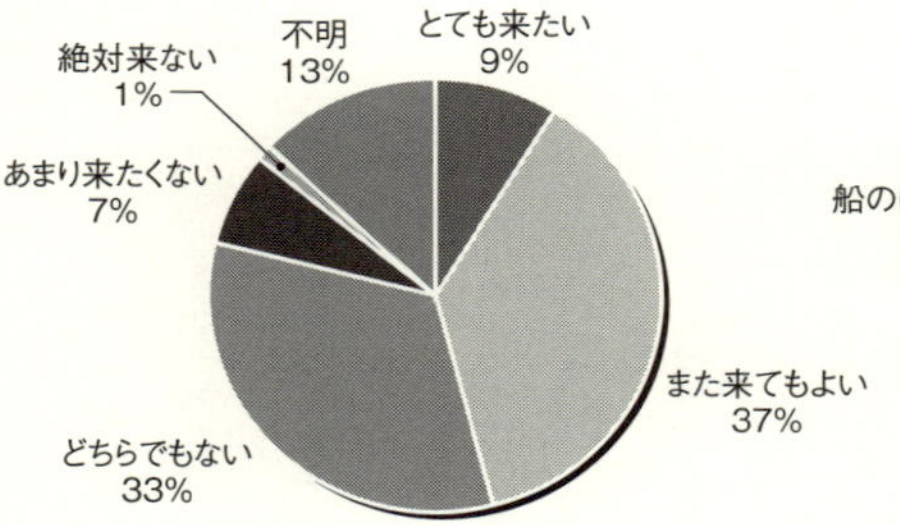

(31)台湾〜石垣の直行航空機路線を利用したいか

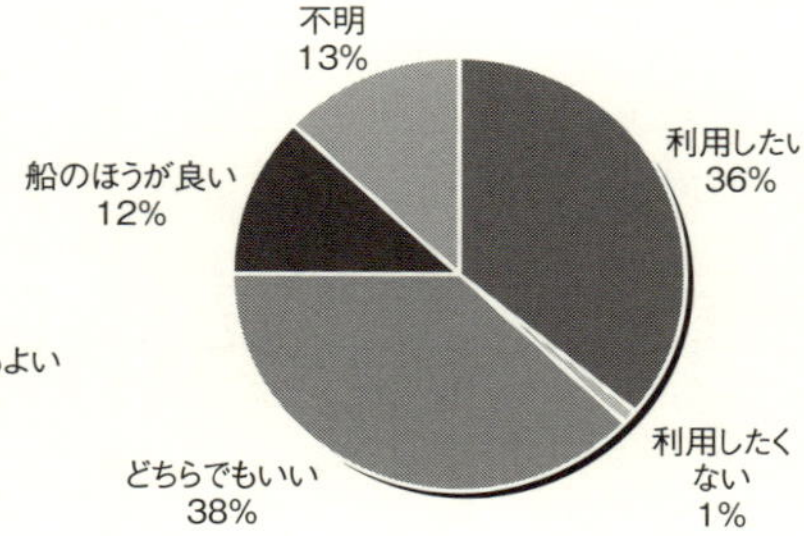

(32)滞在時間に満足したか

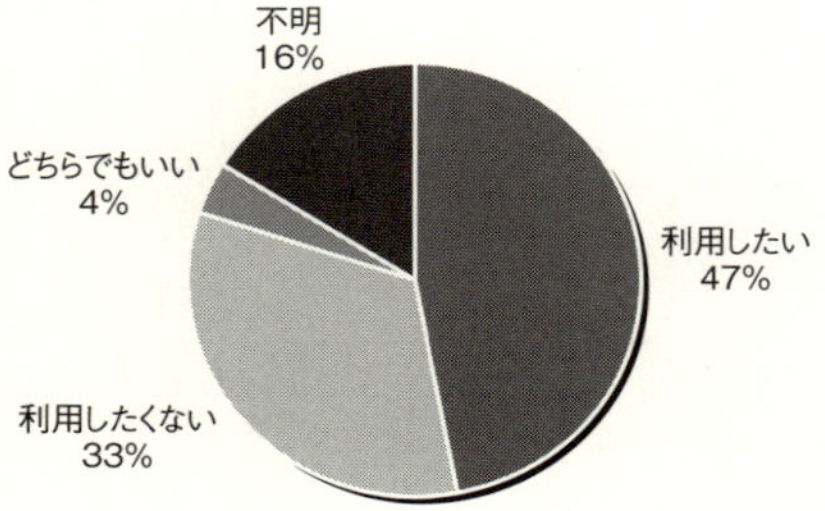

(22)旅行前に石垣という地名を聞いたことがあるか

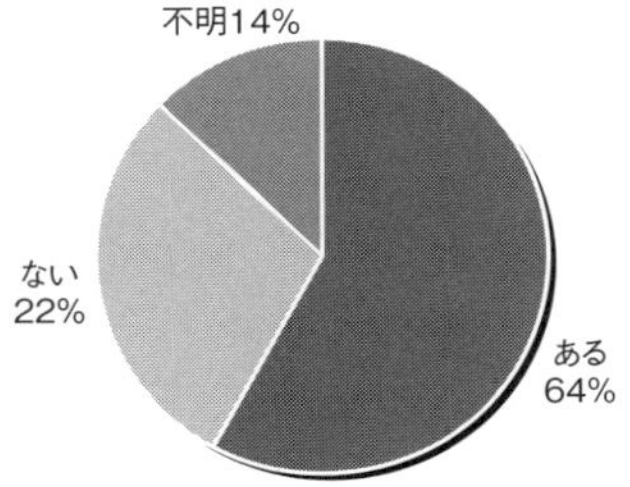

(23)石垣島の特徴として知っていたこと

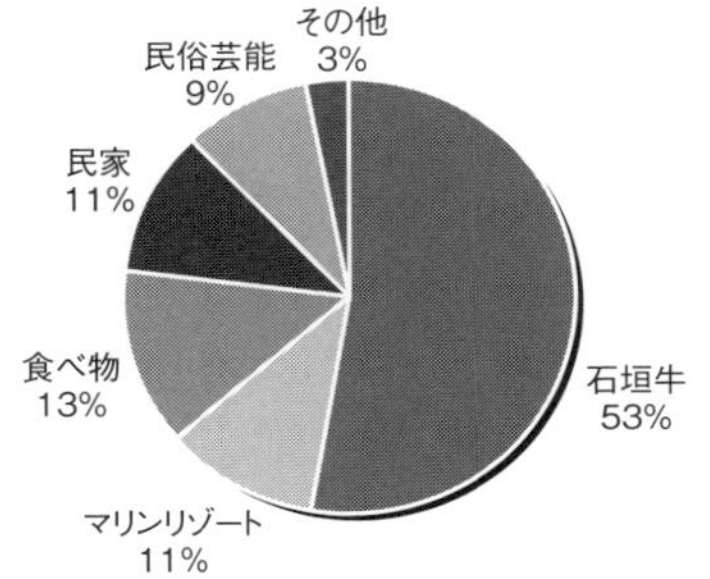

(24)旅行前に石垣に情報を収集したか

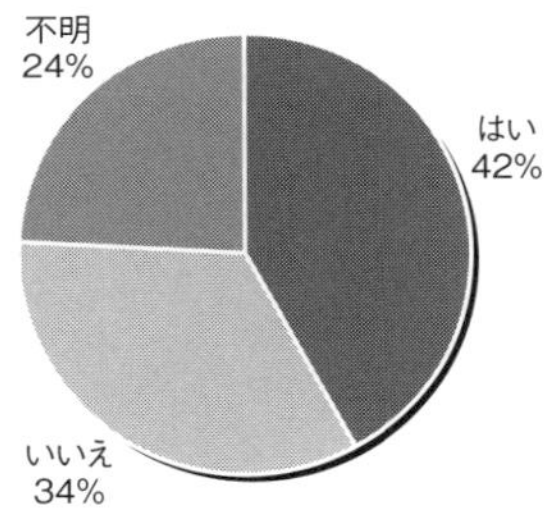

(25)どこで情報収集したか

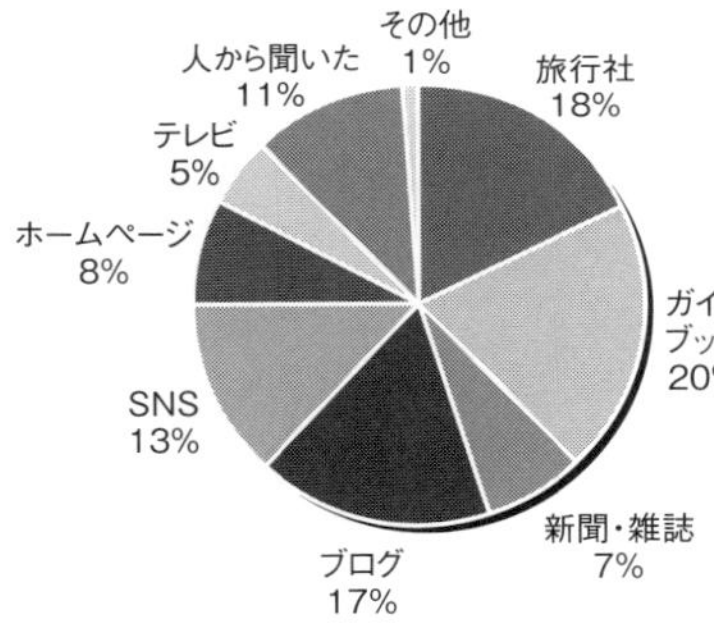

(26)印象は期待通りだったか

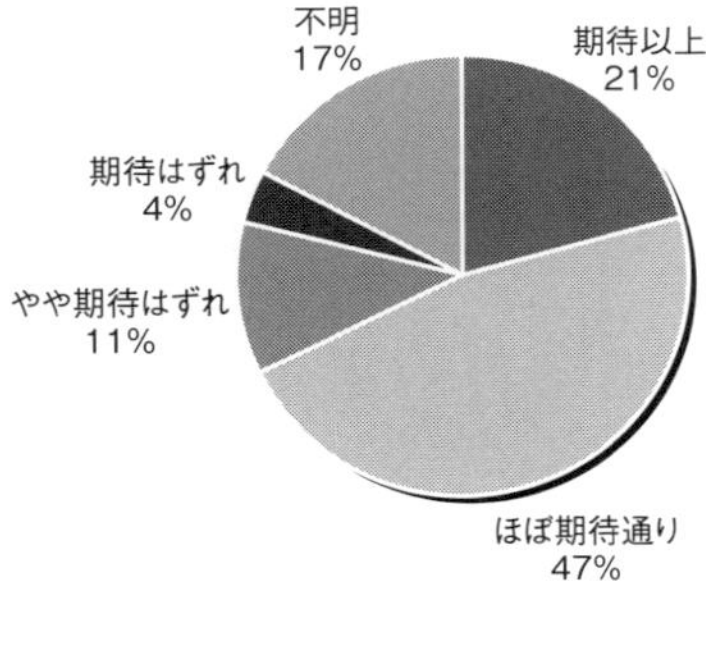

(27)石垣島のマリンリゾートを知っていたか

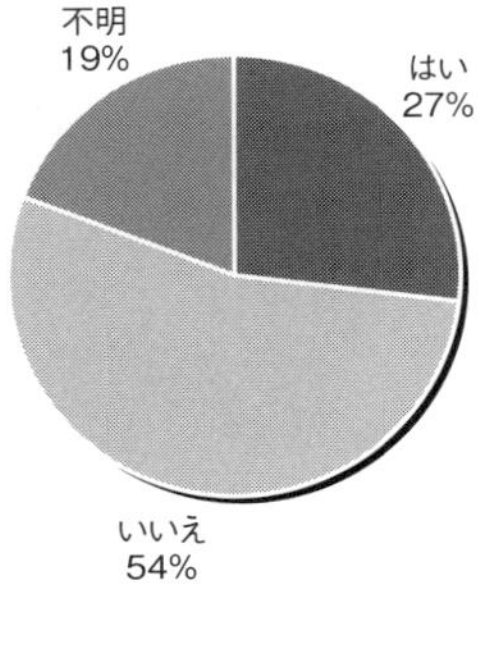

(16)換金した場所

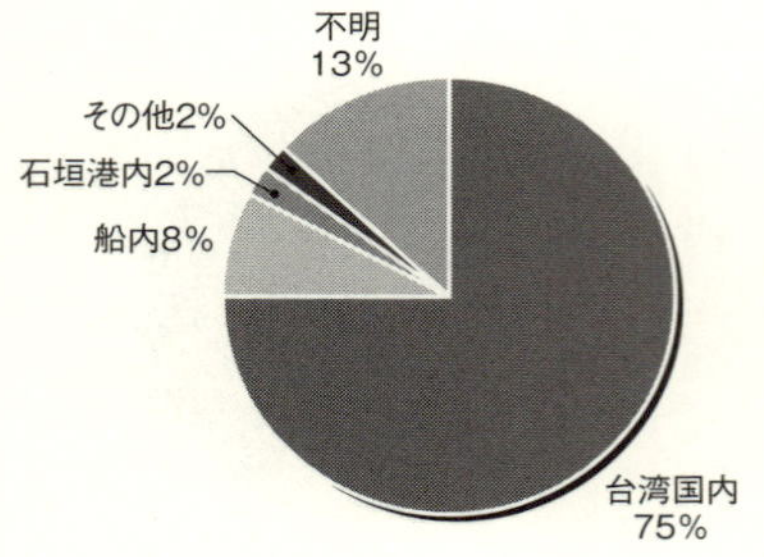

(17)石垣で使った金額

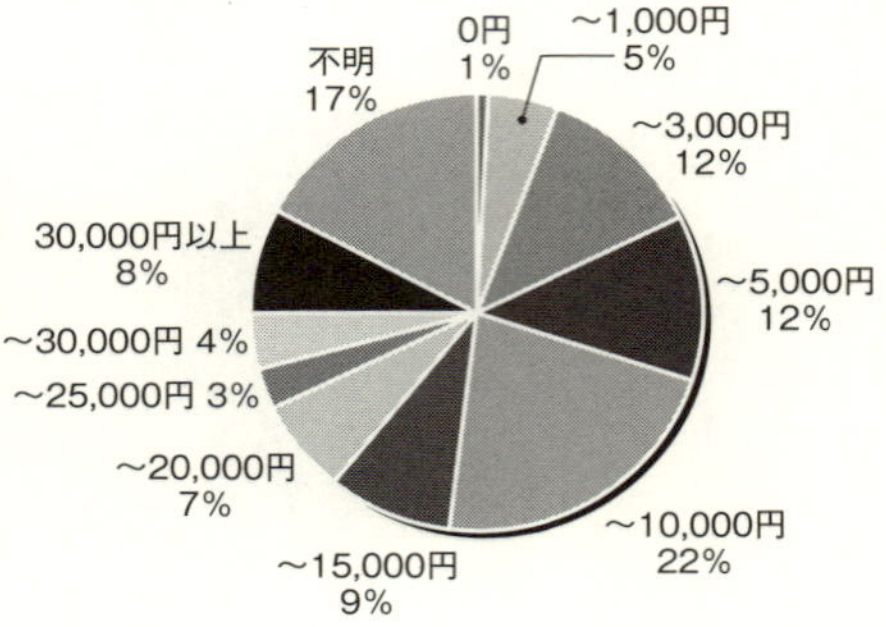

(18)石垣で買ったもの

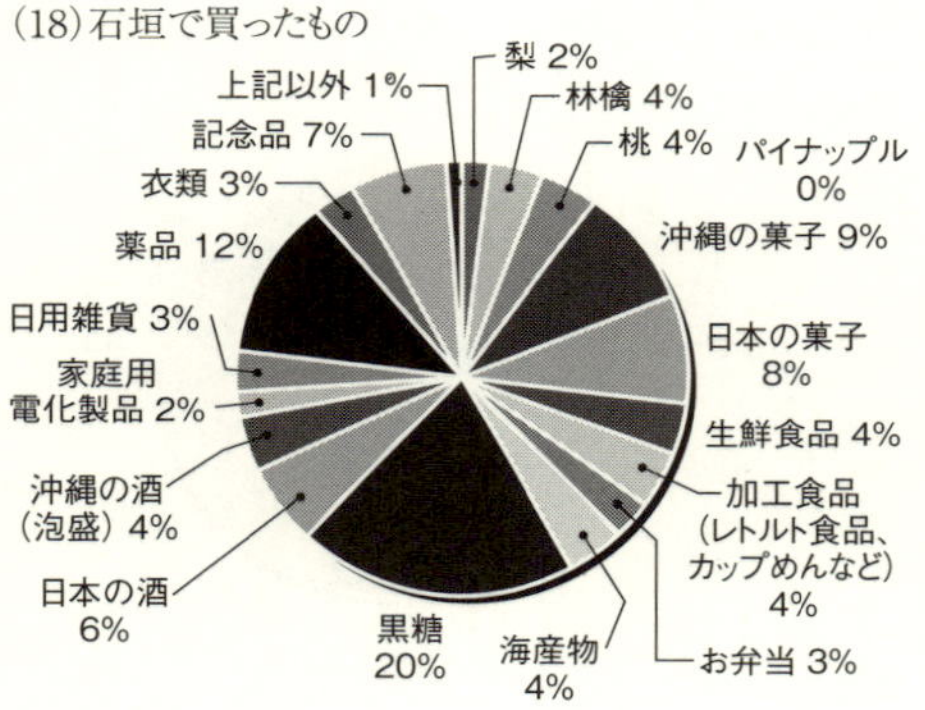

(19)主な支払方法

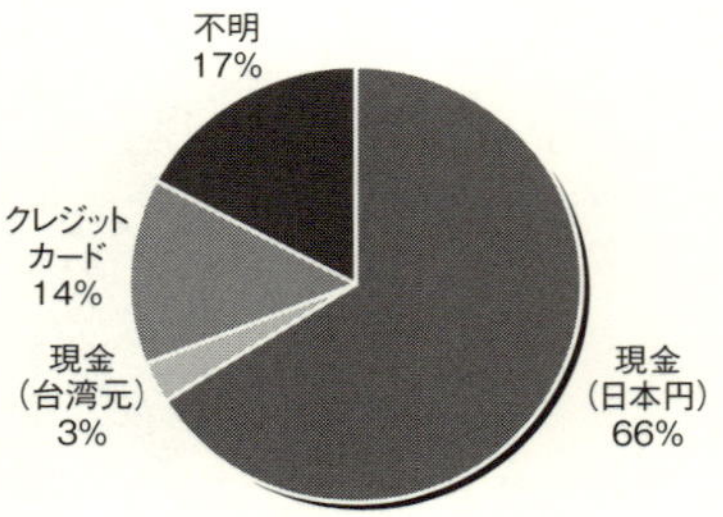

(20)石垣滞在中に食べたもの

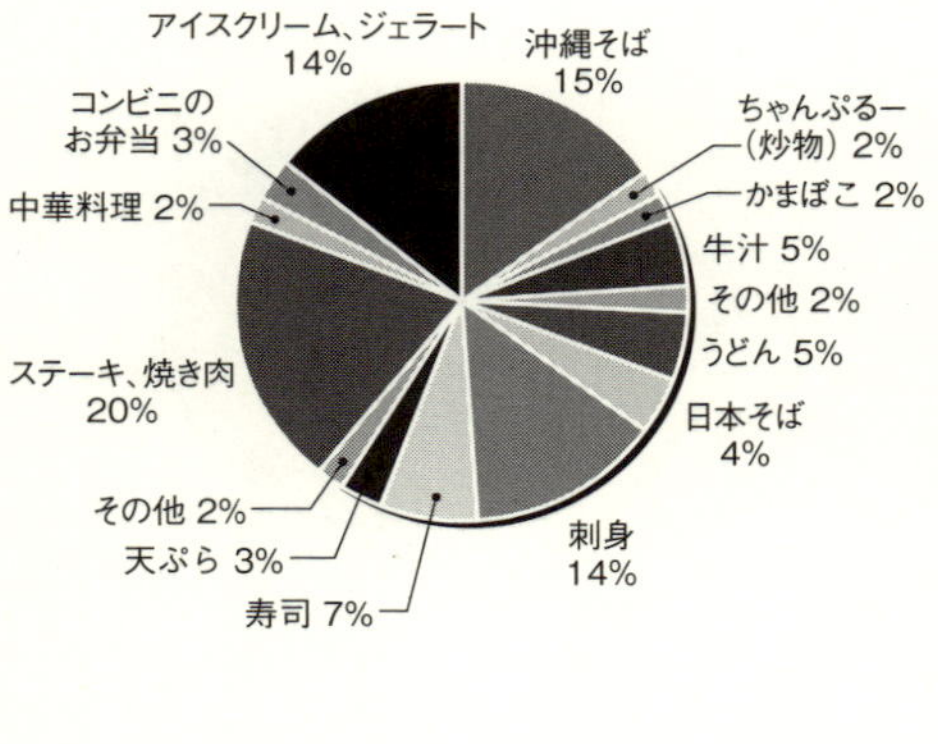

(21)事前に予約したもの

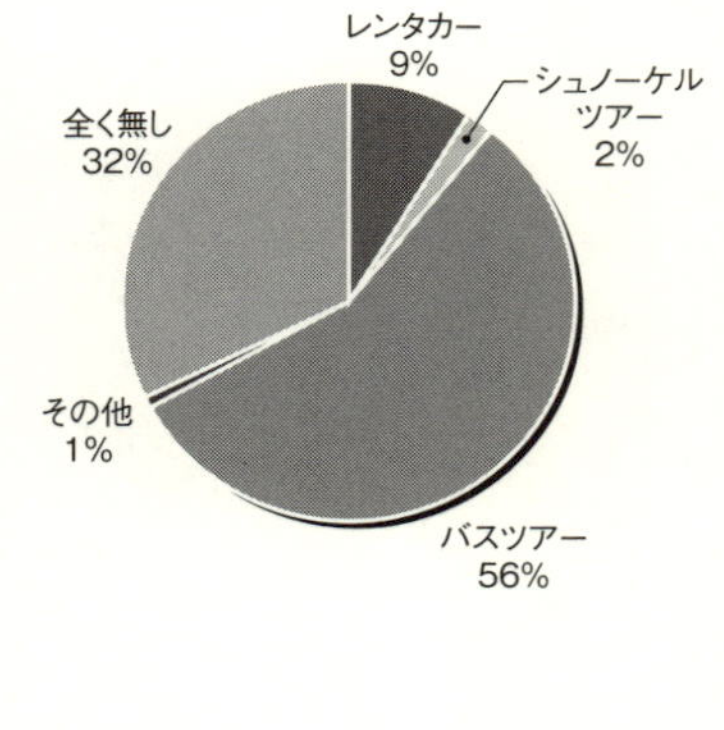

資料

(10)行った所

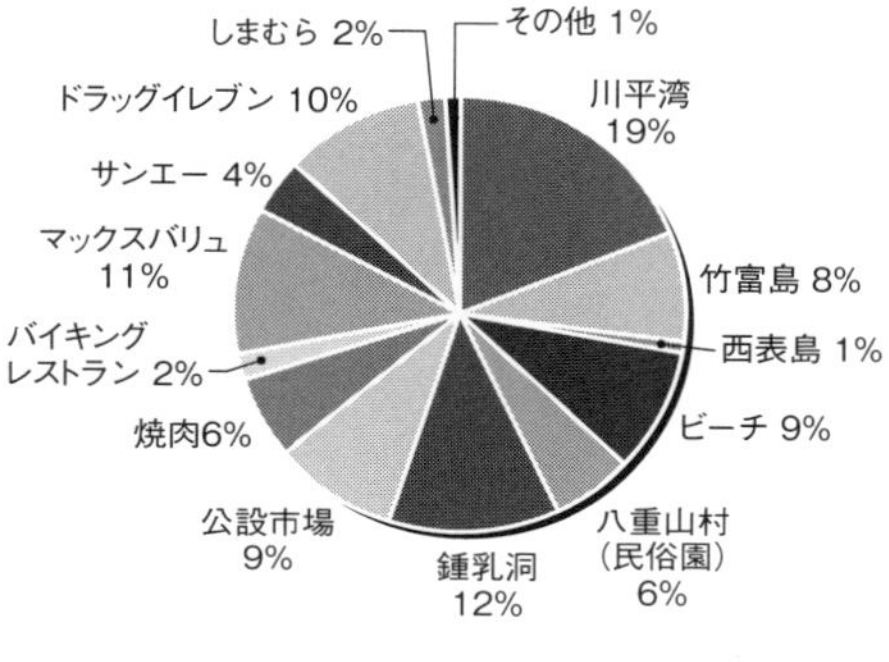

(11)クルーズ船旅行企画を誰から知ったか

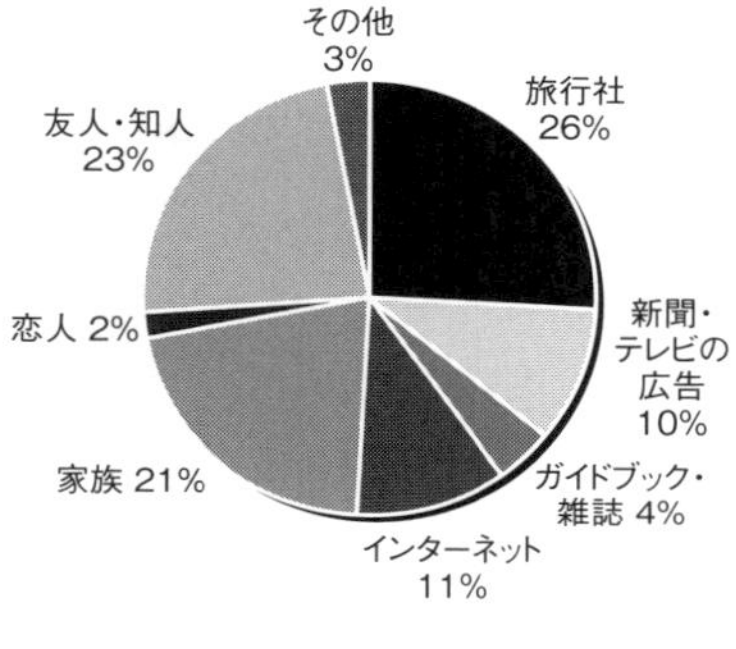

(12)旅行先を決めた理由

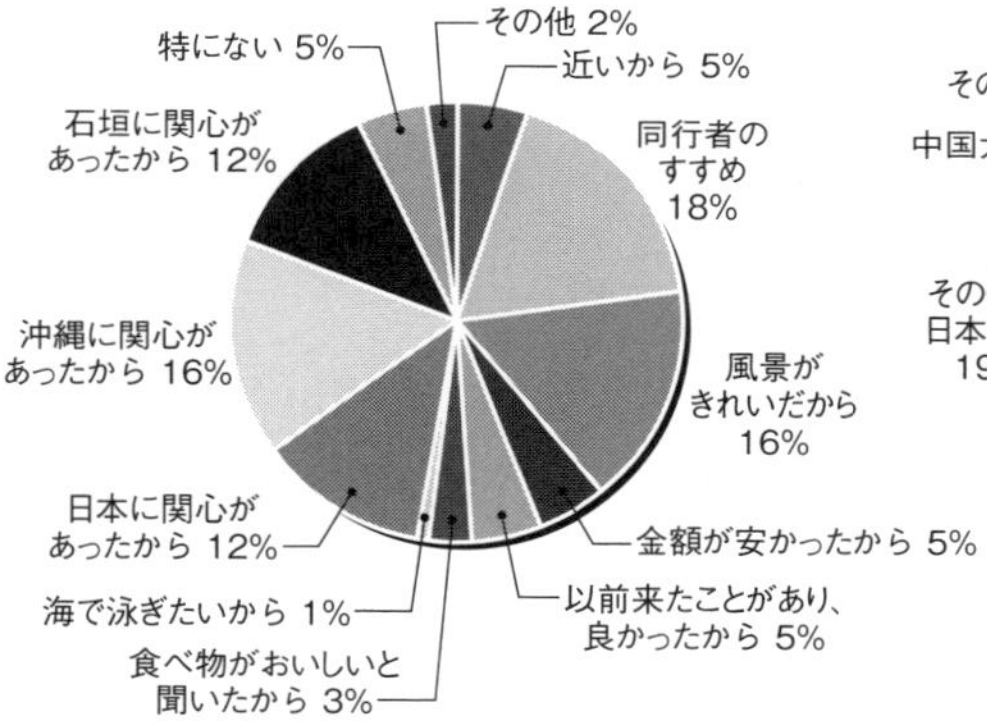

(13)旅行先を決めるにあたって比べた所

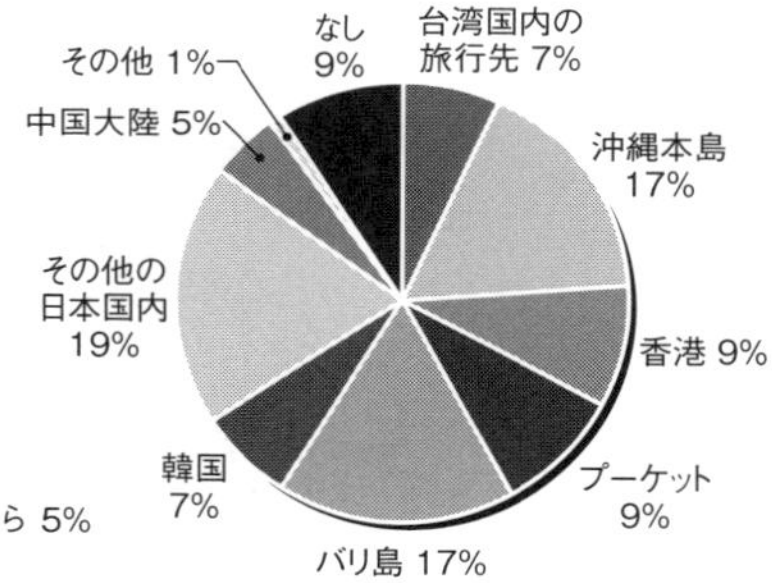

(14)石垣滞在で楽しみにしていたこと

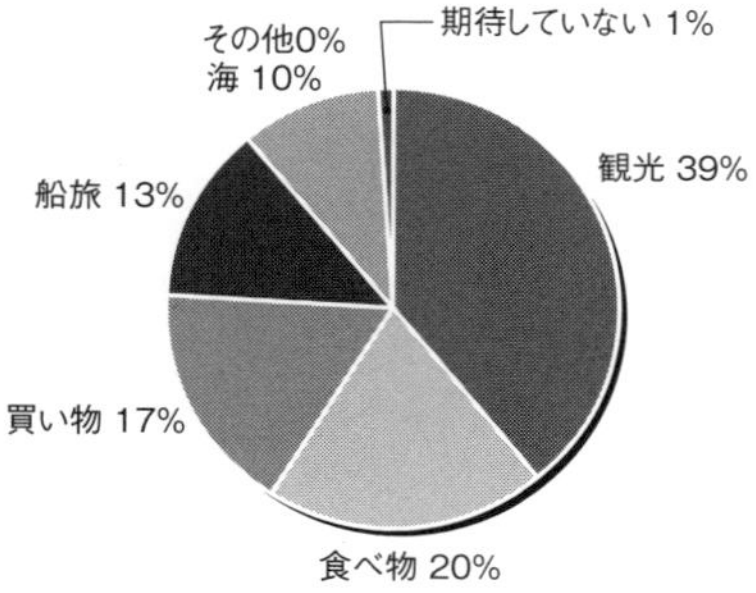

(15)実際に来て楽しかったこと

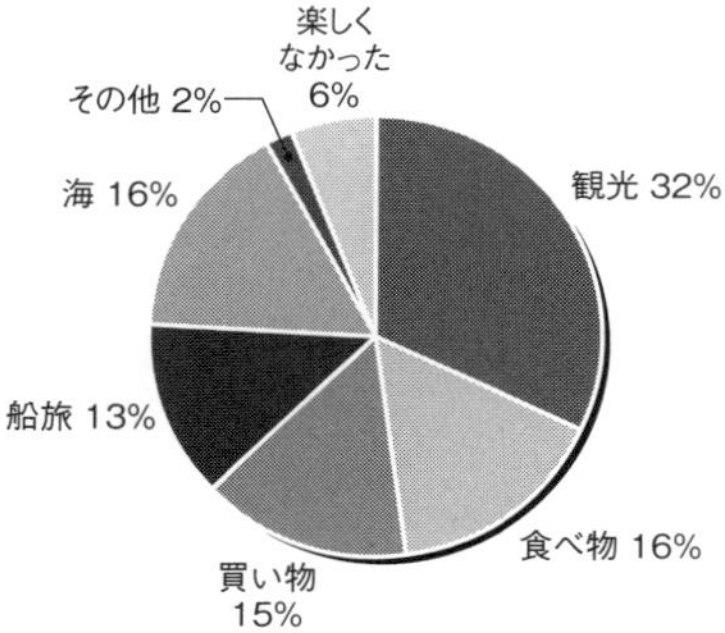

(1)性別

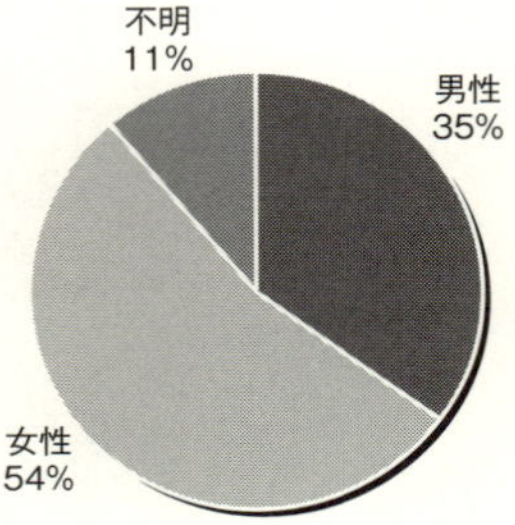

(2)年齢

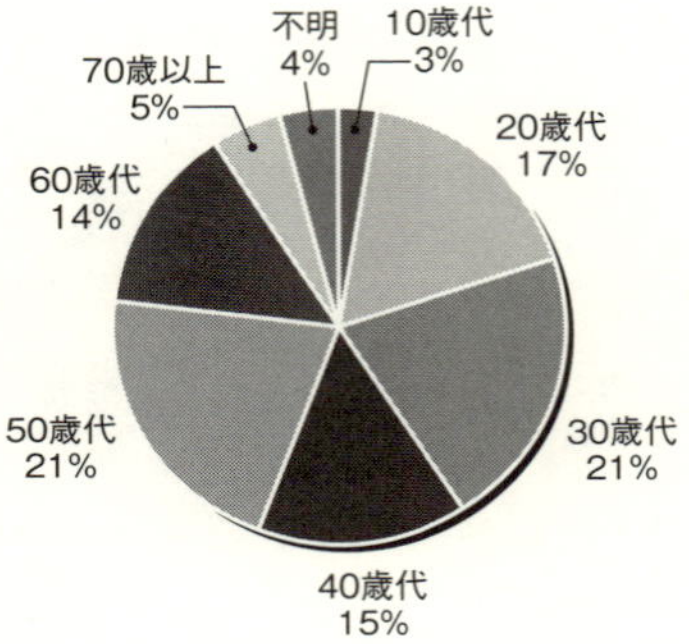

(3)居住地

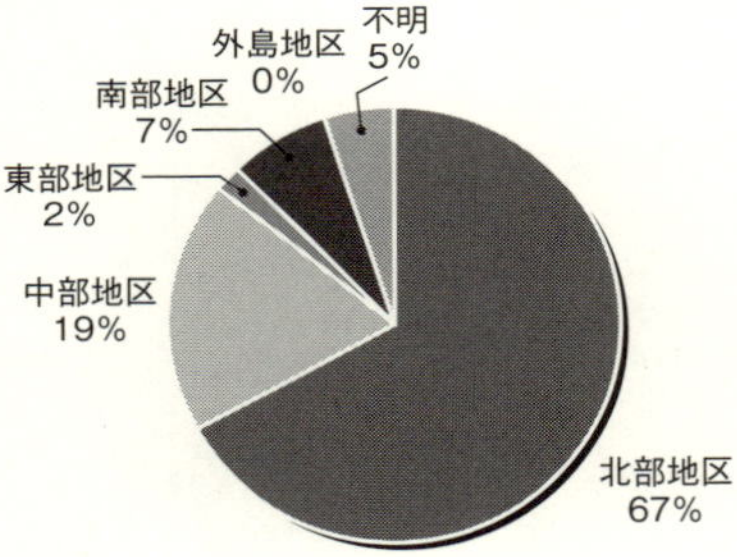

(4)職業

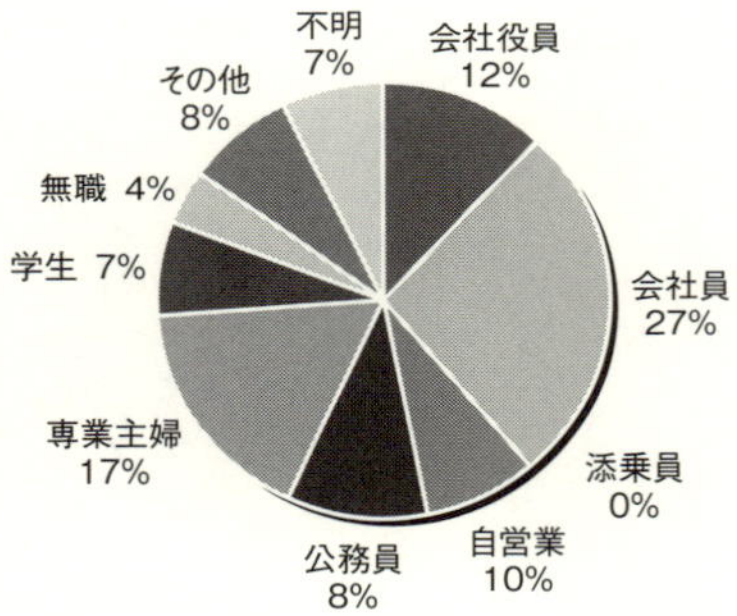

(5)同行者

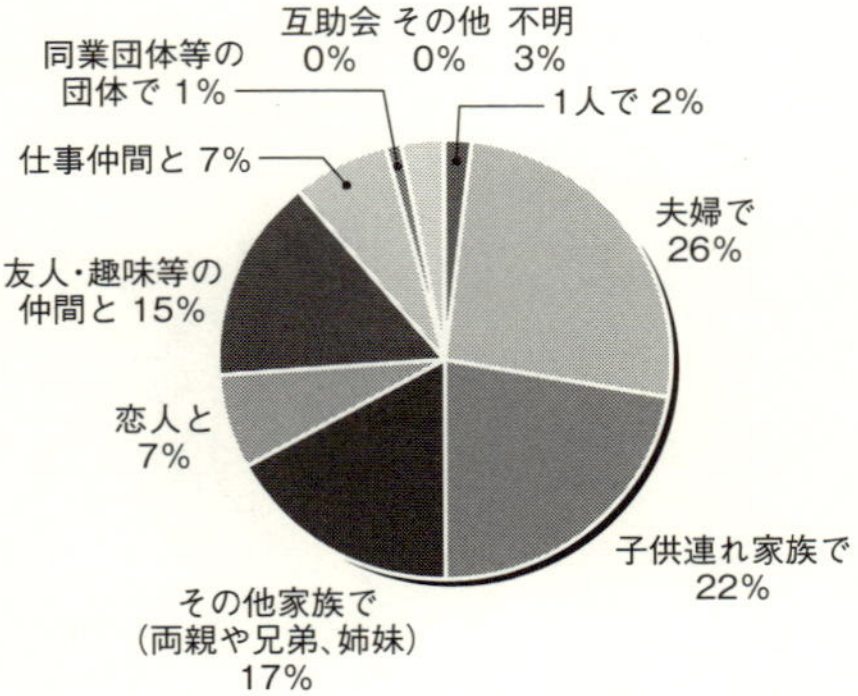

(9)石垣島内での移動手段

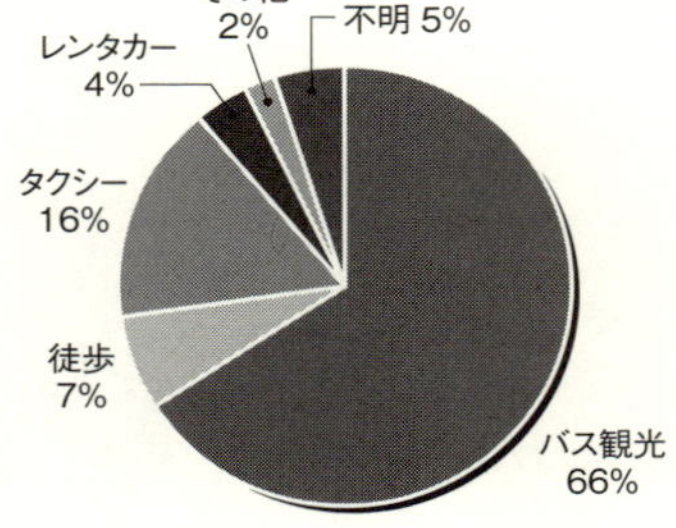

Q3-3　何を買いましたか？　　複数回答可
食料品等　①梨　②林檎　③桃　④パイナップル　⑤沖縄の菓子　⑥日本の菓子　⑦生鮮食品
⑧加工食品（レトルト食品、カップ麺など）⑨お弁当　⑩海産物　⑪黒糖
お酒　　⑫日本の酒　⑬沖縄の酒（泡盛）
その他　⑭家庭用電化製品　⑮日用雑貨（具体的に　　　　　　　　）⑯薬品　⑰衣類
⑱記念品（具体的に　　　　　　　　）⑲上記以外（　　　　　　　）
Q3-4　主な支払い方法は何ですか？
①現金（日本円）②現金（台湾元）③クレジットカード
Ｑ４石垣滞在中に食べたものについて教えてください。複数回答可
沖縄料理　①沖縄そば　②ちゃんぷるー（炒物）③かまぼこ　④牛汁　⑤その他（　　　　）
日本料理　⑥うどん⑦日本そば　⑧刺身　⑨寿司　⑩天ぷら　⑪その他（　　　　　　　）
その他　⑫ステーキ、焼き肉　⑬中華料理　⑭コンビニのお弁当　⑮アイスクリーム、ジェラート
Ｑ５　事前に予約したものがありますか。複数回答可
①レンタカー　②シュノーケルツアー　③バスツアー　④その他（　　　　　）⑤全く無し

Ⅳ．八重山（石垣）について教えてください。

Ｑ1-1　石垣という地名を旅行に行くまでに聞いたことがありましたか。
①ある　　②ない
Ｑ1-2　石垣という地名を聞いたことがある方にお聞きします。石垣島の特徴として知っていたことがあれば○をつけてください。複数回答可
①石垣牛　②マリンリゾート　③食べ物　④民家　⑤民俗芸能　⑥その他（　　　　　　）
Ｑ2-1　旅行に行く前に石垣の情報を収集しましたか。　①はい　②いいえ
Ｑ2-2　はいと答えたかたにお聞きします。どこで情報を収集しましたか。
① 旅行社　②ガイドブック　③新聞・雑誌　④ブログ　⑤SNS　⑥ホームページ　⑦テレビ
⑧人から聞いた　⑨その他（　　　　　）
Ｑ３　石垣の印象は期待通りでしたか。
①期待以上　②ほぼ期待通り　③やや期待はずれ　④期待はずれ
Ｑ４　石垣島はマリンリゾートで知られていますが、あなたは知っていましたか。
①はい　②いいえ
Ｑ５　訪問を終えてどのような印象をもちましたか。
①台湾みたい　②思ったより都会じゃない　③海が汚い　④都会だった　⑤海が綺麗
⑥日本らしい料理がない　⑦日本らしいお土産がない　⑧物価が高い　⑨自然が綺麗
⑩日本と違う食べ物や特徴があってよい　⑪その他（　　　　　）
Ｑ６ 石垣で困ったことは何ですか？　複数回答可
①言葉が通じない　②旅行者向け標識が少ない　③トイレ　④物価が高い　⑤交通が不便
⑥クレジットが使えない　⑦その他（　　　　　　　）⑧なし
Ｑ７　また訪問したいですか？
①とても来たい　②また来てもよい　③どちらでもない　④あまり来たくない
⑤絶対来ない　理由（　　　　　　　　　　　　　　　　　　）
Ｑ８　台湾石垣間の直行の航空機路線を利用したいですか？
①利用したい　②利用したくない　③どちらでもいい　④船のほうが良い
Ｑ９　滞在時間に満足しましたか。　①もっといたかった　②ちょうどよい
③時間を持て余した
Ｑ10　観光に関して、その他、感想等ご自由にお書きください。

石垣観光に関するアンケート調査

Ⅰ．あなた自身についてお聞かせください。

Ｑ１性別　①男　②女

Ｑ２年齢層：①10歳代　②20歳代　③30歳代　④40歳代　⑤50歳代　⑥60歳代
⑦70歳以上

Ｑ３居住地：台湾　①北部地区　②中部地区　③東部地区　④南部地区　⑤外島地区

Ｑ４職業　：①会社役員　②会社員　③添乗員　④公務員　⑤自営業　⑥専業主婦　⑦学生
⑧無職　⑨その他（　　　　　　）

Ｑ６同行者：①１人で　②夫婦で　③子供連れ家族で　④その他家族で（両親や兄弟、姉妹）
⑤恋人と　⑥友人・趣味等の仲間と　⑦仕事仲間と　⑧同業団体等の団体で
⑨互助会　⑩その他（　　　　　　）

Ｑ７訪問回数を教えてください。
日本には（　　）回目、沖縄には（　　）回目、石垣には（　　）回目

Ｑ８石垣島内での移動手段：①バス観光　②徒歩　③タクシー　④レンタカー
⑤その他（　　　　　　）

Ｑ９どこに行ったか、教えてください。複数回答可
①川平湾　②竹富島　③西表島　④ビーチ　⑤八重山村（民俗園）　⑥鍾乳洞　⑦公設市場
⑧焼肉　⑨バイキングレストラン　⑩マックスバリュ　⑪サンエー　⑫ドラッグイレブン
⑬しまむら　⑭その他（　　　　　　）

Ⅱ．このクルーズ船旅行を決めた経緯について教えてください。

Ｑ１　このクルーズ船旅行企画を誰から（もしくはどこから）知りましたか？
①旅行社　②新聞・テレビの広告　③ガイドブック・雑誌　④インターネット　⑤家族　⑥恋人
⑦友人・知人　⑧その他（　　　　　　）

Ｑ２　この旅行先を決めた理由は何ですか？　複数回答可
①近いから　②同行者のすすめ　③風景がきれいだから、④金額が安かったから
⑤以前来たことがあり、良かったから　⑥食べ物がおいしいと聞いたから　⑦海で泳ぎたいから
⑧日本に関心があったから　⑨沖縄に関心があったから⑩石垣に関心があったから　⑪特にない
⑫その他（　　　　　　）

Ｑ３　旅行先を決めるにあたって比べたところがありますか。
①台湾国内の旅行先（具体的に　　　　　・　）②沖縄本島　③香港　④プーケット
⑤バリ島　⑥韓国　⑦その他の日本国内（具体的に　　　　　　）
⑧中国大陸（具体的に　　　　　　）⑨その他（具体的に　　　　　　）⑩なし

Ⅲ．石垣滞在を終えた感想について教えてください。

Ｑ１石垣滞在で楽しみにしていたことは何ですか？
①観光　②食べ物　③買い物　④船旅　⑤海　⑥その他（　　　　　　）⑦期待していない

Ｑ２実際に来てみて、楽しかったことは何ですか？
①観光　②食べ物　③買い物　④船旅　⑤海　⑥その他（　　　　　　）⑦楽しくなかった

Ｑ３この旅行中の買い物について教えてください。

Q3-1　どこで換金しましたか？　①台湾国内　②船内　③石垣港内　④その他（　　　　　　）

Q3-2　石垣でいくら使いましたか？
①0円　②～1,000円　③～3,000円　④～5,000円、⑤～10,000円、
⑥～15,000円　⑦～20,000円　⑧～25,000円　⑨～30,000円　⑩30,000円以上

て訪れる韓国人が多い対馬においても共通する問題である。現地の人間が売りたいものと、外国人観光客が買いたいものがずれる可能性が高いためである。

対馬の場合は、それでも日本というアイデンティティを持ち、販売することへの抵抗が少ないのに対して、石垣の場合、日本本土とは異なる、沖縄本島とは異なる独自の文化という意識が強く、容易に「日本」商品を売ることは難しい。この問題をどう解決するかが、今後の石垣市の外国人向け観光産業の発展では重要である。

もし石垣独自の文化を全面に出していくのであれば、台湾で石垣を知ってもらうための宣伝活動を一層盛んに行っていく必要がある。石垣には日本本土とは異なる独自の文化があるのだと台湾人に知ってもらい、彼らがそれを楽しみにして石垣に来るようにしなければならない。

一方で今回の調査では海や自然に美しさを感じる台湾人観光客も多く、日本国内からの観光客がマリンリゾートを楽しんでいるように、台湾人観光客も楽しむようになっていく可能性は大いにある。それ故に、マリンリゾート地としての石垣が台湾であまり知られていないことは石垣観光の発展において致命的であり、今後、マリンリゾートに焦点を絞って観光宣伝を行っていくことも検討すべきである。その場合、伝える情報を意識的に絞るべきである。情報が多い場合、受け手に散漫な印象しか残らないことが多いためである。石垣市の場合、マリンリゾートが伝えるべき情報として大きな価値を持っていよう。

最後に、上陸手続きの簡素化、外国語表記や通訳の配置、公共交通機関の充実は、国際観光地としては最低限のインフラである。それらの点への不満の多さを考えると、今後、早急にそれらの問題を解決することが国際観光都市への第一歩になるものと考える。

外観光に目を向ける場合、多くの地方の観光地では同様の問題を抱えていることが、石垣と対馬の事例から伺える。

次に異なる点である。最も大きな点は、行き先を決めるにあたって、対馬が韓国内の離島や対馬の向こうにある福岡と比較されているのに対して、石垣の場合、日本の観光地や海外の有名な観光地と比べられている点である。対馬に来る理由も、「近いから」、「安いから」が大きな理由となっているが、それは対馬が福岡や済州と比べられていることからも納得できる。簡単にいける「日本」、簡単にいける「離島」として、対馬が求められているのである。

このようなあり方と比べると、石垣は東京や北海道、バリやプーケットと比べられており、「近い」「安い」という観点から選ばれているのではないことがわかる。それはアンケート分析でも記述したように「近いから」という理由が少なかったことからも理解できる。それだけに石垣の場合は、ある意味、観光の場として期待が高いとも言える。それに見合うサービスを提供しない場合、期待が高いぶん、逆に失望や不満を招く可能性が高い。

「近さ」と関係するが、次に違う点は互いを結ぶ交通アクセスである。対馬と釜山を結ぶ船が現在一日に３便、週に３日ソウルからの飛行機が飛んでいる（調査当時）。船も高速化をはかり、最短で１時間半ほどで対馬と釜山を結んでいる。そのため、日帰りの客も増えている。石垣の場合、クルーズ船が主であり、短時間の滞在であるため、単純に比べられないが、観光地に十分な魅力がない場合、交通アクセスの改善は滞在時間を短くする可能性もある。

この春以降、石垣には台湾からの直行便が就航する予定であると聞いているが（調査当時）、１泊か２泊の滞在となる可能性も高い。石垣は周辺の島々も含めると長期滞在が可能な観光地であるだけに、竹富町と連携しながら、長期滞在が可能なプランの提示と質の高いサービスの提供が望まれる。

３点目に年齢層である。対馬を訪れる韓国人観光客は石垣を訪れる台湾人観光客に比べて年齢層が比較的高い。石垣は家族連れ、カップルなどで訪れる客が多く、年齢層が比較的均等である。この点は石垣の観光資源は若者からお年寄りまで楽しめる魅力を持ち合わせていることを示している。それだけに各世代にあわせたサービスの提供が望まれる。年齢層を考慮した複数の観光プランの提示が望まれる。

最後に公共交通機関である。対馬に比べて、石垣に対する不満度が明らかに高い。対馬の観光地が厳原という市街地にあり、港からも徒歩でいけるほどコンパクトにまとまっているのに対して、石垣は港から市街地までは比較的距離がある。それに加えて、石垣は対馬に比べて高温多湿であり、歩きにくい状況がある。タクシーが待ってはいるが、円高の状況ではなかなか近距離とはいえ、台湾人観光客は乗ることはできない。港から市街地までバスを設ける等、公共交通機関の充実が一層、石垣市には望まれる。

おわりに

台湾から比較的安価にいける石垣を含めた沖縄は、台湾人が最初に訪れる日本の観光地でもある。したがって、典型的な日本の商品や食べ物、観光を求めてくる可能性が高い。その点は分析結果からも見て取れる。そのため、石垣は観光戦略、販売戦略として難しい課題を抱えている。それは、台湾人観光客に何を提供するかという問題である。これは日本を初め

待以上が18%強であるのに対して、徒歩とタクシーが約46%、レンタカーが約43%となっている。自由に行動できる台湾人観光客の満足度が高い。その一方で、「台湾みたい」と感じる人はレンタカー、タクシーに多い。なお、「また来たいか」という点では、バス観光、徒歩、タクシーとレンタカーの順番で高くなっている。自由に見たいものが見ることができるという点が反映している可能性が高い。

⑥不満な点

言葉が通じず不便などの困った点に関しては、中国語や台湾語ができるガイドがいるバスツアーの観光客を除けば、全般的に不便を感じていた。なかでも、交通の不便さは徒歩の人が多く感じている。

交通手段クロス分析まとめ

レンタカーやタクシー、徒歩など自由旅行の人が満足度も高く、再度来たい人も多い。さらにレンタカーやタクシー利用者の使用金額が高い。自由に旅行できるゆえに満足度が高いことはある意味当然である。したがって、次回、バスツアー利用者が自由旅行をしたいと感じる仕組みづくりが必要であろう。

公共交通機関の整備、外国語の表記など、国際的観光地として当然そなえるべきインフラの充実も今後迅速に行うべき課題であることは言うまでもない。

5．対馬市との比較

対馬市では韓国人観光客を年間15万人あまり受け入れており（2012年当時）、日本人観光客よりも多い状況である。平成23（2011）年度、私たちの研究グループは対馬を訪れた韓国人観光客を対象に、石垣市で実施したアンケートとほぼ同様のアンケート調査を実施した。ここでは、対馬でのアンケート結果からの比較を通じて、石垣市を訪れる台湾人観光客について検討を行う。

類似している点は、対馬の情報が韓国では伝わっておらず、「日本」を求めて韓国人観光客が訪れていることである。彼らは対馬が「国境の島」として、韓国と日本をつなぐ地位にあるという対馬側の自己イメージを理解してはいない。また食事や土産の消費行動においても、対馬独自のものよりもいかにも日本的なものを購入する傾向にある。

対馬は竹島問題もあり、韓国ではよく知られている場所である。韓国の領土であったという認識も韓国人の一部だが存在する。だが、実際の対馬については全く知られていないことが、上記のような消費行動から伺える。地理的に近接していることが、そのまま情報の浸透まで意味していないことは石垣と同様である。

類似しているもう一点は、海がきれいで自然が美しいことである。石垣と異なった趣であることは当然だが、大都会である釜山を中心に訪れる韓国人観光客にとって対馬の海や自然は大きな魅力となっており、釣りや登山を楽しむ韓国人観光客も多い。

だが、自然を楽しむための観光客サービスは不十分となっている。言葉や標識などについて不十分と答える韓国人観光客は多く、この点でも石垣市と類似している。国内観光から国となってくる。現在台湾では個人旅行も増えており、それに最も対応している世代でもある。今後は交通やレストラン、観光施設など、選択肢の拡大とその提供が望まれる。

⑦マリンリゾートの認知度
マリンリゾート地としての石垣という認識は若い世代ほどよく広がっている傾向にある。

⑧石垣の印象
「台湾みたい」は10歳代に多く、「都会ではない」は20歳代から50歳代に多い。「海や自然がきれい」はほぼまんべんなく存在する。10歳代は「台湾みたい」という感想を持ちつつ、その一方で「とても来たい」、「また来たい」が多い。

年齢層クロス分析まとめ
世代によって関心や好みが異なっていた。情報の入手方法もネットで若年層、紙媒体で中年層以上という結果があった。世代別に異なったアプローチが必要であると同時に、情報ツールについては、今後ＳＮＳ等の活用が増えることが予測されるため、ITを活用した情報提供が今後一層必要となってくる。

（2）交通手段クロス分析
①訪問先
タクシー利用者は公設市場やマックスバリュ、ドラッグイレブンなど、比較的に近い場所に行き、バスやレンタカーは川平湾など遠方に出かけている。レンタカーはこの他、竹富島、マックスバリュ、公設市場にも行き、まんべんなく石垣の観光地を訪ねている。徒歩の台湾人観光客は、逆に公設市場や焼き肉など、港から近い場所を訪ねている。

②期待値と結果
タクシーやレンタカーを使う台湾人観光客は、楽しみにしていたことと、その結果がより一致する（石垣観光に満足する）率が高い。

③利用金額
利用金額はバス観光が最も低く、徒歩、タクシー、レンタカーの順番で高くなる。ただ、収入の問題なのか、消費が可能な場所をまわる数の違いなのかまでは、今回の調査では明らかとはならなかった。

④食事
徒歩、レンタカー利用者はステーキ、焼き肉などを食べ、加えて、徒歩、レンタカー、タクシー利用者は刺身もよく食している。バスと異なって自由行動であることを考えれば、個人的に「選択」している可能性が高い。

⑤全般的な旅行の感想
期待以上の割合が高いのは徒歩、タクシー、レンタカーの台湾人観光客である。バスは期

に提示した。だが、性別については、男女の間で有意差のある、かつ特徴的な違いを見いだすことができなかった。そこで、本節では、年齢層と交通手段のクロス集計分析について報告を行う。なお、訪問回数によるクロス分析も重要な違いがあったと想像されるが、単純集計で述べたようにその精度に問題があり、今回は分析を行わなかった。容易に想像できることは、石垣が初めての日本という台湾人観光客の場合、石垣的要素よりは、日本的要素を求める可能性が高いという点である。

（1）年齢層クロス分析

①交通機関

バス観光が40歳代以上に、徒歩が10歳代、タクシー・レンタカーが20歳代から40歳代（レンタカーは30歳代）に多い。20歳代から40歳代には個人旅行のニーズがあろう。

②比較地

30歳代は、特に香港、バリ島、プーケットなどと比較する傾向にある。また、楽しくなかったと感じる30歳代も多い。台湾において現在の30歳代は一定程度裕福であると同時に、下記に見るように情報ツールの活用にもたけている。それだけに多くの比較する材料を持っている可能性が高い。

③使用金額

使用金額は概ね年齢が高い人ほど使っている。

④消費傾向

日本酒は40歳代から50歳代に多く、泡盛は30歳代に多く購入されている。刺身や天ぷら、すしは40歳代以上に、ステーキは30歳代以下に多い傾向にある。アイスクリームは40歳代以下である。40歳代がちょうど分岐点となっており、40歳代以上は伝統的な日本食に関心があり、40歳代以下は、ステーキやアイスクリームなど、日本食以外にも関心が広がっている。石垣牛はどの世代でも知られているが、実際に食する場合には異なった傾向が見て取れる。と同時にステーキやアイスクリームはネット等で台湾に知られていることもあり、下記に見るように使用する情報ツールによる違いも反映されていると考えられる。

⑤情報ツール

情報だが、40歳代がガイドブックを、30歳代がブログやSNS、ホームページなどを活用して得ている。今後、ブログやSNSを活用する人口が増加することを考えると、これらを活用した情報提供の重要性が高まってこよう。これは韓国、中国を含めた東アジア全般の傾向であり、台湾に対する情報提供に限ることではない。

⑥全般的な旅行に関する感想

「期待ほどではなかった」と考える傾向は40歳代に多い。40歳代が世代間の分節点で、関心が幅広いことも影響していよう。楽しくなかったと答えた世代は既述したように30歳代に多く、家族や夫婦で来る30歳代から40歳代にどのようなサービスを提供するかが重要

割ある。これは石垣の情報が正しく伝わっていないことを示唆していよう。同時に、台湾人が台湾で知る日本（東京を中心とした）の情報に慣れ親しんでおり、漠然とした「日本」イメージのなかで石垣が捉えられていることを物語っている。

③滞在時間

時間が足りないと考える台湾人観光客が約４割にのぼる。自由記述欄からも伺えるが、これは上陸手続きの長さとも関係している。手続きが長い割には滞在時間が不十分とも理解できる。不満を招く困った点では、言葉（24.2%）と物価（21.8%）の割合が高い。これらの後に交通が不便（13.2%）、旅行者向け標識が少ない（10.1%）が続く。物価の高さは円高の要因もあり、石垣市単独では解決できないが、残りの３点は、今後中国、韓国からの観光客を誘致するうえでも改善すべき課題である。

④再訪問の可能性

「とても来たい」、「また来てもよい」が合計で約45%あり、掘り起こしの可能性を感じさせるものである。さらに「どちらでもない」が約33%存在するということは、観光資源の改善、情報の拡充によっては、十分台湾人観光客を引きつけられることを示している。なお、直行便であるが、あれば「利用する」とあるが、価格の高さを考えた場合、「利用する」と答えた41%の人々が、そのまま利用すると考えるのは早計であろう。

（５）自由記述欄等

①上陸手続き

手続きに時間がかかりすぎることへの不満が散見できた。上陸手続きの効率化を行うだけでかなり印象が異なると思われる。滞在時間の短さへの不満も解消されよう。

②天候の影響

調査時、天気が悪く、大雨であった。天気がよければ、異なった印象を石垣に持ち得たことは否めない。

③物価

サービスと価格については不満があった。例えば、物価の問題である。単純に物価が高いという点もあるが、実は薬などの購買意欲は高く、薬の値段に対する不満はない。むしろ提供されるサービスについてである。そのなかでの代表例はバスツアーである。ガイドが親切であったという声もあるものの、ツアー内容、ガイドの質に対する不満が散見される。クロス集計分析で詳述するが、バスツアーの台湾人観光客の満足度が、他の交通手段を使った観光客の満足度より低かったことを考えれば、バスツアーの充実をはかることが望まれる。

４．クロス集計分析

今回の分析では、性別、年齢層、交通手段についてクロス集計分析を試みた。結果は資料

より多いが、日本人観光客とは全く異なる購買行動があることがわかる。このことは、台湾人観光客が石垣に何を求めているかを象徴していると同時に、泡盛の認知度の低さ、ブランドになっていないことが伺える。この他、薬がよく売れている（21.8%）。台湾では同じ薬でも日本で販売される同じ商品の信頼性が高いと考える消費者が多く、そのことがここに反映されている。

食事においても沖縄・石垣よりも日本のものが好まれる傾向がはっきりとしている。団体客などに供される沖縄そば（約19.9%）を除くと、地元料理の比率は総じて低い。刺身（18.7%）やステーキ・焼き肉（26.4%）、アイスクリーム（17.7%）の割合が高い。ステーキ・焼き肉に関しては、バスツアーで提供していることもあるが、他の質問項目で石垣牛があがっていることを考えると、石垣牛との関連で高い可能性も否定できない。その点では石垣牛は台湾人にアピールする点で貴重な資源と言えよう。そばとうどんも、両者を合計すると約1割と比較的比率が高い。日本人観光客がそばやうどんを食べることを石垣観光において期待することはなく、台湾人観光客が石垣に何を期待して来ているかを考えるうえで示唆的なデータである。

交通機関としては事前に予約したものがバスツアーのバスで、それが大半である（41.7%）。レンタカーは6.5%である。自由記述では、交通機関の不便さを書く者も多く、今後、その方面での宣伝等が望まれる。

（4）石垣全般

①認知度

石垣を観光するにも拘わらず、地名を知らない人も約4分の1も存在する。知名度としては、石垣牛が最も知られている（約45%）。その一方で、国内観光客には認識されているマリンリゾートと食べ物が、それぞれ9.8%、11.3%と1割程度になっている。石垣の文化などの特色が十分に台湾に浸透されていないことが見受けられる。なお、直接的に石垣のマリンリゾートを知っているかと聞いた場合、知っている者は先の回答の約2.5倍の26.6%となるが、それでも総じて低いことには変わりない。

このことは、単に台湾で知られていないということではなく、事前に石垣観光について下調べしてこなかったという点とも関連してくる。事前に情報収集をしなかった者が約35%存在する。通常、海外旅行の場合、事前に訪問先の情報を入手するが、そのような行動が石垣観光ではとられていない。スタークルーズ船による観光ということもあろうが、石垣に関心がないまま気楽に来た観光客が多かったとも言える。石垣の観光の魅力に惹かれて来る台湾人観光客を増やすことができるかが今後の課題である。なお、旅行前に情報収集はしていないということは、現地でどれだけ情報（観光施設やレストラン、交通機関、観光地）を提供できるかが、現在、台湾人観光客を満足させる上で重要な鍵となっている。

②印象

石垣の印象は海がきれい（35.5%）、自然がきれい（26.1%）で、これらが今後、台湾人に対する石垣観光の重要な資源となることがうかがえる。その一方で台湾みたいという声も約15%あり、日本本土と石垣、石垣と台湾との間にある文化的な違いを知ることができない形での、観光提供と現在なっていることがわかる。また、「思ったより都会ではない」が約2

合計すると４割程度となる。口コミの重要性がここからは伺える。この他、旅行代理店（旅行社）が３割弱である。インターネットなどは少ないが、現在、SNSなどネットを活用した情報交換が広まっていることを考えれば、今後、ITを活用した宣伝広告の必要性が伺える。

②旅行先の選定

旅行先の選定にあたっては、日本や沖縄に関心があったこと（日本が17.5％、沖縄が23.7％）から石垣に来ている人が多く、石垣に関心があったという人は２割にも及ばない。また自発的に決めたというよりは、同行者に誘われて来たという人が多いのも特徴である。風景がきれいという回答も多い。意外な点は、近接性である。わずか7.4％で、近いことが来る理由とはなっていない。加えて、海で泳ぐなどは僅かに1.2％で、体験型のマリンリゾートとしては知られてないことがよくわかる。この点は、日本国内の観光客と大きく異なる点である。

旅行先を決めるにあたって比べた場所を見ると、日本の他の観光地（約25％、なかでも東京大阪、北海道）や沖縄島（23％）が多い。日本のどこかに行くというなかで、石垣が選ばれた可能性は高い。同時にプーケット（12.5％）やバリ島（22.8％）、香港（12.5％）などとも比べられており、有力な観光地になり得る可能性を石垣市は秘めている。

（３）来島後の感想

①期待値と結果

最も大きな特徴は、期待と実際とを比べるとほとんどの項目で実際は期待以下の数値が出ている点である。なかでも期待値の高い上位三ついずれもが大きく下がっている。観光（景色）という点では約２割、食べ物、買い物では約１割である。これらの満足度を上げることが、重要な課題となっている。ただ、海に関しては3％程度であるが、来てから楽しかったことになっており、海資源が台湾人観光客にも有効である可能性は高い。ただ、海について期待値が高くないことは、マリンリゾート地として石垣が台湾では知られていないことを如実に物語っている。国内での認知のされ方、認知度を国外でも同様であると考えることはできない。

②換金場所・使用金額

換金は台湾国内でほとんど行っている。使用金額も１万円未満で、１万円までで来島者の過半数を超えている。数時間の滞在であることが使用金額に影響している可能性が高い。なお、ほとんどが現金で支払いを行っている。自由記述において、カードで支払える場所が少ないと書いている観光客も存在することから、カードが使える店舗の拡大と紹介などを行うことは、台湾人観光客のみならずUnion Payを使う中国人観光客、少額でもカード決済が当然となっている韓国人観光客を受け入れるにあたっては重要である。

③消費行動

総じて石垣独自よりも日本の商品、食べ物を消費するという傾向にある。確かに土産物では、黒糖が売れている（36％）。だが、台湾では沖縄の黒糖は有名で健康食品として知られており、その宣伝効果によるものと思われる。それ以外を見ると、泡盛（7.9％）よりも日本酒（10.3％）が買い求められている。菓子では沖縄のもの（16.1％）が日本のもの（14.9％）

3．単純集計分析

（1）記入者基本情報

①男女比

女性の比率が約６割と高いものの、世代的には各世代からまんべんなく観光に来ている。家族連れや夫婦、友人、恋人と来ており、やや夫婦、家族連れが多い。

②居住地域

北部地区から訪れる人が多い。基隆から出航するために地理的な要因が反映しているものと思われる。このことは逆に言えば、中南部からの客は少なく、そこにはまだ市場があることを意味している。

③訪問回数

訪問回数だが、こちらのアンケートの尋ね方の不備で、今回の石垣観光を数えて日本、沖縄、石垣訪問を１回と数える台湾人観光客と、今回をいれずに答える台湾人観光客とが存在していた。したがって、回数については精度の点では不十分で、あくまでも大まかな傾向としての分析となる。

石垣の訪問回数の０回、１回、不明（答えていない）を足すと約９割となる。データの不確かさを考慮しても、今回初めて石垣を訪れた客が大半であったと言えよう。同様に日本の訪問回数を見ると日本が初めてという観光客も過半数を超える。初めての日本でそれが石垣という台湾人観光客の場合、日本である石垣に来ているという意識を持っている可能性が高い。その一方で数回日本を訪れている観光客も半分弱を占めており、その場合はより石垣の魅力に惹かれて来島している可能性もある。前者と後者では石垣に求める物が異なり、どのようなサービス（日本的なモノを売るか、八重山のモノを売るかなど）を提供するかが重要な問題になってくる。だが、いずれにしても、石垣が日本において文化的にどのようなところであるのか、何が有名な観光地として存在するのか、台湾で伝える必要があろう。

なお、石垣に初めて来た人が多いということは、石垣観光をしたことがない人口が台湾に多数いることを示しており、台湾が石垣にとって魅力的な市場であることを示している。

④訪問先・交通手段

利用される交通手段として、バス（約42%）が最も多く、ついでタクシーとなっている。訪問先としては川平湾（約40%）、鍾乳洞（約26%）、マックスバリュ（約24%）、ドラッグイレブン（約21%）が多い。前者の二つは観光地の代表例であり、後者の二つはショッピングの代表例となっている。バス観光が多いため、ショッピングについては必然的にそれらの場所に集中する傾向がある。台湾では日本商品に人気があり、マックスバリュ、ドラッグイレブンの人気はそれらを反映したものである。

（2）来島理由

①クルーズ船ツアーを選択した理由として、「家族・友人から」が各々ほぼ２割存在し、

個人旅行などは30歳代、40歳代が多く、彼らの情報入手方法は、ＳＮＳなどＩＴを使ったものであった。したがって、紙媒体と中心とした宣伝に加えて、今後、増加するＩＴ世代を対象に、ＩＴを活用した宣伝を積極的に行っていく必要がある。

（３）バス利用者へのサービス向上

現在、多くの台湾人観光客がバスツアーを活用している。だが、バスツアー利用者の満足度や、期待値とのズレが、他の交通機関の利用者よりも悪いものとなっている。これは単純にバスツアーの質が悪いといはいえず、自由に行動できない等の要因が関係していよう。しかしながら、現実的にバスツアーの利用者の不満は高く、ガイドの質の向上、訪問先・料理の提供内容などの再検討を行い、彼らの満足度を上げる必要がある。客の大半を占める彼らの満足度が高まれば、口コミなどを通じて石垣を訪れる観光客の増加も望め、さらには彼ら自身が再度自由旅行の形で石垣市を訪れる可能性も高まるためである。

（４）マリンリゾート資源の一層の活用

石垣市の観光資源として海や自然をあげる台湾人観光客は多かった。だが、それを知らない比率も高く、今後、それらを活用した観光企画が必要であろう。ただ、公共交通機関の不備等が観光客の満足度を下げており、国際観光都市としてのインフラ整備が望まれる。

２．調査の概略

（１）日時

2011年9月12日（月）

（２）配布

①石垣市・石垣市観光協会関係者がスタークルーズ船乗客に直接配布・回収

②800枚配布　417枚回収（回収率約52%）

（３）調査時の天候

雨

＊雨のため十分に見学できなかった可能性は高い。

（３）予算

科学研究費補助金（基盤研究（B))

「日本「周辺」地域にみる国境変動とアイデンティティ：韓国・台湾との越境を巡って」

課題番号：21320165

研究代表者：県立広島大学・上水流久彦

期間：2009年4月～2012年3月

はじめに

本稿は、スタークルーズ船を利用して八重山を訪れた台湾人観光客を対象に、2011年9月に石垣市で実施したアンケート調査に関する報告書である。石垣市、石垣市観光協会の協力をえてアンケートを実施した。

現在、日本各地で外国人観光客の受け入れが、地域の経済活性化の重要な方策として推進されている。京都や東京、北海道という外国人観光客を受け入れてきた観光地と違って、近年、外国人観光客の誘致に力を入れてきた自治体においては、幾つか問題を引き起こしている。それらの問題は大きく二つにまとめることができる。

ひとつは、外国人観光客がお金をあまり使ってくれないという不満である。私たちの研究チームの調査対象地域である八重山でも対馬でもこの点はよく耳にする。ニュース等では、銀座等の百貨店や電器店で、商品を大量に買い込む中国人観光客の話を耳にするが、地方ではむしろ地元の商品に見向きもしないことへの不満が存在する。

もうひとつは文化摩擦である。「うるさい」、「トイレの使い方が汚い」、「交通ルールを守らない」などは、しばしば聞く話である。多くの観光客が大量に地方の観光地に訪れた場合、そのような摩擦が一層生じる可能性が高く、外国人観光客を排除する動きにもつながることがある。

このような状況において、各地の観光地では外国人観光客の満足度を高めて一層の取り込みを図ると同時に、文化摩擦を減じて地域での不満を解消するために、外国人観光客へのアンケートが行われている。私たちのアンケートは、JSPS科研費21320165「日本「周辺」地域にみる国境変動とアイデンティティ：韓国・台湾との越境を巡って」（研究代表者　上水流久彦）の研究調査の一環として行ったものであるが、石垣市・石垣市観光協会と連携することで、上記の二つの問題と関連する調査項目も多く組み込んだ。本報告書では、学術的視角からの分析というよりは、台湾人観光客の実感、実態を知ることを執筆の主な目的とした。当該地域の観光産業の発展に本報告書が少しでも貢献できれば幸いである。

1．報告書要旨

台湾人観光客は期待とは違ったという不満を感じている傾向にある。その解決に向けて以下の点が重要となってくる。

（1）台湾における石垣情報の適切な提示

石垣を日本の観光地として最初に訪れる者も多く、日本の観光地として石垣を位置づけている可能性が非常に高い。石垣に関する情報を台湾人が多く持ち合わせていないため、日本商品を求め、石垣商品が売れない結果を招いている。ミスマッチを無くすため石垣の情報をより的確に台湾に提供することが不可欠である。複数の観光コースモデルの提示も自由旅行者向けに有効である。

（2）ITツールを活用した情報提供の検討

クルーズ船台湾人観光客アンケート調査報告書

上水流久彦

目　次

はじめに
1．報告書要旨
2．調査の概略
3．単純集計分析
（1）記入者基本情報
（2）来島理由
（3）来島後の感想
（4）石垣全般
（5）自由記述欄等
4．クロス集計分析
（1）年齢層クロス分析
（2）交通手段クロス分析
5．対馬市との比較
おわりに

資料
①アンケート用紙（日本語）
単純集計結果
クロス集計結果

写真・図表一覧

図1　東シナ海周辺地図　*3*
写真1　石垣に寄港するスタークルーズ船　*4*
写真2　対馬と釜山の郵便局の姉妹提携の表示　*5*

地図1　台湾東海岸と八重山　*43*
地図2　台湾東海岸の日本人漁業移民村の位置　*46*
図1　カジキ突棒漁の漁具　*49*
写真1　カジキ突棒漁漁具　*49*

図表1　厳原港における入港外国貿易船数　*83*
図表2　厳原港における貿易額　*85*

写真1　変則貿易船　*90*
写真2　変則貿易船　*92*

図1　クルバシャー　*117*
図2　八重山のクルバシャー　*117*
図3　中国の碌碡・礰礋　*118*
図4　台湾の磟碡　*119*
写真1　沖縄のセメント瓦（本部町備瀬）　*125*
写真2　沖縄の畳（久米島の民家）　*129*

写真1　台湾式の旧盆「中元節」の「普渡」（石垣市平得）　*157*
写真2　台湾同郷之公墓（石垣市石垣）　*163*

表1　石垣港における外航貨物貨客船輸送状況　*189*
表2　石垣からの出入国者数年別統計　*204*

写真1　通信使行列　*236*

写真1　ミュージカルの一場面　*252*
写真2　ミュージカルの一場面　*253*
写真3　ミュージカルの一場面　*254*

写真1　花蓮市役所にある与那国町花蓮事務所の看板　*260*
写真2　石垣空港にあった「クレジットカード、台湾元歓迎」の台湾人向け案内　*262*

図1　台湾恒春半島「牡丹社事件」関連地図　*287*
写真1　2006年に石門国民小学校の校舎に描かれた壁画　*303*
写真2　牡丹国民小学校の生徒による「牡丹社事件」の創作舞踊　*304*

写真1　春から毎週行われる厳原町青年部員の部会　*335*
写真2　朝鮮通信使行列の一場面　*337*

写真1　麗水から引揚げ者の河崎威氏が日本人街を説明　*360*

マ

マイノリティ　18, 308, 310
満州　22, 124, 271, 353, 357, 362
密貿易　3, 48, 53, 56, 57, 59, 69, 70, 72, 73, 81, 82, 86, 88, 100, 102, 103, 109, 110, 188, 263, 265, 267, 269-271, 279
密輸・密航　56, 78, 80-82, 87, 92, 93, 96, 99-101, 103-106, 108, 109, 112
宮古　1, 4, 21, 41, 52, 54, 65, 69, 154, 156, 165, 181, 185, 220, 221, 259, 278, 285, 286, 288-290, 302, 304-310, 311, 313, 314, 316, 318, 319, 372, 373
――郷土史研究会　307, 318
民具　113, 114, 132, 134, 137, 139
民族の階層化　323, 331
明治政府　286, 288, 289, 291, 325
ものがたり　138, 240-245, 247, 248, 327
モース、マルセル　337, 341
モノが語る　131
モノに語らしめる近現代　131
モノの越境　17, 113, 115
物語り　268

ヤ

〈やわらかい〉境界　16, 48, 51, 59, 60, 61
八重山
――華僑会　161-164, 167, 168
――の観光地化　19, 190, 191
――の台湾系住民　213
――らしさ　212
野蛮人　21, 295, 309, 310, 313, 319
与那国　1-4, 13, 27, 28, 46, 53-59, 63-65, 67, 69-71, 73, 75, 101-103, 105, 115, 116, 118, 120, 137, 138, 141, 142, 144, 151, 152, 156, 183, 185, 196, 197, 221, 257, 258, 260-267, 270, 273, 276-279, 281, 373, 376
――の台湾経験　57

ラ・ワ

李氏朝鮮　268, 321, 329, 331, 338
李承晩　78, 88, 104, 112, 239
――ライン　78, 88, 104
離島　21, 22, 77, 114, 151, 183, 184, 193, 194, 228, 230, 259, 278, 291, 322, 331, 334, 337-344
琉球
――王国　128, 130, 175, 216
――王朝　114, 130, 135, 184
――華僑総会　164, 175
――華僑総会八重山分会　164, 175
――諸島　113-116, 132, 135, 136, 139
――人　9, 18, 50, 288, 289, 294, 295, 298-300, 302, 303, 305, 306, 311, 313, 314
――人遭難者　306
――政府　154, 156, 186
――藩　291, 317
――列島米国民政府　154
領土　5, 14, 44, 53, 60, 61, 63, 68, 70, 110, 226, 238-241, 247, 258, 263, 271, 276, 321, 323-325, 329, 346, 347
――問題　239, 276, 323, 324
領有意識　19, 226, 240, 244
林発　153, 155, 160, 161, 163, 176
隣接の陥穽　23
歴史
――語り　217, 291, 308, 310, 314
――的事件の再解釈　21, 285, 286
――的事件の資源化　300, 311
――認識　14-16, 20-22, 242, 305, 307, 309, 322, 379

湾生（ワンセー）　196, 216

日本
——人化　185
——文化　28, 111, 113, 127, 130, 131, 134, 249, 377
——文化圏　113
——本土　17, 19, 52, 58, 59, 77, 95, 107, 109, 114, 125, 129, 130, 132, 151, 158, 164, 165, 183, 184, 186-189, 191-193, 195, 197, 198, 200-202, 207, 208, 210-212, 215, 217-221, 264, 277, 278, 324
ネットワーク　10, 18, 19, 41, 148, 149, 156, 158, 162, 163, 165, 166, 168, 169, 172-174, 179
ノスタルジア　22, 353, 359, 360, 365, 367
——の力学　359
農具　116, 119-122, 131, 133, 135, 137-139, 176

ハ

バース、フレデリック　339-341
パイナップル　3, 18, 72, 153-157, 160-162, 167, 170, 176, 186, 187, 188, 214, 222, 273, 274, 278, 371, 372
——産業　3, 72, 153, 161, 167, 170, 176, 278
パイワン　21, 285, 286, 290, 291, 293-315, 318-320
パイン女工　156, 282, 371, 372
馬英九　68, 274
場所　2, 7-12, 15, 16, 18, 20, 21, 29, 42, 55, 107, 115, 133, 134, 147, 148, 151-153, 159, 163, 167, 170, 171, 174-176, 189, 190, 197, 199, 207, 213, 217, 238, 245, 265, 269, 275-277, 281, 283, 297, 298, 304, 312
排他的経済水域　44, 45, 60, 62, 68, 71
八学会連合　104
反日　24, 354, 358, 363
被支配者　22, 322, 356
非日常化　333
東シナ海　16, 41, 43, 44, 48, 51, 53, 55, 60, 62, 64, 67, 68, 111
——国境海域　16, 41, 62, 64, 111
引揚（げ）　22, 47, 52, 53, 56, 57, 70, 73, 154, 270, 271, 353, 356-360, 362-364
——体験　22
弘中数実　361
ファビアン、ヨハネス　326-328, 330, 347, 348
不法入国　103, 110
釜山　1, 4-6, 13-15, 23, 76, 77, 81, 82, 87-89, 94, 100, 106, 108-110, 112, 225-227, 229-232, 238, 246, 248, 254, 276, 279, 280, 348, 362, 363
物質文化　17, 113-115, 122, 126, 130-134, 136
文化の政治性　22, 322
〈へだてる〉海　62, 63
米軍　55, 57, 59, 89, 103, 129, 134, 142, 154, 162, 164, 188, 192, 201, 362
辺境　21, 104, 285, 309, 317, 321, 322, 338
変則貿易　5, 17, 75, 78-88, 90, 92-95, 98-100, 102, 105, 106, 109, 246, 276, 279, 346
「——」の時代　102, 105
——の開始　84, 99
——の終焉　93, 106, 109
編集される過去　268
ホスト　18, 19, 184, 187, 190, 191, 193, 195, 208, 213, 218, 219, 245
ポストコロニアリズム　331, 343
ポストコロニアル　21, 22, 131, 321, 322, 331-344, 356-359
——研究　22, 356, 359
牡丹郷　21, 290, 293-308, 310, 312-316, 319, 320
——パイワン　299, 301, 305, 307, 308, 314, 320
牡丹社事件　21, 280, 285, 290, 294-320
「——」の再解釈　296, 307, 308
——紀念公園　296, 304, 306, 307, 320
本土復帰　70, 129, 130, 156-158, 165, 168, 174, 187, 190, 193, 208
——運動　129, 130
本島人　9, 18, 56, 269-272, 274, 280

中琉文化経済協会　74, 161, 162, 178
釣魚台　62, 70, 74, 378
『朝鮮海峡』　359, 360, 369
朝鮮出兵　76, 244
朝鮮人　9, 27, 70, 88, 103-105, 107, 110, 271, 357, 360-363
朝鮮通信使　5, 6, 15, 17, 24, 75, 76, 111, 225, 227-229, 237, 244, 246, 249, 252, 280, 321, 329-331, 333, 334, 336, 340, 343, 344, 347, 348, 350, 378
朝鮮半島　5, 6, 15, 22, 76-78, 101-103, 105, 123, 130, 225, 227, 228, 238, 239, 247, 276, 279, 280, 321, 322, 324, 326, 328, 330, 331, 338, 340, 353, 354, 357, 358, 360, 364
〈つながる〉海　62, 63
つなぐ記憶／ずらす記憶　20, 257
ツマス　297
ツーリズム　19, 111, 183, 187, 191, 192, 195, 198, 200, 201, 207, 208, 212, 215, 217-219, 222, 223, 225, 226, 244-246, 314
対馬
　――観光　19, 20, 225, 226, 229, 230, 246, 247, 249, 282, 340
　――島　77, 79, 105, 111, 232, 238, 239, 247, 324, 325, 329, 339, 344
　――市民劇団　251, 346
　――調査　104, 379
　――における「国境」と「交流」　77
　――認識　226, 239, 240, 249, 340, 345
　――の多様性と多層性　75
　――の祭りの可能性　321, 333
　――みなと祭り・アリラン祭　22, 26
ディアスポラ　148, 178, 222
ディスコース　330
帝国主義　22, 42, 314, 322, 325, 327-329, 331, 347, 348, 366
帝国日本　16, 18, 21, 22, 42, 44, 45, 47, 48, 51, 70, 167, 179, 185, 217
天皇臣民化教育　325
伝承の収集　297
伝統　44, 60, 61, 68, 69, 78, 104, 121, 129, 174, 181, 183, 193, 194, 221, 222, 236, 293, 300-302, 304, 313, 318, 319, 336, 339, 345, 348, 365
トランスナショナリズム　10-14, 21, 25, 28, 29, 42, 148, 166, 181, 376, 377
トランスナショナル　10-12, 28, 148, 149, 174, 180, 376
トランスボーダー　148
土地公祭　162, 163, 165, 167, 168, 170, 177, 180
同郷団体　149, 150, 161, 176, 177, 181
同業団体　149
同姓団体　149
時の辺境化　21, 321
床呂郁哉　8, 12, 29, 41, 73

ナ

ナショナリズム　10-15, 19-21, 25, 28, 29, 42, 110, 148, 166, 181, 226, 239, 245, 246, 279, 280, 282, 354, 364, 376, 377
ナショナル・アイデンティティー　326
名蔵・嵩田地区　152, 153, 155-157, 160, 161, 170, 176
内地的「台湾」　269
内地人　9, 18, 264, 269-274, 279-281, 339-341
内面化　19, 23, 195, 208, 217-219, 246, 258, 276
懐かしさ　64, 189, 190, 196, 197, 199, 218, 359, 360, 364, 365, 367
南京　22, 186, 353, 361, 362
南方澳　45, 50, 52, 54-58, 61, 63, 69, 72, 73, 142
二・二八事件　53, 70
日韓交流　17, 20, 28, 75-79, 105, 111, 225, 227-229, 236, 237, 241, 244, 248, 249, 282
　――の島　17, 75-78, 111, 227-229, 236, 244, 248, 282
　「――の島」の成立　227
日韓貿易　78, 84, 85, 88, 90, 92, 94, 101, 107, 108
　――の再開　84
日台漁業取り決め　9

人類学者　*41, 66-68, 326, 342, 347, 348, 355, 356, 367, 376*
水牛　*118, 120-122, 160, 176, 186, 209, 274, 278*
セメント瓦　*17, 115, 123-127, 132, 134, 136*
生蕃　*221, 292, 312, 316, 318*
税関　*80-84, 86-89, 91, 94, 100, 101, 105-109, 111, 112, 260*
尖閣諸島　*9, 15, 25, 44, 46, 51, 53, 55-57, 60-65, 68-70, 267, 275, 378*
戦争責任　*281, 366*
選択と忘却　*268, 269, 322*
蘇澳鎮　*4, 56, 67, 261, 262*
宗主国　*14, 24, 42, 186, 354, 357, 358*
宗親団体　*150, 181*
想像の共同体　*324, 325*

タ

ターナー、ビクター　*334, 342*
多元的アイデンティティ　*149, 169*
多元的帰属意識　*10, 148, 166*
榻榻米（タタミ、→畳）　*130*
拿捕　*78, 97, 105, 106*
台友会　*159, 161, 167*
台北　*15, 27, 29, 42, 49, 69, 71, 72, 74, 125, 126, 135, 137, 138, 141, 144, 147, 152, 178, 185, 188, 189, 196-199, 203, 205, 206, 214, 216, 219, 220, 249, 264, 269, 270, 279, 281, 293, 311, 315-319*
台湾
「――」認識　*213*
――移民　*116*
――漁民　*9, 16, 44, 47, 48, 50, 51, 53-55, 57, 58, 60-64, 68, 69*
――系移住者　*148, 150, 159*
――系移住者の越境経験　*150*
――系住民　*186, 187, 203, 213-217*
――原住民族　*21, 285, 310, 313, 316, 319*
――人観光客　*4, 19, 177, 184, 208, 209, 211-213, 215, 259, 261, 274, 279*
――総督府　*45, 47, 119, 138, 153, 160, 175, 293, 297, 311, 316, 319*
――出稼ぎ　*42*
――との交易　*59, 263*
――との交流　*4, 19, 48, 122, 167, 261-263, 267, 272, 276, 278, 376*
――東部　*1-6, 14, 20, 23, 24, 45-47, 49, 62, 64, 65, 70, 141, 142, 259, 261, 266-268, 273, 275-277, 281, 293*
――東部漁業の確立　*45*
――同郷之公墓　*162, 163*
――認識　*19, 183, 187, 208, 212, 213, 215, 217, 218, 222, 276*
――の原住民族　*286, 291*
――東海岸　*16, 41, 44-51, 53-55, 57-60, 62-65, 67, 69, 72*
――琉球協会　*4*
大同拓殖　*153-155, 159, 160, 166, 176*
大密貿易　*102, 110*
互いの「観光」認識　*210*
高砂族　*292, 318*
竹島の日　*239*
竹富町　*1, 151, 155, 183*
畳（→榻榻米）　*17, 115, 127-132, 136, 138, 264*
――のライフヒストリー　*128*
脱領域化　*11*
炭坑労働　*151, 152, 219, 274*
地域の価値観　*24*
地縁　*150, 165*
地理的近接性　*1, 18, 43, 103, 147, 185, 217, 258, 346*
知識人　*22, 23, 365, 366*
『竹林はるか遠く』　*362*
茶山事件　*160*
中華人民共和国　*68, 70, 158, 175*
中華民国　*42, 44, 47, 48, 51-53, 57, 59, 60, 63, 68, 70, 147, 157, 158, 161-165, 167, 168, 177, 181*
中華民国台湾　*48, 60, 147*
中国化　*114*

クルーズ船　*3, 14, 65, 184, 202, 208-210, 212, 214, 215, 220, 259-262, 274, 277, 279*
グローバリズム　*8*
グローバリゼーション　*18, 25, 133, 148, 179, 357*
久部良　*57-59, 69, 142, 265*
空間　*7-13, 15, 16, 20, 21, 28, 29, 44, 51, 63, 67, 71-73, 148, 149, 173, 186, 203, 248, 257, 258, 272, 273, 275-278, 281, 283, 322, 325-327, 331, 332, 334, 338, 340, 342, 377*
——と場所　*7-10, 12, 20, 21, 275-277, 281*
——と場所の緊張　*7-10, 12, 20, 21, 275-277*
軍政　*59, 103, 129, 201*
ゲスト　*19, 184, 187, 190-192, 195, 208, 213, 215, 218, 219, 245, 375, 376*
血縁　*150, 165*
権力構造　*259, 271, 272, 280*
現在の過去負荷性　*66, 268*
原住民（族）　*21, 68, 285, 286, 289-296, 298, 301, 306, 308-313, 315-319*
小山正夫　*361*
交錯するツーリズム　*19, 183, 219*
交通基盤　*6, 14, 15*
恒春半島南部のパイワン　*286, 291, 293, 312*
黄智慧　*41, 44, 57, 68, 71, 310, 316*
国際関係　*24, 42, 48, 70, 159, 262, 275, 317, 378*
国際交流　*27, 226, 228, 266*
国史観　*329, 330, 347*
国民外交　*157, 162*
国民国家　*7-9, 11-13, 23, 24, 63, 149, 150, 152, 167, 221, 222, 239, 240, 246-248, 257, 276, 277, 281, 321, 324, 325, 327, 329, 338, 344, 345, 357*
国家間関係　*14, 15, 20, 226*
国家中心主義的　*11, 13*
国境
——の島　*4, 26, 75-78, 89, 105, 115, 225, 228, 253, 324*
——変動　*25, 67, 105, 150, 154, 174, 175, 246, 277, 310, 375, 377*
——領域への出漁　*57*
——を生きる　*18, 147, 150, 174*

サ

サトウキビ　*3, 116, 155, 157, 273, 274, 372*
西郷軍　*290, 293, 297, 299, 309, 313, 320*
再越境　*154*
先島　*1-6, 13, 14, 23, 281*
山胞　*292*
シベリア　*22, 353, 361, 363, 365*
——抑留　*361, 363*
支配者　*22, 322, 356, 358*
姉妹都市　*4, 5, 69, 141, 261, 262, 267, 306, 314*
資源　*21, 44, 47, 62, 66, 68, 70, 76, 185, 194, 202, 217, 225, 228, 264, 276, 277, 285, 286, 296, 300, 302, 304, 305, 307, 308, 310, 311, 317, 319, 377*
——化　*21, 66, 76, 185, 285, 286, 300, 305, 307, 308, 310, 311, 317, 377*
自／他認識　*16, 18*
時間的他者　*323, 329, 331*
時制的政治　*326-338, 343*
実用的な過去　*66, 73, 217, 223, 283*
社会空間　*7, 28, 29, 67, 72, 73*
上海事変　*361*
主流社会　*21, 293-295, 301, 308, 309*
周縁化　*337-339, 341, 342*
周辺　*1, 2, 4, 7, 13, 21-23, 25, 42, 48, 51, 57, 61, 62, 64, 67, 68, 70, 104, 105, 114, 147, 151, 175, 183-185, 194, 209, 222, 225, 226, 240, 246, 248, 259, 263, 264, 275-277, 281, 299, 307, 310, 338, 340, 344, 375, 377*
集団帰化　*156, 158, 166, 168, 169*
熟蕃　*292*
蒋介石　*161*
植民地
——研究　*22, 354, 358, 363*
——台湾からの越境　*150*
親善友好　*99*

華阿財　*299, 301, 302, 305, 306, 310, 314, 316*
華僑
——・華人　*18, 26, 136, 147-150, 163, 165, 166, 169, 172, 175, 178, 180, 221, 278*
——・華人ネットワーク　*163*
——総会　*164, 165, 168, 170, 173, 175, 177*
——総会八重山分会　*164, 165, 168, 170, 173, 175, 177*
海域　*16, 41, 42, 44, 45, 51, 53, 54, 56-58, 60-64, 66-69, 71, 73, 78, 104, 111, 139, 188*
海外旅行　*66, 191-193, 197-200, 206, 218, 223, 234, 240, 242*
海洋資源　*44, 47*
解放（liberation）　*11, 13, 27, 110, 353, 357, 358, 362, 367*
外地　*5, 9, 10, 102, 271, 272, 360*
官営移民事業　*45*
観光
——形態　*226*
——資源　*194, 202, 225, 228, 286, 296, 304, 305*
——旅行　*19, 187, 190, 195-199, 205-207, 213, 215-219, 222*
韓国
——資本　*233, 243*
——人　*6, 14, 17, 19, 20, 76, 79, 94, 97, 104, 106, 111, 225-227, 229-231, 233-236, 240-249, 276, 282, 324, 355, 363-365*
——人観光客　*6, 17, 20, 76, 106, 226, 227, 229, 230, 233-235, 240-242, 244-246, 249, 276*
——・朝鮮（人）　*101*
——併合　*5*
ギフト　*334, 337, 342*
「——」としての祭り　*334*
基隆　*3, 4, 45-47, 50-52, 54, 55, 62, 65, 67, 69-72, 142, 152, 173, 175, 197, 198, 205, 206, 259, 260, 314*
帰属　*10, 101, 103, 104, 130, 148, 149, 158, 166, 170, 171, 180, 257, 276, 290, 321, 322, 324-326, 343, 344, 346, 347, 378*
記憶　*20, 21, 24, 61, 63, 79, 102, 116, 131, 149, 152, 161, 169, 170, 172, 173, 175, 184, 185, 187, 203, 217, 257, 259, 265-268, 270-274, 277, 279-282, 294, 297, 299, 308, 309, 317, 320, 355, 356, 359, 368*
——のズレ　*272*
技術導入　*156, 157, 162, 165, 167, 188, 372, 374*
儀式　*21, 332-334, 342, 346*
——化　*332*
——の可能性　*21*
儀礼の力　*321-333*
北朝鮮からの引揚　*362*
漁業　*5, 9, 26, 45-48, 50, 51, 53, 56-58, 61, 62, 65, 68, 69, 71, 72, 74, 106, 216, 228, 264, 281*
漁民　*3, 5, 9, 16, 17, 23, 41, 44-72, 111, 151, 267, 275*
——の移動・移住　*45*
郷土教育　*21, 286, 302, 304, 307*
境域　*1, 2, 5-10, 12-25, 29, 68, 101, 102, 111, 172-175, 183, 216, 217, 219, 225, 226, 244-246, 257, 259, 274-277, 281, 308, 375-378*
——」のネットワーク　*172*
——にみるトランスナショナリズム　*10*
——のツーリズム　*19, 111, 225, 226, 244-246*
境界　*7, 9, 10, 12-19, 21, 25, 28, 47, 48, 51, 53, 59-61, 63, 66, 75, 77-79, 105, 106, 139, 148-150, 161, 166-174, 178, 221, 223, 277, 281, 285, 308, 309, 321, 322, 325, 326, 331, 334, 338-341, 344-346, 376*
業（商）縁　*165*
近代国家　*41, 324-326, 334, 338, 343*
——と離島　*334, 338*
緊張する境域　*7*
クスクス　*290, 293, 294, 299, 300, 302, 304, 312, 313*
クリフォード、ジェームズ　*367*
クルバシャー　*17, 115, 116, 118-123, 126, 131, 132, 134, 135, 160, 176*

索　引

ア

アーリ、ジョン　245, 248
アイデンティティ　8, 11, 12, 18, 22, 25, 67, 104, 105, 109, 130, 148-150, 166, 168-178, 180, 246, 277, 295, 310, 321, 325, 326, 332, 339-341, 343, 358, 375, 376
アカデミズムの政治　367
アパデュライ、アルジュン　11
アメリカ（軍）統治　42, 44, 47, 48, 51, 65, 129, 130, 265, 373
アンダーソン、ベネディクト　63, 258, 285, 324, 325
愛と平和記念碑　304-307
イデオロギー　322, 325, 327, 330, 333, 342, 366
行きたい海／行けない海　61
移住　3, 10, 16, 18, 19, 22, 25, 41, 42, 45, 46, 51, 58, 69, 72, 111, 120, 125, 126, 139, 148-150, 152-154, 159, 164, 166, 170, 176, 177, 179, 181, 190, 216, 222, 223, 274, 357, 366
移動・移住　16, 41, 45, 58, 111
移民　10, 11, 28, 29, 45-47, 51, 56, 69, 72, 116, 121, 122, 138, 149, 150, 154, 165, 170, 176, 179-181, 187, 213, 219, 357
　——村　45, 46, 47, 56, 72
異国情緒　197, 202, 207, 218, 228, 229, 237
石垣島の台湾系華僑・華人　18, 147, 166, 175, 180
厳原　4, 6, 17, 28, 75-97, 99, 101, 106-111, 228, 230-233, 242, 246, 249, 323, 329, 330, 334, 335, 341, 346, 348, 376
　——港祭り対馬アリラン祭　106, 323, 329, 334
西表島　115, 116, 121, 151, 183, 278, 371, 373
上江洲均　113, 114, 116, 118, 134, 139, 374
魚釣島　50, 52, 54, 55, 60, 61
エスニシティ　148, 149, 170-172, 177, 178, 181
エスニック
　——・バウンダリー　150, 178
　——境界　18, 19, 149, 150, 161, 166-174
　——境界の生成　166, 171
　——集団　70, 148, 149, 167, 170-172, 174, 178
エスノセントリズム　328
越境
　——経験　14, 15, 18, 43, 64, 66, 147, 148, 150, 173, 175, 180, 190, 259, 262, 263, 265, 268, 269, 272, 274, 278, 280, 377
　——実践　25, 45, 64, 66, 67, 277
　——者　150, 158, 164, 174
オジェ、マルク　8
大木信夫　359, 360, 369
沖縄
　——／八重山の観光地化　191
　——漁民　16, 46-48, 50-54, 56, 57, 64, 65, 69, 70, 72
　——振興開発特別措置法　192
　——民俗文化　114, 135

カ

〈かたい〉境界　16, 60, 61
カジキ突棒漁　46, 48-51, 54, 56-59, 69, 72
花蓮市　4, 65, 141, 142, 260, 261, 263, 266-268, 278
過去の現在負荷性　268

―親族研究の新たな地平』（風響社、2013年、共著）。主要論文として、「ゲート前という接触領域―沖縄県那覇市新都心における軍用地の記憶と返還地の開発」『コンタクト・ゾーン』第7号（京都大学人文学研究所、2015年）など。

中村八重（なかむら　やえ）

1974年鳥取県生まれ。2006年広島大学国際協力研究科博士課程後期修了。博士（学術）。

専攻は文化人類学、韓国地域研究。

現在、韓国・韓国外国語大学日本語学部准教授。

主著書として、『対馬の交隣』（交隣舎出版企画、2014年、共著）、『交渉する東アジア―近代から現代まで』（風響社、2010年、共編著）など。

橘　厚志（たちばな　あつし）
1947年長崎県生まれ。
旧・厳原町職員として商工課長、公民館長、助役等を歴任。
在職中から国際交流と地域振興に力を注ぎ、また、2009年発足の対馬市市民劇団「漁火」では実行委員長として活躍した。2016年6月逝去。

宮岡真央子（みやおか　まおこ）

1971年生まれ、神奈川県出身。2006年東京外国語大学大学院地域文化研究科博士後期課程単位取得退学。

専攻は文化人類学、台湾原住民族研究。

現在、福岡大学人文学部教授。

主著書として、『愛・性・家族の哲学 第2巻 性―自分の身体ってなんだろう？』（ナカニシヤ出版、2016年、共著）、『日本の人類学―植民地主義、異文化研究、学術調査の歴史』（関西学院大学出版会、2011年、共著）、『馬淵東一と台湾原住民族研究』（風響社、2010年、共著）など、主要論文として、「重層化する記憶の場―〈牡丹社事件〉コメモレイションの通時的考察」（『文化人類学』81巻2号、2016）、「命名・分類、社会環境、民族意識―サアロアとカナカナブの正名にみる相互作用」（『台湾原住民研究』19号、2015年）、「呉鳳をめぐる信仰・政治・記憶」（『台湾原住民研究』17号、2013年）など。

江本智美（えもと　ともみ）
兵庫県生まれ。米国ピッツバーグ大学院、人類学で修士号。2008年、南イリノイ大学院、人類学で博士（Ph.D.）
専攻は文化人類学。
現在、ニューヨーク市立クィーンズ大学客員助教授。東アジアの文化人類学、ジェンダーと暴力の人類、力と民族性等を担当。
主要論文として、“Performing Alterity: Postcolonial Genesis of Borderland Identity in Japan”（*Journal of Folklore Research* 53（1）。2016年）など。

崔吉城（ちぇ　きるそん）
1940年韓国・京畿道生まれ。国立ソウル大学校卒、筑波大学文学博士（社会人類学）。
中部大学、広島大学を経て、現在、東亜大学教授・広島大学名誉教授。
主著書として、『韓国の米軍慰安婦はなぜ生まれたのか』（ハート出版、2014年）、『樺太朝鮮人の悲劇』（第一書房、2007年）、『哭きの文化人類学』（勉誠出版、2003年）、『「親日」と「反日」の文化人類学』（明石書店、2002年）、『韓国民俗への招待』（風響社、1996年）、『恨の人類学』（平河出版社、1994年）など。

国永美智子（くになが　みちこ）

1979年沖縄県生まれ。2011年淡江大学国際研究学院亜州研究所修了、修士。

専攻は台湾八重山関係。

現在は会社員。

修士論文として「戰後八重山的鳳梨産業與臺灣『女工』」。主著書として『石垣島で台湾を歩く―もうひとつの沖縄ガイド』（沖縄タイムス社、2012年、共著）。松田良孝『インターフォン』（沖縄タイムス社、2015年）では挿絵を担当。

編者紹介

上水流久彦（かみづる　ひさひこ）

1968年鹿児島県生まれ。2001年広島大学大学院社会科学研究科博士課程後期修了。博士（学術）。

専攻は社会人類学、東アジア社会論。

現在、県立広島大学地域連携センター准教授。

主編著として、『東アジアで学ぶ文化人類学』（昭和堂、2017年、共編）、『対馬の交隣』（交隣舎出版企画、2014年、共編）、『交渉する東アジア―近代から現代まで』（風響社、2010年、共編）、『台湾漢民族のネットワーク構築の原理』（渓水社、2005年）など、翻訳書に『台湾外省人の現在』（風響社、2008年）。

西村一之（にしむら　かずゆき）

1970年北海道生まれ。2000年筑波大学大学院博士課程歴史・人類学研究科単位取得退学。博士（文学）。

専攻は文化人類学、東アジア地域研究。

現在、日本女子大学人間社会学部准教授。

主著書として、『台湾における〈植民地〉経験―日本認識の生成・変容・断絶』（風響社、2011年、共著）、主要論文として、「台湾東海岸における漁撈技術の文化資源化―植民地経験・移動・境域」（『東アジア近代史』17号、2014年）、「台湾東部における『歴史』の構築―『祠』から『神社』へ」（『日本女子大学紀要人間社会学部』21号、2011年）など。

村上和弘（むらかみ　かずひろ）

1965年宮城県生まれ。2001年大阪大学大学院文学研究科博士課程単位取得退学。2015年韓国・蔚山大学校大学院博士課程修了。Ph.D.。

専攻は文化人類学・民俗学。

現在、愛媛大学国際連携推進機構准教授。

主要論文として、「『上書き』される朝鮮通信使」（『東アジア近代史』17号、2014年）、「厳原港まつりの戦後史」（『日本文化の人類学／異文化の民俗学』所収、法蔵館、2008年）、「インターネットの中のツシマ」（『ポスト韓流のメディア社会学』所収、ミネルヴァ書房、2007年）など。

執筆者紹介

角南聡一郎（すなみ　そういちろう）

1969年岡山県生まれ。2000年奈良大学大学院文学研究科博士後期課程修了。博士（文学）。

専攻は民俗学、物質文化研究。

現在、公益財団法人元興寺文化財研究所総括研究員。

主著書として、『博物館という装置』（勉誠出版、2016年、共著）、『日本の中の台湾原住民族資料』（元興寺文化財研究所、2016年、共著）、主要論文として、「アジアにおける日本人墓標の諸相」（『人文学報』108号、2015年）など。

松田良孝（まつだ　よしたか）

1969年埼玉県生まれ。1991年北海道大学農学部農業経済学科卒。

八重山毎日新聞記者などを経て、現在はフリージャーナリスト。

主著書として、『八重山の台湾人』（南山舎、2004年）、『石垣島で台湾を歩く―もうひとつの沖縄ガイド』（沖縄タイムス社、2012年、共著）、第40回新沖縄文学賞受賞作『インターフォン』(2015年、沖縄タイムス社)、主要論文として「台湾沖縄同郷会連合会の実態と今後の研究課題―「台湾疎開」に焦点を当てて」(『白山人類学』14号、2011年)、「植民地統治期台湾から石垣島名蔵・嵩田地区への移動について―石垣町役場作成の寄留簿の分析を通じて」（『移民研究』9号、2013年）、「沖縄県石垣島にみられるフィリピン人ネットワークの態様―カトリック信仰を核に構築されたつながり」（『移民研究』11号、2016年）など。

森田真也（もりた　しんや）

1967年大分県生まれ。1999年神奈川大学大学院歴史民俗資料学研究科博士後期課程修了。博士(歴史民俗資料学)。

専攻は民俗学、文化人類学。

現在、筑紫女学園大学文学部教授。

主著書として、『軍隊の人類学』（風響社、2015年、共著）、『はじめて学ぶ民俗学』（ミネルヴァ書房、2015年、共著）、『民俗文化の探求』（岩田書院、2010年、共著）、『ふるさと資源化と民俗学』（吉川弘文館、2007年、共著）。主要論文として、「沖縄の笑いにみる文化の相対化と戦略的異化」（『筑紫女学園大学・短期大学部人間文化研究所年報』第25号、2014年）、「異郷に神を祀る―沖縄石垣島の台湾系華僑・華人の越境経験と宗教的実践」（『沖縄民俗研究』第32号、2013年）など。

越智郁乃（おち　いくの）

1978年愛媛県生まれ。2010年広島大学大学院社会科学研究科修了。博士（学術）。

専攻は文化人類学、民俗学。

現在、立教大学観光学部助教。

主著書として、『〈境界〉を越える沖縄　人・文化・民俗』（森話社、2016年、共著）、『生をつなぐ家

境域の人類学：八重山・対馬にみる「越境」

2017年7月10日　印刷
2017年7月20日　発行

上水流久彦
編　者　村上和弘
西村一之

発行者　石井　雅
発行所　株式会社　風響社

東京都北区田端 4-14-9（〒114-0014）
Tel 03(3828)9249　振替 00110-0-553554
印刷　モリモト印刷

ISBN978- 4-89489-196-8 C3039